I edizione: gennaio 2020

This translation published by arrangement with Spiegel & Grau an imprint of Random House, a division of Penguin Random House LLC

Via Isonzo 42, Roma

Titolo originale: *Just Mercy. A Story of Justice and Redemption*
Traduzione dall'inglese di Michele Zurlo

ISBN: 978-88-9325-701-5

www.fazieditore.it

Bryan Stevenson

Il diritto di opporsi

Una storia di giustizia e redenzione

traduzione di Michele Zurlo

Fazi Editore

In ricordo di Alice Golden Stevenson,
mia madre

L'amore è la causa, ma la giustizia
è lo strumento.
REINHOLD NIEBUHR

Introduzione
Un campo più elevato

Non ero pronto a incontrare un condannato. Nel 1983 ero uno studente di ventitré anni alla facoltà di Legge di Harvard alle prese con un tirocinio in Georgia: ansioso, privo di esperienza e con il timore di non essere in grado di gestire la situazione. Non avevo mai visto un carcere di massima sicurezza dall'interno, e di certo non ero mai stato nel braccio della morte. Quando mi dissero che avrei incontrato quel detenuto da solo, senza alcun avvocato al mio fianco, cercai di non far trasparire il terrore da cui fui colto.

Il braccio della morte della Georgia si trova in un carcere fuori Jackson, una sperduta cittadina in una zona rurale dello Stato. Ci andai da solo in auto, guidando da Atlanta in direzione sud, lungo l'interstatale 75, e con il cuore che batteva sempre più forte man mano che mi avvicinavo a destinazione. Non sapevo davvero nulla della pena capitale e ancora non avevo nemmeno seguito il corso di Procedura penale. Non possedevo i primi rudimenti di tutta la serie complessa di appelli che danno forma a un procedimento per la pena di morte, un iter che con il tempo sarebbe diventato per me familiare come il palmo della mia mano. Quando mi iscrissi a quel tirocinio, non avevo riflettuto più di tanto sul fatto che avrei dovuto incontrare concretamente dei detenuti che erano stati condannati. A essere sincero, non sapevo neanche se volessi diventare avvocato. Man mano che i chilometri correvano via lungo quelle strade di campagna, in me diventava sempre più forte la convinzione che quell'uomo sarebbe rimasto molto deluso dal nostro incontro.

Al college avevo studiato Filosofia e fino all'ultimo anno non mi ero reso conto che, una volta laureato, nessuno mai avrebbe pagato per sentirmi filosofeggiare. La mia ricerca frenetica per un "progetto post lauream" mi aveva portato alla facoltà di Legge più che altro perché per iscriversi agli altri programmi di laurea erano richieste delle competenze; per le facoltà di Giurisprudenza, invece, non sembrava necessaria alcuna conoscenza preliminare. Ad Harvard potevo studiare Legge e nel frattempo – cosa che mi interessava – conseguire una laurea in Politiche pubbliche alla Kennedy School of Government. Ignoravo che cosa avrei fatto del mio avvenire, però sapevo che sarebbe stato legato alle vite dei poveri, alla storia delle ineguaglianze razziali in America e alla lotta per l'equità e la giustizia reciproche. Avrebbe avuto a che fare con le cose che fino ad allora avevo visto e pensato nella mia vita, ma che ancora non riuscivo davvero a mettere insieme in un percorso chiaro per la mia carriera.

Poco dopo aver iniziato le lezioni ad Harvard, cominciai a temere di aver fatto la scelta sbagliata. Arrivando da un piccolo college della Pennsylvania, mi ritenevo davvero fortunato per esservi stato ammesso, ma alla fine del primo anno mi sentivo insoddisfatto. All'epoca, la facoltà di Legge di Harvard era un luogo che incuteva un certo timore, soprattutto a un ventunenne. Tra i professori, erano molti a usare il metodo socratico – un'indagine attraverso domande dirette, ricorsive e confutatorie – il cui effetto secondario era quello di umiliare gli studenti impreparati. Quelle lezioni mi sembravano esoteriche e lontane dai temi razziali e della povertà che mi avevano motivato a mettere Legge come prima scelta.

Molti studenti avevano già una laurea di livello avanzato o lavoravano come assistenti presso studi legali prestigiosi. Io non possedevo nessuna di queste credenziali. Mi sentivo di gran lunga meno esperto e navigato rispetto ai miei compagni. Quando, a un mese dall'inizio delle lezioni, gli studi legali cominciarono a presentarsi nel campus e a intervistare gli studenti, i miei compagni di corso indossarono l'abito buono e furono pronti a firmare per ricevere "voli" diretti a New York, Los Angeles, San Francisco o Washington. Per me, invece, comprendere esattamente che cosa, con tanto zelo, ci stessimo tutti preparando a fare rimaneva un mistero assoluto. Prima di iniziare a studiare Legge, non avevo neppure mai incontrato un avvocato.

Trascorsi l'estate del primo anno alla facoltà di Giurisprudenza collaborando a un progetto di giustizia minorile, a Philadelphia, mentre la sera prendevo lezioni di calcolo avanzato per prepararmi all'anno successivo alla Kennedy School. A settembre però, una volta iniziato il programma di Politiche pubbliche, continuavo a sentirmi un pesce fuor d'acqua. Il curriculum era eccessivamente quantitativo, ossia incentrato su come massimizzare i benefici e minimizzare i costi, senza preoccuparsi più di tanto di che cosa questi benefici realizzassero e che cosa comportassero quei costi. Per quanto intellettualmente stimolanti, corsi come Teoria delle decisioni, Econometria e simili mi procuravano un senso di frustrazione. Poi però, all'improvviso, tutto divenne chiaro.

Venni a sapere che la facoltà di Legge offriva un corso intensivo, fuori dai canoni e della durata di un mese, sui processi a sfondo razziale e legati alla povertà sotto la docenza di Betsy Bartholet, un professore di Legge che aveva lavorato come avvocato per il Fondo di difesa legale dell'Associazione nazionale per la promozione delle persone di colore (NAACP). A differenza della maggior parte degli altri corsi, questo portava gli studenti fuori dal campus, obbligandoli a trascorrere quel mese con un'organizzazione che svolgeva attività di giustizia sociale. Firmai con entusiasmo la mia adesione e nel dicembre del 1983 mi ritrovai a bordo di un aereo diretto ad Atlanta, in Georgia, dove era previsto che passassi alcune settimane collaborando con il Comitato per la difesa dei detenuti del Sud (SPDC).

Il volo diretto per la capitale della Georgia superava le mie disponibilità economiche, perciò dovetti fare scalo a Charlotte, nella Carolina del Nord, e fu lì che incontrai Steve Bright, il direttore dell'SPDC, di ritorno ad Atlanta dalle vacanze. Steve aveva all'incirca trentacinque anni e possedeva una passione e una certezza che apparivano l'esatto contrario della mia indecisione. Era cresciuto in una fattoria del Kentucky e, dopo la facoltà di Legge, era approdato a Washington. Era un brillante avvocato di tribunale presso il Servizio per la difesa d'ufficio del Distretto di Columbia ed era appena stato reclutato alla guida dell'SPDC, la cui missione era assistere i condannati nel braccio della morte in Georgia. Tra ciò che faceva e ciò in cui credeva, in lui non vi era alcuna traccia di quelle cesure che invece avevo riscontrato in così tanti miei professori di Legge. Quando ci incontrammo mi strinse in un abbraccio caloroso, dopodiché iniziammo a parlare. E continuammo, finché non fummo atterrati ad Atlanta.

A un certo punto, durante il nostro breve volo, mi disse: «Bryan, pena capitale significa che "senza quel capitale loro ottengono una pena". Non possiamo aiutare quelli nel braccio della morte senza l'aiuto di persone come te».

La sua certezza immediata che io avessi qualcosa da offrire mi colse di sorpresa. Iniziò quindi ad analizzare le questioni legate alla pena di morte in maniera semplice ma persuasiva, mentre io pendevo dalle sue labbra, completamente rapito dalla sua dedizione e dal suo carisma.

«Mi auguro che mentre sei qui tu non ti crei aspettative troppo grandi», mi disse.

«Oh, no», lo rassicurai, «sono grato per l'opportunità di lavorare con voi».

«Bene, "opportunità" non è necessariamente la prima parola che viene in mente quando si pensa di lavorare con noi. Conduciamo una vita alquanto semplice, e le ore sono piuttosto dense».

«Questo per me non è un problema».

«Be', in effetti, si potrebbe dire che viviamo ancor meno che semplicemente. Piuttosto a corto di soldi, forse addirittura come chi se la cava a malapena e lotta per resistere, sopravvivendo grazie alle premure degli sconosciuti, sbarcando il lunario giorno dopo giorno, incerti sul futuro».

Mi lasciai sfuggire uno sguardo turbato e Steve si mise a ridere.

«Sto scherzando… più o meno».

Passò a parlare d'altro, ma era chiaro che il suo cuore e i suoi pensieri erano rivolti alle traversie dei condannati e di coloro che dovevano affrontare un trattamento ingiusto nelle prigioni e nelle carceri. Incontrare qualcuno la cui vita era così potentemente animata dal proprio lavoro fu un'esperienza che mi segnò nel profondo.

L'inverno in cui approdai all'SPDC vi lavoravano solo un paio di avvocati. La maggior parte di loro erano ex difensori penali provenienti da Washington ed erano arrivati in Georgia per rispondere a una crisi sempre più urgente: i detenuti nel braccio della morte non riuscivano ad avere un avvocato. Questi avvocati, uomini e donne, neri e bianchi e tutti sulla trentina, erano incoraggiati l'un l'altro da una missione comune, da una speranza condivisa, nonché dal medesimo sforzo per le sfide da affrontare.

Dopo anni di ritardi e divieti, nel Profondo Sud erano riprese le esecuzioni e la maggior parte delle persone che affollavano il braccio della morte non avevano né un avvocato né diritto a un difensore d'ufficio. Si faceva sempre più largo il timore che ben presto le persone sarebbero state uccise senza che il loro caso fosse mai stato riesaminato da un legale esperto. Ogni giorno ci arrivavano chiamate cariche d'angoscia da parte di carcerati che non ricevevano alcuna assistenza legale, ma la cui data di esecuzione era stata fissata sul calendario e si avvicinava rapidamente. Non avevo mai sentito delle voci così disperate.

Quando iniziai il tirocinio, furono tutti estremamente gentili con me e io mi sentii subito a casa. L'SPDC si trovava in centro ad Atlanta, nell'Healey Building, un edificio di sedici piani in stile neogotico eretto agli inizi del Novecento e ormai in notevole declino, i cui inquilini se ne stavano andando. Insieme a due avvocati, lavoravo in un cerchio angusto di scrivanie e svolgevo mansioni d'ufficio, rispondendo al telefono e facendo ricerche per il gruppo sui vari aspetti giuridici. Avevo appena iniziato ad ambientarmi nella mia routine d'ufficio, quando Steve mi chiese di andare nel braccio della morte per fare visita a un condannato che nessuno degli altri aveva tempo di incontrare. Mi spiegò che l'uomo era lì da più di due anni e che loro non disponevano ancora di un avvocato che si occupasse del suo caso; il mio compito era quello di trasmettere a quell'uomo un solo, semplice messaggio: *L'anno prossimo non verrai ucciso.*

Mentre guidavo attraverso i campi arati e i boschi nelle campagne della Georgia, ripetevo mentalmente le parole che avrei detto a quell'uomo. Più e più volte riprovai il modo in cui presentarmi.

«Salve, il mio nome è Bryan. Sono uno studente presso il...». No. «Sono uno studente di Legge presso...». No. «Il mio nome è Bryan Stevenson. Sono un tirocinante di Legge presso il Comitato per la difesa dei detenuti del Sud e sono stato incaricato di informarla che lei non verrà giustiziato a breve». «Lei non potrà essere giustiziato a breve». «Assolutamente, a breve lei non corre alcun rischio di esecuzione». No.

Continuai a esercitarmi con la mia presentazione, finché non mi fermai davanti alla minacciosa recinzione in filo spinato e alla torretta di guardia bianca del Centro di classificazione e diagnostica della Georgia. In ufficio lo chiamavamo semplicemente "Jackson", perciò ritrovarmi di fronte al suo vero nome inciso su una targa mi procurò un sussulto: mi sembrò un atto clinico, quasi terapeutico. Parcheggiai l'auto e mi avviai verso l'ingresso del carcere, dopodiché entrai nell'edificio principale con i suoi corridoi bui e gli ingressi chiusi da cancellate, dove ogni via d'accesso era preclusa da sbarre di metallo.

Per raggiungere l'area destinata alle visite legali dovetti attraversare un corridoio dentro a un tunnel, in cui ogni passo riecheggiava sinistro sul pavimento dalle piastrelle immacolate. Quando annunciai al funzionario addetto alle visite che ero un assistente legale mandato a incontrare un carcerato nel braccio della morte, questi mi guardò con sospetto. Indossavo l'unico abito che possedevo ed entrambi eravamo consapevoli che aveva visto giorni migliori. Gli occhi del funzionario sembrarono indugiare a lungo e con severità sulla mia patente di guida, dopodiché piegò il capo verso di me e iniziò a parlare.

«Lei non è di qui».

Più che una domanda, era un'affermazione.

«No, signore. A dire il vero, sto lavorando ad Atlanta». Dopo aver contattato l'ufficio della sorveglianza per assicurarsi che la mia visita fosse stata correttamente pianificata, finalmente mi fece entrare, indirizzandomi in modo brusco verso la stanzetta in cui sarebbe avvenuta la visita.

«Veda di non perdersi qua dentro; non le prometto che verremmo a cercarla», mi avvisò.

La sala per le visite era di diciotto metri quadrati e conteneva giusto un paio di sgabelli bullonati al pavimento. Nella stanza, tutto era fatto di metallo e messo in sicurezza. Difronte agli sgabelli, a partire da un piccolo listello, una rete metallica saliva su fino al soffitto, alto tre metri e mezzo. Era una gabbia, ed era rimasta vuota finché io non vi misi piede. Per le visite dei familiari, i detenuti e i visitatori erano obbligati a stare sui due lati opposti di quel muro interno costituito dalla rete e dovevano parlare attraverso quelle maglie di metallo. Gli incontri con gli avvocati, invece, erano "visite di contatto": entrambi saremmo stati nella stessa parte della stanza, così da garantire una riservatezza maggiore. La sala era piccola e, per quanto consapevole che non potesse essere vero, ogni secondo che passava avevo l'impressione che si stesse sempre più riducendo. Tornai a preoccuparmi per la mia mancanza di preparazione. La durata prevista per l'incontro con il cliente era di sessanta minuti, ma temevo che quanto avevo da dire non sarebbe bastato a coprire neppure un quarto d'ora. Mi misi a sedere su uno degli sgabelli e stetti ad aspettare. Dopo quindici minuti di ansia sempre più forte, finalmente al di là della porta udii il forte rumore metallico delle catene.

L'uomo che entrò dentro pareva ancora più nervoso di me. Mi lanciò un'occhiata, il volto corrugato in una smorfia di allarme, e quando gli rivolsi lo sguardo lui distolse subito il suo. Rimase vicino l'ingresso, come se in realtà non volesse entrare nella sala per le visite. Era un giovane afroamericano dall'aspetto curato, con i capelli corti – ben rasato, di media ossatura e costituzione – e con indosso una tenuta bianca del carcere linda e pulita. Mi sembrò immediatamente familiare, come tutte le persone con cui ero cresciuto, amici di scuola, gente con cui avevo fatto sport o musica, qualcuno con cui per strada avrei parlato del tempo. La guardia lo liberò con tutta calma dalle catene, togliendogli le manette e i ceppi alle caviglie, dopodiché mi guardò negli occhi e mi disse che avevo a disposizione un'ora. Prima di girare i tacchi e abbandonare la stanza, il secondino, che pareva rendersi conto di quanto sia io che il detenuto fossimo nervosi e provare quindi una sorta di piacere per il nostro disagio, mi rivolse un sogghigno. La porta di metallo sbatté violentemente dietro di lui e il rimbombo si propagò per tutta la stanzetta.

Il condannato non avanzò di un passo e io non sapevo che altro fare, perciò gli andai incontro e gli porsi la mano. Lui la strinse con circospezione. Dopodiché ci sedemmo e fu lui il primo a parlare.

Disse: «Io sono Henry».

«Sono molto dispiaciuto», furono le prime parole che mi uscirono d'impulso. A dispetto di tutti i miei preparativi e le frasi che mi ero ripetuto, l'unica cosa che riuscii a fare fu scusarmi a più riprese.

«Sono davvero dispiaciuto, sono davvero dispiaciuto, uh, okay, non so davvero, uh, sono solo uno studente di legge, non sono un vero avvocato… mi dispiace davvero non poterle dire molto, ma più di tanto non so».

L'uomo mi guardò preoccupato. «Procede tutto bene con la mia causa?».

«Oh, sì, signore. Gli avvocati all'SPDC mi hanno mandato qui a dirle che non hanno ancora un avvocato… voglio dire, per il suo caso non abbiamo ancora un avvocato, ma lei non è a rischio di esecuzione per tutto l'anno prossimo… Stiamo lavorando per trovarle un avvocato, un vero avvocato, e speriamo che sia disponibile a incontrarla nel giro di pochi mesi. Io sono solo uno studente di Legge. Sono molto felice di dare il mio aiuto, cioè, se posso fare qualcosa».

L'uomo interruppe il mio blaterare afferrandomi velocemente le mani.

«Hanno fissato per me una data di esecuzione l'anno prossimo?».

«No, signore. Dicono che ci vorrà almeno un anno prima che stabiliscano per lei una data di esecuzione». Queste parole non mi sembravano granché di conforto. Ma Henry continuava a stringermi le mani sempre più forte.

«Grazie, amico. Sul serio, grazie! Questa è un'ottima notizia!». Le sue spalle si raddrizzarono e mi guardò con un grande sollievo negli occhi.

«Sono entrato nel braccio della morte da oltre due anni e tu sei la prima persona che incontro al di fuori degli altri detenuti qua dentro o delle guardie. Sono contento che tu sia qui e sono così contento di ricevere questa notizia». Tirò un forte sospiro e sembrò rilassarsi.

«Sono rimasto in contatto con mia moglie al telefono, ma non volevo che venisse quaggiù a trovarmi o che portasse i bambini, perché avevo paura che si presentassero qui e che io avessi una data per l'esecuzione. Non volevo che venissero in questo modo. Adesso invece posso dirle di venirmi a trovare. Grazie!».

Rimasi sorpreso che fosse così felice. Anche io mi rilassai e cominciammo a parlare. Venne fuori che avevamo esattamente la stessa età. Henry mi fece domande personali e io gli chiesi della sua vita. Nel giro di un'ora, entrambi ci eravamo persi nei nostri discorsi. Discutemmo di tutto. Mi raccontò della sua famiglia e del suo processo. Mi fece domande sulla facoltà di Legge e sulla mia famiglia. Parlammo di musica, del carcere, di che cosa fosse importante nella vita e di ciò che non lo era. Venni assorbito completamente dalla nostra conversazione. A volte scoppiavamo a ridere, così come ci furono momenti in cui lui fu molto triste e vinto dalle emozioni. Continuavamo a parlare e a parlare, e fu solo quando udii un forte colpo alla porta che mi resi conto di aver abbondantemente sforato il tempo a me concesso per la visita. Guardai il mio orologio. Erano passate tre ore.

La guardia entrò dentro arrabbiata. Mi ringhiò contro: «Lei non avrebbe dovuto essere più qui già da un pezzo. Se ne deve andare».

Iniziò ad ammanettare Henry, tirandogli le mani dietro la schiena e bloccandogliele in quella posizione. Poi, con fare brusco, gli mise i ceppi alle caviglie. La guardia era talmente irosa che aveva stretto le manette troppo forte. Riuscivo a vedere la smorfia di dolore sul viso di Henry.

Dissi: «Credo che le manette siano troppo strette. Per piacere, le può allentare?».

«Le ho già detto che lei se ne deve andare via. E non mi dica come devo fare il mio lavoro».

Henry mi fece un sorriso aggiungendo: «Va tutto bene, Bryan. Non preoccuparti di questo. Solo, torna a trovarmi, okay?». A ogni schiocco delle catene, che gli erano state legate attorno alla vita, coglievo sul suo viso un sussulto di dolore.

Devo essergli sembrato alquanto sconvolto, perché Henry continuava a ripetermi: «Non preoccuparti, Bryan, non preoccuparti. Torna, okay?».

Quando il secondino lo spinse verso la porta, Henry si girò a guardarmi.

Io iniziai a mormorare: «Mi dispiace davvero. Mi dispiace dav…».

«Non preoccuparti di questo, Bryan», mi interruppe lui. «Solo, ritorna».

Lo guardai cercando di trovare qualcosa da dire che fosse appropriato, che fosse rassicurante, qualcosa che gli esprimesse la mia gratitudine per essere stato così paziente con me. Ma non riuscii a trovare nulla. Henry mi guardò e sorrise. La guardia lo stava spintonando con forza verso la porta. Non mi piaceva il modo in cui Henry veniva trattato, ma lui continuava a sorridere finché, poco prima che l'agente lo spingesse al di là della soglia, puntò i piedi per opporre resistenza agli spintoni del secondino. A quel punto, fece un gesto del tutto inatteso. Lo vidi chiudere gli occhi e piegare il capo all'indietro. Non capivo quello che stesse facendo, ma poi aprì la bocca e allora compresi. Iniziò a cantare. Possedeva una magnifica voce da baritono, forte e chiara. Sia io che la guardia, la quale intanto aveva smesso di spingerlo, fummo colti di sorpresa.

La via che ascende io vado percorrendo
Nuove cime, ogni giorno, io sto raggiungendo
Continuo a pregare perché avanti sono indirizzato
Pianta, o Signore, i miei piedi in un campo più elevato.

Era un vecchio inno che cantavano sempre nella chiesa dove ero cresciuto. Erano anni che non lo sentivo. Henry cantava lentamente e con grande sincerità e convinzione. Ci volle un po' prima che l'agente si riprendesse e ricominciasse a spingerlo fuori della porta. Siccome aveva le caviglie in ceppi e le mani legate dietro la schiena, quando la guardia lo spinse in avanti Henry per poco non cadde. Per mantenere l'equilibrio, era costretto a camminare come una papera, tuttavia continuava a cantare. Mentre procedeva lungo il corridoio, riuscivo a sentirlo ancora:

Sollevami Signore e lascia che io trovi ristoro
Del Cielo, con fede, su un pianoro
L'altipiano più alto a cui io sia mai arrivato
Pianta, o Signore, i miei piedi in un campo più elevato.

Mi misi seduto, in preda a uno stordimento completo.

La voce di Henry era colma di desiderio. Il suo canto fu per me un dono prezioso. Ero arrivato nel carcere così ansioso e timoroso che non fosse disposto a sopportare la mia inadeguatezza. Non mi aspettavo che potesse essere generoso e compassionevole. Non avevo il diritto di aspettarmi proprio nulla da un condannato nel braccio della morte. E invece lui mi aveva offerto una straordinaria dimostrazione della propria umanità. Fu allora che Henry cambiò qualcosa nella mia comprensione del potenziale umano, della redenzione e della fiducia.

Conclusi il mio tirocinio con l'impegno di aiutare i detenuti nel braccio della morte che avevo incontrato in quel mese. La vicinanza ai condannati e ai carcerati rese per me più urgenti e significative le problematiche umane di ognuno di loro, ma anche le mie. Tornai alla facoltà di Giurisprudenza con il vivo desiderio di comprendere le leggi e le dottrine che sancivano la condanna a morte e le pene estreme. Seguii corsi su corsi di Diritto costituzionale, sul ricorso alla magistratura, sulla procedura d'appello, sulle corti federali e sui procedimenti collaterali. Feci un lavoro ulteriore per ampliare la mia comprensione di come la teoria costituzionale arrivi a dare forma alla procedura penale. Mi immersi appieno nella legge e nella sociologia della razza, della povertà e del potere. Prima la facoltà di Legge mi era sembrata astratta e avulsa da tutto il resto, ma, dopo avere incontrato chi era imprigionato e non aveva speranza, ogni cosa divenne rilevante e di estrema importanza. Perfino i miei studi alla Kennedy School assunsero un significato nuovo. Sviluppare le abilità necessarie a quantificare e decostruire le discriminazioni e le disuguaglianze che riscontravo divenne un'urgenza carica di significati.

Il breve tempo trascorso nel braccio della morte mi rivelò le lacune riguardo al nostro modo di trattare le persone all'interno del sistema giudiziario, e che forse alcuni individui venivano giudicati ingiustamente. Più riflettevo sull'esperienza avuta, più mi rendevo conto che per tutta la vita non avevo fatto altro che confrontarmi con il problema di come e perché le persone vengano giudicate in maniera iniqua.

Ero cresciuto sulla costa orientale della penisola di Delmarva, nel Delaware, in un insediamento povero, rurale e soggetto alla segregazione delle razze, un luogo in cui la storia razziale del nostro paese aveva proiettato un'ombra lunga. Le comunità costiere che dalla Virginia e dal Maryland orientale si estendevano fino al Delaware meridionale erano sudiste senza provare alcun tipo di remora. Anche per via della vicinanza di quella regione al Nord, da quelle parti erano in molti a volere un ordine gerarchico fondato sulla razza, che prevedesse simboli, segnali e rinforzi continui. Le bandiere della Confederazione venivano esibite con orgoglio in tutto il territorio, come segno sfrontato e provocatorio di quello scenario culturale, sociale e politico.

Gli afroamericani vivevano segregati in ghetti isolati dai binari della ferrovia, in piccole città o all'interno dei "settori di colore" nelle campagne. Io sono cresciuto in un insediamento rurale in cui c'erano persone che vivevano in baracche minuscole; famiglie sprovviste di impianti idraulici interni e che erano costrette a usare i gabinetti all'esterno. Le nostre aree di gioco all'aperto le dovevamo condividere con i polli e i maiali.

I neri intorno a me erano gente forte e determinata, ma esclusa ed emarginata. Ogni mattina, l'autobus dello stabilimento di pollame veniva a prendere gli adulti per condurli nella fabbrica in cui tutti i giorni avrebbero spennato, fatto a pezzi e lavorato migliaia di polli. Mio padre aveva lasciato la zona quando era un adolescente, perché per i ragazzi neri non esisteva una scuola superiore locale. Vi fece ritorno con mia madre e trovò lavoro in una fabbrica alimentare; nei fine settimana svolgeva lavori domestici nei cottage e nelle case in affitto sulla spiaggia. Mia madre aveva un lavoro da civile presso una base aeronautica. Era come se tutti avessimo addosso una veste non gradita fatta di differenza razziale, che ci vincolava, ci confinava e ci limitava.

Malgrado i miei parenti lavorassero tutto il tempo e duramente, non sembravano mai prosperare. Mio nonno era stato ucciso quando io ero un ragazzino, ma al di là della nostra famiglia la cosa non sembrava importare al resto del mondo.

Mia nonna era figlia di gente che aveva vissuto in schiavitù nella Contea di Caroline, in Virginia. Era nata negli anni Ottanta dell'Ottocento, mentre i suoi genitori negli anni Quaranta. Suo padre le aveva raccontato continuamente dell'esperienza di crescere come uno schiavo e di come avesse imparato a leggere e a scrivere, tenendolo però nascosto. Finché non ci fu l'Emancipazione, aveva tenuto segreto tutto ciò che sapeva. L'eredità della schiavitù segnò profondamente mia nonna e il suo modo di crescere i nove figli che aveva avuto. E influenzò il suo modo di parlare con me, la maniera in cui mi diceva continuamente: «Resta vicino».

Quando andavo a trovarla, mi abbracciava così stretto che a malapena riuscivo a respirare. Dopo un po', mi chiedeva: «Bryan, lo senti ancora il mio abbraccio?». Se rispondevo di sì, mi lasciava stare; ma se le dicevo di no, mi stringeva nuovamente. Erano tanti i no che dicevo, perché ero felice di sentirmi avvolto dalle sue braccia formidabili. Non era mai stanca di tirarmi a sé.

«La maggior parte delle cose importanti non possono essere capite da lontano, Bryan. Ti devi avvicinare», mi ripeteva sempre.

La distanza che avevo sperimentato il primo anno alla facoltà di Legge mi aveva fatto sentire perso. La vicinanza ai condannati, invece, alle persone giudicate ingiustamente, fu ciò che mi ricondusse a qualcosa che per me era familiare.

Questo libro esamina più da vicino le incarcerazioni di massa e le pene estreme in America. Tratta della facilità con cui le persone vengono giudicate in questo paese e dell'ingiustizia che commettiamo quando consentiamo che siano la paura, la rabbia e il distacco a dare forma al modo in cui trattiamo i più vulnerabili tra noi. Parla inoltre di un periodo drammatico della nostra storia recente, un'epoca che ha segnato in maniera indelebile la vita di milioni di americani – di ogni razza, età e genere – e la psiche dell'America nel suo complesso.

La prima volta che ho messo piede nel braccio della morte, nel dicembre del 1983, gli Stati Uniti muovevano i primi passi verso una trasformazione radicale che ci avrebbe resi una nazione inclemente e punitiva senza precedenti, e il cui esito sono state incarcerazioni di massa che non hanno corrispettivi storici. Oggi noi deteniamo il più alto tasso di carcerazione al mondo. Il numero di detenuti è aumentato da 300.000 persone all'inizio degli anni Settanta del secolo scorso a 2,3 milioni di carcerati oggi. Le persone in libertà vigilata o con la condizionale sono quasi sei milioni. Si stima che uno statunitense su quindici tra quelli nati dopo il 2001 finirà in prigione o in un penitenziario[1]; e si calcola che un bambino nero ogni tre, tra quelli nati in questo secolo, verrà incarcerato[2].

Abbiamo abbattuto con armi da fuoco, impiccato, gassato, giustiziato sulla sedia elettrica e con iniezioni letali centinaia di individui per portare a termine delle esecuzioni stabilite dalla legge. E altre migliaia di persone attendono nel braccio della morte di essere giustiziate. Alcuni Stati non prevedono un'età minima per perseguire i minori come adulti[3]; abbiamo spedito un quarto di milione di bambini nelle prigioni e nei penitenziari destinati agli adulti perché scontino pene a lungo termine, e alcuni di loro non sono neppure dodicenni. Per anni, siamo stati l'unico paese al mondo a condannare i bambini all'ergastolo senza neanche la libertà condizionale; quasi tremila minori sono stati condannati a morire nelle carceri.

Centinaia di migliaia di criminali non violenti sono stati costretti a trascorrere interi decenni in prigione. Abbiamo creato delle leggi in forza delle quali emettere assegni scoperti e commettere furtarelli o piccoli crimini contro la proprietà possono condurre all'ergastolo. Abbiamo dichiarato una guerra costosa a chi è affetto da problemi legati all'abuso di sostanze. Oggi sono più di mezzo milione le persone rinchiuse in un carcere statale o federale per reati di droga, laddove nel 1980 erano appena 41.000[4].

In molti Stati abbiamo abolito la libertà condizionale. Abbiamo inventato slogan tipo *Three strikes and you're out* ('Tre strike e sei eliminato') per comunicare la nostra fermezza. Abbiamo rinunciato al recupero, all'istruzione e ai servizi per i carcerati, perché a quanto pare fornire assistenza è troppo gentile e compassionevole. Abbiamo istituzionalizzato politiche che riducono le persone ai loro atti peggiori e le bollano per sempre come "criminali", "assassini", "stupratori", "ladri", "spacciatori", "molestatori sessuali", "delinquenti"; identità che non possono cambiare, indipendentemente dalle circostanze in cui sono avvenuti i loro crimini o da tutti i miglioramenti che possono aver compiuto nella propria esistenza.

Altrettanto profondi sono stati gli effetti collaterali di questa incarcerazione di massa. Se in passato sono già state condannate per droga, neghiamo alle donne povere, e inevitabilmente ai loro figli, la possibilità di accedere ai buoni spesa e alle case popolari[5]. Abbiamo dato forma a un nuovo sistema di caste che costringe migliaia di persone a vivere senza un tetto, che proibisce loro di stare con la propria famiglia e nelle loro comunità, e che le rende virtualmente non idonee al lavoro. Alcuni Stati privano definitivamente del diritto di voto chi è stato condannato per un reato penale[6]; il risultato è che in numerosi Stati del Sud la privazione del diritto di voto tra gli afroamericani ha raggiunto livelli che non si vedevano più da prima del *Voting Rights Act* del 1965[7].

Inoltre, abbiamo commesso degli errori terribili. Schiere di innocenti sono state assolte dopo essere state condannate a morte e a un passo dall'esecuzione[8]. Altre centinaia ancora sono state rilasciate grazie al test del DNA, dopo essere risultate innocenti di crimini non capitali[9]. Presunzione di colpevolezza, povertà, pregiudizi razziali e tutta una serie di dinamiche sociali, strutturali e politiche hanno dato vita a un sistema costellato di errori, un sistema in cui oggi migliaia di innocenti soffrono in prigione[10].

Infine, spendiamo un mucchio di soldi. La spesa per le prigioni e i penitenziari da parte dei governi statali e di quello federale è salita da 6,9 miliardi di dollari nel 1980 a quasi 80 miliardi di dollari oggi[11]. I costruttori di carceri private e le società di servizi penitenziari hanno profuso milioni di dollari per convincere i governi statali e locali a individuare nuovi crimini, comminare condanne più severe e mantenere un numero maggiore di persone dietro le sbarre, così che potessero ottenere guadagni maggiori. Il profitto privato ha eroso gli incentivi al miglioramento della sicurezza pubblica, alla riduzione dei costi dell'incarcerazione di massa e, cosa più importante, alla promozione del recupero dei carcerati. I governi statali sono stati costretti a riallocare i fondi destinati ai servizi pubblici, all'istruzione, alla salute e alla previdenza sociale per finanziare l'incarcerazione, e il risultato è che oggi devono affrontare crisi budgetarie senza precedenti. La privatizzazione dell'assistenza medica carceraria, del commercio nei penitenziari e una serie di altri servizi hanno reso l'incarcerazione di massa una manna dal cielo a vantaggio di pochi e un incubo costoso per il resto di noi.

Ottenuta la laurea in Legge, tornai nel Profondo Sud per rappresentare i poveri, gli incarcerati e i condannati. Negli ultimi trent'anni sono stato vicino a persone ingiustamente riconosciute colpevoli e spedite nel braccio della morte, persone come Walter McMillian. In questo libro apprenderete la storia del processo di Walter, che mi ha dato modo di conoscere l'inquietante indifferenza del nostro sistema nei confronti dei verdetti inaccurati e inattendibili, il sollievo che traiamo dagli stereotipi e la nostra tolleranza per le azioni penali e le condanne ingiuste. L'esperienza di Walter mi ha insegnato in che modo il nostro sistema traumatizzi e vittimizzi le persone quando esercitiamo il nostro potere per dichiararle colpevoli e condannarle in maniera irresponsabile: e questo vale non solo per gli accusati, ma anche per le loro famiglie, per le comunità da cui provengono e persino per le vittime dei crimini. Ma il processo di Walter mi ha insegnato un'altra cosa ancora: in questa oscurità c'è pure della luce.

La storia di Walter è una tra le tante che racconterò nei capitoli che seguono. Ho rappresentato ragazzini vittime di abusi e abbandonati, che sono stati perseguiti come adulti e che hanno subito ancora più abusi e maltrattamenti dopo essere stati mandati in strutture destinate agli adulti. Ho rappresentato delle donne, il cui numero nelle carceri è aumentato negli ultimi trent'anni del 640 per cento, e ho constatato quanto la nostra isteria nei confronti delle dipendenze da droga e la nostra ostilità verso i poveri ci abbiano resi rapidi nel criminalizzare e perseguire le donne povere quando una gravidanza va storta. Ho rappresentato persone con disabilità mentali la cui malattia spesso le ha fatte finire in carcere per decenni. Sono stato vicino ad alcune vittime di crimini e alle loro famiglie, e ho assistito al modo in cui anche molti custodi di questa incarcerazione di massa – vale a dire il personale carcerario – sono stati resi meno sani, più violenti e arrabbiati, e meno giusti e compassionevoli. Ho anche rappresentato persone che avevano commesso crimini terribili ma nondimeno si sforzavano di recuperare e trovare la redenzione. Ho scoperto, nel profondo del cuore di molti condannati e carcerati, frammenti di speranza e umanità: semi di recupero che germogliano in una vita sorprendente, se coltivati con interventi molto semplici.

La vicinanza mi ha insegnato alcune verità essenziali e che rendono umili, compresa questa lezione fondamentale: *Ognuno di noi è ben di più dell'atto peggiore che possiamo aver commesso.* Il lavoro che ho svolto con i poveri e con i carcerati mi ha persuaso che il contrario della povertà non è la ricchezza; il contrario della povertà è la giustizia. Alla fine, sono giunto alla convinzione che la misura autentica del nostro impegno per la giustizia, del carattere della nostra società, del nostro impegno per l'autorità della legge, per l'imparzialità e l'uguaglianza non possano essere misurati dal modo in cui trattiamo i ricchi, i potenti, i privilegiati e coloro che tra noi vengono rispettati. La vera misura del nostro carattere è data dal modo in cui trattiamo i poveri, gli svantaggiati, gli accusati, i carcerati e i condannati.

Quando consentiamo che gli altri vengano maltrattati siamo tutti coinvolti. L'assenza di compassione può corrompere la dignità di una comunità, di uno Stato, di una nazione. Finché tutti soffriamo della mancanza di pietà e condanniamo noi stessi tanto quanto rendiamo vittime gli altri, la paura e la rabbia possono renderci vendicativi e violenti, ingiusti e scorretti. A mio avviso, più accettiamo l'incarcerazione di massa e i livelli estremi nel comminare pene, più diventa necessario riconoscere che tutti abbiamo bisogno di pietà, che tutti abbiamo bisogno di giustizia e che – forse – tutti abbiamo bisogno di un po' di grazia immeritata.

1
Interpreti del Buio oltre la siepe

La segretaria in prova era un'elegante signora afroamericana con indosso un costoso tailleur scuro, un'eccezione di stile rispetto alla compagine che abitualmente affollava il Comitato per la difesa dei detenuti del Sud (SPDC) di Atlanta, in cui ero tornato a lavorare a tempo pieno dopo essermi laureato. Il suo primo giorno, mi misi a sproloquiare con lei con la mia solita tenuta costituita da jeans e scarpe da ginnastica e, per aiutarla ad ambientarsi, mi resi disponibile a chiarire ogni suo dubbio eventuale. Lei mi lanciò uno sguardo freddo e, dopo avermi ricordato di essere a tutti gli effetti una segretaria legale con esperienza, fece un cenno con la mano per liquidarmi. La mattina seguente, quando mi presentai a lavoro con un nuovo abbinamento di jeans e scarpe da ginnastica, lei parve sbigottita, come se in ufficio fosse entrato per sbaglio uno strano barbone. Impiegò un attimo a ricomporsi, dopodiché mi avvicinò a sé per confidarmi che la settimana successiva se ne sarebbe andata a lavorare in un «vero studio legale». Le augurai buona fortuna. Un'ora dopo però chiamò il mio ufficio per dirmi che al telefono c'era «Robert E. Lee». Mi misi a sorridere, contento di averla giudicata male: in fin dei conti, aveva senso dell'umorismo.

«Molto divertente».

«Non sto scherzando. È quel che mi ha detto», rispose in tono annoiato e per nulla scherzoso. «È sulla linea due».

Presi la chiamata.
«Salve, sono Bryan Stevenson. Come posso aiutarla?».
«Bryan, sono Robert E. Lee Key. Perché diavolo vuole rappresentare un tipo come Walter McMillian? Lo sa che è considerato uno dei più grandi spacciatori di tutto l'Alabama del Sud? Ho ricevuto la sua notifica per la comparizione, ma non vorrà mica avere a che fare con questo caso».
«Come prego?».
«Sono il giudice Key, e di certo lei non vorrà avere nulla a che fare con la causa McMillian. Nessuno in realtà si è reso conto di quanto sia davvero marcia questa situazione, nemmeno io; ma so che è una brutta storia. Questi individui potrebbero essere legati perfino alla Dixie Mafia»[1].
Il suo tono da predica e frasi così sconcertanti da parte di un giudice che non avevo mai incontrato mi gettarono nella confusione più totale. «*Dixie Mafia*»? Avevo incontrato Walter McMillian due settimane prima, alla fine di una giornata passata nel braccio della morte per iniziare a lavorare su cinque cause riguardanti la pena capitale. Non avevo ancora riesaminato la trascrizione del processo, ma ricordavo che il nome del giudice era Key. Nessuno però mi aveva segnalato la parte del Robert E. Lee. Facevo fatica ad associare l'immagine della "Dixie Mafia" con quella di Walter McMillian.
«Dixie Mafia?».
«Sì, e non sappiamo che altro ancora. Ebbene, figliolo, non ho voglia di nominare un avvocato di un altro Stato che non è iscritto all'albo dell'Alabama perché si occupi di uno di questi procedimenti per la pena di morte, perciò continui per la sua strada e lasci perdere».
«Ma io sono iscritto all'albo dell'Alabama».
Vivevo ad Atlanta, in Georgia, ma l'anno precedente, dopo aver lavorato ad alcune cause relative alle condizioni

delle prigioni e delle carceri proprio in quello Stato, ero stato ammesso all'albo dell'Alabama.

«Va bene, adesso presiedo la corte di Mobile. Non sono più a Monroeville. Se dovremo discutere in udienza della sua mozione, dovrà spostarsi da Atlanta fino a Mobile. Non le farò alcuna concessione».

«Lo comprendo, signore. Se è necessario, verrò a Mobile».

«E inoltre non ho intenzione di nominarla difensore d'ufficio, perché non ritengo che lui sia in condizioni di indigenza. A quanto si dice, possiede soldi nascosti in tutta la Contea di Monroe».

«Giudice, non sto cercando di farmi nominare. Ho detto al signor McMillian che cercheremo...». Il segnale di interruzione della chiamata troncò la prima affermazione che facevo durante tutta quella telefonata. Passai diversi minuti domandandomi se la comunicazione fosse caduta accidentalmente, finché alla fine non mi resi conto che un giudice mi aveva appena sbattuto il telefono in faccia.

Quando incontrai Walter McMillian avevo quasi trent'anni e stavo iniziando il mio quarto anno all'SPDC. Il suo era uno dei tantissimi casi su cui mi ero ritrovato costretto a lavorare freneticamente, dopo aver appreso della situazione sempre più critica in Alabama. Nel braccio della morte di quello Stato erano detenute circa un centinaio di persone e, inoltre, il numero dei condannati era quello più in crescita di tutto il paese; tutto questo, in assenza di un sistema per la difesa d'ufficio, il che significava che moltissimi detenuti nel braccio della morte non disponevano di alcun tipo di rappresentante legale. La mia amica Eva Ansley portava avanti un progetto per le carceri dell'Alabama il cui scopo era seguire i casi e affiancare un avvocato a ogni condannato. Nel 1988 trovammo il modo di ottenere dei fondi federali per creare un centro legale che potesse rappresentare i detenuti nel braccio della morte. L'idea era di utilizzare quei fondi per avviare un'attività non-profit. La nostra speranza era di aprirla a Tuscaloosa e di iniziare a occuparci dei casi a partire dall'anno successivo. Io avevo già lavorato a numerose cause per la pena di morte in diversi Stati del Sud, a volte ottenendo una sospensione dell'esecuzione giusto un paio di minuti prima dell'orario previsto per l'accensione della sedia elettrica. Tuttavia, non mi ritenevo pronto ad assumere la responsabilità di portare avanti uno studio legale non-profit. Decisi quindi di dare il mio aiuto ad avviare l'organizzazione e a trovare un direttore, dopodiché sarei tornato ad Atlanta.

Durante una visita nel braccio della morte, un paio di settimane prima della telefonata del giudice Robert E. Lee Key, avevo incontrato cinque condannati in preda alla disperazione: Willie Tabb, Vernon Madison, Jesse Morrison, Harry Nicks e Walter McMillian. Era stata una giornata davvero impegnativa ed emotivamente faticosa, e mentre rientravo ad Atlanta tutti quei casi e quei clienti si mescolavano insieme nella mia mente.

Di Walter però avevo un chiaro ricordo. Aveva almeno quindici anni più di me, non era particolarmente istruito e proveniva da una piccola comunità rurale. Ciò che più ricordavo di lui era l'insistenza con cui ripeteva di essere stato condannato ingiustamente.

«Signor Bryan, so che probabilmente di me non le importerà nulla, ma per me è importante che lei sappia che sono innocente e che non ho commesso quello che hanno detto che ho fatto, assolutamente no», mi disse nella sala per le visite. La sua voce era pacata ma stretta dall'emozione. Io gli feci un cenno di assenso con la testa. Avevo imparato ad accettare quello che i clienti mi dicevano, almeno finché i fatti non mi avessero suggerito qualcosa di diverso.

«Sicuro, certo che capisco. Quando avrò riesaminato tutti i documenti avrò un'idea più chiara delle prove di cui loro dispongono, e così potremo discuterne insieme».

«Sì, ma... Senta, di certo non sono il primo nel braccio della morte che le dice che è innocente, ma io ho davvero bisogno che mi creda. La mia vita è stata distrutta! Questa bugia che mi hanno gettato addosso è troppo grande da sopportare e se non trovo aiuto da qualcuno che mi crede...».

Le sue labbra iniziarono a tremare e serrò i pugni per non mettersi a piangere. Mentre lui si sforzava di ritrovare la calma, io rimasi seduto in silenzio.

«Mi perdoni, lo so che farà di tutto per aiutarmi», riprese abbassando il tono della voce. Istintivamente mi venne da consolarlo; il suo dolore sembrava davvero sincero. Ma più di tanto non potevo fare e, dopo molte ore trascorse a parlare con così tanta gente nel braccio della morte, mi erano rimaste energie sufficienti solo a rassicurarlo che avrei esaminato tutto con attenzione.

Sulla scrivania, nel mio piccolo ufficio ad Atlanta, c'erano parecchie trascrizioni impilate e pronte per essere trasferite a Tuscaloosa, una volta che la sede laggiù fosse stata aperta. Con i bizzarri commenti del giudice Robert E. Lee Key ancora a mulinarmi in testa, mi immersi in quel cumulo di documenti finché non trovai le trascrizioni del processo contro Walter McMillian. I volumi degli atti del giudizio erano solamente quattro, il che voleva dire che il processo era stato breve. A quel punto, i drammatici avvertimenti del giudice non fecero che rendere l'accorata professione di innocenza del signor McMillian troppo interessante per rimandarne ulteriormente la consultazione. E così, iniziai a leggere.

* * *

Sebbene avesse trascorso tutta la sua vita nella Contea di Monroe, Walter McMillian non aveva mai sentito parlare né di Harper Lee né de *Il buio oltre la siepe*. Monroeville, in Alabama, aveva celebrato senza alcun ritegno la propria concittadina Lee dopo che, negli anni Sessanta del secolo scorso, il suo libro aveva vinto un premio ed era diventato pure un bestseller nazionale. La scrittrice tornò a vivere nella Contea di Monroe, ma condusse un'esistenza appartata mostrandosi raramente in pubblico. Tuttavia, l'isolamento della scrittrice non impedì alla contea di usare di continuo ogni espediente per commercializzare il suo classico della letteratura, come pure di promuovere se stessa grazie alla fama del libro. Per girare le scene tristemente note nell'aula della corte, la produzione dell'adattamento cinematografico aveva fatto venire in città Gregory Peck, il quale vinse un Oscar proprio grazie a quell'interpretazione. In seguito, le autorità locali trasformarono il vecchio tribunale in un museo del *Buio oltre la siepe*. E un gruppo di gente del luogo diede vita a "Gli interpreti del *Buio oltre la siepe* di Monroeville" per mettere in scena un adattamento teatrale della storia. La produzione ebbe un successo tale che vennero organizzate delle tournée nazionali e internazionali, per offrire una rappresentazione autentica di questa storia, frutto d'invenzione, al pubblico di ogni parte del mondo.

Anche se le verità più dure presenti nel libro non trovarono un terreno in cui attecchire, il sentimentalismo legato al racconto della Lee ebbe modo di crescere. La storia di un nero innocente difeso con coraggio da un avvocato bianco negli anni Trenta riuscì infatti ad affascinare milioni di lettori, e questo a dispetto dell'analisi scomoda delle false accuse di stupro in cui era coinvolta una donna bianca.

Atticus Finch e la perspicace figlia Scout, gli affascinanti personaggi della Lee, conquistarono i lettori mettendoli di fronte a quelle che erano certe realtà razziali e di giustizia nel Sud. Fu così che una generazione di futuri avvocati crebbe con la speranza di emulare il coraggio di Atticus, il quale a un certo punto imbraccia egli stesso il fucile per proteggere il sospettato nero, indifeso, da una folla inferocita di bianchi pronti a linciarlo.

Oggi giorno sono molte le organizzazioni legali che elargiscono premi ispirati al nome di questo avvocato immaginario, per celebrare il modello di professione forense descritto dalla Lee nel suo romanzo. Tuttavia, quello che spesso viene trascurato è che, nel racconto, Atticus non ebbe *successo* nel difendere quel nero ingiustamente accusato. Tom Robinson, l'imputato nero vittima di false accuse, viene giudicato colpevole. E in seguito trova la morte quando, al culmine dello sconforto, compie il gesto disperato di tentare la fuga dalla prigione. Viene colpito dai propri carcerieri con diciassette colpi alla schiena, morendo in modo inglorioso ma non illegale.

Anche Walter McMillian, come Tom Robinson, era cresciuto in uno dei tanti miseri insediamenti neri al di fuori di Monroeville, dove aveva lavorato i campi con la propria famiglia prima di diventare abbastanza grande da andare a scuola. I figli dei mezzadri del Sud dell'Alabama imparavano a "dissodare, piantare e raccogliere" non appena crescevano a sufficienza per dare una mano nei campi. Negli anni Cinquanta del secolo scorso, per i figli dei neri le opportunità di ricevere un'istruzione erano limitate, ma, quando era piccolo, per un paio d'anni Walter venne mandato dalla madre alla fatiscente "scuola per gente di colore". Tuttavia, una volta compiuti otto o nove anni, divenne troppo prezioso come raccoglitore di cotone perché i vantaggi remoti dell'andare a scuola potessero essere giustificabili. E così, all'età di undici anni Walter era già in grado di arare il terreno al pari di tutti gli altri suoi fratelli.

I tempi stavano cambiando, in meglio e in peggio. Nel XIX secolo, grazie alla produzione di cotone, i proprietari delle piantagioni avevano dato impulso allo sviluppo alla Contea di Monroe. Situata sul pianoro costiero nella parte sud-occidentale dell'Alabama, il nero terreno ricco e fertile della zona attirò i coloni bianchi provenienti dalle due Carolina, pronti ad accumulare piantagioni molto redditizie e un'enorme popolazione di schiavi. Per decenni dopo la Guerra civile, la grande popolazione di afroamericani lavorò duramente i campi della "Black Belt" come mezzadri e contadini in affitto, costretti per sopravvivere a restare alle dipendenze dei proprietari terrieri bianchi. Negli anni Quaranta, però, a seguito della Grande Migrazione migliaia di afroamericani abbandonarono la regione, dirigendosi perlopiù nel Midwest e sulla Costa occidentale in cerca di lavoro. Quelli rimasti continuarono a lavorare la terra, ma l'emigrazione degli afroamericani andò a sommarsi ad altri fattori che, di fatto, resero l'agricoltura tradizionale una base economica meno sostenibile per la regione.

Negli anni Cinquanta le piccole coltivazioni di cotone stavano diventando ormai sempre meno redditizie, e questo nonostante il lavoro a basso costo fornito dai mezzadri e dagli affittuari neri. Lo Stato dell'Alabama accordò quindi il proprio aiuto ai proprietari terrieri bianchi, affinché la regione si convertisse alla coltivazione di legname da costruzione e prodotti forestali, offrendo alle cartiere incentivi fiscali straordinari. Proprio in quegli anni aprirono tredici delle sedici cartiere presenti nello Stato[2]. Lungo la Black Belt sempre più acri di terreno vennero convertiti in piantagioni di pini per le cartiere e a uso industriale. Gli afroamericani, ampiamente esclusi da questa nuova attività produttiva, furono costretti ad affrontare nuove sfide economiche e questo nonostante avessero vinto la battaglia per i diritti civili fondamentali. Stava tramontando l'epoca brutale della mezzadria e di Jim Crow[3], ma veniva sostituita da una lunga disoccupazione e da un aggravarsi della povertà. Le campagne della regione rimanevano tra le zone economicamente più depresse di tutta l'America.

Walter fu abbastanza scaltro da cogliere la nuova tendenza e negli anni Settanta avviò un'attività in proprio nel legno per carta che si sviluppò con l'industria del legname. Con astuzia – e con coraggio – prese in prestito il denaro per acquistare una sega elettrica, un trattore e un autocarro per il legname. Negli anni Ottanta era riuscito a mettere in piedi un'attività solida che, pur senza generare molto denaro in eccedenza, gli garantiva comunque un livello soddisfacente di indipendenza economica. Se avesse lavorato in una cartiera o in un'azienda e se avesse avuto una qualsiasi occupazione non qualificata – una di quelle che costituivano il tipico lavoro della maggior parte dei neri poveri nel Sud dell'Alabama –, anche lui sarebbe stato inevitabilmente costretto a lavorare per i proprietari bianchi e, di conseguenza, ad affrontare le pressioni razziali nell'Alabama degli anni Settanta e Ottanta. Walter non poteva eludere la realtà del razzismo, tuttavia avendo un'attività propria in un settore economico in crescita poteva godere di un margine di libertà sconosciuto a molti afroamericani.

Quell'indipendenza gli procurò un certo rispetto e ammirazione, ma alimentò pure il disprezzo e il sospetto, soprattutto al di fuori della comunità nera di Monroeville. Per alcuni dei bianchi in città la libertà di cui godeva Walter era di gran lunga superiore a quanto gli afroamericani con una scarsa istruzione potessero ottenere senza ricorrere a mezzi illeciti. Ciononostante, egli era gentile, rispettoso, generoso e accomodante, il che lo rendeva molto apprezzato dalle persone con cui era in affari, sia neri che bianchi.

Certo, anche lui aveva i suoi difetti. Da tempo era noto per essere un dongiovanni. Benché si fosse sposato giovane e avesse avuto tre figli dalla moglie Minnie, tutti sapevano che aveva una relazione con un'altra donna. "Lavorare con gli alberi" è notoriamente impegnativo e pericoloso. Avendo a disposizione nella sua vita pochi dei piaceri abituali, l'attenzione da parte delle donne era qualcosa a cui Walter difficilmente poteva resistere. Nel suo aspetto rude – con i suoi lunghi capelli cespugliosi e la barba irregolare – c'era qualcosa che, unito alla sua indole generosa e affascinante, attirava l'attenzione di certe donne.

Walter era cresciuto con la consapevolezza di quanto fosse proibito per un uomo di colore avere rapporti intimi con una donna bianca, tuttavia aveva immaginato che negli anni Ottanta tutto questo stesse ormai cambiando. Forse, se non avesse avuto abbastanza successo da poter vivere della propria attività, egli avrebbe tenuto costantemente presenti i confini razziali che non dovevano mai essere superati. Ma, per come stavano le cose, all'inizio Walter non aveva badato più di tanto ai corteggiamenti di Karen Kelly, una giovane donna bianca che aveva incontrato alla Waffle House dove faceva colazione. Benché lei fosse attraente, lui non l'aveva presa più di tanto sul serio. Quando però le avance della donna divennero più esplicite, Walter ebbe un momento d'esitazione, dopodiché si convinse che nessuno lo sarebbe mai venuto a sapere.

Nel giro di un paio di settimane, divenne chiaro che la sua relazione con Karen era un problema. La donna in questione, una venticinquenne, era diciotto anni più giovane di lui e pure sposata. Quando si sparse la voce che i due erano "amici", la cosa sembrò solleticare l'orgoglio della giovane per il fatto di essere in intimità con Walter. Appena però lo venne a sapere anche il marito, le cose si misero male rapidamente. Karen e suo marito Joe erano da tempo infelici e avevano già programmato di divorziare, tuttavia la sua scandalosa relazione con un nero indignò il consorte e tutta la famiglia di lui. Quest'ultimo avviò quindi un'azione legale per ottenere l'affidamento dei loro bambini e iniziò a svergognare pubblicamente la moglie, mostrandone l'infedeltà e sbandierando in giro la sua relazione con un uomo di colore.

Da parte sua, Walter si era sempre tenuto alla larga dai tribunali e a posto con la legge. Qualche anno prima, era rimasto coinvolto in una rissa al bar che si era risolta in una condanna per infrazione e una notte in cella. Fu quella la sola e unica volta in cui si era cacciato nei guai. Da allora, non aveva più ricevuto alcuna denuncia penale.

Quando ricevette un mandato di comparizione da parte del marito di Karen Kelly, affinché testimoniasse all'udienza in cui i coniugi Kelly si sarebbero contesi la custodia dei figli, Walter aveva capito che sarebbe andato incontro a guai seri.

Senza aver avuto la possibilità di consultarsi con la moglie Minnie, la quale possedeva maggiore capacità di giudizio per situazioni del genere, in preda alla tensione Walter si diresse in tribunale. L'avvocato del signor Kelly lo chiamò a deporre. Walter aveva deciso di ammettere di essere un "amico" di Karen. Il legale di quest'ultima si oppose alle domande volgari che l'avvocato del marito gli pose sulla natura del loro legame, risparmiandogli quindi di dover fornire i dettagli, però mentre usciva dall'aula la rabbia e l'ostilità contro di lui furono palpabili. Walter era intenzionato a lasciarsi alle spalle l'intera vicenda, ma la voce corse rapidamente e la sua reputazione subì un cambiamento. Adesso non era più il laborioso uomo dei legnami, conosciuto dai bianchi quasi esclusivamente per ciò che era in grado di fare tra i pini con una sega: ora Walter rappresentava qualcosa di ben più inquietante.

* * *

Le paure legate al sesso e al matrimonio interraziali hanno radici profonde negli Stati Uniti d'America. Avallando per quasi cento anni le leggi Jim Crow e alimentando politiche sociali divisive nell'arco del XX secolo, la convergenza tra razza e sesso ha rappresentato una forza dirompente nel demolire la Ricostruzione avviata dopo la Guerra civile. All'indomani della schiavitù, venne ampiamente messa a punto la creazione di un sistema di gerarchia e segregazione delle razze al fine di impedire relazioni intime come quella di Walter e Karen: relazioni che, di fatto, erano proibite dalla legge attraverso «statuti contro l'incrocio di razze» (la parola *miscegenetion*, ossia "incrocio di razze", divenne d'uso comune negli anni Sessanta del XIX secolo, allorché i sostenitori della schiavitù coniarono il termine per alimentare la paura del sesso e del matrimonio interrazziali e della mescolanza tra le razze che si sarebbe verificata qualora la schiavitù fosse stata abolita). Per oltre cento anni, in molte comunità del Sud i funzionari delle forze dell'ordine ritennero parte assolutamente integrante delle proprie mansioni indagare e punire i neri che avessero avuto rapporti intimi con donne bianche.

Sebbene durante il breve periodo della Ricostruzione il governo federale avesse promesso uguaglianza razziale per gli ex schiavi ora liberati, la supremazia dei bianchi e la sottomissione razziale non tardarono a ripresentarsi subito dopo lo sgombero delle truppe federali dall'Alabama, avvenuto negli anni Sessanta del XIX secolo. Agli afroamericani fu tolto il diritto di voto e la gerarchia razziale venne fatta rispettare attraverso una serie di leggi restrittive in base alla razza. Le leggi sull'"integrità razziale" divennero parte di un disegno volto a riprodurre la gerarchia razziale insita nella schiavitù e a ristabilire la sottomissione degli afroamericani. In virtù della criminalizzazione del sesso e del matrimonio tra le razze, gli Stati di tutto il Sud avrebbero fatto ricorso alle leggi per giustificare la sterilizzazione coatta delle donne povere e appartenenti alle minoranze. In tutto il Sud, vietare rapporti sessuali tra le donne bianche e i maschi neri divenne una preoccupazione tra le più sentite.

Negli anni Ottanta del XIX secolo, pochi anni prima che il linciaggio divenisse la reazione di prassi ai rapporti sentimentali tra razze diverse, e un secolo prima che Walter e Karen iniziassero la loro relazione, in Alabama un afroamericano di nome Tony Pace si innamorò ricambiato di Mary Cox, una donna bianca. Arrestati e riconosciuti colpevoli, furono entrambi condannati a due anni di prigione per aver violato le leggi sull'integrità razziale dell'Alabama. John Tompkins, un avvocato ed esponente di una piccola minoranza di professionisti bianchi che giudicavano incostituzionali le leggi sull'integrità razziale, acconsentì a rappresentare Tony e Mary nel ricorso in appello contro la loro condanna. Nel 1882 il caso venne riesaminato dalla Corte Suprema dell'Alabama. Ricorrendo a giri retorici che nei decenni a venire sarebbero stati citati spesso, il più alto collegio dell'Alabama confermò le condanne utilizzando un linguaggio che stillava disprezzo all'idea di una relazione sentimentale tra razze diverse:

> La propensione malvagia insita nel crimine [di adulterio o di fornicazione] è maggiore quando questo viene commesso tra persone delle due razze. [...] I suoi effetti potrebbero essere la fusione delle due razze, il che darebbe adito a una popolazione di bastardi e a una civiltà degradata, la cui prevenzione è dettata da una politica sensata che riguarda i massimi interessi della società e del governo.[4]

La decisione della Corte dell'Alabama passò al riesame della Corte Suprema degli Stati Uniti. Ricorrendo a un linguaggio «diverso ma equivalente», che faceva da anteprima alla famigerata decisione che venti anni dopo quel medesimo collegio avrebbe preso nella causa *Plessy contro Ferguson*, con voto unanime la Corte convalidò le restrizioni dell'Alabama sul sesso e il matrimonio interraziali e confermò i termini della pena carceraria comminata a Tony Pace e a Mary Cox. In seguito alla decisione della Corte Suprema, un numero maggiore di Stati approvò delle leggi sull'integrità razziale, che resero illegale il matrimonio e il sesso con i bianchi non solo per gli afroamericani, ma talvolta anche per i nativi americani e per gli asioamericani. Se nel Sud le restrizioni venivano applicate in maniera aggressiva, non erano infrequenti neppure nel Midwest e all'Ovest. Nel 1921 lo Stato dell'Idaho proibì il matrimonio e il sesso interraziali tra bianchi e neri, e questo nonostante la popolazione dello Stato fosse composta per il 99,8 per cento da bianchi[5].

Fu soltanto nel 1967 che la Corte Suprema degli Stati Uniti dichiarò finalmente illegittimi gli statuti contro l'incrocio delle razze nella causa *Loving contro lo Stato della Virginia*, per quanto le restrizioni al matrimonio interrazziale perdurassero persino dopo quella storica sentenza[6]. Nel 1986, quando Walter incontrò Karen Kelly, la Costituzione dello Stato dell'Alabama continuava a vietare tale pratica. L'articolo 102 della Carta dello Stato recitava infatti:

> Il corpo legislativo non dovrà mai approvare alcuna legge che autorizzi o renda legale ogni tipo di unione matrimoniale tra una persona bianca e un negro o il discendente di un negro.[7]

Nessuno si aspettava che un uomo di discreto successo e indipendente come Walter rispettasse tutte le regole. A volte alzava troppo il gomito finendo coinvolto in risse, oppure aveva delle relazioni extraconiugali; queste però non erano trasgressioni tanto rilevanti da distruggere la reputazione e il nome di un onesto e industrioso uomo di colore, delle cui abilità lavorative ci si poteva fidare. Una frequentazione interraziale invece, soprattutto con una donna bianca sposata, per molti bianchi costituiva un atto spregiudicato. Nel Sud si può finire in carcere per crimini come l'omicidio o l'aggressione, ma il sesso interraziale era un genere di trasgressione che, rappresentando un pericolo straordinario, comportava pene estreme. Centinaia di uomini neri sono stati linciati semplicemente per essere stati oggetto di allusioni infondate a un'intimità del genere.

Walter non conosceva la storia delle leggi, ma come ogni uomo di colore in Alabama conosceva perfettamente i rischi di una relazione sentimentale tra razze diverse. A partire dalla data della sua costituzione, nella sola Contea di Monroe erano stati linciati circa una dozzina di neri[8]. E nelle contee vicine erano avvenuti moltissimi altri linciaggi, ma il vero potere di quei linciaggi superava di gran lunga il loro numero. Erano atti di terrore più forti di qualsiasi altro, che infondevano la paura che qualsivoglia incontro con un bianco, un qualsiasi passo falso a livello sociale tra razze diverse, uno sgarbo non voluto e qualsivoglia sguardo o commento incauto potessero scatenare una reazione raccapricciante e letale.

Da ragazzino Walter aveva sentito i suoi genitori e parenti parlare dei linciaggi. Quando aveva dodici anni, il corpo di Russell Charley, un nero della Contea di Monroe, fu ritrovato impiccato a un albero a Vredenburgh, in Alabama. Si riteneva che Charley, che la famiglia di Walter conosceva, fosse stato linciato a causa di una sua avventura sentimentale interrazziale. E Walter ricordava bene il terrore che si diffuse nella comunità nera della Contea di Monroe quando il corpo senza vita e crivellato di proiettili di Charley fu ritrovato che oscillava appeso a un albero.

Adesso, Walter aveva l'impressione che tutti nella Contea di Monroe stessero parlando della sua relazione con Karen Kelly. E la cosa lo spaventò come poche altre avevano fatto in vita sua.

Alcune settimane dopo, Monroeville venne sconvolta da un evento ancor più inimmaginabile. Nella tarda mattinata del 1° novembre 1986, Ronda Morrison, l'incantevole figlia di una rispettabile famiglia locale, fu trovata morta, riversa sul pavimento del Monroe Cleaners, la lavanderia in cui la diciottenne, studentessa al college, stava lavorando. Le avevano sparato alla schiena, per tre volte.

Gli omicidi a Monroeville erano rari. E quello che sembrava un furto finito in omicidio in un noto negozio del centro era un evento senza precedenti. La morte della giovane Ronda era un crimine diverso da tutti quelli che la comunità aveva conosciuto. La ragazza era molto nota, figlia unica e, a giudizio unanime, impeccabile. Era il genere di fanciulla che tutta la comunità dei bianchi accoglieva come fosse una figlia. All'inizio la polizia era convinta che nessuno della comunità, bianco o nero che fosse, potesse aver compiuto un gesto così orribile.

Il giorno in cui fu ritrovato il corpo di Ronda Morrison, a Monroeville erano stati visti aggirarsi in cerca di lavoro due latinoamericani e fu su di loro che caddero i primi sospetti. La polizia seguì le loro tracce fino in Florida e stabilì che i due uomini non potevano essere gli autori dell'omicidio. I sospetti caddero allora sull'ex proprietario della tintoria, un anziano bianco di nome Miles Jackson, tuttavia non c'erano prove che lo indicassero come l'assassino.

Venne interrogato anche l'attuale padrone della lavanderia, Rick Blair, ma fu ritenuto un sospettato improbabile. Nel giro di poche settimane, la polizia aveva già esaurito tutte le piste.

La gente nelle Contea di Monroe cominciò a far correre voci sull'incompetenza della polizia. Diversi mesi più tardi, non essendo stato ancora effettuato alcun arresto, le voci divennero più insistenti e la polizia, lo sceriffo e il procuratore locale venivano criticati pubblicamente sui quotidiani e alle stazioni radiofoniche del posto. Tom Tate, il nuovo sceriffo della contea, era stato nominato proprio qualche giorno prima che avvenisse l'omicidio, pertanto la gente iniziò a dubitare che fosse la persona giusta per quell'incarico. A investigare sull'assassinio fu chiamato persino l'Alabama Bureau of Investigation (ABI), tuttavia anche quest'ultimo non ebbe maggiore successo delle autorità locali nel risolvere il crimine. La gente a Monroeville iniziò a cadere in preda all'ansia. Le attività locali offrirono pubblicamente ricompense di migliaia di dollari a chiunque desse informazioni che portassero a un arresto. E la vendita di armi, da sempre considerevole, non fece che aumentare.

Nel frattempo, Walter era alle prese con i propri problemi. Erano settimane ormai che cercava di rompere con Karen Kelly. L'azione giudiziaria per l'affidamento dei figli e lo scandalo pubblico l'avevano messa a dura prova; aveva iniziato a usare droghe e sembrava andare in pezzi. Inoltre, la donna aveva cominciato a frequentare Ralph Myers, un bianco con il volto gravemente sfigurato e una fedina penale interminabile, un uomo che sembrava incarnare perfettamente la disgrazia in cui la giovane era precipitata. Ralph era un compagno davvero inusuale per Karen, ma lei era in uno stato di declino talmente grave che per i suoi amici e familiari nulla di quel che faceva aveva più senso. La relazione trascinò Karen a fondo, ben oltre lo scandalo e l'uso di stupefacenti, portandola a commettere gravi atti criminali. I due finirono invischiati nello spaccio di droga e furono coinvolti nell'omicidio di Vickie Lynn Pittman, una giovane donna che viveva nella vicina Contea di Escambia.

La polizia ebbe gioco facile con le indagini sull'omicidio Pittman, arrivando ben presto alla conclusione che Ralph Myers vi fosse coinvolto. Quando i poliziotti lo interrogarono, si trovarono di fronte un uomo la cui psiche complessa si rifletteva nelle cicatrici sul suo corpo. Era fragile e facilmente preda delle emozioni, con un desiderio smodato di ricevere attenzioni: l'unica difesa efficace di cui disponeva era la sua abilità nel manipolare e depistare. Ralph riteneva che tutto quel che diceva dovesse essere epico, scioccante ed elaborato. Da piccolo, quando viveva in affidamento, era rimasto orribilmente ustionato in un incendio. Le bruciature gli sfregiarono e sfigurarono il viso e il collo a tal punto che furono necessari diversi interventi chirurgici perché potesse riacquistare le funzioni fondamentali. Alla fine, fece l'abitudine agli sconosciuti che fissavano le sue cicatrici con un'espressione di pena sul volto. Era un povero reietto che viveva ai margini della società, tuttavia cercava di compensare tutto questo facendo finta di essere a conoscenza di ogni sorta di mistero.

Dopo aver negato, in principio, ogni coinvolgimento diretto nell'omicidio Pittman, in seguito Myers ammise di avere avuto un ruolo fortuito, facendo però subito ricadere la responsabilità dell'omicidio su personaggi locali ben più interessanti. Dapprima accusò un nero di nome Isaac Dailey, un uomo dalla pessima reputazione; tuttavia, la polizia non tardò a scoprire che questi aveva trascorso la notte dell'omicidio in prigione, dentro una cella. Myers confessò quindi di essersi inventato la storia perché il vero assassino era nientemeno che lo sceriffo eletto in una contea vicina.

Per quanto scandalosa, gli agenti dell'ABI sembrarono prendere sul serio la sua accusa. Pertanto gli fecero ulteriori domande, ma più Myers procedeva nel racconto, meno la vicenda appariva credibile. Gli agenti iniziarono a sospettare che solo lui fosse l'assassino e che stesse disperatamente cercando di coinvolgere qualcun altro per ridurre al minino la propria colpevolezza.

Sebbene la morte di Vickie Pittman rappresentasse una notizia, non poteva competere con il mistero ancora insoluto che avvolgeva la morte di Ronda Morrison. Vickie proveniva da una famiglia povera di bianchi, della quale molti membri erano finiti in carcere; la sua reputazione non aveva nulla a che vedere con quella della Morrison. Per mesi interi, l'omicidio di Ronda Morrison aveva continuato a calamitare l'attenzione di tutti.

Ralph Myers era un ignorante, ma sapeva che ad angustiare gli investigatori delle forze dell'ordine era proprio il caso Morrison. Quando le sue accuse contro lo sceriffo sembrarono portare a un nulla di fatto, decise di cambiare ancora una volta la propria storia e raccontò agli investigatori di essere coinvolto nell'omicidio di Vickie Pittman insieme a Karen Kelly e al suo fidanzato nero, Walter McMillian. Ma c'era dell'altro. Disse pure alla polizia che McMillian era responsabile dell'omicidio di Ronda Morrison. E quell'affermazione catturò completamente l'attenzione delle forze dell'ordine.

Ben presto fu chiaro che Walter McMillian non aveva mai incontrato Ralph Myers, né tantomeno commesso due omicidi insieme a lui. Per dimostrare che i due erano in combutta, un agente dell'ABI chiese a Myers di incontrare McMillian in un negozio mentre gli agenti assistevano alla loro interazione. Erano trascorsi parecchi mesi dall'omicidio di Ronda Morrison.

Una volta entrato nel negozio, Myers non fu in grado di identificare Walter McMillian tra i numerosi neri presenti (dovette chiedere al titolare di indicarglielo). A quel punto consegnò a McMillian un biglietto, presumibilmente scritto da Karen Kelly. Stando ai testimoni, Walter parve disorientato sia da Myers, un uomo che non aveva mai visto prima di allora, sia dal biglietto. McMillian gettò via il biglietto e tornò alle proprie faccende. Non fece caso più di tanto a quell'incontro totalmente bizzarro.

Gli agenti dell'ABI incaricati di controllare si ritrovarono dunque senza nulla in mano che suggerisse una qualche relazione tra Myers e McMillian e con abbondanti elementi a conferma che i due uomini non si erano mai incontrati. Malgrado ciò, continuarono a insistere con la teoria McMillian. Il tempo stava passando – erano trascorsi già sette mesi – e la comunità era spaventata e arrabbiata. Le critiche aumentavano sempre più. La polizia aveva disperatamente bisogno di effettuare un arresto.

Tom Tate, lo sceriffo della Contea di Monroe, non possedeva granché esperienza nella gestione delle forze dell'ordine. Stando alle sue stesse parole, era un tipo «molto locale» e si dava gran vanto di non essersi mai avventurato più di tanto lontano da Monroeville. Adesso, a quattro mesi dalla nomina a sceriffo, si trovava di fronte a un omicidio apparentemente insolubile e sottoposto a una notevole pressione da parte dell'opinione pubblica. Quando Myers raccontò alla polizia dei rapporti di McMillian con Karen Kelly, è probabile che la famigerata tresca interraziale fosse già ben nota a Tate per via della marea di pettegolezzi seguiti alle udienze dei Kelly per la custodia dei figli. Contro McMillian però non c'era alcuna prova: nessuna eccetto il fatto che fosse un afroamericano coinvolto in una relazione adulterina interrazziale, la qual cosa, malgrado egli non avesse precedenti penali e godesse di una buona reputazione, lo rendeva un temerario potenzialmente pericoloso. E, forse, fu proprio questo a costituire una prova sufficiente.

2
Stand!

Dopo aver trascorso un anno e mezzo della mia carriera legale dormendo sul divano del soggiorno di Steve Bright ad Atlanta, decisi che era giunto il momento di trovarmi un appartamento. Quando avevo cominciato a lavorare lì, il gruppo non riusciva a stare dietro a tutte le crisi che si susseguivano una dopo l'altra. Da subito mi misero a lavorare ai processi, le scadenze erano pressanti e non ebbi il tempo di cercare un posto in cui vivere, senza contare che con uno stipendio annuale di 14.000 dollari non mi restavano molti soldi per pagare un affitto; così Steve si offrì gentilmente di ospitarmi. Vivere nella casetta bifamiliare di Steve, a Grant Park, mi dava modo di interrogarlo continuamente sulle questioni complesse poste dai nostri casi e clienti. Ogni giorno, esaminavamo con scrupolo piccoli e grandi problemi, dal mattino fino a mezzanotte. Mi piaceva moltissimo. Ma quando un collega della facoltà di Legge, Charles Bliss, si trasferì ad Atlanta per un impiego alla Atlanta Legal Aid Society, ci rendemmo conto che, mettendo insieme i nostri magri stipendi, avremmo potuto prendere in affitto un appartamento. Charlie e io avevamo iniziato insieme i corsi ad Harvard e il primo anno avevamo dormito nello stesso studentato. Lui era un ragazzo bianco della Carolina del Nord che sembrava provare la mia stessa confusione per ciò che stavamo vivendo lì alla facoltà di Giurisprudenza. Ci rifugiavamo spesso nella palestra del campus per giocare a basket e provare a dare un senso alle cose.

Trovammo una casa vicino all'Inman Park di Atlanta. Dopo un anno, l'affitto divenne più caro e fummo costretti a trasferirci nel quartiere di Virginia-Highland, dove rimanemmo un altro anno per poi traslocare nuovamente, questa volta a Midtown Atlanta, ancora a causa di un aumento dell'affitto. Con le sue due camere da letto, l'appartamento che condividevamo a Midtown era il più bello tra quelli che avevamo trovato e nel quartiere migliore. Tuttavia, considerato il carico di lavoro che avevo in Alabama, non riuscivo a passarci molto tempo.

L'idea di un nuovo progetto legale per rappresentare le persone nel braccio della morte in Alabama cominciava a prendere forma. La mia speranza era di far decollare il programma in Alabama e poi tornare a vivere ad Atlanta. L'elenco delle mie cause iscritte a ruolo in Alabama faceva capire il lavoro matto e disperatissimo che stavo svolgendo, andando avanti e indietro da Atlanta mentre, in contemporanea, seguivo anche vari ricorsi sulle condizioni dei carcerati che avevo presentato in diversi Stati del Sud.

Le condizioni dei detenuti peggioravano ovunque. Negli anni Settanta, la rivolta nella prigione di Attica aveva richiamato l'attenzione della nazione sugli orribili abusi commessi nelle carceri. La presa di Attica da parte dei prigionieri fece conoscere al paese le pratiche crudeli all'interno dei penitenziari, come ad esempio le celle di isolamento, dove i carcerati sono confinati in uno spazio angusto per settimane o mesi. In alcune strutture i prigionieri venivano messi in un "seccatoio", un buco delle dimensioni di una bara o di una scatola in cui un detenuto era costretto a sopportare un caldo estremo per giorni o intere settimane. Alcuni venivano torturati con pungoli elettrici per aver violato le regole del carcere. In altre strutture, invece, i detenuti venivano incatenati al "palo" con le braccia legate sopra le loro teste, in una posizione dolorosa cui erano costretti per ore. Questa pratica, che soltanto nel 2002 è stata dichiarata incostituzionale, era una delle tante punizioni degradanti e pericolose inflitte alla popolazione carceraria. Cibo e condizioni di vita terribili erano all'ordine del giorno.

La morte di quarantadue persone alla fine della rivolta di Attica portò allo scoperto i pericoli degli abusi e delle condizioni disumane nei penitenziari. Questa attenzione maggiore ebbe come risultato anche diverse sentenze della Corte Suprema, volte a garantire ai detenuti alcune tutele processuali fondamentali. Preoccupati per le possibili violenze, diversi Stati approvarono delle riforme per eliminare le pratiche più brutali. Ma dieci anni dopo, il rapido aumento della popolazione carceraria determinò inevitabilmente un deterioramento delle condizioni all'interno degli istituti di reclusione.

Ricevevamo montagne di lettere da detenuti che continuavano a lamentarsi delle terribili condizioni in cui vivevano. Riferivano che venivano ancora picchiati dal personale penitenziario e umiliati con i ceppi e altre punizioni abiette. Nel nostro ufficio arrivò un numero allarmante di casi di carcerati trovati morti nelle loro celle.

Stavo lavorando a diversi tra questi casi, compreso uno a Gadsden in Alabama, dove secondo quanto dichiarato dalle autorità della prigione un trentanovenne di colore era morto per cause naturali dopo essere stato arrestato per alcune violazioni al codice della strada. La sua famiglia sosteneva invece che fosse stato picchiato dagli agenti di polizia e della prigione, i quali gli avevano poi negato il suo inalatore e i farmaci contro l'asma, malgrado lui avesse implorato per averli. Trascorsi molto tempo con i familiari di

Lourida Ruffin, distrutti dal dolore, e appresi che padre affettuoso fosse, quanto fosse gentile e come la gente avesse dato per scontate cose su di lui che non erano affatto vere. Con il suo metro e novantacinque e i centodieci chili di peso poteva apparire un po' minaccioso, ma la moglie e la madre insistevano che fosse una persona dolce e amabile.

Una sera, gli agenti di polizia di Gadsden aveva fermato Ruffin perché, a loro dire, la sua auto procedeva sbandando. A quel punto, la polizia aveva scoperto che la sua patente era scaduta qualche settimana prima e per questo lo aveva messo in stato di fermo. Una volta arrivato alla prigione cittadina ferito e sanguinante, il signor Ruffin raccontò agli altri detenuti di essere stato picchiato selvaggiamente e di avere assolutamente bisogno del proprio inalatore e dei suoi farmaci contro l'asma. Quando cominciai a indagare sul caso, i prigionieri mi dissero di aver visto gli agenti picchiare Ruffin prima di condurlo in una cella di isolamento. Diverse ore dopo videro il personale medico portare via dalla cella il suo corpo su una barella.

Nonostante le riforme degli anni Settanta e dei primi anni Ottanta, la morte dei detenuti nelle prigioni locali e nei penitenziari costituiva ancora un serio problema. Ogni anno, i carcerati a morire per suicidio, violenze tra detenuti, assistenza medica inadeguata, abusi da parte del personale e soprusi degli agenti penitenziari erano centinaia[1].

Presto ricevetti altri reclami dalla comunità di Gadsden. I genitori di un adolescente di colore che era stato ucciso a colpi di arma da fuoco dalla polizia mi raccontarono che il figlio era stato fermato per una lieve infrazione al codice della strada, giacché era passato con il rosso. Il giovane aveva iniziato da poco a guidare e quando gli si avvicinò l'agente di polizia divenne molto teso. La sua famiglia sosteneva che il ragazzo si piegò sul pavimento dell'auto per estrarre dal borsone della palestra la patente appena presa.

Secondo il poliziotto, invece, era alla ricerca di un'arma – non ne fu mai trovata alcuna – e il ragazzo fu ucciso mentre sedeva nell'auto. L'agente che sparò al giovane disse che aveva modi minacciosi e che si muoveva in maniera concitata, con fare pericoloso. Effettivamente, i genitori mi riferirono che in genere il figlio *era* nervoso e che si spaventava facilmente, ma mi dissero pure che era obbediente e che non avrebbe mai fatto del male a nessuno. Era credente e un bravo studente, e godeva di una reputazione talmente buona che i familiari riuscirono a convincere i vertici degli attivisti civili perché chiedessero di aprire un'indagine sulla sua morte. Le loro istanze avevano raggiunto il nostro ufficio, perciò io mi ritrovai a occuparmi di questo caso assieme agli altri sugli abusi carcerari.

Dovermi districare nel diritto civile e penale dell'Alabama mentre in parallelo seguivo i casi di condanne a morte in diversi altri Stati occupava tutto il mio tempo. Le cause aggiuntive sulle condizioni dei detenuti in carcere implicavano inoltre spostamenti in auto di molti chilometri e per tante ore. La mia Honda Civic del '75, ormai vecchiotta, faticava a tenere il passo. La radio aveva smesso di funzionare un anno prima; tornava in vita soltanto se prendevo una buca o frenavo abbastanza bruscamente da scuotere con violenza l'auto e innescare così un contatto.

Dopo aver guidato tre ore per rientrare la mattina presto da Gadsden e andare dritto in ufficio, ancora una volta era quasi mezzanotte quando presi la strada di casa. Salii in macchina e, con mio grande piacere, la radio si accese non appena avviai il motore. In soli tre anni di pratica legale ero diventato il genere di persona che da eventi così insignificanti può trarre una grande gioia. Quella sera, non solo la radio funzionava, ma la stazione su cui ero sintonizzato stava trasmettendo una retrospettiva musicale dedicata al gruppo Sly & the Family Stone. Ero cresciuto ascoltando gli Sly e così mi ritrovai a percorrere felice le strade di Atlanta al ritmo di canzoni come *Dance to the Music*, *Everybody is a Star* e *Family Affair*.

Il nostro appartamento in centro ad Atlanta si trovava in una strada residenziale densamente popolata. Alcune sere ero costretto a parcheggiare a mezzo isolato da casa o addirittura a girare dietro l'angolo per trovare un posto. Ma quella sera fui fortunato: parcheggiai la mia Civic sferragliante a pochi passi dal portone, proprio mentre gli Sly cominciavano a cantare *Hot Fun in the Summertime*. Era tardi e volevo andare a letto, ma era un momento troppo bello per lasciarmelo sfuggire, così rimasi in auto ad ascoltare la musica. Ogni volta che finiva una canzone mi riproponevo di entrare a casa, ma poi attaccava un altro pezzo irresistibile per cui non riuscivo a scendere dall'auto. Stavo cantando *Stand!*, l'inno in crescendo degli Sly con il gran finale in stile gospel, quando vidi avvicinarsi il lampeggiante della polizia. Ero parcheggiato a pochi metri dal nostro appartamento, perciò pensai che gli agenti stessero passando per adempiere a qualche urgenza. Quando però si fermarono a pochi metri davanti a me, mi domandai che cosa stesse succedendo.

Il nostro tratto di strada era a senso unico. La mia auto era parcheggiata nel verso giusto; l'auto dei poliziotti procedeva invece dalla direzione sbagliata. A quel punto, notai che non si trattava di un mezzo normale della polizia ma di un'auto delle unità speciali SWAT di Atlanta. C'era un faretto attaccato al veicolo, e gli agenti lo puntarono su di me che sedevo in macchina. Solo allora pensai che fossero lì per me, ma non riuscivo a immaginarne il motivo. Ero parcheggiato in macchina da circa un quarto d'ora ad ascoltare gli Sly. Solo una delle casse funzionava e nemmeno tanto bene, quindi sapevo che la musica non si sentiva fuori dall'auto.

Gli agenti se ne stettero seduti con la luce puntata addosso a me per circa un minuto. Spensi la radio prima che *Stand!* fosse finita. Sul sedile accanto erano poggiati degli incartamenti sul caso di Lourida Ruffin e del giovane che era stato ammazzato a Gadsden. Alla fine, i due poliziotti uscirono dal veicolo. Mi accorsi immediatamente che non indossavano la consueta uniforme della polizia di Atlanta. Erano invece vestiti un po' minacciosamente in stile militare, con scarponi, pantaloni e giubbotto neri.

Decisi di scendere e di andare a casa. Sebbene stessero squadrando proprio me che ero seduto in macchina, speravo ancora che fossero in zona per qualcosa che non mi riguardava. O quand'anche fossero stati preoccupati che ci fosse qualcosa che non andava, supponevo che sarei riuscito a chiarire con loro che era tutto a posto. Di certo non avrei mai immaginato che scendere dalla mia auto fosse un errore o pericoloso.

Non appena aprii lo sportello e smontai, il poliziotto che aveva cominciato a dirigersi verso la mia vettura impugnò l'arma e me la puntò contro. La mia espressione deve essere stata di totale sconcerto.

Il mio primo istinto fu di mettermi a correre. Valutai velocemente che non sarebbe stata una mossa intelligente. Poi, per un istante, mi venne in mente che forse non erano veri agenti di polizia.

«Fai un passo e ti faccio saltare la testa!», mi urlò l'agente, ma io non capivo il senso di quello che stava dicendo. Cercai di mantenere la calma; era la prima volta nella mia vita che qualcuno mi puntava addosso una pistola.

«Mani in alto!». L'agente era un bianco alto circa quanto me. Nel buio potevo vedere soltanto la sua uniforme nera e l'arma puntata contro di me.

Sollevai le braccia e notai che aveva l'aria nervosa. Non ricordo di aver deciso di parlare, ricordo soltanto che a un certo punto mi uscirono di bocca queste parole: «Va tutto bene. È tutto a posto».

Sicuramente la mia voce suonò spaventata, perché in effetti ero terrorizzato.

Ripetei quelle parole più e più volte. «Va tutto bene. Va tutto bene». Alla fine dissi: «Vivo qui, questo è il mio appartamento».

Guardai l'agente che a meno di quattro metri teneva la pistola puntava alla mia testa. Credo di avergli visto tremare la mano.

Con il tono più tranquillo possibile continuai a dire: «Va tutto bene. Va tutto bene».

Il secondo agente, che non aveva tirato fuori l'arma, avanzò con cautela verso di me. Salì sul marciapiede, girò attorno alla mia auto lì parcheggiata e mi venne dietro mentre il suo collega continuava a puntarmi addosso la pistola. Mi afferrò le braccia e mi spinse contro il retro della mia auto. L'altro a quel punto abbassò l'arma.

«Che ci fai qua fuori?», chiese il secondo agente, che sembrava più vecchio di quello che aveva impugnato l'arma. La sua voce era piena di rabbia.

«Vivo qui. Mi sono trasferito in quella casa laggiù, qualche mese fa. Dentro c'è il mio coinquilino. Può andare a chiederglielo». Odiavo il tono spaventato e tremolante che udivo nella mia voce.

«Che ci fai per strada?».

«Stavo ascoltando la radio». Mi mise le mani sull'auto e mi fece piegare sulla vettura. Avevo ancora puntato addosso il faretto accecante sull'auto della SWAT. Notai che i vicini avevano acceso le luci e facevano capolino sulla porta. La casa accanto alla nostra si animò e vennero fuori un uomo e una donna bianchi di mezza età che mi fissarono mentre ero piegato sulla macchina.

L'agente che mi teneva fermo mi chiese la patente, ma

non mi liberava le braccia in modo che potessi prenderla. Gli dissi che era nella tasca posteriore, perciò quello pescò il portafoglio dai pantaloni. Nel frattempo, l'altro agente era piegato dentro l'auto e frugava tra le mie carte. Sapevo che non aveva un motivo plausibile per entrare nella mia macchina e che la sua perquisizione era illegale. Stavo per dire qualcosa, quando lo vidi aprire il vano portaoggetti. Rovistare tra gli effetti personali all'interno di un veicolo parcheggiato era un atto talmente contrario alla legge da farmi comprendere quanto poco l'agente si stesse preoccupando di rispettare le regole e pertanto qualsiasi osservazione da parte mia sarebbe risultata inutile.

Nella mia macchina non c'era niente di interessante. Né droghe, né alcol, nemmeno tabacco. Nel portaoggetti tenevo una busta gigante di M&M'S alle arachidi e di chewing gum Bazooka per ammazzare la fame quando non avevo tempo di fermarmi a mangiare. Nella busta era rimasto solo qualche cioccolatino, che l'agente ispezionò con attenzione. Vi infilò dentro il naso per poi tirarlo fuori. Non avrei più mangiato quegli M&M'S.

Abitavo al nuovo domicilio da troppo poco tempo perché la mia patente fosse aggiornata, perciò l'indirizzo riportato non corrispondeva alla nuova abitazione. A livello legale non era richiesto un aggiornamento del documento, ma questo convinse l'agente a tenermi lì per altri dieci minuti intanto che tornava alla sua auto per verificare i miei dati. Mentre quell'incontro si trascinava per le lunghe, i miei vicini presero coraggio. Anche se era sera tardi, diverse persone uscirono dalle loro case per curiosare. Li udivo parlare dei vari furti negli appartamenti del quartiere. C'era un'anziana donna bianca che si infervorò particolarmente e chiese ad alta voce che fossi interrogato sui vari oggetti che mancavano in casa sua.

«Chiedetegli che fine hanno fatto la mia radio e l'aspirapolvere!». Un'altra signora chiese del proprio gatto, che era sparito da tre giorni. Io continuavo ad aspettare che si accendesse la luce del mio appartamento e che Charlie venisse fuori a cavarmi d'impaccio. All'epoca, usciva con una donna che lavorava anche lei al Legal Aid, e spesso lui si fermava a casa sua. Mi ricordai che forse quella sera poteva non essere rincasato.

Finalmente, l'agente ritornò e disse al collega: «Non hanno niente su di lui». Sembrava deluso.

Ritrovai la calma e tolsi le mani dall'auto. «Tutto questo è assurdo. Io vivo qui. Non avreste dovuto agire in questo modo. Perché l'avete fatto?».

L'agente più anziano mi lanciò uno sguardo torvo. «Qualcuno ci ha chiamato per un presunto ladro d'appartamenti. Nel quartiere ci sono stati parecchi furti». Dopodiché fece un sogghigno. «La stiamo lasciando andare. Dovrebbe essere contento», mi disse.

Con ciò si allontanarono, salirono a bordo della loro auto SWAT e se ne andarono. I vicini mi squadrarono un'ultima volta, prima di ritirarsi nelle proprie case. Non sapevo se precipitarmi al mio portone, dimodoché vedessero che abitavo nel quartiere, oppure aspettare che rientrassero così che nessuno sapesse dove viveva il «presunto criminale». Decisi di aspettare.

Misi a posto i miei fascicoli, che il poliziotto aveva sparso dentro la macchina e sul marciapiede. Gettai con disappunto gli M&M'S nel cestino della spazzatura e poi mi diressi verso il mio appartamento. Con mio gran sollievo, Charlie era a casa. Lo svegliai per raccontargli tutta la vicenda.

«Non mi hanno nemmeno chiesto scusa», continuavo a ripetere. Charlie condivise la mia indignazione, ma poco dopo fu nuovamente vinto dal sonno. Io invece passai la notte in bianco.

La mattina seguente riferii l'accaduto a Steve. Lui si infuriò e mi esortò a presentare un reclamo al Dipartimento di polizia di Atlanta. Alcuni colleghi in ufficio mi dissero di specificare nel reclamo che ero un legale per i diritti civili al lavoro giustappunto su alcuni casi di abuso da parte della polizia. A mio avviso, presentare un reclamo per cattiva condotta degli agenti di polizia non doveva richiedere questo genere di credenziali.

Cominciai a compilare l'esposto, fermamente deciso a non rivelare che ero un avvocato. Quando ripercorsi l'intera vicenda nella mia mente, ciò che più mi turbò fu il momento in cui l'agente aveva tirato fuori l'arma e io avevo pensato di mettermi a correre. Ero un avvocato di ventotto anni che lavorava su casi di illeciti da parte della polizia. Quando l'agente aveva minacciato di spararmi, io avevo avuto la prontezza di spirito di parlargli in modo pacato. Ma nel momento in cui pensai a ciò che avrei potuto fare quando avevo sedici, diciannove o anche ventiquattro anni, con sgomento mi resi conto che in effetti *io* mi sarei potuto mettere a correre. Più ci pensavo, più mi preoccupava il pensiero di tutti i ragazzi e gli adulti neri del quartiere. Lo sapevano che non dovevano mettersi a correre? Erano in grado di rimanere calmi e di dire: «Va tutto bene»?

Argomentai tutte le mie preoccupazioni. Trovai alcuni dati statistici del Dipartimento di Giustizia in base ai quali gli uomini di colore avevano otto probabilità in più di essere uccisi dalla polizia rispetto ai bianchi[2]. Alla fine del XX secolo, il tasso di sparatorie da parte della polizia era aumentato a tal punto che gli uomini di colore avevano "solo" quattro possibilità in più di essere ammazzati dalle forze dell'ordine[3]. Tuttavia, il problema si aggravò ulteriormente quando diversi Stati approvarono le leggi denominate *Stand-your-ground*, che davano anche ai normali cittadini il diritto di armarsi e ricorrere all'eliminazione fisica[4].

Andai avanti a scrivere la mia nota per il Dipartimento

di polizia di Atlanta e, prima di rendermene conto, riempii quasi nove pagine, evidenziando tutte le cose che a mio giudizio erano state fatte in maniera sbagliata. Due pagine le impiegai per illustrare nel dettaglio la perquisizione assolutamente illegale del veicolo e la totale assenza di un motivo plausibile. Citai anche cinque o sei casi simili. Rilessi il reclamo e mi resi conto che avevo detto tutto tranne: «Sono un avvocato».

Inoltrai il reclamo al Dipartimento di polizia e cercai di dimenticare l'accaduto, ma non ci riuscii. Continuavo a pensare a quanto era successo. Cominciai a sentirmi a disagio per non aver mostrato maggiore controllo durante il fermo. Non avevo detto agli agenti di essere un avvocato né li avevo informati che stavano compiendo un atto illegale. Avrei dovuto dire loro qualcos'altro? Nonostante prestassi assistenza ai detenuti nel braccio della morte, mi chiedevo quanto fossi preparato per fare cose davvero difficili. Cominciai anche ad avere dubbi sul fatto di andare in Alabama per aprire uno studio legale. Non riuscivo a non pensare a quanti rischi corrono i ragazzini quando vengono fermati dalla polizia.

Il mio reclamo seguì tutta la trafila di verifica al Dipartimento di polizia di Atlanta. Ogni tot settimane, ricevevo una lettera in cui mi veniva spiegato che gli agenti non avevano fatto nulla di sbagliato e che il lavoro della polizia è molto difficile. Contro queste risposte di rigetto presentai appello, senza successo, lungo tutta la catena di comando. Alla fine, richiesi un incontro con il capo della polizia e con gli agenti che mi avevano fermato. La richiesta fu respinta, ma il vicecapo mi ricevette. Avevo richiesto delle scuse formali e suggerito che fosse organizzato un corso di formazione per evitare simili incidenti. Il vicecapo annuì con cortesia mentre spiegavo quanto era accaduto. Quando ebbi concluso si scusò con me, ma sospettai che volesse solo liberarsi della mia presenza. Mi promise che agli agenti sarebbe stato richiesto di fare «qualche compito extra sulle relazioni con la comunità». Sentivo che non era stata fatta giustizia.

Il carico di lavoro stava diventando insostenibile. Alla fine, gli avvocati che difendevano la Prigione della Città di Gadsden riconobbero che i diritti del signor Ruffin erano stati violati e che, andando contro la legge, gli era stato negato il farmaco antiasmatico. Ottenemmo un buon accordo a favore della famiglia Ruffin in modo che, quantomeno, avrebbero potuto ricevere un aiuto finanziario. L'elenco delle mie cause per la pena di morte era ormai lunghissimo, perciò passai gli altri casi di cattiva condotta della polizia ad alcuni colleghi.

Non avevo il tempo di entrare in guerra con la polizia di Atlanta quando avevo clienti che rischiavano la pena di morte. Tuttavia, non potevo fare a meno di pensare a quanto fosse pericolosa e ingiusta quella situazione e al fatto che io non avessi fatto nulla di male. Che cosa sarebbe successo se avessi avuto della droga in macchina? Sarei stato arrestato e poi avrei dovuto convincere il procuratore a credermi spiegandogli che la polizia era entrata nella mia auto illegalmente. Sarei incappato in un procuratore che avrebbe preso sul serio queste affermazioni? E un giudice avrebbe creduto che non stavo facendo niente di male? Avrebbero creduto a qualcuno che era nella mia stessa situazione, ma non un avvocato? Qualcuno come me, ma senza un lavoro o con la fedina penale sporca?

Decisi di parlare con gruppi giovanili, nelle chiese, con organizzazioni di comunità sui problemi posti dalla presunzione di colpevolezza affibbiata ai poveri e alle persone di colore. Parlavo nelle riunioni locali e cercavo di sensibilizzare la gente sul bisogno di insistere sull'assunzione di responsabilità da parte delle forze dell'ordine. Il mio messaggio era che la polizia poteva migliorare la sicurezza pubblica senza bisogno di commettere abusi. Anche quando ero in Alabama, trovavo il tempo per parlare a qualche evento di comunità ogni volta che me lo chiedevano.

Mentre mi trovavo in una provincia rurale e povera dell'Alabama dopo l'ennesimo viaggio per reperire i documenti relativi a un caso di condanna a morte, fui invitato a parlare in una piccola chiesa afroamericana. Arrivarono solo una ventina di persone. Dopo essere stato presentato da uno dei leader della comunità, andai davanti alla chiesa e cominciai il mio discorso sulla pena di morte, sul tasso di incarcerazioni in crescita, sull'abuso di potere all'interno dei penitenziari, sui comportamenti discriminatori delle forze dell'ordine e sul bisogno di riforme. A un certo punto decisi di raccontare il mio incontro con la polizia di Atlanta e mi resi conto che mi stavo emozionando. Mi tremò un po' la voce e dovetti riprendere il controllo per concludere il mio intervento.

Durante il discorso notai un anziano di colore sulla sedia a rotelle che era arrivato poco prima che l'incontro iniziasse. Aveva una settantina d'anni e indossava un abito frusto di colore marrone. I capelli grigi erano corti con qualche ciocca spettinata. Mi fissò con uno sguardo intenso durante tutta la mia presentazione, ma senza tradire alcuna emozione o reazione. Il suo sguardo fisso era inquietante. Lo aveva condotto dentro la chiesa un ragazzino sui dodici anni, probabilmente un nipote o un parente. Notai che di tanto in tanto l'anziano si rivolgeva al ragazzo perché gli andasse a prendere qualcosa. Gli faceva segno col capo, senza dire una parola, e il giovane sembrava sapere che l'uomo voleva un ventaglio o un libro di inni.

Quando finii di parlare, il gruppo intonò un salmo a conclusione dell'incontro. L'anziano signore non cantò ma chiuse gli occhi e appoggiò la schiena sulla sedia a rotelle.

A evento terminato, alcune persone si avvicinarono a me; perlopiù furono molto gentili e mi ringraziarono per aver trovato il tempo di andare a parlare con loro. Diversi ragazzi di colore vennero a stringermi la mano. Fui contento che le persone apprezzassero il fatto che avessi condiviso con loro quelle informazioni. L'uomo sulla sedia a rotelle aspettava sul retro della chiesa. Continuava a fissarmi. Quando tutti furono andati via, fece segno al ragazzino, che subito lo spinse verso di me.

L'espressione dell'uomo rimase identica man mano che si avvicinava. Si fermò davanti a me, si sporse sulla sedia a rotelle e disse in tono perentorio: «Si rende conto di quello che sta facendo?». Sembrava molto serio e non sorrideva.

Quella domanda mi turbò. Non sapevo che cosa mi stesse chiedendo effettivamente, né se fosse ostile. Non sapevo che cosa rispondere. A quel punto agitò il dito davanti a me e domandò di nuovo: «Si rende conto di che cosa sta facendo?».

Cercai di sorridere per stemperare gli animi ma ero totalmente confuso. «Be', credo di sì...».

Mi interruppe e disse a voce alta: «Glielo dico io cosa sta facendo. Sta suonando il tamburo della giustizia!». Sul viso aveva un'espressione infervorata. Ripeté quelle parole in tono appassionato: «Deve suonare il tamburo della giustizia».

Si riappoggiò allo schienale e io smisi di sorridere. Qualcosa in ciò che disse mi fece ritornare serio. Gli risposi pacatamente: «Sì, signore».

Si fece di nuovo avanti e, con voce roca, proseguì: «Deve continuare a suonare il tamburo della giustizia». Fece un gesto e dopo un lungo momento ripeté: «Suoni il tamburo della giustizia».

Poi si riadagiò allo schienale e in un istante apparve stanco e senza fiato. Mi lanciò uno sguardo solidale, dopodiché mi fece cenno di avvicinarmi. Lo feci, e allora lui mi afferrò per il braccio e si sporse in avanti. Parlò a voce bassissima, quasi un sussurro, ma con una fierezza che non dimenticherò mai.

«La vede questa cicatrice sulla testa?», e piegò il capo per farmela vedere. «Me la sono fatta nella Contea di Greene, in Alabama, quando provai a registrarmi per il voto nel 1964. La vede questa cicatrice di lato?» Girò la testa a sinistra e vidi una cicatrice di dieci centimetri proprio sopra l'orecchio destro. «Me la sono fatta in Mississippi quando chiedevo i diritti civili».

Il tono della sua voce si fece più forte. Mi strinse ulteriormente il braccio e abbassò la testa ancora un po'. «Lo vede quel segno?» Alla base del cranio c'era un cerchio scuro. «Quell'ematoma me lo sono fatto a Birmingham durante la Children's Crusade».

Si fece di nuovo indietro e mi fissò con uno sguardo intenso. «La gente pensa che queste siano le mie cicatrici, le mie ferite, i miei lividi».

Solo allora mi accorsi che aveva gli occhi umidi di pianto. Poggiò le mani sulla testa. «Queste non sono le mie cicatrici, le mie ferite, i miei lividi. Sono le mie medaglie al valore».

Mi fissò per un lungo momento, si strofinò gli occhi, dopodiché fece segno al ragazzo, che lo portò via.

Rimasi lì a fissarlo, con un nodo in gola.

Fu allora che compresi che era giunto il momento di aprire lo studio in Alabama.

3
Processi e tribolazioni

Dopo mesi di frustrazione, fallimenti e sdegno sempre maggiore da parte dell'opinione pubblica, lo sceriffo Thomas Tate, l'investigatore capo dell'ABI Simon Benson e l'investigatore del procuratore distrettuale Larry Ikner decisero di arrestare Walter McMillian, essenzialmente sulla base delle accuse di Ralph Myers. Dal momento che su di lui non avevano ancora condotto indagini sufficienti, intanto che mettevano su il caso decisero di arrestare McMillian con un'accusa pretestuosa. Myers sosteneva di essere terrorizzato da lui; uno degli agenti gli ventilò l'ipotesi che forse McMillian lo avesse molestato sessualmente e l'idea risultò talmente provocatoria e incendiaria che Myers ne riconobbe subito l'utilità e, cupamente, ammise che era accaduto proprio questo. La legge in Alabama vietava il sesso senza fini procreativi, perciò gli agenti pianificarono l'arresto di McMillian con l'accusa di sodomia.

Il 7 giugno 1987, lo sceriffo Tate inviò un esercito di oltre una dozzina di agenti su una stradina secondaria di campagna che, come tutti loro sapevano, Walter avrebbe percorso per tornare a casa dopo il lavoro. Gli agenti fermarono il camion di Walter e puntarono le armi, dopodiché gli intimarono di scendere dal veicolo e lo circondarono. Quando lui, in preda all'ansia, chiese allo sceriffo che cosa avesse fatto, questi lo informò che era stato accusato di sodomia. Preso alla sprovvista dalla parola che aveva utilizzato, Walter disse allo sceriffo di non comprenderne il significato. E quando quest'ultimo gli spiegò senza mezzi termini quale fosse l'accusa, Walter rimase incredulo e non poté che scoppiare a ridere dinanzi a un'idea simile. Ciò non fece che provocare Tate, il quale proruppe in una sequela di insulti e minacce razzisti. Per anni Walter avrebbe raccontato che durante il proprio arresto la sola cosa che aveva sentito ripetere, in continuazione, era stata la parola *negro*. «Negro di qua», «negro di là», seguita da insulti e minacce di linciaggio.

«Impediremo a tutti voi negri di correre appresso alle ragazze bianche. Dovrei toglierti di mezzo e impiccarti come abbiamo fatto con quel negro a Mobile», a quanto riferito furono queste le parole dette da Tate a Walter[1].

Lo sceriffo stava alludendo al linciaggio di un giovane afroamericano di nome Michael Donald avvenuto a Mobile, a circa un centinaio di chilometri più a sud. Una sera, alcune ore dopo che durante un processo contro un nero accusato di aver sparato a un poliziotto bianco non era stato possibile raggiungere un verdetto, Donald stava rientrando a casa da un negozio. Molti bianchi erano rimasti sconvolti dalla sentenza e attribuivano la colpa del mancato verdetto agli afroamericani, a cui era stato concesso di far parte della giuria. Dopo aver dato alle fiamme una croce sul prato di fronte al tribunale, un gruppo di bianchi carichi di rabbia e appartenenti al Ku Klux Klan si misero in cerca di un capro espiatorio. Incontrarono sulla loro strada Donald, di ritorno a casa, e gli si scagliarono addosso. Dopo aver picchiato brutalmente il giovane nero, lo impiccarono a un albero lì vicino, dove il suo corpo privo di vita venne trovato alcune ore più tardi.

La polizia locale ignorò le prove più che mai ovvie che la sua morte fosse frutto di un crimine dettato dall'odio, ipotizzando invece che Donald dovesse essere stato coinvolto in un traffico di droga, cosa che la madre negò categoricamente. Indignata dalla mancanza di interesse mostrato verso il caso da parte delle forze dell'ordine locali, la comunità nera e gli attivisti per i diritti civili convinsero il Dipartimento di Giustizia degli Stati Uniti a occuparsi della vicenda. Due anni dopo, furono arrestati tre uomini bianchi e finalmente vennero resi noti i dettagli del linciaggio.

Erano trascorsi più di tre anni da quegli arresti, ma quando Tate e gli altri agenti iniziarono a minacciare di volerlo linciare, Walter fu colto dal terrore. Era però anche confuso. Avevano detto che era in arresto per aver violentato un altro uomo, ma gli facevano domande sull'omicidio di Ronda Morrison. Walter negò risolutamente entrambe le accuse e, quando divenne chiaro che da lui non avrebbero ottenuto alcun aiuto a costruire delle prove da potergli usare contro, gli agenti lo richiusero in cella e continuarono le loro indagini.

Quando Ted Pearson, il procuratore distrettuale della Contea di Monroe, esaminò per la prima volta le prove raccolte dai suoi investigatori contro Walter McMillian dovette esserne rimasto deluso. La storia del crimine raccontata da Ralph Myers risultava decisamente inverosimile; la sua propensione per gli artifici drammatici rendeva inutilmente complesse anche le accuse più semplici.

Ecco il resoconto fornito da Myers sull'assassinio di Ronda Morrison: il giorno dell'omicidio, Myers stava facendo benzina quando Walter McMillian lo vide alla stazione di servizio e lo costrinse con una pistola a salire sul proprio camion e a portarlo a Monroeville. In realtà, prima di allora Myers non conosceva Walter. Una volta salito a bordo del mezzo, Walter disse a Myers di guidare perché il suo braccio era ferito. Myers provò a ribellarsi, ma non ebbe scelta.

Walter gli ordinò di condurlo fino al Jackson Cleaners, nel centro di Monroeville, e gli disse di aspettare sull'autocarro mentre McMillian entrò da solo nella lavanderia. Dopo una lunga attesa, Myers andò a comprare delle sigarette in un minimarket lungo la strada e dopo dieci minuti tornò indietro con l'autocarro. Dovette aspettare ancora a lungo, dopodiché vide finalmente McMillian uscire dal negozio e tornare sul camion. Dopo essere salito a bordo, ammise di aver ucciso la commessa della lavanderia. Myers riportò quindi McMillian alla pompa di benzina così da recuperare il proprio veicolo. Prima che se ne andasse, Walter lo minacciò che l'avrebbe ucciso se avesse raccontato a qualcuno ciò che aveva visto e fatto.

Ricapitolando: un afroamericano che pianifica una rapina-omicidio nel cuore di Monroeville, in pieno giorno, si ferma alla stazione di servizio e sceglie a caso un uomo bianco perché divenga suo complice, chiedendogli di portarlo avanti e indietro dalla scena del crimine dato che si è ferito a un braccio, e questo sebbene sia stato in grado di guidare da solo fino alla pompa di benzina dove ha incontrato Myers e da lì sia riuscito poi a ricondurre a casa il proprio camion dopo che Myers lo ebbe riportato alla stazione di servizio.

Gli agenti delle forze dell'ordine erano consapevoli che sarebbe stato molto difficile dimostrare che il racconto fornito da Myers era vero, perciò arrestarono Walter con l'accusa di sodomia allo scopo di turbare la comunità e demonizzare ulteriormente la figura di McMillian; tutto questo diede inoltre alla polizia l'opportunità di portarlo in galera con il suo autocarro affinché Bill Hooks lo osservasse.

Bill Hooks era un giovane nero noto per essere un informatore della prigione. Quando fu arrestato McMillian, lui era rinchiuso da diversi giorni in una cella della contea con l'accusa di furto con scasso. Gli furono promesse la scarcerazione e una ricompensa in denaro se fosse riuscito a collegare il camion di McMillian con l'omicidio Morrison. Hooks non vide l'ora di dire agli inquirenti di essere passato accanto al Jackson Cleaners intorno all'ora dell'omicidio e di avere visto un camion allontanarsi dalla lavanderia con a bordo due uomini. In prigione, identificò dunque l'autocarro di Walter come quello che aveva visto vicino alla tintoria all'incirca sei mesi prima.

Fu questa seconda testimonianza a fornire alla polizia ciò di cui aveva bisogno per accusare Walter McMillian di omicidio di primo grado nella sparatoria che aveva portato alla morte di Ronda Morrison.

Quando venne annunciata l'incriminazione, la comunità reagì con gioia e sollievo alla notizia che qualcuno fosse stato accusato. Dopo essere stati il bersaglio delle critiche, lo sceriffo Tate, il procuratore distrettuale e altri agenti delle forze dell'ordine furono acclamati. La vita a Monroeville era stata interrotta dalla mancanza di un arresto, ma adesso le cose sarebbero tornate a posto.

Chi conosceva Walter aveva difficoltà a credere che potesse essere lui il responsabile di un delitto clamoroso. Non aveva precedenti penali o di violenza, e per molti di quelli che lo conoscevano il furto non aveva alcun senso per un uomo che lavorava così duramente come Walter.

I cittadini neri dissero allo sceriffo Tate che aveva arrestato l'uomo sbagliato. Quest'ultimo non aveva ancora svolto nessuna indagine su McMillian, sulla sua vita e sul suo ambiente, e neppure su dove si trovasse il giorno dell'omicidio. Sapeva della sua relazione con Karen Kelly e aveva sentito le voci e i sospetti secondo cui l'indipendenza di Walter era necessariamente frutto dello spaccio di droga. Considerata la sua ansia di effettuare un arresto, a Tate tutto questo sembrava sufficiente per accettare le accuse di

Myers. A quanto emerso, il giorno dell'assassinio a casa di McMillian ci fu una festa a base di pesce fritto. I familiari di Walter passarono la giornata di fronte alla sua abitazione, vendendo cibo ai passanti. Evelyn Smith, la sorella di Walter, era un ministro del culto presso la parrocchia locale e, di tanto in tanto, insieme alla propria famiglia raccoglieva soldi per la chiesa vendendo cibo sul bordo della strada. Siccome Walter viveva a due passi dalla via principale, spesso si mettevano a vendere proprio nel cortile antistante la sua casa. Il giorno in cui Ronda Morrison fu uccisa, almeno una dozzina di parrocchiani trascorsero tutta la mattina con Walter e la sua famiglia.

Quel giorno Walter non doveva lavorare a nessun albero. Decise quindi di cambiare la trasmissione del proprio autocarro e in aiuto chiamò un amico meccanico di nome Jimmy Hunter. Alle 9,30 di quella mattina, i due avevano smontato il camion di Walter, rimuovendo completamente la trasmissione. Alle 11,00 in punto erano arrivanti i parenti e avevano iniziato a friggere il pesce e altro cibo da vendere. Alcuni parrocchiani riuscirono ad arrivare solo tardi.

Stando a quanto ricordato da Evelyn Smith, un membro della parrocchia aveva detto: «Sorella, se il traffico a Monroeville non fosse stato completamente bloccato, saremmo arrivati qui già da un pezzo. C'erano macchine della polizia e mezzi dei vigili del fuoco, sembra sia successo qualcosa di brutto in quella lavanderia».

Secondo il rapporto della polizia, l'omicidio di Ronda Morrison era avvenuto intorno alle 10,15 del mattino, a circa una ventina di chilometri dalla casa di McMillian e proprio alla stessa ora in cui una dozzina di parrocchiani vendevano cibo a casa di Walter, mentre lui e Jimmy stavano lavorando al suo camion. Nel primo pomeriggio arrivò Ernest Welch, un bianco che tutti i neri del posto chiamavano "l'uomo dei mobili" poiché lavorava in un negozio di mobili non lontano, che doveva ritirare dalla madre di Walter i soldi per un acquisto fatto a credito. Welch raccontò alla gente lì riunita che quella mattina sua nipote era stata uccisa nel Jackson Cleaners. Per un po', si misero a discutere con lui della notizia sconvolgente.

Tenendo conto dei parrocchiani, dei familiari di Walter e di coloro che continuamente si fermavano davanti alla casa per acquistare panini, erano decine le persone in grado di confermare che Walter non poteva aver commesso l'omicidio. Quel gruppo comprendeva un poliziotto che si era fermato presso la casa per comprare un panino e che sul proprio registro di polizia aveva annotato di aver acquistato del cibo a casa di McMillian, in presenza di Walter e di una folla di parrocchiani.

Sapendo per conoscenza diretta dove si trovasse Walter all'ora dell'omicidio Morrison, i familiari, i membri della parrocchia, i pastori neri e altri ancora chiesero tutti allo sceriffo di rilasciare McMillian. Tate si rifiutò. Per fare un arresto c'era voluto fin troppo tempo e adesso ammettere un altro fallimento era fuori discussione. Dopo essersi confrontati, il procuratore distrettuale, lo sceriffo e l'investigatore dell'ABI furono d'accordo a procedere con le accuse contro McMillian.

L'alibi di Walter non era l'unico problema per le forze dell'ordine. Ralph Myers cominciò ad avere ripensamenti in merito alle proprie dichiarazioni contro McMillian. Anche lui era stato incriminato per l'omicidio di Ronda Morrison. Sebbene in cambio della propria testimonianza gli fosse stato promesso che avrebbe evitato la pena di morte e ottenuto un trattamento di favore, Myers cominciava a rendersi conto che probabilmente non era stata un'idea furba ammettere il proprio coinvolgimento in un omicidio eclatante e con il quale non aveva nulla a che spartire.

Pochi giorni prima che le accuse di omicidio di primo

grado contro McMillian venissero rese pubbliche, Myers fece chiamare gli inquirenti della polizia e disse loro che le sue dichiarazioni contro Walter erano false. A quel punto, però, Tate e i suoi investigatori non avevano più molto interesse per la ritrattazione di Myers. Al contrario, decisero di metterlo sotto torchio perché producesse ulteriori dettagli per l'incriminazione. Quando Myers protestò dicendo di non avere altri particolari incriminanti visto che, appunto, la storia non era vera, gli inquirenti non vollero neppure sentirne parlare. Non è chiaro chi sia stato a decidere di trasferire sia Myers che McMillian nel braccio della morte prima del processo per metterli ulteriormente sotto pressione, ma sta di fatto che si trattò di una mossa pressoché senza precedenti e che si dimostrò molto efficace.

È illegale porre dei detenuti ancora da processare, come nel caso di Walter e Myers, in condizioni di prigionia pari a una pena. In genere, i detenuti in attesa di giudizio vengono rinchiusi in una prigione locale, in cui possono beneficiare di privilegi e libertà maggiori rispetto ai criminali condannati che vengono mandati in carcere. Quasi mai quelli che ancora devono andare a processo vengono messi in un carcere destinato ai rei condannati. E lo stesso dicasi del rinchiudere nel braccio della morte qualcuno che ancora non è stato riconosciuto colpevole di un crimine. La cosa sconvolse persino gli altri carcerati nel braccio della morte. Tra tutte le reclusioni punitive il braccio della morte è la più restrittiva. I detenuti restano rinchiusi da soli, in piccole celle, per ventitré ore al giorno. I condannati hanno poche opportunità per fare esercizio o ricevere visite, e vengono tenuti in stretta e inquietante prossimità con la sedia elettrica.

Fu lo sceriffo Tate a portare Walter nell'Istituto correzionale di Holman, a poca distanza da Atmore, in Alabama. Prima del viaggio, Tate minacciò nuovamente Walter con insulti razzisti e prospettandogli azioni terrificanti. Non è chiaro come lo sceriffo sia riuscito a convincere il direttore di Holman a ospitare nel braccio della morte due detenuti in attesa di giudizio, ma Tate aveva mantenuto le proprie conoscenze nel carcere sin dai tempi in cui seguiva come assistente sociale i condannati che avevano ottenuto la sospensione condizionale della pena. Il trasferimento di Myers e McMillian dalla prigione della contea al braccio della morte avvenne il 1° agosto 1987, a meno di un mese dalla data prevista per l'esecuzione capitale di Wayne Ritter.

Quando Walter McMillian arrivò nel braccio della morte dell'Alabama – giusto dieci anni dopo che la pena capitale moderna era stata nuovamente istituita – ad aspettarlo trovò un'intera comunità di condannati. La maggior parte dei detenuti presenti nel braccio della morte, circa un centinaio e tutti condannati all'esecuzione da quando nel 1975 era stata reintrodotta la pena di morte in Alabama, era composta da neri; tuttavia, Walter rimase sorpreso nel constatare che quasi il 40 per cento fossero bianchi. Erano tutti poveri e ognuno gli chiese la ragione per cui si trovasse lì dentro.

I condannati rinchiusi nel braccio della morte dell'Alabama vengono tenuti in edifici di cemento privi di finestre e notoriamente caldi e assai disagevoli. Ogni carcerato di questa sezione è sistemato in una cella di un metro e mezzo per due e mezzo, con una porta di metallo, un gabinetto e una branda di ferro. Ad agosto le temperature superano costantemente i 38 gradi per giorni, a volte per settimane intere. Per ammazzare il tempo, come pure per tenersene al riparo, i carcerati intrappolano i ratti, i ragni e i serpenti velenosi che trovano nella prigione. Isolati e lontani da tutto, la maggior parte di loro riceve poche visite e ancor meno privilegi.

La vita nel cercare di Holman ruotava attorno alla sedia elettrica dell'Alabama. La sedia, ampia e di legno, era stata costruita negli anni Trenta del secolo scorso e prima di fissarvi le cinghie di pelle e gli elettrodi i detenuti l'avevano pitturata di giallo. La chiamavano "Yellow Mama", mamma gialla. A Holman le esecuzioni erano riprese giusto un paio di anni prima dell'arrivo di Walter. Di recente, nella stanza delle esecuzioni del carcere erano stati folgorati John Evans e Arthur Jones. Russ Canan, un avvocato del Comitato per la difesa dei detenuti del Sud di Atlanta, si era offerto di rappresentare Evans. Quest'ultimo fu filmato in quello che sarebbe diventato uno speciale per il doposcuola dei ragazzi, in cui il condannato raccontava ad alcuni scolari la storia della sua vita e raccomandava loro di evitare gli sbagli da lui commessi.

Quando, in risposta a numerosi appelli, la corte rifiutò di sospendere l'esecuzione di Evans, su richiesta di quest'ultimo Canan raggiunse la prigione per assistere alla sua elettrocuzione. Fu peggio di quanto Russ avesse potuto immaginare. In seguito, ebbe modo di compilare una dichiarazione giurata, più volte citata, in cui descrisse per intero l'orrore di quella procedura:

> Alle 20,30 la prima scarica elettrica da 1.900 volt attraversò il corpo del signor Evans. Durò trenta secondi. Dagli elettrodi fissati alle gambe del signor Evans si sprigionarono fiamme e scintille. Il suo corpo urtò con violenza contro le cinghie che lo ancoravano alla sedia elettrica, mentre il suo pugno rimase sempre chiuso. A quanto sembrava, l'elettrodo era esploso dalla cinghia a cui era fissato. Da sotto il cappuccio che copriva il volto del signor Evans fuoriuscivano un'ampia coltre di fumo grigiastro e scintille. La stanza dei testimoni iniziò a essere pervasa da un fetore opprimente di carne e vestiti bruciati. Due dottori esaminarono il signor Evans e dichiararono che non era morto.

> L'elettrodo alla gamba sinistra venne fissato nuovamente. Alle 20,30 [*sic*] al signor Evans fu somministrata una seconda scarica elettrica di trenta secondi. Il puzzo di carne bruciata era nauseante. Dalle sue gambe e dalla testa fuoriusciva ancora più fumo. Di nuovo i dottori esaminarono il signor Evans, e riferirono che il suo cuore continuava a battere e che era ancora vivo.
> A quel punto chiesi al commissario del carcere, che era al telefono su una linea aperta con il governatore George Wallace, di concedere la grazia in considerazione del fatto che il signor Evans stava subendo una pena crudele e fuori dell'ordinario. La mia richiesta non venne accolta.
> Alle 20,40 una terza scarica elettrica, della durata di trenta secondi, venne fatta passare attraverso il corpo del signor Evans. Alle 20,44 i dottori lo dichiararono deceduto. L'esecuzione di John Evans era durata quattordici minuti.[2]

Prima di mettere piede a Holman, Walter McMillian non sapeva nulla di tutto questo. Ma dal momento che era ormai imminente un'altra esecuzione programmata, al suo arrivo i detenuti non facevano che parlare continuamente della sedia elettrica. Durante le prime tre settimane trascorse nel braccio della morte dell'Alabama, in pratica Walter non sentì parlare che dell'orribile esecuzione di John Evans.

Walter era rimasto devastato dal vortice surreale delle settimane immediatamente precedenti. Dopo aver vissuto la propria vita nella più totale libertà e mancanza di vincoli da parte di chicchessia e di qualunque cosa, si ritrovò imprigionato e soggetto a minacce che non avrebbe mai potuto immaginare. A turbarlo erano stati la forte rabbia degli agenti che lo avevano arrestato e gli insulti e le minacce razzisti da parte di ufficiali di polizia in uniforme che neppure lo conoscevano. Nelle persone che lo avevano arrestato e in quelle che avevano esaminato il suo caso al palazzo di giustizia, e perfino negli altri detenuti nella prigione della contea, aveva colto un disprezzo mai provato prima di allora. Era sempre stato benvoluto ed era andato d'accordo pressoché con chiunque. Era sinceramente convinto che le accuse contro di lui fossero frutto di un grosso equivoco e che, una volta che gli agenti avessero parlato con i suoi familiari perché confermassero il suo alibi, sarebbe stato rilasciato nel giro di un paio di giorni. Ma quando i giorni divennero settimane, Walter cominciò a sprofondare in una cupa disperazione. La sua famiglia lo rassicurava che presto la polizia lo avrebbe lasciato libero, ma non accadeva nulla.

Il suo corpo accusò lo shock di quel che stava passando. Essendo sempre stato un fumatore, Walter provò a calmare i propri nervi con le sigarette, ma a Holman fumare era diventato per lui rivoltante e perciò smise immediatamente. Per giorni, non fu in grado di sentire il sapore di ciò che mangiava. Non riusciva a orientarsi né a calmarsi. Ogni mattina, al risveglio, per alcuni minuti si sentiva normale, dopodiché veniva colto dal terrore al pensiero di quel che aveva visto. Guardandosi allo specchio, non si riconosceva più.

Le prigioni della contea in cui Walter era stato sistemato prima di quel trasferimento erano state orribili. Tuttavia, la cella piccola e rovente del braccio della morte a Holman era di gran lunga peggiore. Lui era abituato a lavorare all'aria aperta tra gli alberi, con il profumo pungente dei pini nella brezza fresca. Ora invece si ritrovava a fissare le tetre mura del braccio della morte. Si insinuarono in lui una paura e un'angoscia senza precedenti.

Walter riceveva continuamente consigli da parte dei carcerati nel braccio della morte, ma lui non aveva modo di sapere a chi credere. Dapprima il giudice gli aveva assegnato un avvocato perché lo rappresentasse, un bianco di cui lui non si fidava. La sua famiglia raccolse quindi il denaro per ingaggiare gli unici penalisti neri della regione, provenienti da Selma: J.L. Chestnut e Bruce Boynton. Chestnut era un uomo impetuoso e aveva fatto molto nella comunità nera per dare forza ai diritti civili. La madre di Boynton, Amelia Boynton Robinson, era stata un'attivista leggendaria e lo stesso Boynton possedeva ottime credenziali nel campo dei diritti civili.

Malgrado unissero le loro esperienze, i due non riuscirono a persuadere gli agenti locali a rilasciare Walter e nulla poterono fare per impedire il suo trasferimento a Holman. Al contrario, l'aver assunto degli avvocati di fuori sembrò suscitare una reazione anche peggiore da parte delle autorità della Contea di Monroe. Durante il viaggio a Holman, Tate era furioso per il fatto che Walter avesse coinvolto dei difensori forestieri e lo prese in giro per essersi illuso che ciò potesse fare una qualche differenza. Sebbene il denaro necessario a ingaggiare Chestnut e Boynston fosse stato raccolto dai suoi familiari attraverso le donazioni della chiesa e mettendo a disposizione i loro miseri averi, le forze dell'ordine locali interpretarono questo come la conferma del mucchio di denaro che Walter teneva nascosto e della sua doppia vita: la riprova del fatto che non fosse il nero innocente che fingeva di essere.

Walter provò a adattarsi a Holman, ma le cose non fecero che peggiorare. Con l'approssimarsi dell'esecuzione programmata, nel braccio della morte il clima generale era agitato e rabbioso. Gli altri carcerati gli avevano consigliato di agire e di presentare un ricorso federale perché non poteva essere trattenuto lì. Quando però Walter, che a malapena sapeva leggere e scrivere, non fu in grado di mettere insieme le varie istanze, ingiunzioni, mozioni e azioni legali suggeritegli dagli altri detenuti, quest'ultimi diedero a lui la colpa della sua stessa disgrazia.

«Combatti per te stesso. Non fidarti dell'avvocato. Non

ti possono mettere nel braccio della morte senza averti condannato». Era questo ciò che Walter si sentiva ripetere di continuo, ma lui non sapeva proprio come avanzare una difesa presso la corte.

«C'erano giorni in cui non riuscivo a respirare», avrebbe poi ricordato. «In vita mia, non avevo mai provato nulla di simile. Avevo intorno tutti quegli assassini e, malgrado ciò, a volte sentivo che loro erano gli unici che cercavano di aiutarmi. Pregavo, leggevo la Bibbia e mentirei se ti dicessi che non avevo paura, terrore quasi ogni giorno».

Ralph Myers non se la passava meglio. Anche lui era stato accusato di omicidio di primo grado per la morte di Ronda Morrison, e il suo rifiuto di continuare a collaborare con le forze dell'ordine significò finire ugualmente nel braccio della morte. Per impedire che entrasse in contatto con McMillian, fu collocato in un livello diverso. Qualunque fosse stato il vantaggio che sperava di ottenere raccontando di avere notizie sull'omicidio Morrison, adesso era chiaramente sfumato. Era depresso e stava precipitando in un profondo stato di crisi emotiva. Sin da quando era rimasto ustionato da piccolo, aveva sempre avuto il terrore del fuoco, del calore e degli ambienti piccoli. Man mano che i detenuti aggiungevano dettagli su dettagli parlando dell'esecuzione di Evans e di quella imminente di Wayne Ritter, Myers cadeva sempre più in preda alla disperazione.

La notte dell'esecuzione di Ritter, Myers fu colto da una crisi profonda e pianse a dirotto nella sua cella. In accordo a una tradizione del braccio della morte in Alabama, all'orario previsto per un'esecuzione, in segno di protesta tutti i detenuti battono sulla porta della propria cella con una tazza. A mezzanotte, mentre tutti gli altri carcerati erano intenti a battere, Myers giaceva riverso sul pavimento in un angolo della cella, respirando affannosamente e sobbalzando a ogni battito che sentiva. Quando l'odore di carne bruciata, che a detta di molti nel braccio della morte fu avvertito durante l'esecuzione, arrivò a diffondersi anche nella sua cella, Myers non resse più. La mattina seguente chiamò Tate e gli disse di essere pronto a dichiarare qualunque cosa volesse purché lo tirasse fuori da lì.

All'inizio, lo sceriffo aveva giustificato la reclusione di Myers e McMillian nel braccio della morte adducendo ragioni di sicurezza. Ciononostante, il giorno dopo l'esecuzione di Ritter, Tate prelevò Myers e lo riportò nella prigione della contea. A quanto pare, lo trasferì dal braccio della morte senza essersi consultato con nessuno. Di norma, il Dipartimento dell'amministrazione penitenziaria dell'Alabama non può mettere o togliere le persone dal braccio della morte senza un ordine del tribunale o un documento legale, e di certo nessun direttore di carcere lo può fare di propria iniziativa. Ma nulla nel procedimento penale contro McMillian si stava rivelando normale.

Una volta trasferito dal braccio della morte di nuovo nella Contea di Monroe, Myers confermò le sue accuse iniziali contro McMillian. Con lui che era tornato a essere il testimone chiave, e con Bill Hooks pronto a dichiarare di aver visto il camion di Walter sulla scena del crimine, il procuratore distrettuale ritenne di poter procedere contro McMillian. Per discutere il caso fu quindi disposto il processo, da celebrarsi nel febbraio del 1988.

Ted Pearson era stato procuratore distrettuale per quasi vent'anni. Per generazioni, la sua famiglia aveva vissuto nel Sud dell'Alabama. Conosceva bene le usanze, i valori e le tradizioni locali e li aveva messi a frutto in tribunale. Ormai stava diventando vecchio e aveva in programma di ritirarsi presto, ma non era riuscito a mandare giù le critiche al suo ufficio per non essere riuscito a risolvere l'omicidio Morrison più tempestivamente. Per questa ragione, Pearson era determinato a lasciare il proprio incarico con una vittoria e, probabilmente, nella causa contro Walter McMillian vedeva uno dei casi più importanti della sua carriera.

Nel 1987, tutti e quaranta i procuratori distrettuali eletti in Alabama erano bianchi, e questo malgrado nello Stato ci fossero sedici contee a maggioranza nera[3]. Negli anni Settanta del Novecento, quando gli afroamericani iniziarono a esercitare il proprio diritto di voto, tra alcuni giudici e pubblici ministeri cominciò a diffondersi una viva preoccupazione su come in certe contee la compagine demografica razziale avrebbe reso più complessa la loro rielezione. I legislatori avevano accorpato le contee al fine di mantenere la maggioranza bianca nei distretti giudiziari che comprendevano una contea a maggioranza nera. In ogni caso, Pearson doveva prestare molta più attenzione alle preoccupazioni dei residenti neri di quanta ne avesse riservata loro all'inizio della propria carriera, e ciò sebbene una simile attenzione non si fosse poi tradotta in un qualche cambiamento effettivo durante il suo mandato.

Come Tate, anche Pearson aveva sentito molti residenti neri dichiarare la propria convinzione che Walter McMillian fosse innocente. Ciononostante, il procuratore era fiducioso che sarebbe riuscito a ottenere un verdetto di colpevolezza a dispetto delle dubbie testimonianze di Ralph Myers e Bill Hooks, e malgrado le forti perplessità da parte della comunità nera. La sua unica, persistente preoccupazione avrebbe potuto essere, eventualmente, una recente causa presso la Corte Suprema degli Stati Uniti, la quale minacciava di cambiare un aspetto che per lungo tempo aveva caratterizzato i processi penali di maggior rilevanza nel Sud del paese: una giuria interamente composta di bianchi.

Quando in una contea come quella di Monroe, dove il 40 per cento della popolazione era nera, un crimine grave finiva a processo, non era infrequente che i pubblici ministeri escludessero tutti gli afroamericani dalla giuria. Di fatto, a venticinque anni dalla rivoluzione per i diritti civili, la giuria era rimasta un'istituzione pressoché immutata a dispetto dei requisiti legali per l'integrazione e le diversità razziali. Sebbene sin dagli anni Ottanta del XIX secolo, nella causa *Strauder contro lo Stato della Virginia Occidentale*, la Corte Suprema avesse giudicato incostituzionale l'esclusione dei neri dal prestare servizio come giurati, per decenni le giurie erano rimaste interamente composte di bianchi. Nel 1945, poi, la Corte Suprema aveva avallato uno statuto del Texas che limitava a uno solo il numero dei giurati neri per ogni causa[4]. Negli Stati del Profondo Sud, l'elenco dei giurati veniva estratto dalla lista dei votanti, il che escludeva gli afroamericani. Quando fu emanato il *Voting Rights Act*, attraverso una serie di tattiche varie, escogitate per aggirare la legge, i giudici e i funzionari dei tribunali continuarono a mantenere un elenco di giurati composto perlopiù di bianchi. Le commissioni locali per le giurie ricorrevano all'uso del requisito obbligatorio che i giurati fossero individui «retti e intelligenti», allo scopo di escludere gli afroamericani e le donne[5].

Negli anni Settanta, sempre la Corte Suprema giudicò incostituzionale che nel gruppo dei giurati le minoranze razziali e le donne fossero sottorappresentate, il che in alcune comunità portò quantomeno alla convocazione dei neri nei tribunali affinché venissero inseriti (o addirittura scelti) nella rosa dei possibili giurati[6]. Tuttavia, la Corte ha più volte chiarito come la Costituzione non imponga che le minoranze razziali e le donne *prestino servizio* effettivo nelle giurie; semplicemente, essa vieta l'esclusione dei giurati in base alla razza e al genere.

Per molti afroamericani, l'uso di azioni insindacabili e totalmente discriminatorie per la selezione dei dodici giurati continuò a rappresentare un serio impedimento al poter prestare servizio in una giuria[7]. Alla metà degli anni Sessanta del secolo scorso, la Corte dichiarò incostituzionale l'uso di azioni insindacabili in modo discriminatorio nei confronti della razza; tuttavia, per avvalorare i pregiudizi razziali, i magistrati crearono un criterio probativo a tal punto eccellente che per vent'anni nessuno fu in grado di impugnare con successo le azioni insindacabili[8]. Di fatto, l'uso di tali azioni per escludere tutti o quasi gli eventuali giurati afroamericani proseguì immutato anche dopo la decisione della Corte[9].

Per questa ragione, anche in contee la cui popolazione era per il 40 o 50 per cento composta da neri, non era raro che imputati come Walter McMillian si trovassero di fronte a una giuria composta interamente di bianchi, soprattutto nei processi riguardanti la pena di morte. Perciò nel 1986, nella causa *Batson contro lo Stato del Kentucky*, la Corte Suprema dichiarò ammissibile la contestazione più diretta dell'uso da parte dei pubblici ministeri di azioni insindacabili discriminatorie a livello razziale, dando così speranza agli imputati di colore; e costringendo quindi i pubblici ministeri a trovare soluzioni ancora più ingegnose per escludere i neri dalle giurie.

Mentre i mesi continuavano a scorrere, Walter ebbe modo di apprendere alcune di queste vicende. Tutti nel braccio della morte volevano dargli dei consigli e ognuno aveva una storia da raccontare. La singolarità di un imputato alla pena capitale rinchiuso nel braccio della morte ancor prima di essere processato sembrava motivare ogni giorno gli altri detenuti a dirne una nuova a Walter. Lui cercava di ascoltare con gentilezza, ma ormai aveva deciso di affidare le questioni legali ai propri avvocati. Il che non voleva dire che non fosse molto allarmato da ciò che sentiva raccontare dagli altri nel braccio della morte, soprattutto in merito agli aspetti razziali e al tipo di giuria che gli sarebbe stata assegnata.

Quasi tutti i presenti nel braccio della morte erano stati giudicati da un gruppo di giurati composto esclusivamente o quasi di bianchi. Un carcerato di nome Jesse Morrison raccontò a Walter che il pubblico ministero della Contea di Barbour aveva usato contro di lui ben ventuno azioni insindacabili delle ventidue a sua disposizione, così da escludere ogni nero dalla giuria. Vernon Madison, di Mobile, disse che nel suo processo la pubblica accusa ricusò tutte e dieci le persone di colore in possesso dei requisiti per prestare servizio come giurati. Willie Tabb della Contea di Lamar, Willie Williams della Contea di Houston, Claude Raines della Contea di Jefferson, Gregory Acres della Contea di Montgomery e Neil Owens della Contea di Russell erano tra i numerosi neri presenti nel braccio della morte a essere stati giudicati da una giuria di soli bianchi, dopo che i pubblici ministeri erano ricorsi ad azioni insindacabili contro tutti i giurati afroamericani. Nella Contea di Dallas, Earl McGahee era stato processato da una giuria composta interamente di bianchi sebbene in quella contea gli afroamericani rappresentassero il 60 per cento della popolazione. Nel giudizio contro Albert Jefferson, la pubblica accusa aveva organizzato una lista di possibili giurati e li aveva convocati in tribunale in quattro gruppi, composti da circa venticinque persone ciascuno e identificati come "forti", "medi", "deboli" e "neri". Ognuna delle venticinque persone di colore presenti nella rosa dei giurati era compresa nella lista dei "neri" e tutte furono escluse. Anche Joe Duncan, Grady Bankhead e Colon Guthrie furono tra quelli che raccontarono una vicenda analoga.

Il procuratore distrettuale Ted Pearson dovette essere crucciato per la nuova sentenza nel caso *Batson*; sapeva che due veterani tra i difensori dei diritti civili come Chestnut e Boynton non avrebbero esitato a opporsi a una giuria scelta secondo le discriminazioni razziali, tuttavia non nutriva troppe preoccupazioni sul fatto che il giudice Robert E. Lee Key avrebbe preso sul serio obiezioni del genere. A ogni modo, il clamore straordinario sorto attorno all'omicidio Morrison suggerì a Pearson un'altra idea.

Nei processi di maggior risonanza, è abbastanza comune che gli avvocati della difesa presentino una mozione perché venga cambiata la sede: viene chiesto che il giudizio sia trasferito dalla contea dove ha avuto luogo il crimine in una contea diversa, in cui risultino minori la pubblicità prima del processo e i sentimenti di condanna. Quasi mai le mozioni vengono accolte, tuttavia di tanto in tanto una Corte d'Appello giudica l'atmosfera di una contea troppo carica di pregiudizi perché il processo possa esservi celebrato. In Alabama, chiedere il trasferimento di sede era un atto praticamente inutile. I tribunali di quello Stato non avevano quasi mai rovesciato una condanna per il fatto che il giudice del processo si fosse rifiutato di cambiarne la sede.

Quando la corte fissò per l'ottobre del 1987 l'udienza in cui discutere le mozioni preliminari al processo di Walter, Chestnut e Boynut non nutrivano grandi aspettative sul fatto che qualcuna delle loro mozioni potesse essere accolta. Erano più che altro concentrati sulla preparazione del processo, il cui inizio era stato fissato a febbraio del 1988. Le mozioni preliminari non erano che una formalità.

I due avvocati presentarono la loro richiesta per il cambio di sede. Pearson si alzò e dichiarò che, considerata la straordinaria copertura mediatica che l'omicidio Morrison aveva ricevuto prima del processo, era d'accordo perché il giudizio venisse trasferito. Il giudice Kelly annuì favorevolmente; Chestnut invece, che conosceva bene i tribunali dell'Alabama, era certo che si stesse preparando qualcosa di brutto. Inoltre, era convinto che il giudice e il procuratore distrettuale si fossero già messi d'accordo.

«La richiesta dell'avvocato della difesa per il cambio di sede è accordata», stabilì il giudice.

Quando quest'ultimo propose il trasferimento in una contea vicina perché i testimoni non dovessero fare un viaggio troppo lontano, Chestnut rimase fiducioso. In quasi tutte le contee limitrofe una percentuale decisamente ampia della popolazione era afroamericana: nella Contea di Wilcox i neri erano il 72 per cento; in quella di Conecuh il 46 per cento; nella Contea di Clarke erano il 45 per cento; in quella di Butler il 42 per cento; e in quella di Escambia erano il 32 per cento. Solo la ricca Contea di Baldwin a sud, con le sue splendide spiagge sul Golfo del Messico, costituiva un caso anomalo in quanto solamente il 9 per cento della popolazione era composto da afroamericani.

Il giudice impiegò davvero pochissimo tempo a decidere in quale sede dovesse essere trasferito il processo.

«Andremo nella Contea di Baldwin».

Chestnut e Boynton mossero subito obiezione, ma il giudice ricordò ai due che la mozione era stata avanzata da loro. Provarono quindi a ritirarla, ma Kelly disse di non poter autorizzare un processo in una comunità in cui così tante persone si erano ormai fatte un'opinione sull'accusato. Il processo si sarebbe svolto a Bay Minette, sede della corte della Contea di Baldwin.

Il trasferimento di tribunale fu per Walter un disastro. Chestnut e Boynton sapevano che, tra i giurati, i neri sarebbero stati pochissimi o addirittura nessuno. Erano inoltre consapevoli che, per quanto i giurati bianchi della Contea di Baldwin potessero essere meno direttamente legati a Ronda Morrison e alla sua famiglia, si trattava tuttavia di una contea estremamente conservatrice in cui, rispetto alle contee vicine, erano stati compiuti ancora meno progressi nell'abbandonare le politiche razziali di Jim Crow.

Sulla base di quanto appreso dagli altri detenuti nel braccio della morte riguardo alle giurie di soli bianchi, anche Walter era preoccupato per il cambio di sede. Tuttavia, egli nutriva ancora fede in questo: nessuno avrebbe potuto ascoltare quelle prove e credere che fosse stato lui a commettere quel crimine. Semplicemente era convinto che una giuria, fosse essa composta di bianchi o di neri, non avrebbe potuto condannarlo basandosi sulla storia priva di senso raccontata da Ralph Myers; non quando lui aveva un alibi incontestabile con circa una dozzina di testimoni.

A febbraio, il processo venne posticipato. Ancora una volta Ralph Myers era in preda ai ripensamenti. Dopo mesi trascorsi nella prigione della contea, lontano dal braccio della morte, Myers si era nuovamente reso conto di non voler finire implicato in un omicidio che non aveva commesso. Attese quindi fino alla mattina in cui era previsto l'inizio del processo e solo allora comunicò agli inquirenti che non poteva testimoniare, poiché volevano che dichiarasse il falso. Cercò di spuntare un trattamento più favorevole, ma alla fine decise che per lui non vi potesse essere nessuna pena accettabile per un omicidio che non aveva compiuto.

Il suo rifiuto a collaborare gli valse un nuovo soggiorno nel braccio della morte. Una volta tornato a Holman, non passò molto prima che mostrasse chiari segni di gravi scompensi emotivi e psicologici. Trascorsero un paio di settimane, gli agenti del carcere si preoccuparono a tal punto da trasferirlo nell'ospedale statale per i malati mentali. Al Centro medico di sicurezza Taylor Hardin di Tuscaloosa venivano eseguiti tutti gli accertamenti e le valutazioni per conto dei tribunali che dovevano gestire soggetti accusati di crimini e potenzialmente non in grado di sostenere un processo poiché affetti da patologie mentali. Il centro era stato spesso criticato dagli avvocati della difesa, perché quasi mai riscontrava disturbi mentali così seri da impedire che gli imputati venissero giudicati.

Il tempo trascorso da Myers al Taylor Hardin servì a ben poco per modificare la sua difficile situazione. Passati i trenta giorni di degenza nell'ospedale, aveva sperato di poter fare ritorno alla prigione della contea, e invece fu rispedito nel braccio della morte. Essendosi dunque reso conto di non poter sfuggire dalla situazione in cui si era cacciato, Myers disse agli investigatori di essere pronto a testimoniare contro McMillian.

La nuova data per il processo venne fissata ad agosto del 1988. Walter era rimasto nel braccio della morte per oltre un anno. Per quanto avesse provato a adattarsi, non riusciva proprio ad accettare l'incubo in cui la sua vita si era trasformata. Sebbene nervoso, si era convinto che sarebbe tornato a casa a febbraio, quando era stato fissato il primo processo. I suoi avvocati sembravano contenti che Myers stesse avendo difficoltà e dissero a Walter che era un buon segno il fatto che il processo venisse rinviato perché Myers si rifiutava di testimoniare. Questo però significava che Walter avrebbe dovuto trascorrere altri sei mesi nel braccio della morte e in ciò non riusciva a trovare nulla di incoraggiante. Quando finalmente lo trasferirono nel Carcere della Contea di Baldwin, a Bay Minette, per il processo di agosto, Walter lasciò il braccio della morte fiducioso che non vi avrebbe più messo piede. Qui aveva fatto amicizia con diverse persone e rimase sorpreso nell'avvertire il proprio dissidio nell'abbandonarli, poiché era consapevole di ciò a cui essi sarebbero presto andati incontro. Tuttavia, quando venne convocato nell'ufficio trasferimenti, non perse tempo a raccogliere i propri effetti personali e a salire a bordo del cellulare per andarsene.

* * *

Una settimana dopo, Walter era seduto sul cellulare con i ceppi che gli comprimevano le caviglie e con le catene strette attorno alla vita. Sentiva che i piedi stavano iniziando a gonfiarsi per la circolazione interrotta a causa del metallo che gli affondava nella pelle. Le manette erano troppo strette e lui iniziava a essere insolitamente arrabbiato.

«Perché mi avete messo queste catene così strette?».

I due agenti della Contea di Baldwin, gli stessi che una settimana prima lo avevano prelevato, durante il viaggio dal tribunale al braccio della morte non furono gentili. Ora che era stato riconosciuto colpevole della pena capitale, erano totalmente ostili. Uno dei due parve ridere in risposta dalla domanda di Walter.

«Le catene sono le stesse di quando ti abbiamo prelevato. Ti sembrano più strette semplicemente perché adesso ti abbiamo preso».

«Ehi, fratello, me le devi sciogliere, non posso viaggiare in questo modo».

«Non se ne parla proprio, perciò scordatelo».

Improvvisamente, Walter si ricordò di quell'uomo. Alla fine del processo, quando la giuria lo aveva dichiarato colpevole, la sua famiglia e molti dei neri che avevano seguito il giudizio erano rimasti increduli e scioccati. Lo sceriffo Tate sostenne che Johnny, il figlio ventiquattrenne di Walter, avesse detto: «Qualcuno la pagherà per quello che hanno fatto a mio padre». Tate chiese ai suoi vice di arrestare Johnny e ne nacque una zuffa. Walter vide gli agenti buttare a terra suo figlio e ammanettarlo. Più osservava i due agenti che lo stavano riportando nel braccio della morte, più si convinceva che uno dei due fosse quello che aveva placcato suo figlio.

Il cellulare cominciò a muoversi. Non vollero dire a Walter dove fossero diretti, ma non appena ebbero imboccato la strada divenne chiaro che lo stavano riportando nel braccio della morte. Il giorno dell'arresto Walter si era sentito turbato e sconvolto, ma era davvero convinto che presto lo avrebbero rilasciato. Quando i giorni nella prigione della contea diventarono settimane, fu colto dalla frustrazione. Poi, quando lo trasferirono nel braccio della morte in attesa del processo e prima ancora di essere giudicato colpevole di un crimine, divenne depresso e terrorizzato, e le settimane diventarono mesi. Quando però, dopo circa quindici mesi di attesa che venisse fatta giustizia, la giuria composta pressoché di soli bianchi lo dichiarò colpevole, Walter rimase scioccato, paralizzato. Solo adesso sentiva di tornare a vivere, ma quel che avvertiva era una rabbia carica di indignazione. Mentre lo riconducevano nel braccio della morte, i due vicesceriffi stavano parlando di una fiera di armi a cui avevano intenzione di andare. Walter si rese conto di essere stato uno sciocco a concedere a tutti il beneficio del dubbio. Sapeva che Tate era un uomo feroce e cattivo, ma aveva dato per scontato che gli altri stessero semplicemente eseguendo gli ordini. Adesso invece provava qualcosa che potremmo descrivere solamente come collera.

«Ehi, farò causa a tutti voi!».

Sapeva che stava gridando e che ciò non avrebbe fatto alcuna differenza. «Farò causa a tutti voi!», ripeté. Gli agenti non gli prestarono attenzione.

«Sciogliete queste catene. Sciogliete queste catene».

Non riusciva a ricordare il momento esatto in cui aveva perso il controllo, ma si era sentito crollare a pezzi. Con un certo sforzo, si fece silenzioso. La sua mente fu pervasa dalle riflessioni sul processo. Era stato breve, metodico e scientifico. La selezione della giuria era durata giusto un paio d'ore. Pearson aveva utilizzato le azioni insindacabili a sua disposizione per escludere ognuno dei pochi afroamericani che erano stati convocati a prestare servizio come giurati: tutti tranne uno solo. I suoi avvocati avevano mosso obiezione, ma il giudice aveva respinto sommariamente le loro proteste. La pubblica accusa aveva chiamato a deporre Myers, perché raccontasse la sua assurda storia di come Walter lo avesse costretto a guidare fino al Jackson Cleaners poiché aveva il braccio ferito. Secondo questa versione, Myers era entrato nella lavanderia dove aveva visto Walter che stava sul cadavere di Ronda Morrison. Cosa ancor più bizzarra, sostenne inoltre che fosse presente una terza persona anch'essa coinvolta nell'omicidio, un misterioso uomo bianco dai capelli brizzolati che era chiaramente a capo di quel crimine e che aveva ordinato di uccidere anche Myers, cosa che Walter non riuscì a fare perché aveva terminato i proiettili. Walter considerava quella testimonianza talmente assurda da non riuscire a capacitarsi che gli altri la prendessero sul serio. Perché non stavano ridendo tutti?

Il controinterrogatorio fatto da Chestnut a Myers rese palese che il testimone stesse mentendo. Quando Chestnut ebbe concluso, Walter era sicuro che l'accusa non avrebbe fatto altro che annunciare di aver commesso uno sbaglio. E invece, il pubblico ministero chiamò nuovamente alla sbarra Myers perché ripetesse le sue accuse, come se la logica e le contraddizioni della testimonianza fossero del tutto irrilevanti, e come se ripetere le sue bugie per un numero sufficiente di volte nel silenzio di quell'aula potesse renderle vere.

Bill Hooks testimoniò di aver visto il camion di Walter parcheggiato fuori della lavanderia all'ora dell'omicidio e di averlo riconosciuto perché era stato modificato con un assetto ribassato. Subito Walter bisbigliò ai propri avvocati di aver modificato l'assetto del proprio camion solo molti mesi dopo che la Morrison era stata assassinata. I suoi avvocati non usarono più di tanto quell'informazione, cosa che frustrò Walter. Poi fu la volta di un altro uomo, Joe Hightower, un bianco che Walter non aveva mai sentito nominare e che salì al banco per dichiarare che anche lui aveva visto il camion davanti alla lavanderia.

Erano una dozzina le persone che potevano raccontare della festa del pesce fritto e ribadire che quando Ronda Morrison era stata uccisa Walter si trovava a casa. I suoi avvocati ne chiamarono a deporre solo tre. Sembrava che tutti avessero fretta di chiudere il processo e di questo Walter non riusciva a capacitarsi. L'accusa chiamò quindi un uomo bianco, Ernest Welch, che dichiarò di essere "l'uomo dei mobili" incaricato di raccogliere i soldi a casa McMillian il giorno in cui avevano fatto la festa a base di pesce fritto: quello però non era lo stesso giorno in cui Ronda Morrison era stata assassinata. Disse di ricordare meglio di chiunque altro quando fosse stata uccisa la ragazza, perché lui era lo zio. Dichiarò di essersi sentito talmente devastato che a prendere i soldi dai McMillian ci andò un altro giorno.

Gli avvocati fecero le proprie arringhe, la giuria si ritirò e dopo neanche tre ore i giurati rientrarono in fila nell'aula della corte. Impassibili, uno dopo l'altro dichiararono Walter McMillian colpevole.

4
L'antica solida croce

Nel febbraio del 1989 Eva Ansley e io aprimmo a Tuscaloosa il nostro nuovo studio legale non-profit, che forniva assistenza legale gratuita e specializzata a chi, uomini e donne, era rinchiuso nel braccio della morte dell'Alabama. Di certo non pensavamo che sarebbe stato facile, tuttavia l'impresa si rivelò più difficile del previsto.

Nei primi mesi di attività il nostro primo direttore rassegnò le dimissioni, la facoltà di Giurisprudenza dell'Università dell'Alabama, presso cui avevamo sistemato l'ufficio, ritirò il proprio supporto nonché l'impegno a concederci quello spazio, e scoprimmo quanto fosse arduo trovare avvocati che venissero in Alabama a occuparsi a tempo pieno di condanne a morte per meno di 25.000 dollari l'anno.

Gli ostacoli si moltiplicavano a ritmi vertiginosi. Il Parlamento statale ci negò i fondi di cui avevamo bisogno per ottenere i finanziamenti corrispettivi a livello federale. Dopo diverse riunioni scoraggianti con il nostro direttivo, fu chiaro che in quello Stato non avevamo alcun sostegno al nostro progetto. I vertici dell'ordine degli avvocati dell'Alabama si impegnarono affinché la nostra attività avesse successo – alcuni perché trovavano inammissibile che i detenuti condannati non ricevessero assistenza legale, altri perché volevano che le esecuzioni procedessero in maniera più spedita e si rendevano conto che l'assenza di una difesa d'ufficio causava rallentamenti –, ma ormai avevamo compreso che avremmo dovuto cavarcela da soli e reperire fondi per conto nostro. Eva e io ci riorganizzammo e decidemmo di ricominciare daccapo a Montgomery, la capitale dello Stato. Alla fine chiamammo il progetto Equal Justice Initiative (EJI).

Individuai un piccolo edificio nei pressi del centro di Montgomery, e nell'estate del 1989 firmammo il contratto di affitto. Quella sede era un buon punto di partenza: una casa a due piani in stile neogreco costruita nel 1882, a due passi dal quartiere storico denominato "Old Alabama Town". Era dipinta di giallo e aveva un portico incantevole che la rendeva aperta e accogliente, un bel contrasto con le minacciose aule di tribunale, le sale d'attesa delle istituzioni e le mura delle carceri che segnavano profondamente la vita dei familiari dei nostri clienti. D'inverno lo studio era freddo, era praticamente impossibile tenere lontani gli scoiattoli dal sottotetto e non c'era abbastanza energia elettrica per usare contemporaneamente la fotocopiatrice e la macchina del caffè senza far saltare i fusibili. Ma fin dall'inizio ci sembrò un luogo di lavoro e al tempo stesso casa nostra; e viste le ore che ci passavamo, era un po' entrambe le cose.

Eva si fece carico delle pratiche amministrative per il nostro nuovo progetto, particolarmente impegnative dal momento che i fondi federali richiedevano complesse relazioni e rendicontazioni di ogni sorta. Intrepida e acuta, fu in grado di sistemare tutto così che potesse arrivare un po' di denaro. Assumemmo una segretaria e cercammo di trovare il modo per andare avanti. Io mi ero già occupato di raccolta fondi per il Comitato per la difesa dei detenuti del Sud, quasi subito dopo aver iniziato a lavorare lì, perciò avevo un po' di esperienza nel chiedere soldi a sostegno della nostra attività. Ero sicuro che ci fosse un modo per raccogliere denaro a sufficienza perché lo studio dell'Alabama soddisfacesse i requisiti minimi necessari per ottenere un finanziamento corrispettivo dai fondi federali. Ci occorreva solo un po' di tempo: cosa che, come poi ci rendemmo conto, non avremmo avuto affatto.

Ad attenderci c'era un fiume di esecuzioni già fissate. Tra il 1975, anno dell'approvazione della nuova legge sulla pena di morte in Alabama, e il 1988, nello Stato erano avvenute solo tre esecuzioni. Ma nel 1989, sulla scia di un cambio di rotta nella gestione da parte della Corte Suprema degli appelli alla condanna a morte e dei mutati venti politici, con risolutezza l'ufficio del procuratore generale cominciò a cercare di mettere in atto le esecuzioni dei detenuti condannati a morte. Pertanto, alla fine del 1989 il numero di persone giustiziate nello Stato dell'Alabama era raddoppiato.

Mesi prima che aprisse il nostro centro, cominciai a visitare il braccio della morte dell'Alabama ogni mese, viaggiando da Atlanta per incontrare alcuni nuovi clienti, tra cui Walter McMillian. Tutti loro erano grati per quell'aiuto, ma con l'avvicinarsi della primavera del 1989 alla fine dei nostri incontri mi facevano tutti la stessa richiesta: aiutate Michael Lindsey. L'esecuzione della condanna a morte per Lindsey era stata fissata a maggio del 1989. Dopodiché, mi chiesero di aiutare Horace Dunkins, la cui esecuzione era prevista a luglio del 1989. Non senza rammarico, cercavo di spiegare quali fossero i nostri limiti di risorse e di tempo, e con quale sforzo stessimo cercando di mettere in piedi e rendere operativo il nuovo studio. Sebbene dicessero di comprendere, era evidente quanto si sentissero angosciati all'idea di ricevere assistenza legale mentre altri stavano per essere giustiziati.

Sia Lindsey che Dunkins erano assistiti da avvocati pro

bono che mi avevano chiesto aiuto perché troppo oberati. Il legale di Lindsey, David Bagwell, era un rispettabile civilista di Mobile; aveva lavorato al caso di Wayne Ritter, che era stato giustiziato l'anno prima. Quell'esperienza aveva prodotto in Bagwell rabbia e disincanto. Scrisse una lettera feroce, pubblicata sulla rivista dell'ordine degli avvocati dell'Alabama, in cui giurava che non avrebbe «mai più accettato un altro caso di condanna a morte, anche se dovessero radiarmi per il mio rifiuto», ed esortava gli altri civilisti a fare lo stesso. Dopo la protesta pubblica di Bagwell fu più difficile per i tribunali assegnare altri avvocati civilisti per gli appelli di ultima istanza nelle cause di condanna a morte, non che prima fossero particolarmente inclini a farlo. Essa ebbe però anche un altro effetto. Ai prigionieri giunse voce della lettera e ne parlarono tra di loro, specialmente di un commento raggelante sepolto nella geremiade di Bagwell: «In generale sono a favore della pena di morte perché i cani rabbiosi devono morire». I detenuti divennero ancora più diffidenti verso gli avvocati, anche quelli che dicevano che li avrebbero aiutati.

Dopo ulteriori suppliche da parte dei nostri clienti, decidemmo di fare il possibile per Michael Lindsey, la cui esecuzione si avvicinava rapidamente. Cercammo di costruire nuove argomentazioni attorno a un'interessante lacuna di quel caso: la giuria non aveva mai stabilito che Lindsey dovesse essere giustiziato.

Lindsey era stato condannato al carcere a vita senza condizionale, ma il giudice aveva "superato" la sentenza della giuria e imposto di sua iniziativa la condanna a morte. Le condanne a morte in seguito al "superamento da parte del giudice" erano un'anomalia, anche nel 1989. In quasi tutti gli Stati, erano le giurie a decidere se assegnare la condanna a morte o il carcere a vita senza libertà condizionale. Se la giuria decretava o respingeva la condanna a morte, era quello il giudizio definitivo. Solo la Florida e l'Alabama consentivano al giudice di superare la decisione della giuria; in seguito, la Florida pose dei limiti a tale pratica riducendola drasticamente. Oggi la legge rimane in vigore in Alabama, dove i giudici usano questo potere quasi esclusivamente per trasformare il carcere a vita in una condanna a morte, per quanto siano anche autorizzati a ridurre la pena dalla condanna a morte al carcere a vita, se lo ritengono opportuno. Dal 1976, i giudici dell'Alabama hanno superato centoundici volte i verdetti della giuria in processi che prevedevano la pena capitale. Nel 91 per cento di questi casi hanno sostituito il carcere a vita con la condanna a morte[1].

Questa pratica è stata complicata ulteriormente dalla natura sempre più competitiva delle elezioni giudiziarie in questo Stato. L'Alabama è uno dei sei Stati a eleggere tutti i propri giudici con elezioni estremamente faziose e competitive (trentadue Stati prevedono un processo di elezione dei giudici in qualche modo indipendente)[2]. Le elezioni attraggono contributi elettorali da gruppi d'interesse economico alla ricerca di riforme che limitino le cause di risarcimento o da avvocati specializzati nei processi che mirano a tutelare le sentenze importanti nelle cause civili; ma poiché in queste zone gli elettori nella stragrande maggioranza dei casi non sono istruiti, le campagne elettorali si concentrano inevitabilmente sui crimini e sulle pene. Ciascun giudice si presenta come il più inflessibile con il crimine. A coloro che finanziano queste elezioni interessa ben poco di quali siano le differenze irrisorie tra i candidati rispetto agli illeciti, mentre il loro voto è tutto concentrato sulle pene. La modifica del verdetto della giuria da parte dei giudici è un'arma politica estremamente potente[3]. Nessun giudice vuole avere a che fare con pubblicità aggressive, in cui vengano messi in evidenza i dettagli macabri di un caso di omicidio per il quale la corte non abbia imposto la pena più severa. Alla luce di tutto questo, non sorprende che i superamenti dei verdetti da parte dei giudici tendano ad aumentare proprio negli anni delle elezioni[4].

Scrivemmo una lettera al governatore dell'Alabama, Guy Hunt, chiedendogli di sospendere la condanna di Lindsey sulla base del fatto che la giuria, titolata a esprimersi sul suo caso, aveva deciso di non condannarlo a morte. Il governatore Hunt respinse prontamente la richiesta di grazia, dichiarando che non sarebbe andato «contro il volere della comunità espresso dalla giuria, ossia che Lindsey sia condannato a morte», sebbene avessimo ribadito che i rappresentanti della comunità – la giuria – avevano fatto l'esatto opposto, scegliendo chiaramente di risparmiargli la vita. Non era importante. Malgrado sia una pratica del tutto atipica, la Corte Suprema aveva confermato il superamento del verdetto di una giuria in un precedente processo in Florida, e questo ci lasciava senza basi costituzionali per bloccare l'esecuzione di Michael Lindsey[5]. Il 26 maggio 1989 fu giustiziato sulla sedia elettrica.

Subito dopo Lindsey, dovemmo affrontare la condanna di Horace Dunkins. Anche in questo caso cercammo di essere d'aiuto con tutti i mezzi a nostra disposizione, sebbene il tempo corresse via veloce e rimanessero ben poche speranze. Dunkins era affetto da disabilità intellettive, e basandosi sui registri scolastici e su test precedenti il giudice del processo aveva stabilito che soffrisse di un «ritardo mentale»[6]. Pochi mesi prima della data prevista per l'esecuzione, la Corte Suprema confermò la possibilità di giustiziare i «ritardati mentali». Tredici anni dopo, nel caso *Atkins contro lo Stato della Virginia*, la Corte riconobbe che giustiziare persone con disabilità intellettive è una pena crudele e disumana e vietò tale prassi in quanto contraria alla Costituzione[7]. Per molti condannati e disabili come Horace Dunkins, quel divieto arrivò troppo tardi.

La famiglia Dunkins chiamava spesso per sapere che cosa si potesse fare a pochi giorni dall'esecuzione, ma le chance erano davvero pochissime. Quando fu chiaro che non ci sarebbe stato modo di fermare la condanna, i familiari vollero sapere che cosa ne sarebbe stato del corpo di Dunkins dopo la morte. A preoccuparli era soprattutto, per motivi religiosi, che lo Stato non eseguisse un'autopsia sul corpo del giovane. Il giorno fatidico arrivò, e Horace Dunkins fu ucciso con una esecuzione malfatta che fece notizia a livello nazionale. Gli agenti penitenziari avevano collegato male gli elettrodi alla sedia, cosicché quando questa fu attivata il corpo di Dunkins fu investito solo da una scarica parziale. Dopo diversi minuti di agonia la sedia fu spenta, ma Dunkins era ancora vivo; era incosciente ma respirava ancora. Gli agenti aspettarono diversi minuti «perché il corpo si raffreddasse» prima di rendersi conto che gli elettrodi non erano stati collegati correttamente. Li sistemarono, somministrarono una nuova scossa a Dunkins e questa volta tutto funzionò a dovere. Riuscirono a ucciderlo[8]. In seguito a questa esecuzione gestita malamente e in maniera crudele, lo Stato eseguì un'autopsia andando contro le ripetute richieste dei familiari.

Dopo l'esecuzione, ricevetti una telefonata dal padre di Dunkins, devastato. «Possono prendergli la vita», mi disse, «anche se non ha avuto un giusto processo e non meritava tutto questo, ma non hanno il diritto di violare anche il suo corpo e la sua anima. Vogliamo fare causa». Fornimmo un po' di assistenza all'avvocato pro bono che seguiva il caso e fu intentata una causa, anche se le speranze non erano molte. Ci furono alcune deposizioni, ma nessuna sentenza riparatoria. La causa civile non riuscì a rallentare il passo dello Stato dell'Alabama, che continuò ferocemente per la propria strada fissando le date per altre esecuzioni.

Traslocammo nel nostro nuovo studio a Montgomery portandoci dietro l'ombra di queste due esecuzioni. Gli uomini rinchiusi nel braccio della morte erano più agitati e nervosi che mai. Quando a luglio Herbert Richardson venne a sapere che la sua esecuzione era stata fissata per il 18 agosto, mi fece una telefonata a carico del destinatario dal braccio della morte: «Signor Stevenson, sono Herbert Richardson, mi è stato appena comunicato che lo Stato intende giustiziarmi il 18 agosto. Ho bisogno del suo aiuto. Non può dirmi di no. So che sta già aiutando altri qui dentro e che state mettendo su un ufficio, quindi per favore mi aiuti».

«Mi dispiace molto per l'esecuzione», risposi io. «È una estate durissima. Che cosa dice il suo avvocato volontario?». Stavo ancora lavorando al modo migliore di rivolgermi ai condannati per affrontare la notizia della data dell'esecuzione. Avrei voluto dire qualcosa di rassicurante come: «Non si preoccupi», ma ovviamente sarebbe stata una richiesta eccessiva da fare a chiunque; venire a conoscenza della data dell'esecuzione era una cosa inquietante oltre ogni dire. Anche un «Mi dispiace» non sembrava affatto opportuno, ma alla fine era la cosa migliore che mi venisse in mente.

«Non ho un avvocato volontario, signor Stevenson. Non ho nessuno. Il mio avvocato mi ha detto che non poteva fare più niente per aiutarmi già un anno fa. Ho bisogno del *suo* aiuto».

Non avevamo ancora computer né manuali di diritto, e nemmeno altri avvocati nello staff. Avevo assunto un mio compagno di corso ad Harvard che accettò di unirsi a noi e si trasferì in Alabama da Boston. Ero contentissimo all'idea di avere finalmente qualcuno che mi desse una mano. Era arrivato a Montgomery da qualche giorno quando io dovetti lasciare la città per un giro di raccolta fondi.

Al mio ritorno, se n'era andato via. Lasciò un biglietto in cui spiegava che non si era reso conto di quanto sarebbe stato difficile per lui vivere in Alabama. Era rimasto meno di una settimana.

Tentare di fermare un'esecuzione significava lavorare ininterrottamente diciotto ore al giorno per un mese, cercando disperatamente di ottenere un ordine di sospensione dal tribunale. Lo si poteva ottenere solo con uno sforzo enorme, e comunque rimaneva molto improbabile che riuscissimo a bloccare l'esecuzione. Mentre me ne stavo lì senza nulla da dire per riempire il silenzio, Richardson continuò: «Signor Stevenson, ho trenta giorni. La prego, mi dica che mi aiuterà».

Non sapevo cos'altro fare se non essere sincero. «Signor Richardson, mi dispiace tanto ma ancora non ho con me libri, personale, computer e tutte le cose che ci servono per prendere in carico nuovi casi. Non ho nemmeno assunto altri avvocati. Sto cercando di sistemare un po' tutto...».

«Ma io ho una data per l'esecuzione. Lei deve rappresentarmi. A che serve tutta quella roba se lei non aiuta le persone come me?». Sentivo il suo respiro farsi affannoso.

«Mi uccideranno», disse.

«So cosa intende, e sto cercando di capire come poterla aiutare. È che siamo sovraccarichi di lavoro...». Non sapevo che dire, perciò tra noi cadde un lungo silenzio. Sentivo il suo respiro pesante all'altro capo del filo e immaginavo quanta frustrazione dovesse provare. Mi aspettavo che mi parlasse in preda all'ira e all'acredine, preparandomi ad assorbire la sua comprensibile rabbia. Invece, d'un tratto, il telefono si fece muto. Aveva riattaccato.

Quella telefonata mi lasciò turbato per il resto della giornata e la notte non riuscii a prendere sonno. Ero tormentato dai miei inutili tentennamenti burocratici di fronte alla sua disperazione e al silenzio della sua risposta.

Il giorno dopo, con mio grande sollievo, richiamò.

«Signor Stevenson, mi dispiace, ma mi deve rappresentare. Non serve che mi dica che fermerà l'esecuzione; non serve che mi dica che può ottenere una sospensione. Ma mi restano ventinove giorni e non credo di poterli affrontare se non c'è più nessuna speranza. Dica solo che farà qualcosa e mi lasci qualche speranza».

Era impossibile dirgli di no, perciò risposi di sì.

«Non sono sicuro che ci sia qualcosa che possiamo fare per fermare tutto questo, visto il punto cui sono arrivate le cose», gli annunciai mestamente. «Ma ci proveremo».

«Se può fare qualcosa, qualsiasi cosa... be', le sarò grato».

Herbert Richardson era un veterano della guerra in Vietnam e le esperienze agghiaccianti in condizioni brutali che aveva vissuto lo avevano lasciato traumatizzato e terrorizzato. Si era arruolato nell'esercito nel 1964, a diciotto anni, in un periodo in cui gli Stati Uniti erano pesantemente coinvolti nel conflitto. Fu assegnato all'11° Gruppo dell'Aviazione, 1ª Divisione della Cavalleria, e fu spedito a Camp Radcliff, ad An Khê, in Vietnam. Il campo sorgeva nei pressi di Pleiku, una zona che a metà degli anni Sessanta era nota per gli scontri violenti che vi avvenivano. Herbert partecipò a missioni pericolose in cui vide i suoi amici finire uccisi o gravemente feriti. Durante una missione, l'intero plotone di cui faceva parte fu trucidato in una imboscata, mentre lui rimase gravemente ferito. Quando riprese conoscenza si ritrovò ricoperto dal sangue dei suoi commilitoni; era disorientato e incapace di muoversi. Non ci volle molto prima che avesse un completo esaurimento nervoso. Cominciò a soffrire di violenti mal di testa e tentò il suicidio. Nonostante diversi ufficiali comandanti ne avessero più volte richiesto un esame psichiatrico, rimase a combattere per sette mesi prima che le sue «crisi di pianto» e il suo «isolamento non comunicativo» sfociassero nel congedo con onore nel dicembre del 1966. Ovviamente il suo trauma lo seguì a Brooklyn, dove continuò ad avere incubi, a soffrire di cefalee disabilitanti, e dove qualche volta usciva di casa correndo e urlando: «In avvicinamento!». Si sposò ed ebbe dei figli, ma il suo stress post-traumatico continuò a impedirgli di controllare appieno il proprio comportamento. Finì in un ospedale per veterani di New York, dove si riprese lentamente e con difficoltà dai gravi mal di testa associati alle ferite di guerra.

Herbert divenne uno delle migliaia di veterani che finiscono in prigione dopo il congedo dall'esercito. La frequenza con cui i veterani si portano dietro i traumi della guerra e vengono incarcerati dopo essere tornati nelle loro comunità è tra i problemi post-conflitto meno affrontati nel nostro paese. A metà degli anni Ottanta quasi il 20 per cento della popolazione presente nelle prigioni locali e nei penitenziari degli Stati Uniti aveva prestato servizio nelle forze armate. Se negli anni Novanta questa percentuale si ridusse perché le ombre della guerra in Vietnam cominciarono ad attenuarsi, essa è aumentata nuovamente per effetto dei conflitti in Iraq e Afghanistan.

Grazie alle cure ricevute all'ospedale per i veterani di New York, Herbert cominciò lentamente a riprendersi. Lì conobbe un'infermiera, una donna originaria di Dothan, in Alabama, le cui cure premurose lo fecero sentire a proprio agio e fiducioso forse per la prima volta in vita sua. Vicino a lei, lui si sentiva vivo e pensava che le cose si sarebbero sistemate. La donna gli aveva salvato la vita. E quando lei fece ritorno in Alabama, Herbert la seguì.

Cercò di uscire con lei e le disse persino che voleva sposarla. All'inizio lei tentennò, perché sapeva che Herbert soffriva ancora degli effetti del suo periodo in guerra, ma alla fine cedette. Ebbero una breve relazione, ed Herbert si sentì felice come mai prima d'allora. Divenne molto protettivo nei confronti della sua compagna. Ma a quel punto lei cominciò a vedere le sue attenzioni continue e disperate verso di lei come qualcosa di più simile a un bisogno ossessivo che all'amore, così provò a chiudere la relazione. Dopo mesi di tentativi infruttuosi per mettere un po' di distanza con Herbert, alla fine dovette dirgli di stare lontano da lei.

Herbert, invece, si trasferì ancora più vicino alla sua abitazione, a Dothan, e questo non fece che aumentare le ansie della donna. Arrivò al punto di impedirgli di vederla, di parlarle o di avvicinarsi in alcun modo a lei. Herbert era convinto che lei fosse solo confusa e che alla fine sarebbe tornata da lui. Era preda dell'ossessione; i suoi ragionamenti si fecero contorti, irrazionali e sempre più pericolosi.

Herbert non era stupido; anzi, era molto intelligente, con una particolare propensione per l'elettronica e la meccanica. E aveva un gran cuore. Ma si stava ancora riprendendo dal trauma della guerra, oltre che da gravi traumi che avevano preceduto la sua esperienza militare. La madre era morta quando lui aveva appena tre anni, e poi lui aveva combattuto con la droga e l'alcol prima di decidere di arruolarsi. Gli orrori della guerra avevano aggravato ulteriormente il disagio di una psiche già ferita.

Gli venne in mente un'idea per riconquistare la sua fidanzata. Pensò che, se lei si fosse sentita minacciata, sarebbe andata da lui in cerca di protezione. Architettò un piano tragicamente maldestro: avrebbe costruito una piccola bomba da piazzare sotto il portico della donna. Avrebbe fatto detonare l'ordigno dopodiché sarebbe accorso in suo aiuto, e a quel punto sarebbero vissuti felici insieme per sempre. Era un uso sconsiderato degli esplosivi, che già non sarebbe stato molto avveduto in una zona di guerra, figuriamoci poi in un quartiere povero di neri a Dothan, in

Alabama. Una mattina Herbert completò l'assemblaggio della bomba e la piazzò sotto il porticato della sua ex fidanzata. Ma a uscire fuori e trovare lo strano pacco furono la nipotina della donna con un'altra bambina.

La nipotina di dieci anni fu attratta da quel bizzarro pacchetto con un orologio sopra e lo prese in mano. Agitò l'orologio per vedere se funzionava e ciò provocò una violenta esplosione. La bambina morì sul colpo, mentre l'amica dodicenne che era accanto a lei rimase traumatizzata. Herbert le conosceva entrambe. In quella comunità i bambini erano sempre in giro per le strade in cerca di qualcosa da fare. Herbert amava i bambini, li invitava nel suo giardino, li pagava per fare delle commissioni e chiacchierava con loro. Si era messo anche a coltivare cereali e a cucinare per i ragazzi che gironzolavano attorno a casa sua. Le due bambine erano state da lui per colazione.

L'uomo, appostato dall'altra parte della strada, fu devastato da quella scena. Aveva progettato di correre in aiuto della sua ragazza quando la bomba fosse esplosa per confermare la sua prontezza nel proteggerla e tenerla al sicuro. Quando la bambina prese in mano la bomba e questa detonò, Herbert attraversò di corsa la strada e si ritrovò in mezzo ai vicini in lacrime.

Non ci volle molto alla polizia per procedere all'arresto. Trovarono tubi e altro materiale per fabbricare bombe nell'auto di Herbert e nel cortile di fronte casa sua. Essendo le vittime nere e povere, non era il genere di processo che prevedeva la pena capitale, ma Herbert non era del luogo. Il suo essere un forestiero, uno del Nord, e la natura del delitto sembrarono suscitare un disprezzo maggiore tra le autorità di polizia. Piazzare una bomba a Dothan, persino in una zona povera della città, costituiva una minaccia differente rispetto alla "solita" violenza domestica. Il pubblico ministero sostenne che Herbert non fu soltanto tragicamente incauto e sconsiderato; disse che era malvagio. L'accusa richiese la pena di morte. Dopo aver ricusato tutti i possibili giurati di colore in una provincia la cui popolazione è composta per il 28 per cento da neri, nell'arringa finale il pubblico ministero disse alla giuria esclusivamente di bianchi che era giusto condannare Herbert perché «collegato con i musulmani neri di New York» e non meritava alcuna grazia.

La legge dell'Alabama prevede che l'omicidio per cui è applicabile la pena di morte sia intenzionale, mentre era evidente che Herbert non aveva alcuna intenzione di uccidere la bambina. Per rendere il delitto passibile di condanna a morte, la pubblica accusa decise di rifarsi alla teoria senza precedenti dell'"*aberratio ictus*". Herbert però non voleva uccidere *nessuno*. Gli fu consigliato di negare qualsiasi tipo di colpevolezza, ma alla fine sostenne che si era trattato di un omicidio preterintenzionale, non premeditato; un crimine che poteva essere punito con l'ergastolo, ma non con la pena di morte.

Durante il processo l'avvocato d'ufficio non presentò alcuna evidenza riguardante la storia di Herbert, il suo servizio militare, il trauma della guerra, la relazione con la vittima, l'ossessione maturata verso la sua ragazza... niente. A quell'epoca la legge dell'Alabama fissava a 1.000 dollari il compenso massimo che gli avvocati d'ufficio potevano percepire per il tempo di preparazione della causa fuori dal tribunale; pertanto, l'avvocato ne dedicò pochissimo a quel caso. Il processo durò appena una giornata e il giudice condannò a morte Herbert con estrema rapidità.

Dopo la sentenza di condanna alla pena capitale, il difensore d'ufficio di Herbert, che in seguito fu radiato dall'albo per le sue scarse prestazioni anche in altri casi, gli disse che non vedeva motivo di ricorrere in appello contro la condanna e la sentenza perché l'equità del processo aveva rispettato perfettamente le sue aspettative. Herbert gli ricordò che era stato condannato a morte. Voleva fare appello indipendentemente dalle scarse prospettive, ma il suo avvocato non presentò alcuna istanza.

Herbert rimase isolato nel braccio della morte per undici anni, finché non arrivò per lui il momento di trovarsi faccia a faccia con la "Yellow Mama". Presentando una istanza d'appello disperata, un avvocato pro bono aveva cercato di contestare l'intenzionalità del crimine, purtroppo senza successo. A quel punto l'esecuzione di Herbert venne fissata per il 18 agosto, vale a dire nel giro di tre settimane appena.

Dopo la telefonata con Herbert, presentai una marea di istanze di sospensione in diversi tribunali. Sapevo che le chance che bloccassero l'esecuzione erano poche. Alla fine degli anni Ottanta, la Corte Suprema era diventata insofferente verso i ricorsi contro la pena capitale. Il Collegio aveva giustificato la reintroduzione della pena di morte a metà degli anni Settanta con la promessa che i procedimenti sarebbero stati soggetti a un maggiore controllo e a una meticolosa osservanza della legge, per poi cominciare tuttavia a recedere dalle procedure di revisione esistenti. Le decisioni della Corte erano diventate sempre più ostili verso i detenuti nel braccio della morte e meno attente al concetto per cui «la morte è tutt'altra cosa» e dunque richiede un riesame più accurato.

La Corte decise di vietare le richieste di riesame in base all'*habeas corpus* federale se queste non erano state inizialmente presentate ai tribunali statali[9]. Pertanto, alle corti federali era vietato prendere in considerazione nuove evidenze a meno che non fossero state prima sottoposte ai tribunali statali. La Corte Suprema cominciò a insistere affinché i giudici federali si attenessero maggiormente alle decisioni delle corti statali, che tendevano a essere più indulgenti verso gli errori e le lacune dei procedimenti in cui era prevista la pena capitale.

Negli anni Ottanta, la Corte rigettò un ricorso costituzionale all'imposizione della pena di morte ai minorenni, confermò la condanna a morte a disabili affetti da «ritardo mentale» e, con un parere che suscitò forti critiche, non ravvisò alcuna violazione costituzionale nelle profonde disparità razziali che risultavano evidenti nella maggior parte delle giurisdizioni in cui era in vigore la pena di morte[10].

Alla fine di quel decennio, alcuni giudici della Corte Suprema erano ormai divenuti apertamente critici verso il riesame effettuato sui casi di condanna a morte. Il presidente della Corte Suprema William Rehnquist sollecitò delle restrizioni agli appelli contro le condanne a morte e ai tentativi continui degli avvocati di fermare le esecuzioni. «Facciamola finita» fu la sua famosa dichiarazione durante una riunione di un ordine degli avvocati nel 1988[11]. Non tanto equità, bensì definitività era divenuta la nuova priorità nella giurisprudenza in materia di pena di morte.

Due settimane dopo la mia conversazione con Herbert Richardson, cercavo disperatamente di ottenere una sospensione all'esecuzione. Anche se era tardi, speravo che avremmo potuto ottenerla quando mi accorsi di argomenti solidi nel caso di Herbert. Sebbene la sua colpevolezza non fosse in discussione, vi erano valide ragioni per cui questo caso non avrebbe dovuto essere trattato come un omicidio passibile della pena di morte. E pur volendo tralasciare questo aspetto, vi erano forti prove che non si sarebbe dovuta applicare la pena capitale per via del trauma di Herbert, del servizio prestato nelle forze armate e delle difficoltà da lui vissute durante l'infanzia. Nessuna di queste attenuanti persuasive fu presentata al processo, laddove sarebbe stato doveroso farlo. La pena capitale può essere equamente applicata soltanto dopo aver preso attentamente in considerazione tutte le ragioni per cui la morte potrebbe non essere la sentenza adeguata, e così non fu nel caso di Herbert. Mi convincevo sempre di più che Herbert andava incontro all'esecuzione perché era stato un facile bersaglio. Non aveva nessun supporto e fu facilmente condannato da un sistema poco attento alle precise disposizioni di legge che regolano la pena capitale. Ero mortificato al pensiero che, se avesse avuto l'aiuto giusto al momento giusto, Herbert non si sarebbe ritrovato nel braccio della morte con la data di esecuzione fissata a meno di due settimane.

Chiesi a diversi tribunali di sospendere la sua esecuzione in forza delle negligenze del suo avvocato, dei pregiudizi razziali durante il processo, dei commenti incendiari fatti dalla pubblica accusa e della mancata presentazione di prove attenuanti. Tutte le corti risposero: «Troppo tardi». Ottenemmo un'udienza fissata in tutta fretta nel tribunale di Dothan, dove provai a presentare la prova che la bomba fabbricata da Herbert era progettata per scoppiare a una certa ora. Trovai un esperto che testimoniasse che la bomba era un ordigno a tempo e quindi non progettato per uccidere al semplice contatto. Ero consapevole che probabilmente la corte avrebbe concluso che questa prova avrebbe dovuto essere presentata durante il processo o nelle fasi precedenti, ma speravo lo stesso di poter convincere il giudice.

Herbert era in aula con me, ed entrambi notammo subito la mancanza d'interesse sul viso del giudice. Questo fece aumentare l'ansia di Herbert, che cominciò a bisbigliarmi qualcosa implorandomi di far dire all'esperto, che in quel momento stava testimoniando, delle cose riguardo alle sue intenzioni che in verità andavano al di là delle competenze del perito. Divenne polemico e si mise a fare commenti udibili dal giudice. Nel frattempo, quest'ultimo continuava a sottolineare che quella prova non era inedita e che avrebbe dovuto essere presentata a processo e pertanto non poteva costituire la base per una sospensione dell'esecuzione. Chiesi una breve interruzione per provare a calmare Herbert.

«Non sta dicendo quello che serve a me!».

Aveva il respiro affannoso. Si prese il capo tra le mani e mi disse che aveva un forte mal di testa. «Non volevo uccidere nessuno, e lui deve spiegarlo!», urlò.

Cercai di tranquillizzarlo. «Signor Richardson, lo avevamo già previsto. L'esperto non può parlare del suo stato mentale. Ha testimoniato che la bomba era progettata per esplodere a tempo, ma non può spiegare le sue intenzioni. La Corte non lo permetterebbe, e lui non può dirlo».

«Non stanno nemmeno ascoltando quello che sta dicendo», notò mestamente, massaggiandosi le tempie.

«Lo so, ma si ricordi che questo è solo il primo passo. Non ci aspettavamo granché da questo giudice, ma questa cosa ci servirà in appello. Lo so quanto sia frustrante per lei». Mi guardò preoccupato e poi sospirò rassegnato. Se ne stette sconsolato per il resto dell'udienza con la testa tra le mani, e ciò mi sembrò ancora più disarmante di quando era polemico e sconvolto.

Non avendo ancora assunto altri avvocati, non avevo nessuno che sedesse accanto a me a farmi da consulente, ad aiutarmi con i documenti o con l'imputato durante l'udienza. Alla fine del procedimento, Herbert fu ammanettato e ricondotto nel braccio della morte, contrariato, deluso e infelice. Io non mi sentivo molto meglio, mentre raccoglievo la mia roba e mi avviavo fuori dall'aula. Sarebbe stata una buona cosa confrontarmi con qualcuno, per valutare se ciò che avevamo presentato potesse fornire una base per una sospensione. Non mi aspettavo che il giudice locale concedesse una sospensione, ma speravo che forse un tribunale del riesame avrebbe riconosciuto che non si era trattato di un omicidio volontario e che una sospensione sarebbe stata concessa. Gli eventi in atto erano talmente numerosi che non sapevo valutare con obiettività se avevamo presentato prove sufficienti per modificare il quadro complessivo del caso. Soprattutto, mi sentivo male per aver lasciato Herbert in uno stato d'animo così disperato.

Mentre uscivo, vidi un gruppo di donne e bambini di colore raggruppati in fondo all'aula. Sette o otto di loro mi osservavano intensamente. L'udienza era stata fissata nel tardo pomeriggio, quando non c'erano altri procedimenti in programma. Ero curioso di chi potessero essere quelle persone, ma francamente ero troppo esausto per curarmene. Sorrisi e accennai un saluto stanco alle tre donne che sembravano fissarmi, e quelle lo presero come un segnale per avvicinarsi mentre stavo varcando la porta.

La donna che mi rivolse la parola sembrava nervosa e un po' timorosa. Disse con tono esitante: «Sono la madre di Rena Mae, la madre della vittima. Ci hanno detto che ci avrebbero aiutato, ma non lo hanno mai fatto. Mary Lynn non riesce a sentire bene, il suo udito non è più stato buono dopo quella bomba, e la sorella ha problemi di nervi. Anche io ce li ho. Speravamo che lei potesse aiutarci».

Lo sguardo sconvolto sul mio viso la spinse a continuare. «Lo so che lei è molto occupato. È solo che quell'aiuto ci sarebbe utile». Mi accorsi che mi aveva porto cautamente la mano mentre parlava, così le tesi la mia.

«Mi dispiace molto che non abbiate ricevuto l'aiuto che vi era stato promesso. Ma io rappresento Herbert Richardson in questo caso», dissi con la massima gentilezza.

«Lo sappiamo. Lo so che adesso non può fare nulla, ma quando tutto sarà finito ci potrà aiutare? Avevano detto che avremmo avuto dei soldi per l'assistenza medica e per l'udito di Mary Lynn».

Una ragazza si era avvicinata silenziosamente alla donna

mentre parlava con me e l'aveva abbracciata. Pur avendo probabilmente una ventina d'anni, si comportava come una bambina piccola. Appoggiò la testa sulla spalla della madre come avrebbe fatto una ragazzina molto più piccola e mi guardò con aria triste. Si avvicinò un'altra donna e parlò con un tono di sfida. «Sono la zia», disse. «Noi non crediamo che la soluzione sia ammazzare la gente».

Non ero sicuro di ciò che stava cercando di dire, ma la guardai e risposi: «Sì, neanche io credo che la soluzione sia ammazzare la gente».

La zia sembrò rilassarsi un po'. «Tutto questo dolore non va bene. Non possiamo essere contente per l'uomo che sta cercando di aiutare, ma non vogliamo nemmeno piangere per lui. Non dovremmo avere altri morti sulle spalle».

«Non so cosa posso fare per aiutarvi, ma vi voglio aiutare. Contattatemi dopo il 18 agosto e vedrò cosa posso fare».

La zia allora mi chiese se potesse farmi scrivere dal figlio, che si trovava in prigione e aveva bisogno di un avvocato. Sospirò di sollievo quando le diedi il mio biglietto da visita. Mentre lasciavamo il tribunale ci salutammo con solennità.

«Pregherò per lei», mi disse la zia intanto che si allontanavano.

Mentre mi dirigevo verso l'auto, valutai l'ipotesi di chiedere loro di dire qualcosa al pubblico ministero e ai procuratori dello Stato sul fatto che non volevano che il signor Richardson fosse giustiziato, anche se era chiaro che lo Stato non stava agendo per conto di quelle vittime. L'aula si era riempita di avvocati statali e altri funzionari che avevano assistito all'udienza, ma avevano lasciato il tribunale subito dopo senza dire una parola a quelle anime in pena, in piedi in fondo all'aula. Mi colpì la tragica ironia che quelle donne avessero visto in me l'unica via per ricevere aiuto.

Quando tornai a Montgomery, il giudice dell'udienza aveva già negato la richiesta di sospensione dell'esecuzione. Stabilì che la nostra prova era «intempestiva», ossia che non poteva prenderla in esame. A meno di una settimana dall'esecuzione, i pochi giorni che rimanevano li impiegai per inoltrare freneticamente una richiesta dopo l'altra. Alla fine, il giorno prima dell'esecuzione, presentai una richiesta di revisione e un'istanza di sospensione dell'esecuzione alla Corte Suprema. Anche nei casi di pena di morte, la Corte concede il riesame solo a una piccola percentuale delle richieste presentate. Una domanda di riesame, ossia la richiesta di rivedere la decisione di un tribunale di grado inferiore, viene accolta molto raramente, ma avevo sempre saputo che la Corte Suprema era la nostra migliore chance di ottenere una sospensione. Anche quando le corti di grado inferiore concedevano la sospensione, lo Stato presentava appello, così quasi sempre è la Corte Suprema a decidere se far eseguire la sentenza oppure no.

L'esecuzione era programmata per la mezzanotte e un minuto del 18 agosto. Finalmente avevo completato la domanda e l'avevo trasmessa via fax alla Corte la sera tardi del 16 agosto, dopodiché avevo trascorso la mattinata seguente nel mio studio di Montgomery, aspettando ansiosamente la decisione del Collegio. Cercai di tenermi occupato leggendo gli incartamenti degli altri casi, compreso quello di Walter McMillian. Non mi aspettavo una risposta dalla Corte prima del pomeriggio, ma questo non mi impedì di fissare il telefono per tutta la mattina. Ogni volta che squillava, il mio battito accelerava. Eva e Doris, la nostra segretaria, sapevano che ero in ansiosa attesa di quella telefonata. Avevamo presentato una lunga richiesta di grazia al governatore con dichiarazioni giurate da parte dei familiari e fotografie a colori, ma non mi aspettavo una risposta. Nella richiesta si illustrava nel dettaglio il servizio militare di Herbert e si spiegava perché i veterani che soffrono di stress post-traumatico meritino clemenza.

Non ero molto ottimista. La giuria aveva condannato all'ergastolo Michael Lindsey e invece era stato giustiziato; Horace Dunkins era affetto da disabilità mentali e il governatore non aveva risparmiato neppure lui. Probabilmente a Herbert sarebbe stata riservata ancor meno compassione.

Durante quella giornata parlai al telefono con Herbert regolarmente, per fargli sapere che non c'erano novità. Non potevo fare affidamento sul carcere perché gli comunicassero quando la Corte avesse espresso il suo parere, così gli chiesi di chiamarmi ogni due ore. A prescindere da quale sarebbe stata la notizia, volevo che la apprendesse da qualcuno che si preoccupava per lui.

Herbert aveva conosciuto una donna di Mobile con cui negli anni aveva intrattenuto una corrispondenza. Avevano deciso di sposarsi una settimana prima dell'esecuzione. Lui non aveva soldi, niente da lasciarle se fosse stato giustiziato. Ma era un veterano, perciò i parenti avevano diritto di ricevere una bandiera degli Stati Uniti dopo la sua morte. Indicò la moglie come la persona che avrebbe dovuto riceverla. Nei giorni precedenti l'esecuzione, sembrava che a Herbert interessasse di più quella bandiera che non il fatto che sarebbe stato giustiziato. Continuava a chiedermi di verificare con il governo come sarebbe stata consegnata la bandiera, insistendo perché ottenessi un impegno scritto.

La famiglia di sua moglie aveva accettato di trascorrere le ultime ore con Herbert prima dell'esecuzione. Il carcere consentiva ai familiari di rimanere fino alle 22,00 circa, dopodiché avrebbero dovuto cominciare a preparare il condannato per l'elettrocuzione. Io ero ancora nel mio studio, in attesa di notizie dalla Corte Suprema. Quando l'orologio segnò le 17,00 senza che fosse arrivata alcuna risposta, mi concessi un cauto ottimismo. Se la Corte non fosse stata preoccupata da qualcosa all'interno dell'istanza che avevamo presentato, mi sarei atteso una decisione più rapida in risposta alla nostra richiesta di sospensione. Perciò, quanto più tardava ad arrivare tanto più aumentavano le mie speranze. Alle 18,00 camminavo su e giù per lo studio, vagliando nervosamente tutte le possibili argomentazioni su cui la Corte stava dibattendo a così poche ore dall'esecuzione. Eva e Brenda Lewis, la nostra nuova investigatrice, aspettavano con me. Alla fine, poco prima delle 19,00, il telefono squillò. Dall'altra parte della cornetta c'era il cancelliere della Corte.

«Signor Stevenson, la chiamo per informarla che la Corte ha appena inoltrato un'ordinanza per il caso n. 89-5395: l'istanza di sospensione dell'esecuzione e la domanda di riesame degli atti processuali sono state negate. A breve invieremo via fax al suo studio copia dell'ordinanza»[12].

E con questo, la conversazione era terminata. Quando riattaccai, tutto quello che riuscii a pensare fu: a che mi serve una copia dell'ordinanza? A chi avrei dovuto mostrarla, secondo il cancelliere? Nel giro di poche ore Herbert sarebbe morto. Non ci sarebbero stati più appelli né fascicoli da tenere. Non so perché rimasi così colpito da questi dettagli. Forse pensare alle assurdità burocratiche dell'ordinanza della Corte era meno opprimente che pensare al loro significato. Avevo promesso a Herbert che sarei stato con lui durante l'esecuzione, e mi ci volle qualche minuto per realizzare che dovevo muovermi in fretta se volevo arrivare al carcere entro due ore.

Saltai in macchina e mi precipitai ad Atmore. Mentre guidavo sull'interstatale per raggiungere il penitenziario, osservai i raggi ormai lunghi del sole al tramonto nel caldo persistente dell'estate in Alabama. Quando raggiunsi il carcere, era già buio. Davanti l'ingresso dell'istituto c'erano decine di uomini armati di pistola seduti sul retro di alcuni pick-up allineati lungo la strada che portava al parcheggio del penitenziario. Erano agenti della polizia statale, funzionari di polizia locale, vicesceriffi e alcuni che sembravano far parte di un'unità della Guardia Nazionale. Non so perché lo Stato sentisse l'esigenza di una milizia a guardia dell'ingresso del carcere la notte di un'esecuzione. Era surreale vedere tutti quegli uomini armati riuniti intorno alla mezzanotte per assicurarsi che una vita fosse tolta senza incidenti. Mi colpì che qualcuno pensasse che ci potesse essere una resistenza armata e violenta all'esecuzione in programma di un uomo di colore e indigente.

Entrai nel carcere e vidi una donna bianca, non più giovane; era l'agente penitenziario che gestiva l'area delle visite. Io ero diventato una presenza fissa nel braccio della morte. Andavo a trovare i miei nuovi clienti almeno una volta al mese, perciò quella donna mi vedeva spesso, ma non era mai stata particolarmente amichevole. Quella sera, invece, al mio arrivo mi accolse con insolito calore e familiarità. Ebbi l'impressione che stesse per abbracciarmi.

Uomini in giacca e cravatta stazionavano nell'atrio, lanciandomi occhiate sospettose mentre entravo nella sala visite poco dopo le 21,00. L'area visite dell'Holman è un'ampia stanza circolare con vetrate, in modo che gli agenti possano guardare dentro da qualsiasi angolazione. Ci sono una decina di tavolini con delle sedie per i familiari in visita nei giorni prestabiliti, in genere due o tre volte al mese. Nella settimana in cui è programmata un'esecuzione, solo al condannato è permesso ricevere visite dai parenti.

Quando arrivai nella sala visite, ai familiari rimaneva meno di un'ora per stare con Herbert. Non lo avevo mai visto così tranquillo. Nel momento in cui entrai, mi sorrise e mi abbracciò.

«Ehi gente! Lui è il mio avvocato».

Lo disse con un tono orgoglioso che mi sorprese e mi commosse.

«Salve a tutti», dissi io. Il braccio di Herbert mi circondava ancora le spalle, e io avrei voluto dire qualcosa di confortante, ma non mi venne in mente niente. Poi intervenne di nuovo lui.

«Ho detto a quelli del carcere che voglio che tutte le mie cose siano distribuite secondo le istruzioni che ho dato, altrimenti il mio avvocato vi farà causa e dovrete lavorare per lui». Sghignazzò e tutti si misero a ridere.

Conobbi la moglie di Herbert e la sua famiglia, e trascorsi i successivi quarantacinque minuti controllando l'orologio, sapendo che alle 22,00 le guardie sarebbero venute a prenderlo e non lo avremmo più rivisto vivo. Herbert cercava di rendere meno pesante la situazione. Raccontò ai familiari in che modo mi aveva convinto ad accettare il suo caso e si vantò dicendo che io difendevo soltanto persone intelligenti e affascinanti.

«Era troppo giovane per difendermi al processo, ma se ci fosse stato lui oggi non sarei nel braccio della morte». Lo disse sorridendo, ma io iniziai a sentirmi scosso. Ero colpito da come cercasse in tutti i modi di far stare meglio gli altri, mentre a dover morire era proprio lui. Non lo avevo mai visto così vivace e gentile. I suoi parenti e io sorridemmo e ci mettemmo a ridere, ma tutti noi avvertivamo la tensione del momento. Con lo scorrere dei minuti, la moglie era sempre più in lacrime. Poco prima delle 22,00, il responsabile del Dipartimento dell'amministrazione penitenziaria dell'Alabama, il direttore e altri uomini in giacca e cravatta fecero dei cenni all'agente addetta alle visite. La donna entrò nella stanza con aria mesta e in tono dispiaciuto ci comunicò: «Signori, è ora. Dobbiamo terminare le visite. Salutatevi».

Guardai gli uomini nell'anticamera; era evidente il loro

desiderio che l'agente fosse più risoluta e persuasiva. Volevano che tutto procedesse come da programma ed erano pronti a passare alla fase successiva in vista dell'esecuzione. Uno dei funzionari statali si diresse verso la guardia mentre usciva dalla stanza e le fece segno indicando il proprio orologio. Dentro, la moglie di Herbert scoppiò in singhiozzi. Gli gettò le braccia al collo e non volle lasciarlo andare. Dopo un paio di minuti, il suo pianto si trasformò in un gemito convulso e disperato.

I funzionari nell'atrio davano segni d'impazienza e fecero dei gesti all'agente delle visite, che ritornò nella stanza. «Mi dispiace», disse con tutta la fermezza di cui fu capace, «ma ora dovete andare». Mi guardò e io distolsi lo sguardo. La moglie di Herbert ricominciò a singhiozzare. Anche la sorella di lei e gli altri familiari si misero a piangere. La moglie lo strinse ancora più forte. Non immaginavo quanto potesse essere difficile un momento del genere. Era surreale in un modo che non mi sarei aspettato. Improvvisamente eravamo stati tutti travolti da un fiume di tristezza e tragedia, e cominciai a temere che fosse impossibile separare queste persone da Herbert.

I funzionari ormai erano furiosi. Guardai attraverso il vetro e vidi il direttore chiamare altri agenti con la ricetrasmittente perché raggiungessero quell'area. Qualcun altro fece segno all'agente di tornare nella stanza e far uscire i familiari. Li sentii dirle di non uscire senza i familiari. L'agente sembrava turbata. Malgrado l'uniforme, era sempre sembrata un po' come un pesce fuor d'acqua in quel penitenziario, e in quel momento pareva particolarmente a disagio. Una volta mi aveva confidato spontaneamente che suo nipote voleva diventare avvocato e che lei sperava ci riuscisse. Si guardò attorno nella stanza nervosamente e poi venne verso di me. Aveva le lacrime agli occhi e mi guardò disperata.

«Per favore, per favore, mi aiuti a portare via questa gente, per favore». Cominciai a temere che le cose si mettessero male, ma non sapevo che fare. La loro pretesa che quelle persone abbandonassero senza battere ciglio qualcuno a cui volevano bene, in modo che potesse essere giustiziato, sembrava assurda. Volevo evitare che la situazione degenerasse, ma mi sentivo impotente.

In quel momento, la moglie di Herbert aveva iniziato a urlare: «Io non ti lascio andare».

Una settimana prima dell'esecuzione, Herbert aveva fatto una richiesta curiosa. Disse che, se fosse stato giustiziato come previsto, voleva che facessi in modo che nel carcere risuonasse la registrazione dell'inno *The Old Rugged Cross*, 'l'antica solida croce', mentre lui si avviava alla sedia elettrica. Avevo provato un certo imbarazzo a inoltrare la richiesta ai funzionari del penitenziario, ma con mia enorme sorpresa quelli acconsentirono.

Ricordo che da bambino veniva intonato sempre nei momenti più mesti durante le funzioni religiose, la domenica e il Venerdì Santo. Era triste come pochi altri inni avessi mai ascoltato. Non so bene perché, ma quando vidi altri agenti in uniforme entrare nel vestibolo antistante la sala visite cominciai a canticchiarlo a bocca chiusa. Era come se in qualche modo potesse essere d'aiuto. Ma aiuto per che cosa?

Dopo qualche minuto, anche i familiari si unirono a me. Mi avvicinai alla moglie di Herbert mentre lei lo teneva stretto e singhiozzava ancora, delicatamente. Le sussurrai: «Dobbiamo lasciarlo andare». Herbert notò gli agenti allineati fuori e, allontanandola delicatamente, mi disse di portarla fuori dalla stanza.

La donna si aggrappò a me e si mise a piangere in maniera convulsa mentre la conducevo fuori dalla sala visite, con i familiari che la seguivano in lacrime. Fu un'esperienza straziante, volevo piangere. E invece continuai a canticchiare quell'inno.

Le autorità carcerarie avevano dato disposizioni perché mi recassi nella stanza dell'esecuzione all'incirca dopo un'ora, in modo da essere con Herbert prima che fosse giustiziato. Sebbene avessi già lavorato a diversi casi di pena di morte con clienti ai quali era stata fissata una data in cui essere giustiziati, non avevo mai presenziato a una esecuzione. Nei casi in cui avevo fatto consulenza ai condannati mentre mi trovavo in Georgia, immancabilmente ero riuscito a ottenere una sospensione. Divenni sempre più preda dell'ansia all'idea di assistere allo spettacolo di un uomo che viene giustiziato con delle scariche elettriche, arso fino alla morte davanti ai miei occhi. Mi ero talmente concentrato sull'ottenere la sospensione e poi su che cosa dire a Herbert una volta arrivato in carcere che non avevo pensato al fatto di dover assistere all'esecuzione. In effetti non desideravo trovarmi laggiù, ma non volevo nemmeno abbandonare Herbert. L'idea di lasciarlo da solo in una stanza con persone che lo volevano morto mi convinse che non potevo tornare sui miei passi. All'improvviso la stanza divenne caldissima, come se non passasse l'aria. Dopo che ebbi scortato fuori la famiglia, l'agente addetta alle visite venne da me e mi sussurrò nell'orecchio: «Grazie». Ero contrariato che lei pensasse che ero un complice e non seppi che cosa rispondere.

Quando mancava meno di mezz'ora all'esecuzione, mi riportarono nella cella accanto alla stanza dell'esecuzione nei meandri del carcere, dove tenevano Herbert in attesa di metterlo sulla sedia elettrica. Lo avevano rasato completamente in modo che l'esecuzione fosse "pulita". Dalla disastrosa esecuzione di Evans, lo Stato non aveva fatto nulla per modificare la sedia elettrica. Pensai anche all'esecuzione malriuscita di Horace Dunkins, un mese prima, e mi venne ancora di più lo sconforto[13]. Avevo provato a documentarmi su come dovrebbe procedere un'esecuzione: nutrivo l'idea errata che, qualora non avessero fatto le cose in maniera corretta, sarei potuto intervenire.

Herbert fu molto più turbato nel vedermi di quanto non lo fosse stato nella sala visite. Sembrava scosso ed era chiaro che fosse inquieto. Deve essere stato umiliante venire rasato da capo a piedi prima di un'esecuzione. Sembrava preoccupato e, quando entrai nella stanza, mi afferrò le mani, mi chiese di pregare assieme a lui e così facemmo. Una volta terminato, il suo viso assunse un'aria distante e poi si volse verso di me.

«Ehi, amico, grazie. Lo so che tutto questo non è facile neanche per te, ma ti sono grato per essere qui con me».

Sorrisi e lo abbracciai. Sul suo viso calò una tristezza insopportabile.

«È stata una giornata stranissima, Bryan, davvero strana. Quasi tutti quelli che stanno bene di certo non passano tutto il giorno a pensare che quello sarà sicuramente l'ultimo della loro vita prima di essere ammazzati. Non è come stare in Vietnam, è diverso… Molto più strano».

Indicò con un cenno tutti gli agenti che giravano là attorno nervosamente. «È stato strano anche per loro. Per tutto il giorno mi hanno chiesto: "Cosa posso fare per te?". Quando mi sono svegliato stamattina non facevano che venire a chiedermi: "Cosa vuoi per colazione?". A mezzogiorno: "Cosa vuoi per pranzo?". Tutto il giorno a chiedermi: "Cosa possiamo fare per te?". Stasera: "Cosa vuoi per cena, come possiamo aiutarti?". "Hai bisogno di francobolli per le lettere?", "Vuoi un po' d'acqua?", "Vuoi del caffè?", "Ti portiamo il telefono?", "Cosa possiamo fare per te?"».

Herbert sospirò e distolse lo sguardo.

«È così strano, Bryan. Nelle ultime quattordici ore ci

sono state più persone che mi hanno chiesto come potevano essermi d'aiuto di quante me lo abbiano chiesto negli anni in cui mi stavo formando». Mi guardò con un'espressione disorientata.

Abbracciai a lungo Herbert per l'ultima volta, ma intanto riflettevo su quello che aveva detto. Pensavo a tutte le prove mai esaminate dalla corte sulla sua infanzia. Pensavo al trauma e alle difficoltà che aveva vissuto una volta tornato dal Vietnam. Non potei fare a meno di domandarmi: dov'erano queste persone quando lui aveva davvero bisogno di loro? Dov'erano tutte queste persone così sollecite quando Herbert, a tre anni, perse la madre? Dov'erano quando aveva sette anni e cercava di riprendersi dagli abusi fisici? Dov'erano quando era un adolescente che combatteva con le droghe e l'alcol? Dov'erano quando tornò dal Vietnam traumatizzato e divenuto ormai un incapace?

Notai il registratore piazzato nell'anticamera e vidi l'agente che portava una cassetta. Mentre conducevano Herbert via da me, partirono le tristi note di *The Old Rugged Cross*.

Nell'esperienza dell'esecuzione di Herbert vi era un senso di vergogna che non riuscivo a togliermi di dosso. Ovunque volgessi lo sguardo, tutti nel carcere sembravano avvolti da un'aura di rammarico e rimorso. Sebbene le autorità del penitenziario si fossero impegnate a portare a termine l'esecuzione con fermezza e determinazione, anche loro mostravano un profondo disagio e un qual certo imbarazzo. Forse era solo la mia immaginazione, ma era come se tutti riconoscessero che quel che stava avvenendo era sbagliato. I concetti astratti sulla pena di morte sono una cosa, ma i dettagli di come uccidere in modo sistematico qualcuno che non rappresenta una minaccia sono tutt'altra cosa.

Mentre rientravo a casa non riuscivo a smettere di pensarci. Pensavo a Herbert, a quanto disperatamente desiderasse la bandiera degli Stati Uniti che si era guadagnato combattendo come soldato in Vietnam. Pensavo alla sua famiglia e alla famiglia della vittima, e alla tragedia innescata per tutti loro da quel crimine. Pensavo all'agente delle visite, ai funzionari del Dipartimento dell'amministrazione penitenziaria, agli uomini pagati per rasare il corpo di Herbert così che potesse essere ucciso con più efficienza. Pensavo agli agenti che lo avevano legato alla sedia. Continuavo a pensare che nessuno poteva davvero essere convinto che quello fosse un modo di agire buono o persino necessario.

Il giorno seguente, i giornali pubblicarono degli articoli sull'esecuzione. Alcuni funzionari dello Stato espressero gioia ed eccitazione per il fatto che fosse stata compiuta una nuova elettrocuzione, ma io sapevo che in realtà nessuno di loro aveva vissuto i dettagli dell'uccisione di Herbert. Durante le discussioni sulla pena di morte, avevo iniziato ad argomentare che non potremmo mai considerare un comportamento umano pagare qualcuno per stuprare chi è stato condannato per stupro, o per aggredire e commettere abusi su chi è colpevole di aggressioni e abusi. Di contro, però, ci sentiamo perfettamente a nostro agio nell'uccidere chi ha ucciso, in parte poiché riteniamo di poterlo fare senza coinvolgere la nostra umanità, come invece accadrebbe se stuprassimo o abusassimo di qualcuno. Non riuscivo a smettere di pensare a quanto poco tempo dedicassimo a riflettere in maniera dettagliata su che cosa comporti concretamente l'uccisione di una persona.

L'indomani tornai in ufficio con un'energia rinnovata. Presi i fascicoli degli altri casi e aggiornai i miei piani su come assistere ogni cliente per massimizzare le possibilità di scongiurare l'esecuzione. Alla fine, mi resi conto che tutta quella risolutezza appena trovata più di tanto non mutava le cose: a essere sincero, stavo unicamente cercando di rassegnarmi alla realtà della morte di Herbert. Tuttavia, fare questo riuscì comunque a darmi conforto. Mi sentivo più determinato a reclutare del personale e a ottenere i fondi necessari per affrontare le sfide sempre maggiori di offrire assistenza legale ai condannati. Eva e io parlammo di alcune persone che si erano mostrate interessate a unirsi al nostro gruppo. C'era la possibilità di ottenere un nuovo sostegno finanziario da parte di una fondazione e quel pomeriggio ricevemmo finalmente le attrezzature da ufficio che avevamo ordinato. A fine giornata, per quanto mi sentissi nuovamente gravato dal fardello di tutta quella situazione, ero certo che le cose sarebbero migliorate.

5
Del ritorno di John

«Sarebbe stato tutto molto più facile se, quando è stata uccisa quella ragazza, lui fosse stato da solo, a cacciare nei boschi». Armelia Hand, la sorella maggiore di Walter McMillian, si interruppe mentre la folla di gente raccolta nella piccola roulotte esplodeva in un grido di assenso. Io ero seduto su un divano e osservavo con attenzione la ventina di familiari che mi fissavano mentre lei parlava.

«In tal caso, quantomeno avremmo potuto comprendere come fosse stato possibile per lui fare tutto questo». Fece una pausa e rivolse lo sguardo verso il pavimento della stanza in cui ci eravamo riuniti.

«Ma siccome siamo stati accanto a lui tutta la mattina... Noi *lo sappiamo* dov'era... Lo sappiamo che cosa stava facendo!». Mentre la sua voce si faceva più forte e turbata, gli altri annuivano tra i mormorii. Era la muta testimonianza di un tipo di lotta e di angoscia che, tutte le volte, vedevo maturare nelle piccole parrocchie nere di campagna.

«Quasi tutti i presenti sono stati accanto a lui, hanno parlato con lui, hanno riso con lui, hanno mangiato con lui. Poi, mesi dopo, arriva la polizia e dice che lui ha ucciso qualcuno a chilometri di distanza nello stesso momento in cui noi eravamo vicino a lui. E quindi lo portano via mentre tu sai che è tutta una menzogna».

Ora faceva fatica a parlare. Le mani le tremavano e l'emozione le rompeva la voce, rendendo le parole difficili da tirare fuori.

«Siamo stati con lui tutto il giorno! Che cosa dobbiamo fare, signor Stevenson? Ci dica lei, che cosa dobbiamo fare adesso?».

Il suo volto si contorse per il dolore. «Mi sento come se avessero condannato anche me».

La piccola folla rispose a ogni affermazione gridando: «Sì!», «Giusto!».

«Mi sento come se avessero messo anche me nel braccio della morte. Come facciamo a dire ai nostri figli di stare alla larga dai guai, se poi nonostante tu te ne stia a casa tua a farti gli affari tuoi, circondato dalla tua famiglia, loro ti accusano lo stesso di un omicidio che non hai commesso e ti spediscono nel braccio della morte?».

Dinanzi a un dolore immenso, me ne stavo seduto nel mio abito su un divano pieno di gente. Al mio arrivo, non mi aspettavo che l'incontro sarebbe stato così intenso. Tutti avevano disperatamente bisogno di risposte e cercavano di dare un senso a una situazione assurda. Mentre mi sforzavo di trovare qualcosa di appropriato da dire, una giovane donna iniziò a parlare.

«Johnny D non può aver fatto una cosa del genere, in nessun caso, che fossimo con lui oppure no», dichiarò usando il soprannome con cui la famiglia e gli amici chiamavano Walter. «Lui non è davvero il tipo».

Quella giovane donna era la nipote di Walter. Continuò a obiettare anche solo all'idea che Walter avesse bisogno di un alibi, cosa che parve suscitare il consenso da parte degli altri.

Io mi sentii sollevato visto che, per il momento, la pressione su di me si era allentata, mentre la numerosa famiglia McMillian avviava una sorta di dibattito sul fatto che già solo il carattere di Walter rendesse superflua, se non addirittura offensiva, la necessità di un alibi. Era stata una lunga giornata. Non sapevo più nemmeno che ora fosse, ma intuivo che era molto tardi e cominciavo ad avvertire la stanchezza. A inizio giornata, avevo passato diverse ore nel braccio della morte riesaminando con Walter la trascrizione del suo processo. E prima ancora di incontrarmi con lui, avevo trascorso del tempo con altri nuovi clienti rinchiusi nel braccio. Le loro cause non erano in corso e all'orizzonte non erano previste scadenze, tuttavia non li avevo più visti dall'esecuzione di Richardson e tutti erano ansiosi di parlare con me.

Ora che i documenti della causa di Walter erano completi, le richieste per l'appello sarebbero state pronte a breve e il tempo costituiva un fattore cruciale. Sarei dovuto rientrare a Montgomery direttamente dal carcere, ma la sua famiglia mi aveva chiesto un incontro, e siccome distavano meno di un'ora dal penitenziario, avevo promesso loro che sarei passato da Monroeville.

Quando fermai l'auto davanti alla casa fatiscente dei McMillian a Repton, lontano dalla strada principale che conduceva a Monroeville, trovai pazienti ad attendermi la moglie di Walter, Minnie Belle McMillian, e sua figlia Jackie. Walter mi aveva spiegato che, una volta superata una fila di negozi di liquori sulla via che collega la Contea di Conecuh a quella di Monroe, avrei capito di essere quasi arrivato. Quella di Monroe è una "contea a secco", in cui non si possono vendere gli alcolici; perciò, per la comodità dei suoi abitanti che volevano bere, il limite con la Contea di Conecuh era segnalato da diversi negozi di alcolici[1]. La casa di Walter si trovava a pochi chilometri dal confine della contea.

Mi fermai sul vialetto e rimasi sorpreso nel vedere tutta quella desolazione: era la casa di una famiglia povera. Il portico sul davanti poggiava su tre blocchi di cemento precariamente impilati al di sotto di un pavimento di legno che mostrava ormai segni di marcescenza. Gli infissi blu delle finestre necessitavano con urgenza di una riverniciata, e l'unico accesso all'abitazione era costituito da alcuni gradini di fortuna che non erano collegati al resto della casa. Il cortile era invaso da pezzi di automobile abbandonati, copertoni, frammenti di mobili e altri rifiuti. Sebbene in precedenza mi fossi accorto che a entrambe le maniche mancavano dei bottoni, prima di scendere dall'auto decisi di indossare la giacca lisa del mio abito.

Minnie uscì dalla porta d'ingresso e, mentre avanzavo verso il portico facendo attenzione a dove mettere i piedi, si scusò per le condizioni del cortile. Con fare gentile, mi invitò a entrare dentro mentre dietro di lei indugiava una donna sui vent'anni.

«Lasci che le prepari qualcosa da mangiare. È stato in carcere tutto il giorno», disse. A parte l'aria stanca, Minnie era come me l'ero immaginata – forte e paziente – sulla base delle descrizioni di Walter e delle impressioni che mi ero fatto dai nostri colloqui al telefono. In tribunale, nelle proprie argomentazioni la pubblica accusa aveva menzionato anche la relazione tra Walter e Karen Kelly, perciò per Minnie il processo era stato particolarmente arduo. Ma lei sembrava ancora tenere duro.

«Oh no, la ringrazio. Apprezzo il suo gesto, ma sto bene così. Io e Walter abbiamo mangiato qualcosa insieme nel cortile per le visite».

«In quel cortile non hanno nient'altro che patatine e bevande gassate. Lasci che le prepari qualcosa di buono».

«Lei è molto gentile, la ringrazio, ma davvero, sto bene così. E anche lei è tutto il giorno che lavora».

«Oh sì, ho un turno di dodici ore giù in fabbrica. Quelli mica vogliono saperne qualcosa dei tuoi affari, delle tue malattie, dei tuoi nervi, dei tuoi ospiti che arrivano da fuori città, e soprattutto non vogliono saperne nulla dei tuoi problemi di famiglia». Il suo tono non era arrabbiato o amareggiato, ma semplicemente triste. Mi venne incontro, strinse gentilmente il suo braccio attorno al mio e a passo lento mi portò dentro casa. Ci accomodammo su un divano nel soggiorno stipato di roba. C'erano sedie spaiate con sopra pile di giornali e vestiti, e sul pavimento erano sparsi i giochi dei suoi nipotini. Minnie mi si sedette accanto, quasi appoggiandosi a me mentre seguitava a parlare pacatamente.

«Al lavoro ti dicono di presentarti sul posto, perciò ci devi andare. Sto cercando di farle finire la scuola, ma non è semplice». Piegò il capo accennando alla figlia Jackie, che ricambiò il gesto della madre con uno sguardo di comprensione. La ragazza attraversò la stanza e si mise a sedere vicino a noi. Sia Walter che Minnie avevano menzionato spesso i loro figli: Jackie, Johnny e "Boot". Al nome della figlia immancabilmente seguiva l'aggiunta: «Lei fa il college», tanto che io avevo iniziato a pensare a lei come a Jackie "Lei fa il college" McMillian. Tutti e tre i ragazzi erano ormai ventenni, ma ancora molto legati e protettivi nei confronti della madre.

Raccontai loro delle mie visite a Walter. Da mesi Minnie non era più andata a trovarlo e sembrava grata che io avessi passato del tempo laggiù. Riesaminai con loro l'iter dell'appello e spiegai quali erano i passi successivi nella causa. Confermarono l'alibi di Walter e mi aggiornarono sulle voci che in quel momento giravano in città a proposito del caso.

«Per me è stato quel vecchio, Miles Jackson», disse con tono risoluto Minnie.

«Secondo me, il nuovo proprietario, Rick Blair», disse Jackie. «Tutti sanno che sotto le unghie della ragazza hanno trovato la pelle di un uomo bianco, con cui deve aver lottato prima di essere uccisa».

«Bene, scopriremo la verità», dissi. Cercai di apparire fiducioso, ma, considerato quel che avevo letto nelle trascrizioni del processo, ritenevo improbabile che la polizia mi avrebbe fornito le sue prove o permesso di consultare i documenti e i materiali raccolti sulla scena del crimine. Già dalle trascrizioni, appariva chiaro che gli agenti delle forze dell'ordine che avevano condotto le indagini su Walter avevano agito illegalmente. Quei poliziotti lo avevano messo nel braccio della morte quando era ancora un detenuto in attesa di giudizio; il mio timore era che non si sarebbero attenuti scrupolosamente alle procedure di legge nel consegnarmi tutte le prove a discolpa che potevano aiutarmi a dimostrare la sua innocenza.

Andammo avanti a discutere per un'ora, o meglio furono loro a parlare mentre io le ascoltavo. Era evidente quanto gli ultimi diciotto mesi dall'arresto di Walter fossero stati per loro traumatici.

«Il processo è stata la cosa peggiore», esclamò Minnie. «Hanno semplicemente ignorato tutto quello che noi abbiamo detto sul fatto che Johnny D era a casa. Nessuno mi ha spiegato perché l'hanno fatto. Perché l'hanno fatto?». Mi guardò come se davvero sperasse che io fossi in grado di darle una risposta.

«Questo processo è stato costruito sulle menzogne», dissi. Volevo essere cauto nell'esprimere opinioni così nette alla famiglia di Walter, perché ancora non avevo esaminato a sufficienza il caso per essere certo che non vi fossero altre prove che lo condannassero. Tuttavia, ero rimasto indignato nel leggere i documenti del suo processo e adesso sentivo riaffiorare in me quella rabbia: non solo per l'ingiustizia inflitta a Walter, ma anche per il modo in cui questa aveva afflitto l'intera collettività. Tutti quelli che mi avevano approcciato in quella povera comunità nera avevano espresso il medesimo scoraggiamento. Questo enorme fallimento della giustizia aveva gettato tutti loro nello sconforto e mi aveva reso più difficile rimanere imparziale.

«Una menzogna dopo l'altra», proseguii a dire. «Alla gente sono state raccontate così tante bugie che, quando tutti voi avete iniziato a dire la verità, la cosa più semplice era ormai credere che foste *voi* quelli che mentivano. Io ho provato un senso di frustrazione semplicemente a leggere tutto questo nelle trascrizioni del processo, per cui posso solamente immaginare come dobbiate sentirvi voi».

Squillò il telefono e Jackie saltò in piedi per rispondere. Tornò dopo qualche minuto. «Eddie ha detto che gli altri iniziano a essere impazienti. Vogliono sapere quando lui arriverà».

Minnie si alzò in piedi e si lisciò le pieghe del vestito. «Bene, a questo punto dovremmo andare da loro. È quasi tutto il giorno che aspettano di vederla».

Dovetti sembrare confuso, perché Minnie mi sorrise. «Oh, ho detto al resto della famiglia che l'avremmo portata da loro, perché è molto difficile trovare il posto in cui abitano se non ci si è mai stati. Le sue sorelle, i nipoti e le nipoti, e altre persone desiderano incontrarla». Cercai di nascondere la mia inquietudine, ma iniziavo a preoccuparmi per l'ora.

Ci infilammo nella mia Corolla tre porte, che era piena di incartamenti, trascrizioni di processi e documenti del tribunale. «Mi sa che lei spende i suoi soldi per altro», ironizzò Jackie mentre ci avviavamo.

«Sì, la mia priorità adesso sono i vestiti costosi», replicai io.

«Non c'è nulla che non vada nel suo abito e nella sua macchina», disse Minnie con tono protettivo.

Seguii le loro indicazioni percorrendo una strada lunga e tortuosa, che correva sporca e piena di curve impossibili in una zona fitta di boschi. Mentre intorno a noi calavano le tenebre, la strada si snodava per diversi chilometri attraverso una fitta boscaglia finché non arrivò a un ponte stretto e corto, con una carreggiata sufficiente a far passare una macchina sola. Appariva instabile e precario, perciò rallentai l'auto fino a fermarmi.

«È a posto. Non è piovuto così tanto, e quello è l'unico momento in cui è davvero un problema», disse Minnie.

«Che genere di problema?». Non volevo sembrare spaventato, ma ci trovavamo sperduti nel nulla e nel buio pesto della notte non ero in grado di dire se sotto quel ponte vi fosse una palude, un torrente o un piccolo fiume.

«Andrà tutto bene. La gente ci passa sopra tutti i giorni», le fece eco Jackie.

Fare marcia indietro sarebbe stato troppo imbarazzante, perciò attraversai lentamente il ponte e mi sentii sollevato quando arrivammo dall'altra parte. Continuai a guidare ancora per un paio di chilometri finché la foresta non cominciò a cedere il passo a qualche roulotte, ad alcune casette e, infine, a un'intera comunità nascosta tra i boschi.

Salimmo su una collina finché non arrivammo a una roulotte che splendeva nell'oscurità, illuminata dal fuoco che ardeva in un barile che vi era posto di fronte. Sei o sette bambini piccoli erano fuori a giocare; quando videro la nostra macchina accostare, filarono di corsa dentro la roulotte, da cui, mentre noi uscivamo dall'auto, emerse un uomo alto. Ci venne incontro e, prima di stringermi la mano, abbracciò Minnie e Jackie.

«La stavano aspettando», mi disse. «Immagino che probabilmente avrà un mucchio di lavoro da fare, ma le siamo grati per essere venuto fin qui per incontrarci. Mi chiamo Giles e sono il nipote di Walter».

Giles mi guidò verso la roulotte, poi aprì la porta e mi fece entrare. In quella casetta erano stipate più di trenta persone, il cui chiacchiericcio cessò nel momento in cui feci il mio ingresso. Rimasi sorpreso dalle dimensioni del gruppo, i cui componenti mi lanciavano occhiate indagatrici per poi, uno dopo l'altro, iniziare a sorridermi. Dopodiché, con mio stupore, la sala proruppe in un forte applauso. Il gesto mi lasciò interdetto. Nessuno mi aveva mai applaudito per il solo fatto di essermi presentato. C'erano donne più grandi e altre più giovani, uomini dell'età di Walter e molti altri più anziani. I loro volti erano increspati da un'ansia a me ormai familiare. Cessato l'applauso, iniziai a parlare.

«Grazie, tutto questo è davvero gentile», cominciai a dire. «Sono molto lieto di incontrare voi tutti. Il signor McMillian mi aveva detto di avere una grande famiglia, ma non immaginavo di trovare così tante persone qui. L'ho visto oggi e desidera esprimere a tutti voi i suoi ringraziamenti e la sua gratitudine per essergli rimasti vicino. Mi auguro sappiate quanto sia importante il vostro sostegno. Tutti i giorni lui è costretto a risvegliarsi nel braccio della morte e questo non è facile. Ma sa di non essere solo. Parla continuamente di voi».

«Si sieda, signor Stevenson», gridò qualcuno. Mi accomodai su un divano che, a quanto pareva, mi era stato riservato e Minnie si sedette accanto a me. Tutti gli altri rimasero in piedi, di fronte a me.

«Non abbiamo soldi. Li abbiamo dati tutti al primo avvocato», gridò uno degli uomini.

«Lo capisco e non vi chiederò un centesimo. Lavoro per uno studio legale non-profit e forniamo assistenza gratuita alle persone che rappresentiamo», risposi.

«Bene, ma come fate a pagare le bollette?», domandò una giovane donna. Alla sua domanda, gli altri scoppiarono a ridere.

«Riceviamo offerte da fondazioni e persone che sostengono il nostro lavoro».

«Bene, riportate a casa Johnny D e io farò offerte di ogni genere», disse maliziosamente un'altra donna. Tutti si misero a ridere e io feci un sorriso.

Dopodiché, iniziò a parlare una donna più anziana. Era Armelia Hand. «Non possediamo molto, signor Stevenson, ma alle sue cure è affidata una persona che noi amiamo. Tutto ciò che abbiamo appartiene a lei. Quella gente ha spezzato i nostri cuori», disse.

Presi a rispondere alle domande, ad ascoltare i commenti e le testimonianze su Walter, sulla città, sulla razza, sulla polizia, sul processo e sul modo in cui l'intera famiglia era stata trattata dalla gente nella comunità. Passarono delle ore e ormai sapevo di avere probabilmente esaurito tutte le informazioni utili che potevo ottenere dalla famiglia di Walter, ma loro avevano ancora voglia di parlare. Il fatto di esplicitarmi a voce le proprie preoccupazioni sembrava costituire un sollievo terapeutico. In breve tempo, avvertii una dose di speranza nelle loro domande e commenti. Spiegai come funzionava il processo d'appello e parlai di quali problemi emergessero già chiari dai documenti. Mi sentii un po' rincuorato dal fatto che, magari, alcune informazioni da me fornite erano riuscite a stemperare la loro angoscia. Cominciammo persino a scherzare un po' e, prima ancora che me ne rendessi conto, percepii come un abbraccio che mi diede forza.

Mentre ero lì seduto ad ascoltare e a rispondere alle domande, una donna più anziana mi aveva offerto un bicchiere grande di tè freddo ghiacciato. Siccome ero un po' nervoso, mandai giù il primo bicchiere perché avevo sete (il tè era molto buono). La donna mi osservò svuotare il bicchiere e mi sorrise con negli occhi una grande soddisfazione. Lo riempì di nuovo velocemente e, a prescindere se bevessi tanto o poco, per tutta la serata non fece altro che tenere scrupolosamente d'occhio il mio bicchiere. Dopo oltre tre ore, Minnie prese la mia mano e disse a tutti di lasciarmi andare. Era quasi mezzanotte e mi sarebbero occorse almeno due ore per ritornare a Montgomery. Prima di uscire fuori nel buio della notte, salutai e scambiai un abbraccio praticamente con tutti i presenti nella stanza.

Nel Sud dell'Alabama, a dicembre, è raro che durante il giorno faccia davvero freddo, ma la notte le temperature possono precipitare, ricordando in modo perentorio che è inverno persino nel Meridione. Dal momento che non avevo un soprabito, accesi il riscaldamento dell'auto per affrontare il lungo viaggio di rientro dopo aver lasciato Minnie e Jackie a casa loro. L'incontro con la famiglia era stato motivante. Indubbiamente, molte persone avevano a cuore la sorte di Walter e perciò si preoccupavano di quel che facevo e di come potevo dare il mio aiuto. Ma era altrettanto chiaro che la gente era rimasta scioccata da quanto accaduto. A dire il vero, molti di quelli che avevo incontrato non erano imparentati tra loro, però il giorno dell'omicidio avevano partecipato alla festa a base di pesce fritto. Erano rimasti così profondamente turbati dalla condanna di Walter che anche loro, saputo del mio arrivo, avevano voluto partecipare all'incontro. Avevano bisogno di un luogo in cui condividere il proprio trauma e la propria confusione.

Nel 1903, nel suo testo fondamentale dal titolo *Le anime del popolo nero*, W.E.B. Du Bois inserì un breve racconto, acuto ma inquietante. Rientrando a casa ripensai a "Del ritorno di John". Nella storia raccontata da Du Bois, un giovane nero proveniente dalle coste della Georgia viene mandato a centinaia di chilometri di distanza, in una scuola di formazione per insegnanti di colore. I soldi per la sua istruzione sono stati raccolti da tutta la comunità di neri in cui è nato. La collettività ha investito su di lui, così che possa tornare un giorno a insegnare ai bambini afroamericani, ai quali non è concesso di frequentare la scuola pubblica. Da ragazzo superficiale e amante del divertimento quale è, per poco John non viene espulso dalla nuova scuola, finché non si rende conto della fiducia in lui riposta e della vergogna a cui andrebbe incontro se tornasse a casa senza essersi laureato. Con rinnovata serietà e concentrazione, e profondamente motivato a riuscire nella propria impresa, John si laurea con lode e fa ritorno alla propria comunità intenzionato a cambiare le cose.

Riesce a convincere il giudice bianco che controlla la città a concedergli il permesso di aprire una scuola per i bambini di colore. La sua istruzione lo ha emancipato, fornendogli idee più risolute in merito alle libertà e all'uguaglianza razziali che mettevano in difficoltà lui e la comunità dei neri. Tuttavia, quando il giudice viene a conoscenza di quello che lui sta insegnando nella scuola, decide di revocargli il permesso. Una volta chiuso l'istituto, John torna a casa frustrato e disperato. Sulla via del rientro, vede il figlio adulto del giudice mettere le mani addosso a sua sorella e così reagisce con violenza, colpendo l'uomo alla testa con un pezzo di legno. John prosegue verso casa per dire addio alla madre. Du Bois conclude la storia tragicamente, con il giudice che in preda alla furia riesce a fare acciuffare John dalla folla da lui radunata per linciarlo.

Durante il college, avevo letto molte volte questo racconto, perché mi identificavo nel protagonista in quanto speranza di una comunità intera. Nessuno dei miei zii e zie si era laureato al college, e molti non si erano neppure diplomati alle superiori. Molta gente della mia parrocchia mi aveva sempre incoraggiato senza chiedermi nulla in cambio, ma in me sentivo maturare un debito. Du Bois aveva pienamente compreso questa dinamica, dandole vita in un modo che da sempre mi aveva affascinato (mi auguravo solo che il parallelo con John non includesse anche la parte del linciaggio).

Quella sera, mentre guidavo verso casa dopo l'incontro con la famiglia di Walter, ripensai al racconto in un'ottica totalmente nuova. Prima, non avevo mai considerato quanto la comunità di John dovesse essere rimasta devasta dal suo linciaggio. Per quelli che avevano dato tutto affinché lui diventasse un insegnante le cose sarebbero peggiorate ulteriormente. Per i sopravvissuti nella comunità nera sarebbe diventato ancora più difficile ottenere sviluppo e opportunità e la loro afflizione sarebbe stata grande. L'istruzione di John non aveva portato alla liberazione e al progresso, bensì alla violenza e alla tragedia. Vi sarebbero stati quindi più sfiducia, più risentimento e più ingiustizia.

La famiglia di Walter e la maggior parte della povera gente che componeva la sua comunità erano rimaste parimenti afflitte dalla sua condanna. Anche se il giorno dell'omicidio non si trovavano a casa di Walter, la maggior parte dei neri di Monroeville conosceva qualcuno che aveva trascorso con lui la giornata. Il dolore in quella roulotte era tangibile, riuscivo a sentirlo. La comunità aveva un bisogno disperato di una qualche speranza di giustizia. Comprendere ciò mi rese ansioso ma determinato.

Ormai mi ero abituato a ricevere le telefonate di molta gente sul caso di Walter. Per la maggior parte, erano poveri e neri che mi offrivano il proprio supporto e incoraggiamento, e la visita che avevo fatto alla sua famiglia non fece che aumentare il numero di queste chiamate. A volte, però, a telefonare era anche qualche bianco per il quale Walter aveva lavorato e che voleva offrire il proprio aiuto, come nel caso di Sam Crook. Quando mi chiamò, insistette perché andassi a trovarlo la prima volta che fossi tornato in città.

«Io sono un ribelle», disse verso la fine della nostra telefonata. «Membro della 117ª divisione dell'Esercito dei Confederati».

«Come scusi?».

«I miei avi erano degli eroi della Confederazione. Io ho ereditato la loro terra, il loro titolo e il loro orgoglio. Amo questo paese, però so che quello che è capitato a Walter McMillian non è giusto».

«La ringrazio per la sua telefonata».

«Avrà bisogno di un po' di sostegno, di qualcuno che conosca alcune delle persone contro cui si sta mettendo e sarò io ad aiutarla».

«Le sarei davvero grato del suo aiuto».

«Le dirò di più». Abbassò il tono della voce. «Crede che il suo telefono sia sotto controllo?».

«No, signore, credo che il mio telefono sia a posto».

La voce di Sam assunse quindi il volume di prima.

«Bene, ho deciso che non permetterò che lo appendano. Mi procurerò dei ragazzi e lo tireremo giù prima che siano loro ad avere la meglio. Non permetterò che uccidano un brav'uomo per qualcosa che non ha commesso».

Sam Crook si produsse in grandi proclami. Fui incerto su come rispondere.

«Bene… la ringrazio», fu tutto quel che riuscii a dire.

Quando poi chiesi a Walter informazioni su Sam Crook, lui sorrise subito. «Per lui ho fatto un sacco di lavori. Con me è stato buono. È un tipo davvero interessante».

In quei primi mesi avevo incontrato Walter praticamente tutte le settimane e arrivai a conoscere alcune delle sue abitudini. «Interessante» era il modo eufemistico con cui Walter definiva la gente strana e, dal momento che negli anni aveva lavorato per centinaia di persone in tutto il paese, di persone "interessanti" ne aveva incontrate non certo poche. Più il soggetto era insolito e bizzarro, più questi diventava "interessante" secondo il linguaggio di Walter. «Molto interessante» e «Davvero interessante», e poi anche «Lui sì che è mooolto interessante», erano il suo modo di indicare i personaggi strani e più curiosi. Walter era restio a parlare male di qualcuno. Se riteneva che un tipo fosse bizzarro, si limitava a fare una piccola risata.

Durante le nostre visite diventava via via più rilassato. Con l'aumentare della confidenza reciproca, a volte lui cominciava improvvisamente a parlare di cose che non avevano nulla a che fare con la causa. Parlavamo delle guardie del carcere e delle sue esperienze con gli altri detenuti. Mi raccontava delle persone, a casa, dalle quali si sarebbe atteso una visita che invece non c'era stata. Durante queste conversazioni Walter dimostrava di possedere una notevole empatia. Trascorreva molto tempo a immaginare che cosa, tra ciò che gli altri stavano pensando e provando, potesse alleviare il loro stato. Per giustificare le parole offensive che riceveva da parte delle guardie, provava a figurarsi quante frustrazioni dovessero provare. Riusciva a comunicare quanto fosse difficile fare visita a qualcuno nel braccio della morte.

Discutevamo dei cibi che gli piacevano, dei lavori che aveva fatto quando era più giovane. Ci confrontavamo sulle questioni razziali e di potere, sulle cose che avevamo visto e che erano divertenti, così come su quelle a cui avevamo assistito e che erano tristi. Avere una conversazione normale con qualcuno che non si trovasse nel braccio della morte o che non fosse una guardia lo faceva sentire meglio, e io passavo sempre del tempo in più con lui per parlare di cose che non fossero legate al caso. Non lo facevo solo per lui, ma anche per me stesso.

Mi stavo impegnando così duramente perché il progetto potesse finalmente decollare che in breve tempo il lavoro era diventato la mia vita. Nei momenti trascorsi con i clienti, quando avevamo un confronto non tra avvocato e cliente, ma tra amici, trovavo un che di rigenerante. La causa di Walter stava diventando la più complicata e impegnativa a cui avessi mai lavorato, e trascorrere del tempo con lui diventava sempre più rincuorante, quantunque avvertissi sempre più pressione a livello personale per le ingiustizie da lui subite.

Una volta mi disse: «Fratello, qui tutti parlano di come ti stai occupando delle loro cause. Non avrai mai un attimo di pace».

«Be', tutti hanno bisogno d'aiuto, perciò ci proviamo».

Mi lanciò un'occhiata strana, che non avevo mai visto prima. Credo che non fosse sicuro di potermi dare un consiglio: era una cosa che non aveva ancora fatto. Alla fine, parve esprimermi il suo pensiero.

«Sì, ma lo sai che non puoi aiutare tutti», mi guardò con aria seria. «Se provi a farlo, finirai per uccidere te stesso», aggiunse con uno sguardo preoccupato.

Io sorrisi. «Lo so».

«Voglio dire, tu devi aiutare *me*. Non dovrai tralasciare nulla», disse con un sorriso. «Da te mi aspetto che placchi tutti gli avversari per tirarmi fuori da qui. Se necessario, abbattili tutti».

«Resistere ai giganti, trucidare le bestie selvagge, lottare contro gli alligatori...», ironizzai.

«Esatto, e tieni pronto qualcuno perché prenda il tuo posto in battaglia in caso ti taglino la testa, perché se ti tolgono di mezzo io avrò ancora bisogno di aiuto».

Più tempo trascorrevo con Walter, maggiore era in me la convinzione che fosse un uomo gentile e retto, con un animo generoso. Era il primo ad ammettere di avere compiuto delle scelte infelici, soprattutto quando di mezzo c'era una donna. Tutti i racconti – da parte degli amici, dei familiari e di conoscenti come Sam Crook – erano concordi sul fatto che in genere Walter cercasse di fare la cosa giusta. Il tempo che ho trascorso con lui non l'ho mai considerato sprecato o improduttivo.

In tutti i casi di pena di morte, è importante trascorrere del tempo con i propri clienti. Conquistare la loro fiducia non è solo necessario per affrontare le complessità della causa e gestire la tensione per un'eventuale esecuzione; è essenziale anche per una buona difesa. Spesso, la vita di un cliente dipende dall'abilità del proprio avvocato nel presentare le circostanze come attenuanti, contestualizzando le sue scelte sventurate o il suo comportamento violento. Mettere in luce qualcosa che in precedenza non era emerso nelle vicende pregresse di una persona – cose che potrebbero essere ardue da discutere, ma di importanza fondamentale – richiede fiducia. Portare qualcuno ad ammettere di essere stato vittima di abusi sessuali, incuria o abbandono richiede un genere di confidenza che si crea solo dopo tante ore e tante visite. Parlare di sport, programmi televisivi, cultura popolare o qualsiasi altra cosa di cui il cliente desideri discutere è assolutamente utile a sviluppare una relazione che renda possibile un lavoro proficuo. Ma ciò genera pure un rapporto autentico con i clienti. E questo è certamente quanto è accaduto tra me e Walter.

Poco tempo dopo la mia prima visita alla famiglia di Walter ricevetti una telefonata da un giovane di nome Darnell Houston, il quale mi disse di essere in grado di dimostrare l'innocenza di Walter. La voce gli tremava per la tensione, ma era deciso a parlare con me. Non voleva farlo al telefono, perciò un pomeriggio presi l'auto per andare a incontrarlo. Viveva in una zona di campagna nella Contea di Monroe, presso un terreno agricolo che la sua famiglia aveva lavorato sin dai tempi della schiavitù. Darnell era un giovane sincero e mi resi conto che aveva riflettuto a lungo se contattarmi o meno.

Quando giunsi a casa sua mi venne incontro per salutarmi. Era un giovane ventenne di colore che seguiva la mania dei capelli alla "Jheri curl". Già prima mi ero accorto che a Monroeville era approdata la moda assai diffusa di trattare chimicamente i capelli dei neri per renderli più leggeri e facili da acconciare; avevo visto diversi uomini di colore, giovani e maturi, esibire quel look con orgoglio. L'allegro sobbalzare della chioma di Darnell contrastava con il suo contegno preoccupato. Non appena ci sedemmo, arrivò dritto al dunque.

«Signor Stevenson», esordì. «Io posso dimostrare che Walter McMillian è innocente».

«Davvero?».

«Bill Hooks sta mentendo. Non sapevo neppure che fosse coinvolto in quel caso, finché non mi è stato detto che aveva avuto un ruolo nel modo in cui hanno messo Walter McMillian nel braccio della morte. All'inizio, non credevo che Bill avesse fatto parte di tutto questo, ma poi ho scoperto che aveva testimoniato di aver guidato nei dintorni di quella lavanderia il giorno in cui la ragazza è stata uccisa, e questa è una bugia».

«Come fai a saperlo?».

«Abbiamo lavorato insieme tutto il giorno. Lo scorso novembre lavoravamo entrambi da NAPA, il negozio di ricambi per auto. Ricordo il sabato in cui la ragazza è stata assassinata, perché le ambulanze e la polizia avevano iniziato a correre per le strade. È andato avanti così per circa mezz'ora. Lavoro in città da un paio d'anni e non avevo mai visto nulla di simile».

«Tu stavi lavorando quel sabato mattina in cui Ronda Morrison è stata uccisa?».

«Sì, signore, con Bill Hooks dalle otto del mattino fino alla chiusura dopo pranzo, *dopo* che tutte quelle ambulanze erano passate dal nostro negozio. Quando le sirene hanno iniziato a suonare saranno state circa le undici. Bill stava lavorando con me a una macchina, dentro al negozio. L'uscita era una sola e per tutta la mattina lui non è mai andato via. Se ha detto che stava guidando dalle parti della lavanderia quando la ragazza è stata uccisa, allora ha mentito».

Una delle cose più frustranti nel leggere gli atti del processo di Walter era stato il fatto che i testimoni dell'accusa – Ralph Myers, Bill Hooks e Joe Hightower – fossero palesemente inattendibili. Le loro testimonianze erano ridicolmente inconsistenti e totalmente prive di credibilità. La descrizione fornita da Myers sul proprio ruolo nel delitto – Walter che lo rapisce perché lo conduca sulla scena del crimine, per poi lasciarlo andare via – era sempre stata assurda. Hooks, un testimone chiave contro McMillian, stando agli atti non era stato né convincente né attendibile: aveva semplicemente ripetuto la stessa storia raccontata alla polizia, secondo cui all'ora del delitto stava guidando nei dintorni della lavanderia. A ogni domanda dell'interrogatorio, aveva sempre risposto ripetendo in continuazione di aver visto Walter McMillian uscire fuori dal negozio con una borsa, di averlo visto salire a bordo del suo camion con l'assetto ribassato e che a portarlo via era stato un uomo bianco alla guida. Non fu in grado di rispondere a nessuna domanda di Chestnut riguardo a chi altri egli avesse visto quel giorno o che cosa stesse facendo in quella zona. Continuava solo a ripetere di aver visto McMillian alla lavanderia. La pubblica accusa aveva però bisogno della testimonianza di Hooks.

La mia intenzione era quella di appellarmi subito contro la condanna di Walter presso la Corte di appello penale dell'Alabama. L'accusa aveva prodotto così poche evidenze per dimostrare la colpevolezza di Walter che gli aspetti giuridici contro cui fare ricorso non erano molti, tuttavia le prove a suo carico erano a tal punto poco convincenti da farmi sperare che la corte potesse revocare la condanna per il semplice fatto che fosse davvero inattendibile. Una volta che il caso fosse giunto al ricorso diretto, non sarebbero più state ammesse prove. Il tempo limite per presentare la mozione per un nuovo processo presso il tribunale – l'ultima possibilità per inserire nuovi elementi prima che l'appello avesse inizio – era ormai scaduto. Prima di ritirarsi, Chestnut e Boynton, gli avvocati di Walter nel primo processo, avevano presentato una mozione che però il giudice Key aveva prontamente respinto. Darnell mi raccontò di aver comunicato ai precedenti avvocati di Walter quel che aveva detto a me e che i due avevano sollevato la questione nella loro richiesta per un nuovo processo, ma nessuno l'aveva presa seriamente in considerazione.

Nelle cause per la pena di morte, è di routine presentare la richiesta di un nuovo processo, ma è raro che venga accordato. Tuttavia, se l'imputato adduce nuove prove che potrebbero produrre un esito differente nella causa – o minare l'attendibilità del processo –, di norma viene fissata un'udienza. Dopo aver parlato con Darnell, pensai di presentare nuovamente le sue dichiarazioni prima che il caso finisse in appello e di poter magari – dico magari! – convincere le autorità locali a ritirarsi dalla causa contro Walter. Presentai una mozione perché fosse riconsiderata la decisione di negare un nuovo processo al signor McMillian. Da Darnell ricevetti subito una deposizione giurata in cui dichiarava che la testimonianza fornita da Hooks era una menzogna. Decisi di correre il rischio di discutere con un paio di avvocati del luogo se il nuovo pubblico ministero avrebbe eventualmente riconosciuto che la condanna non era attendibile e appoggiato, qualora vi fossero state nuove prove convincenti, la richiesta di un altro processo.

In molti avevano lasciato intendere che Tom Chapman, il nuovo procuratore distrettuale della Contea di Monroe nonché ex avvocato difensore penalista, sarebbe stato più equo e compassionevole nei confronti di una persona ingiustamente condannata di quanto non lo fosse stato Ted

Pearson, che per una vita aveva ricoperto la carica di pubblico ministero. Infatti, terminato il lungo mandato di procuratore distrettuale di Pearson, l'elezione di Chapman aveva rappresentato in qualche modo un cambio di passo. Era un quarantenne e aveva proposto di modernizzare le forze dell'ordine nella regione. Alcuni sostenevano che fosse ambizioso e che magari un giorno si sarebbe candidato a una carica a livello statale. Venni a sapere inoltre che in un precedente giudizio aveva rappresentato Karen Kelly, il che mi fece intendere che dovesse essere già a conoscenza del caso. Pertanto, ero fiducioso.

Mi stavo ancora organizzando su come procedere, quando Darnell mi chiamò in ufficio.

«Signor Stevenson, mi deve aiutare. Questa mattina mi hanno arrestato e messo in prigione. Sono appena uscito su cauzione».

«Come?».

«Ho chiesto che cosa avevo fatto. Mi hanno detto che sono stato accusato di falsa testimonianza». Era terrorizzato.

«Falsa testimonianza? Sulla base di quello che avevi dichiarato agli avvocati del signor McMillian un anno fa? Da quando abbiamo preso la tua dichiarazione, sono venuti a interrogarti o a parlare con te? Avresti dovuto informarmi se si fossero fatti vivi con te».

«No, signore. Nessuno di loro si è fatto vivo con me. Semplicemente, sono arrivati e mi hanno arrestato dicendo che ero accusato di falsa testimonianza».

Quando riattaccai ero sconvolto e arrabbiato. Accusare qualcuno di spergiuro senza aver condotto alcun tipo di indagine né essendo in possesso di una prova stringente a conferma che fosse stata resa una testimonianza falsa era un fatto inaudito. La polizia e i pubblici ministeri erano venuti a sapere che Darnell aveva parlato con noi e per questo avevano deciso di punirlo.

Alcuni giorni dopo chiamai il procuratore distrettuale per fissare un appuntamento.

Mentre andavo nel suo ufficio, anziché protestare con rabbia per l'assurdità di accusare qualcuno di falsa testimonianza solo perché aveva contraddetto un testimone dell'accusa, decisi di dargli la possibilità di spiegarmi che cosa stesse succedendo. Prima di presentare tutta una serie di mozioni, volevo attendere la fine di quel colloquio. Era la prima volta che incontravo qualcuno coinvolto nella vicenda giudiziaria di Walter e non volevo iniziare subito lanciando accuse in preda all'ira. Mi ero concesso il lusso di credere che chi aveva perseguito Walter fosse stato semplicemente tratto in errore, magari per incompetenza. Ero consapevole che alcuni di loro erano dei prepotenti e bigotti, ma suppongo che in me stessi coltivando la speranza che potessero essere ricondotti sulla giusta strada. Accusare Darnell fu quindi un segnale allarmante della loro intenzione di minacciare e intimorire la gente.

Il palazzo di giustizia della Contea di Monroe si trova proprio nel centro di Monroeville. Arrivai in città, parcheggiai l'auto ed entrai nel tribunale in cerca dell'ufficio del procuratore distrettuale. Un mese prima, l'unica volta in cui vi avevo messo piede, ero andato alla cancelleria per acquisire i documenti e gli impiegati mi avevano chiesto di dove fossi. Quando risposi che venivo da Montgomery si imbarcarono in una lezione sull'importanza di Monroeville grazie ad Harper Lee e al suo celebre romanzo. Ricordo come la cancelliera avesse attaccato con me bottone.

«Ha letto il libro? È una storia eccezionale. Questo è un luogo famoso. Il vecchio tribunale è stato trasformato in un museo e, quando hanno girato il film, qui è venuto Gregory Peck. Dovrebbe andarci e mettersi anche lei dove era stato il signor Peck, voglio dire dove era stato Atticus Finch».

Fece un risolino in preda all'eccitazione, per quanto, immagino, lo dicesse a tutti gli avvocati di fuori che capitavano da quelle parti. Andò avanti a raccontare la storia con entusiasmo, finché non le promisi che sarei andato quanto prima a visitare il museo. Mi trattenni dal dirle che ero oberato di lavoro per seguire il caso di un nero innocente che la comunità stava cercando di mandare a morte dopo un processo caratterizzato dai pregiudizi razziali.

Questa volta invece il mio stato d'animo era diverso. L'ultima cosa che potesse interessarmi era un racconto di finzione sulla giustizia. Vagai nel tribunale finché non trovai l'ufficio del procuratore. Mi annunciai alla segretaria la quale, lanciatami un'occhiata sospettosa, mi indirizzò verso la stanza di Chapman. Questi mi venne incontro per stringermi la mano.

Esordì subito dicendo: «Signor Stevenson, ci sono molte persone che desiderano incontrarla. Li ho informati del suo arrivo, ma ho preferito che a parlare fossimo soltanto io e lei». Che la notizia fosse circolata e che la gente parlasse del nuovo avvocato di Walter non mi stupiva. Mi ero confrontato con un numero sufficiente di membri della comunità per sapere che le persone avrebbero parlato dei miei sforzi a favore di McMillian. Immaginavo che il giudice Key mi avesse già presentato come un soggetto sconsiderato e poco collaborativo, per il semplice fatto che non avevo abbandonato il caso come lui mi aveva ordinato di fare.

Chapman era di media corporatura, aveva i capelli ricci e portava degli occhiali dai quali si capiva che non si dava cura di apparire come uno che passava il tempo a leggere e a studiare. I pubblici ministeri che avevo incontrato si vestivano e si presentavano come persone che, anziché dirigere un ufficio legale, avrebbero preferito andare a caccia di anatre. Chapman, invece, aveva modi cortesi e professionali, e si rivolse a me con un atteggiamento cordiale.

Trovai curioso che avesse subito dato voce ai timori di altri esponenti delle forze di giustizia e, in un primo momento, fui incoraggiato dal fatto che desiderasse che la nostra conversazione fosse franca e libera da distrazioni e finzioni.

«Bene, lo apprezzo», dissi. «Sono molto preoccupato per il caso McMillian. Ho letto i documenti e, a dire il vero, nutro seri dubbi sulla sua colpevolezza e sull'attendibilità di questa condanna».

«Be', si è trattato di un grosso caso, non ci sono dubbi. Ma lei sa che io non ho avuto nulla a che fare con il procedimento giudiziario, dico bene?».

«Sì, lo so».

«È stato uno dei crimini più scioccanti nella storia della Contea di Monroe e il suo cliente ha fatto sì che molta gente di questi parti si sentisse estremamente arrabbiata. Le persone provano ancora rabbia, signor Stevenson. Per alcune di loro, Walter McMillian non pagherà mai abbastanza».

Come inizio fu deludente: il procuratore sembrava del tutto convinto della colpevolezza di Walter. Tuttavia, andai avanti.

«Sì, si è trattato di un crimine scioccante e tragico, per cui la rabbia è comprensibile», volli ribattere. «Ma non serve a nulla condannare la persona sbagliata. Compito del processo è stabilire se il signor McMillian abbia commesso qualcosa di sbagliato. Ma se il processo non è giusto o se i testimoni hanno reso una testimonianza falsa, allora non siamo davvero in grado di sapere se sia colpevole oppure innocente».

«Be', ora come ora lei sembra l'unico a ritenere che il processo sia stato ingiusto. Come ho già detto, io non ho avuto a che fare con il procedimento giudiziario».

Cominciavo a sentirmi frustrato e, probabilmente, Chapman notò che cambiai posizione sulla sedia. Pensai a tutte le persone di colore che avevo incontrato e che si erano amaramente lamentate del processo a Walter, e iniziai a considerare Chapman un ingenuo oppure volutamente indifferente, o anche peggio. Cercai, invano, di non mostrare il mio disappunto.

«Non sono il solo ad avere dubbi su questo caso, signor Chapman. C'è un'intera comunità di persone, alcune delle quali sostengono di essere state con Walter McMillian a chilometri di distanza proprio quando è avvenuto l'omicidio, che sono convinte della sua innocenza. C'è gente per cui lui ha lavorato che è assolutamente convinta che non sia stato McMillian a commettere questo crimine».

«Ho parlato con alcune di queste persone», rispose Chapman, «e hanno da offrire solo opinioni non informate. Non hanno in mano dei fatti. Guardi, le posso dire subito che a nessuno interessa con chi sia andata a letto Karen Kelly. Ci sono prove che collegano Walter McMillian a questo omicidio e il mio lavoro è difendere questa condanna». Stava diventando più polemico e il volume della sua voce si era alzato. Lo sguardo pacato e curioso che mi aveva lanciato all'inizio ora stava mutando in rabbia e avversione.

«Bene, lei ha accusato di spergiuro una persona per aver contraddetto gli argomenti dell'accusa. Intende quindi perseguire chiunque voglia mettere in dubbio le prove di questo caso?».

La mia voce stava ora aumentando proprio al contrario di come avrei voluto, ma a provocarmi era stato il suo atteggiamento. «La legge dell'Alabama dichiara espressamente che un'accusa di spergiuro non può essere mossa in assenza di una prova chiara e convincente che sia stata resa una falsa testimonianza», continuai a dire. «Un'accusa di spergiuro sembra una mossa tattica per intimorire e scoraggiare la gente dal farsi avanti con prove che contraddicano le tesi dell'accusa. L'incriminazione contro il signor

Houston appare davvero inopportuna, signor Chapman, e a livello legale non può essere sostenuta».

Ero consapevole che gli stavo impartendo una lezione e sapevo che la cosa non era di suo gradimento, ma era mia intenzione fargli comprendere che avremmo difeso Walter seriamente.

«Ora ha assunto la difesa anche di Darnell Houston?».

«Sì, è così».

«Bene, non sono sicuro che possa farlo, signor Stevenson. Credo che in tal caso vi sia un conflitto», ribatté lui, e il suo tono mutò da quello di chi argomenta a quello di chi con calma afferma un dato di fatto. «A ogni modo, non si preoccupi: vedrò di far decadere le accuse di spergiuro contro Houston. Ora che il giudice ha respinto la sua richiesta di riaprire il caso, non ho alcun interesse a portare avanti le accuse contro Darnell Houston. Ma voglio che la gente sappia che, se intende fornire dichiarazioni false in merito a questo caso, di questo verranno ritenute responsabili».

Rimasi confuso e un po' attonito.

«Di cosa sta parlando? La richiesta di riapertura è stata respinta?».

«Sì, il giudice ha già respinto la sua mozione. Non avrà ricevuto copia della sua ordinanza. Ora lui si trova a Mobile, perciò a volte ci sono problemi con la posta».

Cercai di dissimulare la mia sorpresa per la decisione della corte in merito alla mozione, senza neanche concedere un'udienza. Domandai: «Ebbene, non è sua intenzione indagare su quanto afferma Darnell Houston riguardo alla possibilità che il principale testimone dell'accusa possa aver mentito?».

«Il principale testimone dell'accusa è Ralph Myers».

A quel punto, fu palese che Chapman aveva studiato il caso ben più approfonditamente di quanto avesse sostenuto all'inizio.

«Ma senza la testimonianza di Hooks, la condanna non sarebbe più valida», dissi moderando i toni. «Secondo la teoria dell'accusa, Myers è un complice e la legge dello Stato impone che la testimonianza di un complice venga confermata, cosa che può avvenire unicamente tramite Hooks. Il signor Houston sostiene che Hooks stia mentendo, il che rende la sua testimonianza un problema serio che dovrebbe essere affrontato dalla corte».

Sapevo di avere ragione. A tale riguardo, la legge era più che mai chiara. Ero però anche consapevole che stavo parlando con una persona a cui non interessava quel che dichiarava la legge. Sapevo che quanto stavo affermando non avrebbe convinto Chapman, tuttavia sentivo ugualmente il bisogno di dirlo.

Chapman si alzò in piedi. Intuii che era seccato dal mio impartire lezioni e motivazioni legali, ed ero abbastanza sicuro che mi considerasse uno sfacciato. «A quanto pare, è un problema che dovrà sollevare in appello, signor Stevenson. Può comunicare al signor Houston che le accuse contro di lui sono state ritirate. Per voi tutti, questo lo posso fare, ma non di più».

Lo disse in tono sprezzante, e quando mi volse la schiena compresi che aveva messo fine all'incontro e che adesso non vedeva l'ora che lasciassi il suo ufficio.

Uscii particolarmente frustrato. Chapman non era stato scortese o ostile, eppure per me non era facile accettare la sua indifferenza riguardo alla presunta innocenza di McMillian. La lettura dei documenti processuali mi aveva mostrato che c'erano persone intenzionate a ignorare le prove, la logica e il buon senso pur di condannare qualcuno e rassicurare la comunità che il crimine era stato risolto e l'omicidio punito. Ma parlare del caso faccia a faccia con qualcuno rese tutte le irrazionalità sulla condanna di Walter ancora più difficili da mandare giù.

Siccome non era stato Chapman a portare avanti l'accusa durante il processo, avevo sperato che non volesse difendere qualcosa di così inattendibile; e invece, era evidente che anche lui si era arroccato in quella versione dei fatti, così come tutti gli altri personaggi coinvolti. Avevo già avuto a che fare in molti casi con gli abusi di potere, ma qui vi era qualcosa di particolarmente sconvolgente, perché questa volta la vittima non era un singolo imputato bensì una comunità intera. Presentai quindi tutta una serie di mozioni per assicurarmi che, anche nel caso in cui loro non avessero ritirato le accuse, quantomeno sapessero che noi ci saremmo battuti. Mentre attraversavo l'atrio per raggiungere la mia auto, trovai un altro volantino sull'imminente produzione de *Il buio oltre la siepe*, cosa che non fece che aumentare il mio sdegno.

Pagata la cauzione, Darnell era rimasto a casa. Mi fermai da lui per riferirgli il mio incontro con il procuratore distrettuale. Fu entusiasta di apprendere che le accuse contro di lui sarebbero state ritirate, ma era ancora turbato da tutta la vicenda. Gli spiegai che ciò che la pubblica accusa aveva compiuto contro di lui era illegale e che avrebbe potuto muovere un'azione civile contro di loro, ma a lui non interessava farlo. A dire il vero, io non ritenevo che un'azione civile fosse una buona idea, giacché questa lo avrebbe semplicemente esposto a ulteriori vessazioni, ma non volevo che pensasse che io non fossi disposto a lottare per lui.

«Signor Stevenson, io volevo solo dire la verità. Non posso finire in prigione, e sarò sincero: questa gente mi ha spaventato».

«Lo capisco», dissi, «ma quello che hanno commesso è illegale e voglio che tu sappia che non hai fatto nulla di male. Sono loro ad aver agito in maniera molto, molto disdicevole. Stanno cercando di intimorirti».

«Be', sta funzionando. Quello che le ho detto è vero e lo confermo. Ma non ce la faccio ad avere questa gente addosso».

«Il giudice ha respinto la nostra richiesta, perciò a questo punto non devi testimoniare né venire in tribunale. Fammi sapere se dovessi avere altri problemi con loro o se dovessero tornare per parlarti di questo. Puoi dire che sono il tuo avvocato e mandarli da me, okay?».

«Sì, okay. Ma questo vuol dire che lei è il mio avvocato?».

«Sì, se qualcuno dovesse creare questioni per quello che hai rivelato, sarò io a rappresentarti». Sembrò un po' sollevato, ma quando andai via era ancora alquanto scosso.

Mentre salivo in auto mi resi conto con sconforto che, se avessero minacciato chiunque avesse cercato di aiutarci in questo caso, dimostrare l'innocenza di Walter sarebbe stato davvero arduo. Se nell'appello diretto la sentenza non fosse stata ribaltata, allora la nostra possibilità sarebbe stata quella di presentare successivamente una petizione postcondanna, ma a quel punto per dimostrare l'innocenza di Walter avremmo avuto bisogno di nuove prove, nuovi testimoni e nuovi fatti. Vista l'esperienza con Darnell, questo sarebbe stato particolarmente complicato. Per il momento decisi di non preoccuparmene e concentrai la mia attenzione sull'appello. Dal momento che il riesame non era stato concesso, adesso avevo ventotto giorni per presentare una richiesta di appello. Non avendo mai ricevuto l'ordinanza, non ero neppure sicuro di quanto tempo fosse trascorso dalla decisione del giudice.

Tornai a casa in preda alla frustrazione e alla preoccupazione. Nei miei viaggi tra Monroeville e Montgomery avevo preso l'abitudine di osservare le coltivazioni agricole, i campi di cotone e la campagna collinosa; pensavo a come dovesse essere stato vivere laggiù decenni prima. Questa volta però non dovevo immaginarlo. La disperazione di

Darnell, la sua tristezza nell'ammettere che loro potessero fargli impunemente quel che volevano, era terribilmente avvilente. A quanto avevo visto, in pratica non vi era alcun rispetto dell'autorità della legge, nessuna responsabilità e ben poca vergogna. Arrestare qualcuno per essersi fatto avanti con una prova credibile che metteva in discussione l'attendibilità di una condanna alla pena di morte? Più ci pensavo, più mi sentivo confuso e irritato. Ma questo mi dava anche motivo di riflettere. Se arrestavano chi diceva cose scomode, come avrebbero reagito se li avessi sfidati ancora più duramente?

Mentre lasciavo la città, vedevo il sole tramontare e le tenebre calare sul paesaggio della contea, così come aveva fatto per secoli. Era l'ora in cui la gente rientrava a casa, alcuni in abitazioni davvero confortevoli in cui sarebbero riusciti a rilassarsi facilmente, al sicuro e orgogliosi della propria comunità. Altri, gente come Darnell e la famiglia di Walter, avrebbero fatto ritorno in case meno accoglienti. Il loro riposo non sarebbe stato altrettanto semplice, né avrebbero provato un gran senso di orgoglio collettivo. Per loro, l'oscurità era portatrice di un disagio familiare, di un'incertezza gravata da un timore cauto e persistente, antico quanto la fondazione stessa della contea; un disagio troppo costante e di lunga data da meritare una discussione, ma troppo opprimente da dimenticare. Andai via più veloce che potevo.

6
Sicuramente condannati

«È solo un ragazzino».

Era tardi ed ero stato io a rispondere al telefono, ben oltre l'orario d'ufficio, perché nell'edificio non c'era più nessuno; stava diventando una cattiva abitudine. Dopo aver concluso un'accorata descrizione del nipote, che era appena stato arrestato per omicidio, la signora anziana all'altro capo del filo adesso mi stava supplicando.

«È già stato in cella per due notti e io non posso andare da lui. Mi trovo in Virginia e la mia salute non è buona. Per piacere, mi dica che farà qualcosa».

Esitai prima di rispondere. Solo un paio di paesi consentivano la pena di morte per i minori: gli Stati Uniti erano uno di questi. Molti dei miei clienti erano nel braccio della morte della Virginia per crimini di cui erano stati accusati quando avevano sedici o diciassette anni. Numerosi Stati avevano modificato le proprie leggi per rendere più facile perseguire i minorenni come se fossero adulti e l'età dei miei clienti si stava abbassando sempre di più. In Alabama, il numero pro capite di minorenni condannati a morte era superiore a qualsiasi altro Stato e a qualsiasi altro paese nel mondo[1]. Era mia intenzione accettare le richieste di assistenza, ormai sempre più numerose, esclusivamente per i nuovi casi di clienti prossimi all'esecuzione o formalmente condannati al braccio della morte.

Questa donna mi raccontò che il nipote aveva solo quattordici anni. Sebbene con una sentenza del 1989 la Corte Suprema avesse confermato la pena capitale per i minorenni, un anno prima la stessa Corte aveva proibito di condannare a morte i giovani al di sotto dei quindici anni[2]. Qualunque fossero i pericoli che attendevano questo ragazzino, quantomeno non sarebbe stato spedito nel braccio della morte. Forse il nipote di questa signora sarebbe stato condannato all'ergastolo senza libertà condizionale, ma, considerato il numero impressionante di condanne a morte tra le nostre pratiche già iscritte a ruolo, razionalmente non potevo farmi carico anche del suo caso.

Mentre meditavo su come rispondere alle suppliche di quella donna, lei cominciò a parlare velocemente, sussurrando: «Signore, ti prego aiutami. Guida quest'uomo e proteggici da ogni scelta che non sia la tua. Aiutami a trovare le parole, Signore. Suggeriscimi che cosa dire, Signore…».

Non volli interrompere la sua preghiera, perciò attesi che finisse.

«Signora, non posso assumere il caso, ma domani andrò in prigione a far visita a suo nipote. Vedrò che posso fare. Probabilmente non saremo in grado di rappresentarlo, ma lasci che verifichi come stanno le cose e, magari, possiamo aiutarvi a trovare un avvocato che vi assista».

«Signor Stevenson, le sono davvero grata».

Ero stanco e mi sentivo già sovraccarico con i casi che avevo. E quelli con i minorenni comportavano un fardello emotivo particolarmente gravoso per chiunque vi avesse a che fare. Tuttavia, dovevo andare in un tribunale vicino alla contea in cui era trattenuto questo ragazzino, per cui non sarebbe poi stato un grande problema fare una sosta e incontrarlo.

L'indomani mattina guidai per oltre un'ora verso quella contea. Una volta giunto in tribunale, controllai il fascicolo sul caso in cancelleria e vi trovai un lungo rapporto su un incidente. Dal momento che ero un avvocato incaricato dalla famiglia di investigare sull'accaduto, la cancelliera mi lasciò leggere l'incarto, quantunque non mi avrebbe consentito di farne una copia o di portarlo fuori dell'ufficio poiché riguardava un minore. L'ufficio di cancelleria era piccolo ma relativamente tranquillo, pertanto mi sedetti su una scomoda sedia di metallo, in un angolo angusto della stanza, e iniziai a leggere l'esposto, che perlopiù confermava quanto mi aveva raccontato la nonna del ragazzo.

Charlie aveva quattordici anni. Pesava meno di quarantacinque chili ed era alto appena un metro e cinquanta. Non aveva una storia di criminalità minorile: nessun arresto precedente, nessuna condotta impropria a scuola, nessun illecito né alcuna precedente apparizione in tribunale. Era un bravo studente che aveva ottenuto diversi attestati per la sua frequenza scolastica ineccepibile. La madre lo descriveva come un «ottimo ragazzo», che faceva sempre quel che lei gli chiedeva. Per sua stessa ammissione, Charlie aveva sparato e ucciso un uomo di nome George.

George era il compagno della madre di Charlie. Lei parlava della loro relazione come di uno «sbaglio». Spesso, George tornava a casa ubriaco e agiva con violenza. Nei diciotto mesi che precedettero la notte della sparatoria, ci furono tre episodi in cui George aveva picchiato la madre di Charlie con una furia tale da richiedere delle cure mediche. La donna non lasciò mai quell'uomo né lo mandò via pur sapendo, come ebbe modo di dire a diverse persone, che avrebbe dovuto farlo.

La notte della sparatoria, George era rincasato davvero ubriaco. Quando arrivò, Charlie e la madre stavano giocando a carte. Entrò in casa urlando: «Ehi! Dove siete?». La madre di Charlie sentì la sua voce dalla cucina e lo informò che lei e il figlio erano lì a giocare a carte. In precedenza, quella sera, i due adulti avevano già avuto una discussione, perché la donna lo aveva pregato di non uscire per timore che rincasasse ubriaco. Adesso, nel guardarlo lì impalato che puzzava di alcol, gli lanciò uno sguardo di stizza. Anche lui le lanciò uno sguardo in cui erano riflessi il suo disprezzo e il suo disgusto e, in un attimo, le sferrò con violenza un pugno sul volto. Lei non immaginava che lui l'avrebbe colpita così velocemente e con simile ferocia; prima di allora, non lo aveva mai fatto in quel modo. L'urto del colpo inferto la fece schiantare a terra.

Charlie si trovava dietro alla madre e vide la sua testa colpire il piano in metallo della cucina mentre lei cadeva giù. George osservò Charlie indugiare lì fermo e lanciargli un'occhiata gelida e truce, prima di superarlo per raggiungere la camera, dove il ragazzo lo sentì gettarsi fragorosamente sul letto. Allora si inginocchiò accanto alla madre e cercò di fermare la perdita di sangue.

Il volto della donna era sporco, ma il sangue fuoriusciva da una brutta ferita alla nuca. In preda all'agitazione, Charlie tentò di rianimarla. Scoppiò a piangere, chiedendo inutilmente alla madre che cosa fare. Si alzò in piedi e le mise delle salviette di carta dietro la testa, senza però riuscire ad arrestare l'emorragia. In preda all'agitazione, cercò il canovaccio della cucina perché convinto che potesse essere più utile a tale scopo e lo trovò avvolto attorno a un tegame, sul fornello. Per cena, la madre aveva cucinato i fagioli con l'occhio, una varietà che lui amava. Avevano cenato assieme e poi si erano messi a giocare a pinnacolo, il suo gioco a carte preferito.

Charlie sostituì le salviette di carta con il canovaccio e fu colto nuovamente dal panico quando si accorse di quanto sangue ci fosse. In silenzio, pregava la madre di svegliarsi finché non si rese conto che non respirava più.

Pensò di dover chiamare un'ambulanza, ma il telefono era nella camera da letto dove si trovava George. L'uomo non aveva mai colpito Charlie, ma lui ne era comunque terrorizzato. Quand'era più piccolo, quando si sentiva molto spaventato o ansioso, a volte Charlie cominciava a fremere e a tremare. E quasi sempre, al tremito seguiva una perdita di sangue dal naso.

Seduto sul pavimento della cucina e circondato dal sangue della madre, Charlie sentì che stavano iniziando i tremori e, nel giro di pochi secondi, anche il sangue cominciò a gocciolargli dal naso. In genere, sua madre correva sempre a prendere qualcosa per contrastare queste perdite, ma stavolta lei rimaneva semplicemente lì, stesa a terra. Il ragazzo pulì il sangue dal proprio naso e si concentrò sulla necessità di dover agire in qualche modo. Smise di tremare. Erano quasi quindici minuti che sua madre non si muoveva più. La casa era immersa nel silenzio. L'unico suono che avvertiva era il respiro pesante di George nell'altra stanza; ben presto, lo sentì russare.

Charlie aveva accarezzato con delicatezza i capelli della madre, augurandosi disperatamente che lei aprisse gli occhi. Il sangue che fuoriusciva dalla testa aveva bagnato tutto il canovaccio e ora cominciava a spargersi anche sui pantaloni del ragazzo. Pensò che la madre fosse sul punto di morire o che, forse, era già deceduta. Doveva chiamare un'ambulanza. In preda all'ansia, si alzò in piedi e con cautela si diresse verso la camera. Vide George addormentato sul letto e avvertì un'ondata di odio per quell'uomo. Non gli era mai piaciuto, non aveva mai compreso perché la madre lo avesse lasciato vivere con loro. Neppure a George piaceva Charlie; era raro che fosse gentile con il ragazzo. Anche quando non era ubriaco, l'uomo sembrava costantemente arrabbiato. Sua madre gli aveva detto che George sapeva essere dolce, ma Charlie non ne aveva mai avuto alcuna dimostrazione. Sapeva che la prima moglie e il figlio di George erano rimasti uccisi in un incidente d'auto ed era per questo che, stando a quando gli raccontava la madre, lui beveva così tanto. Nei diciotto mesi che visse con loro, per Charlie non sembrava vi fosse stato altro che violenza, liti accese, spintoni e strattoni, minacce e scompiglio. Sua madre aveva smesso di sorridere come un tempo; era diventata tesa e nervosa, e adesso – pensò il ragazzo – è stesa sul pavimento della cucina, morta.

Per prendere il telefono, Charlie andò fino alla specchiera sulla parete in fondo alla camera da letto. Un anno prima, dopo che George aveva colpito la madre, aveva chiamato il 911, ma allora era stata lei a guidarlo e a istruirlo su che cosa dire. Una volta raggiunto il telefono, non seppe davvero per quale motivo non afferrò semplicemente la cornetta. Non fu mai realmente in grado di chiarire perché invece aprì il cassetto della specchiera, infilò la mano sotto le magliette bianche ripiegate che la madre aveva lavato e stirato e si mise a tastare in cerca della pistola che, sapeva, era tenuta lì nascosta da George. L'aveva trovata la volta in cui l'uomo gli aveva dato il permesso di indossare la maglietta della Auburn University che qualcuno gli aveva regalato. Era troppo piccola per lui ed enorme per il ragazzo, ma Charlie era grato di averla ricevuta; era stato uno dei pochi gesti gentili di George. Stavolta, però, non ritrasse la mano con paura come aveva fatto in quell'occasione. Afferrò la pistola. Non aveva mai sparato, ma sapeva di essere in grado di farlo.

Adesso George russava con ritmo costante.

Charlie si avvicinò al letto, allungò le braccia e puntò la pistola alla testa di George. Mentre rimaneva sospeso su di lui, l'uomo smise di russare. La stanza divenne molto, molto silenziosa. Fu allora che Charlie premette il grilletto.

Il rumore dell'esplosione fu molto più forte di quanto

Charlie avesse immaginato. Ci fu il rinculo della pistola e il ragazzo fu spinto indietro di un passo e per poco non perse l'equilibrio e cadde a terra. Volse lo sguardo su George e chiuse immediatamente gli occhi: era uno spettacolo orribile. Sentiva che stava ricominciando a tremare e fu allora che udì la madre gemere in cucina. Non riuscì a credere che fosse ancora viva. Corse di nuovo al telefono e chiamò il 911, dopodiché si sedette accanto alla madre fino all'arrivo della polizia.

Dopo aver appreso tutto questo, ero certo che Charlie non sarebbe stato perseguito come un adulto. Continuai a leggere il fascicolo e le note dell'udienza preliminare dinanzi al giudice. La pubblica accusa non contestò il resoconto che Charlie e la madre avevano fornito. Fu solo andando avanti con la lettura che venni a sapere che George era un agente della polizia locale. L'accusa aveva lungamente argomentato che ottimo uomo fosse stato George e come tutti nella comunità fossero rimasti sconvolti per la sua morte. «George era un ufficiale delle forze dell'ordine che svolgeva il proprio servizio con onore», aveva sostenuto l'accusa. «È una grande perdita per la contea ed è una tragedia che una persona buona sia stata uccisa così a sangue freddo da questo giovanotto». Il pubblico ministero insistette perché Charlie venisse processato come un adulto e annunciò di volere per lui il massimo della pena previsto dalla legge. Il giudice fu concorde nel considerarlo un omicidio di primo grado e che il ragazzo fosse processato come un adulto. Charlie venne quindi trasferito subito nella prigione della contea destinata agli adulti.

La piccola prigione della contea si trovava sul lato opposto della strada rispetto al tribunale. Come in molte cittadine del Sud, era il tribunale a contraddistinguere la piazza al centro della città. Uscii fuori e attraversai la strada diretto alla prigione, per incontrare quel ragazzino. Chiaramente i secondini non erano avvezzi a ricevere molti avvocati arrivati da fuori per le visite legali. Prima di condurmi all'interno la prigione, dove mi accomodai in una stanzetta destinata agli incontri con l'avvocato ad aspettare Charlie, l'agente di servizio mi squadrò con sospetto. Da quando avevo ultimato la lettura del fascicolo, non riuscivo a smettere di pensare a quanto fosse tragico questo caso; e le mie cupe riflessioni si interruppero solo quando un ragazzino venne spintonato dentro la stanza. Appariva così basso, talmente magro e a tal punto spaventato da non sembrare un quattordicenne. Guardai in direzione del secondino, il quale pareva anche lui sorpreso da quanto piccolo e terrorizzato sembrasse il ragazzo. Gli chiesi di togliergli le manette. A volte, nelle prigioni come questa, le guardie si rifiutano di togliere le manette ai prigionieri, sostenendo che durante le visite legali non è sicuro o consentito liberare dai vincoli un sospettato. Temono che un individuo, qualora diventasse agitato o violento, sarebbe più difficile da contenere se privo di manette.

Il secondino, però, non esitò a liberare i polsi del ragazzo prima di lasciare la stanza.

Eravamo seduti a un tavolo di legno, probabilmente di un metro e venti per un metro e ottanta. Charlie si trovava a un lato del tavolo e io a quello opposto. Dal suo arresto erano trascorsi tre giorni.

«Charlie, il mio nome è Bryan. Tua nonna mi ha chiamato per chiedermi se potevo venirti a trovare. Sono un avvocato e aiuto la gente che è nei guai o che è accusata di un crimine. Mi piacerebbe aiutarti».

Il ragazzo evitava di guardarmi negli occhi. Era minuto, ma possedeva occhi grandi e belli. I capelli erano corti, un taglio comune tra i ragazzini perché richiedeva poche cure, che lo faceva sembrare ancora più giovane di quanto non fosse. Ebbi l'impressione di aver intravisto dei tatuaggi o dei simboli sul suo collo, ma a uno sguardo più attento mi resi conto che erano ecchimosi.

«Charlie, stai bene?».

Lui guardava fisso alla mia sinistra, verso il muro, come se stesse osservando qualcosa. Il suo sguardo, così distante, era a tal punto sconvolgente che mi voltai per controllare se dietro di me vi fosse effettivamente qualcosa di interessante, ma altro non c'era se non una parete bianca. L'aria assente, la tristezza sul viso e la sua totale mancanza di coinvolgimento – aspetti comuni a molti degli altri adolescenti con cui lavoravo – erano le uniche cose a lasciarmi intendere che avesse quattordici anni. Rimasi seduto ad aspettare per un tempo lunghissimo, nella speranza che mi desse una qualche risposta, ma la stanza rimase silenziosa. Continuò a fissare il muro, dopodiché abbassò lo sguardo sui propri polsi. Serrò con la mano destra il polso sinistro, lì dove c'erano state le manette, e massaggiò il punto in cui il metallo lo aveva stretto.

«Charlie, voglio assicurarmi che tu stia bene, perciò ho bisogno che tu risponda ad alcune domande, okay?». Sapevo che mi sentiva; ogni volta che parlavo, sollevava la testa e con lo sguardo tornava a fissare quel punto sulla parete.

«Charlie, se io fossi al posto tuo, adesso sarei davvero spaventato e molto preoccupato, ma vorrei pure che qualcuno mi aiutasse. Mi piacerebbe esserti di aiuto, okay?». Rimasi in attesa di una risposta, che però non arrivò.

«Charlie, riesci a parlare? Stai bene?». Mentre parlavo lui fissava la parete; poi, quando terminavo, tornava a guardarsi i polsi, ma senza dire una parola.

«Non dobbiamo parlare di George. Non dobbiamo parlare di quello che è successo; possiamo parlare di qualunque cosa tu voglia. C'è qualcosa di cui ti va di parlare?». Dopo ogni domanda rimanevo sempre più a lungo in attesa, augurandomi disperatamente che dicesse qualcosa; ma non lo faceva.

«Vuoi parlare di tua madre? Si rimetterà. Ho controllato e, anche se non ti può venire a trovare, si rimetterà. È preoccupata per te».

Credevo che parlando di sua madre negli occhi di Charlie sarebbe balenato qualcosa. Quando ciò non avvenne, fui ancora più preoccupato per lui.

Notai che sul lato del tavolo dove era seduto Charlie c'era un'altra sedia e perciò mi resi conto che, in effetti, gli avvocati erano tenuti ad accomodarsi da quella parte, mentre i prigionieri dovevano stare sul lato che avevo scelto per me, dove era presente un'unica sedia. Mi ero seduto al posto sbagliato.

Abbassai la voce e parlai con un tono più delicato: «Charlie, devi parlare con me. Se non lo fai, non ti posso aiutare. Hai voglia di dirmi semplicemente il tuo nome: di' qualcosa, ti prego?». Lui continuò a fissare il muro. Io rimasi in attesa, dopodiché mi alzai in piedi e girai attorno al tavolo. Lui non mi guardò mentre mi muovevo, ma posò ancora una volta lo sguardo sui propri polsi. Sedetti accanto a lui, mi piegai per avvicinarmi e con calma gli dissi: «Charlie, mi spiace davvero tanto se ti senti sconvolto, ma per favore parlami. Non ti posso aiutare se non parli con me». Per la prima volta si tirò indietro contro la sedia, appoggiando quasi la testa alla parete dietro di noi. Mi avvicinai a lui con la sedia e mi poggiai anch'io contro la mia. Rimanemmo a lungo seduti in silenzio, poi cominciai a dire delle sciocchezze perché non sapevo più che altro fare.

«Va bene, siccome non mi dirai quello che pensi, allora credo non mi resti che raccontarti quello che ho in mente io. Scommetto che sei convinto di sapere ciò a cui penso», dissi in tono scherzoso, «e invece non credo proprio che tu possa immaginarlo. Probabilmente, tu credi che io stia pensando alla legge o al giudice, oppure alla polizia, oppure perché mai ora questo giovanotto non dovrebbe parlare con me? Invece, in realtà sto pensando al cibo. Sì, esatto, Charlie», continuai in tono ironico, «sto pensando al pollo fritto, al tacchino con il cavolo verde e ai biscotti di patate dolci… Hai mai mangiato i biscotti di patate dolci?».

Niente.

«Secondo me, non hai mai assaggiato i biscotti di patate dolci e questo è un peccato».

Ancora niente. Insistetti.

«Sto pensando di prendere un'auto nuova, perché la mia ormai è vecchiotta». Feci una pausa. Niente. «Charlie, tu però mi dovresti dire: "Vecchia quanto, Bryan?" e io ti risponderei che è così vecchia che…».

Non accennò mai una risposta né un sorriso; semplicemente, continuava a fissare lo stesso punto sulla parete con il viso impietrito dalla tristezza.

«Secondo te, che tipo di auto dovrei prendere?», passai in rassegna tutta una serie di riflessioni ridicole che però non ottenevano alcun riscontro da parte sua. Charlie continuava a stare piegato all'indietro e il suo corpo sembrava un po' meno teso. Mi accorsi che, adesso, le nostre spalle erano l'una contro l'altra.

Dopo un po', feci un nuovo tentativo. «Dai, Charlie, che cosa sta succedendo? Figliolo, con me devi parlare». Mi allungai verso di lui con fare un po' scherzoso, finché lui non si accomodò un pochino più avanti e, alla fine, sentii che si appoggiava a me. Non persi l'occasione e gli misi il braccio attorno, quindi lui iniziò subito a tremare. I suoi tremori si fecero sempre più intensi, finché non mi si addossò completamente e scoppiò a piangere. Poggiai la testa contro la sua e dissi: «Va bene, va tutto bene». Quando finalmente parlò, era in preda ai singhiozzi. Ben presto mi resi conto che non stava parlando di quanto era successo con George o con sua madre, ma di quello che era accaduto in prigione.

«La prima notte tre uomini mi hanno fatto del male. Mi hanno toccato e mi hanno fatto fare delle cose». Il volto era rigato dalle lacrime. Aveva la voce stridula e strozzata dall'angoscia.

«La notte dopo sono tornati e mi hanno fatto molto male», disse diventando sempre più isterico a ogni parola. Quindi, mi guardò in faccia per la prima volta.

«La notte scorsa erano in tanti. Non so quanti fossero, ma mi hanno fatto male...».

Scoppiò in un pianto troppo convulso per riuscire a concludere la frase. Afferrò la mia giacca con una forza che non avrei immaginato potesse avere.

Lo strinsi e, con quanta più delicatezza potevo, gli dissi: «Andrà tutto bene. Andrà tutto bene». Non avevo mai abbracciato qualcuno che si tenesse così stretto a me come quel ragazzo, o che piangesse così forte e a lungo come fece lui. Le sue lacrime sembravano non avere mai fine. Si stancava per poi ricominciare. Decisi che lo avrei semplicemente stretto a me finché non si fosse quietato. Ci volle quasi un'ora perché potesse calmarsi e smettere di piangere. Gli promisi che avrei cercato di farlo uscire subito. Mi pregò di non andare via, ma io lo rassicurai che sarei tornato quel giorno stesso. Non avevamo scambiato neanche una parola in merito al delitto.

Quando uscii, più che triste ero arrabbiato. Continuavo a chiedermi: «Chi è il responsabile di tutto questo? Come abbiamo potuto permetterlo?». Andai dritto nell'ufficio dello sceriffo all'interno della prigione e spiegai a quell'ufficiale di mezza età e in sovrappeso quel che il ragazzo mi aveva raccontato, insistendo perché lo trasferissero immediatamente in una cella singola e protetta. Mentre ascoltava, il viso dello sceriffo aveva un'aria distratta, ma quando gli annunciai che sarei andato dal giudice, acconsentì a spostare immediatamente il ragazzo in una zona protetta. Tornai quindi in tribunale, dall'altra parte della strada, e trovai il giudice il quale convocò il pubblico ministero. Quando quest'ultimo arrivò nello studio del giudice, riferii loro che il ragazzo era stato vittima di abusi sessuali e di stupro. Furono d'accordo nel trasferirlo in una vicina struttura minorile nel giro di poche ore.

Decisi di assumere il caso. Alla fine, riuscimmo a trasferire il caso di Charlie presso una corte per i minori, dove il fatto che avesse sparato venne giudicato un reato minorile. Ciò significava che Charlie non sarebbe stato mandato in un carcere per gli adulti e che probabilmente sarebbe uscito nel giro di pochi anni, prima di compierne diciotto. Andai a trovarlo regolarmente e, con il tempo, lui riuscì a riprendersi. Era un ragazzo sveglio e sensibile, tormentato da ciò che aveva fatto e da quello che aveva subito.

Mesi dopo, in occasione di un discorso che tenni in una chiesa, parlai di Charlie e della piaga dell'incarcerazione dei minori. Finito l'incontro, una coppia di coniugi anziani mi si avvicinò e insistette nel dire che dovevano aiutare Charlie. Io cercai di dissuadere queste due persone gentili dal credere che potessero fare qualcosa, ma in ogni caso diedi loro il mio biglietto da visita dicendo che potevano contattarmi. Non mi aspettavo che lo avrebbero fatto e, invece, alcuni giorni dopo mi chiamarono e furono insistenti. Alla fine, rimanemmo d'accordo che avrebbero scritto a Charlie una lettera e che l'avrebbero data a me perché la consegnassi al ragazzo. Quando la ricevetti, alcune settimane più tardi, la lessi. Era straordinaria.

I signori Jennings erano una coppia di bianchi, all'incirca di settantacinque anni, proveniente da una piccola comunità a nordest di Birmingham. Erano persone gentili e generose, molto attive nella locale chiesa dei Metodisti

Uniti. Alla domenica, non mancavano mai una messa ed erano particolarmente attenti ai ragazzi in crisi. Parlavano con delicatezza e sembravano sempre sorridenti, senza tuttavia dare mai l'impressione di non essere completamente sinceri e compassionevoli. Con tenerezza si scambiavano gesti d'affetto reciproci, tenendosi spesso per mano e appoggiandosi l'uno all'altra. Erano vestiti come contadini e possedevano dieci acri di terra, dove coltivavano ortaggi e vivevano con semplicità. Il loro unico nipote, che avevano aiutato a crescere, si era suicidato quand'era un adolescente e non avevano mai smesso di piangerlo. Nell'arco della sua breve esistenza, il giovane aveva sofferto di problemi di salute mentale, ma era un ragazzo sveglio e i nonni avevano messo da parte i soldi per mandarlo al college. Nella loro lettera spiegarono che, per aiutare Charlie, volevano utilizzare i soldi che avevano serbato per il nipote.

Alla fine, Charlie e questa coppia diedero inizio a una corrispondenza, che andò rafforzandosi fino al giorno in cui i Jennings andarono a trovare il ragazzo nel carcere minorile. E, come i due coniugi ebbero modo di dirmi in seguito, «lo abbiamo amato da subito». La nonna di Charlie morì pochi mesi dopo quella prima telefonata, mentre sua madre stava ancora lottando in seguito alla tragedia dell'omicidio e dell'incarcerazione del figlio. Charlie era preoccupato per l'incontro con i Jennings, perché pensava che lui non sarebbe piaciuto a loro; tuttavia, quando se ne furono andati, mi raccontò di quanto si fossero dimostrati interessati a lui e quanto ciò fosse per lui rincuorante. I Jennings diventarono la sua famiglia.

Non molto tempo dopo, a un certo punto provai a metterli in guardia perché non si aspettassero troppo da Charlie quando fosse uscito dal carcere. «Sapete, ne ha passate tante. Non sono sicuro che riuscirà ad andare avanti così, come se nulla fosse stato. Vorrei che comprendeste che lui potrebbe non essere di grado di fare tutto quello che voi sareste contenti che lui facesse».

Non accolsero mai i miei avvertimenti. Raramente la signora Jennings era sgradevole o polemica, ma imparai che, quando qualcuno diceva qualcosa che lei non condivideva appieno, emetteva un brontolio. Mi disse: «Bryan, tutti ne abbiamo passate tante, nessuno escluso. Lo so che alcuni ne hanno passate più di altri. Ma se non ci aspettiamo di più gli uni dagli altri, se non speriamo il meglio l'uno per l'altro e se non guariamo dalle ferite che abbiamo subito, saremo sicuramente condannati».

Durante la sua detenzione, i Jennings aiutarono Charlie a conseguire l'equivalente del diploma superiore e insistettero per pagargli un'istruzione al college. Quando fu rilasciato, loro erano lì, insieme a sua madre, per riportarlo a casa.

7
Giustizia negata

La richiesta d'appello di Walter fu respinta.

Il parere – ben settanta pagine –, con cui la Corte d'Appello penale dell'Alabama confermava la propria sentenza e condanna a morte, fu devastante. Avevo presentato una lunga memoria, in cui era documentata l'insufficienza di prove e venivano evidenziate tutte le irregolarità legali nel processo che ero riuscito a individuare. Sostenni come non vi fosse una convalida credibile della testimonianza di Myers e che, secondo le leggi dell'Alabama, l'accusa non poteva basarsi unicamente sulla testimonianza di un complice. Argomentai che vi fosse stata una cattiva condotta nel portare avanti l'accusa, che la giuria fosse stata selezionata in maniera discriminatoria nei confronti della razza e che il cambio di sede del processo non fosse avvenuto in maniera corretta. Contestai persino il superamento da parte del giudice Robert E. Lee Key della sentenza all'ergastolo voluta dalla giuria, quantunque fossi consapevole che ridurre all'ergastolo senza condizionale la condanna a morte di un innocente sarebbe stato comunque un notevole fallimento per la giustizia. Tuttavia, la corte respinse ogni mia argomentazione.

Non pensavo che le cose sarebbero andate in questo modo. Mesi prima, quando in occasione dell'udienza dibattimentale ero entrato nell'imponente Palazzo di giustizia dell'Alabama ritrovandomi nella maestosa aula della Corte d'Appello che un tempo era stata un tempio della Massoneria scozzese, ero stato fiducioso. L'edificio, costruito negli anni Venti del Novecento, negli anni Quaranta era stato poi convertito in un tribunale pieno di antri cavernosi e adorno di pavimenti in marmo e soffitti a volta impressionanti. Si trovava a Montgomery, alla fine della Dexter Avenue, dove Martin Luther King Jr aveva predicato durante il Boicottaggio dei bus avvenuto in quella città. A un isolato di distanza c'era il campidoglio, decorato da tre bandiere: quella americana, la bandiera bianca e rossa dello Stato dell'Alabama e quella di battaglia della Confederazione.

L'aula della Corte d'Appello penale dell'Alabama era situata al secondo piano. Il giudice a capo della corte era l'ex governatore John Patterson. Negli anni Sessanta, questi era assurto agli onori della cronaca per la sua fiera opposizione ai diritti civili e all'integrazione razziale. Nel 1958, grazie all'appoggio del Ku Klux Klan, aveva battuto George Wallace alle elezioni a governatore. Le sue posizioni erano ancora più favorevoli alla segregazione di quelle di Wallace (il quale, imparata la lezione, sarebbe diventato il più famoso segregazionista d'America, arrivando a dichiarare nel 1963: «Segregazione adesso, segregazione domani, segregazione per sempre», proprio a un isolato di distanza da questo tribunale). All'epoca in cui era stato procuratore generale prima di diventare governatore, Patterson aveva vietato alla NAACP di operare in Alabama e aveva bloccato i boicottaggi e le proteste per i diritti civili a Tuskegee e a Montgomery. In qualità di governatore, si rifiutò di concedere la protezione delle forze dell'ordine ai Freedom Riders, gli studenti di college e attivisti bianchi e neri che, all'inizio degli anni Sessanta, viaggiavano nel Sud per porre fine alla segregazione negli edifici pubblici in forza delle nuove leggi federali. Quando i Freedom Riders attraversarono l'Alabama a bordo del loro autobus, la polizia li abbandonò a se stessi. Soli e privi di protezione, furono pestati con violenza e il loro mezzo venne colpito con le bombe.

Nonostante tutto, mi sforzai di restare fiducioso. Era successo tanto tempo prima. Mentre esponevo le mie argomentazioni, i cinque giudici della corte mi guardarono con curiosità, ma fecero poche domande. Decisi di interpretare il loro silenzio come un assenso. Speravo avessero riconosciuto che quella condanna era talmente poco difendibile da ritenere che non vi fosse poi molto di che discutere. L'unica osservazione fatta dal giudice Patterson arrivò alla fine dell'udienza dibattimentale, quando, in tono calmo ma con fermezza, mi pose un solo quesito che riecheggiò nell'aula pressoché vuota.

«Lei da dove viene?».

La domanda mi lasciò sconcertato e indugiai prima di rispondere.

«Vivo a Montgomery, signore».

Scioccamente, avevo scoraggiato la famiglia di McMillian dal partecipare all'udienza dibattimentale, poiché sapevo che la materia era alquanto arcana e che più di tanto non avremmo discusso dei fatti. I sostenitori di Walter si sarebbero dovuti assentare dal lavoro e affrontare un lungo viaggio fino a Montgomery per un'udienza fissata al mattino presto. Dal momento che ogni parte aveva a disposizione trenta minuti per la propria presentazione, avevo giudicato inutile un simile sforzo. Quando mi misi a sedere dopo l'argomentazione, mi pentii di quella decisione. Avrei gradito che nell'aula vi fossero delle facce solidali, per mostrare alla corte che questo caso era diverso, ma purtroppo non ce n'era neanche una.

Fu poi il turno di un assistente del procuratore generale per presentare gli argomenti dell'accusa: le cause per la pena capitale venivano gestite dal procuratore generale e non dal procuratore distrettuale locale. L'avvocato dell'accusa sostenne che si trattava di un comune caso di omicidio di primo grado e che la pena di morte era stata comminata in modo appropriato. Dopo l'udienza dibattimentale, nutrivo ancora la speranza che la corte avrebbe ribaltato la sentenza di condanna, perché palesemente non supportata da fatti attendibili. In base alle leggi dello Stato, la testimonianza di un complice in un caso di omicidio necessitava di una conferma credibile, cosa che nel caso di Walter mancava del tutto. Ero convinto che la corte avrebbe avuto difficoltà a ribadire una condanna a fronte di prove così scarse. Mi sbagliavo.

Guidai fino al carcere per recare la notizia. Quando gli spiegai la situazione, Walter non disse nulla ma, sul volto, aveva uno sguardo strano e disperato. Avevo cercato di prepararlo all'evenienza che potessero occorrere degli anni per riuscire a ribaltare la sua condanna, ma lui aveva tenuto alta la speranza.

«Non ammetteranno mai di aver commesso un errore», disse avvilito. «Lo sanno che non ho fatto questo. Semplicemente non possono accettare di aver sbagliato e di apparire cattivi».

«Abbiamo solo iniziato, Walter», replicai. «C'è ancora molto da fare e li metteremo di fronte a tutto quanto».

Dicevo la verità: dovevamo insistere. Il nostro piano era chiedere alla Corte di appello penale di riconsiderare la propria decisione, e se anche questo si fosse risolto in un nulla di fatto, avremmo chiesto il riesame alla Corte suprema dell'Alabama. Inoltre, avevamo scoperto altre prove dell'innocenza di Walter.

Dopo aver presentato la richiesta di appello, avevo

continuato a indagare approfonditamente sul caso. Se non fossimo riusciti a trovare così tante nuove prove dell'innocenza di Walter, credo che l'effetto della decisione della corte sarebbe stato ancora più sconvolgente. Prima di lasciare il carcere, dissi a Walter: «Loro ignorano quel che noi adesso sappiamo sulla tua innocenza. Appena sottoporremo loro le nuove prove, cambieranno idea». A dispetto di quanto già avvenuto, la mia speranza restava sincera. Tuttavia, avevo sottovalutato le resistenze a cui saremmo andati incontro.

Finalmente, ero riuscito ad assumere degli avvocati in più per l'organizzazione, cosa che mi lasciava più tempo per condurre le ricerche sul caso di Walter. Uno dei miei nuovi assunti era Michael O'Connor, un neolaureato alla facoltà di Legge di Yale intenzionato ad aiutare la gente in difficoltà, la cui passione era stata alimentata dalle difficoltà che lui stesso aveva dovuto affrontare in passato. Figlio di immigrati irlandesi, Michael era cresciuto fuori Philadelphia, in un duro quartiere operaio. Quando i suoi amici delle superiori cominciarono a sperimentare le droghe pesanti, anche Mike iniziò a usarle sviluppando in breve tempo una dipendenza da eroina. La sua vita precipitò nell'incubo della tossicodipendenza e nel caos, con il rischio reale di morire per overdose. Per diversi anni non fece che passare da una crisi all'altra, finché la morte per overdose di un suo caro amico non lo convinse a riconquistare con fatica uno stato di lucidità. Durante tutto il proprio calvario, la famiglia non lo aveva mai abbandonato. Lo aiutò a rimettere in sesto la propria vita e a ritornare al college. E alla Penn State dimostrò di essere uno studente brillante, laureandosi con lode. Le sue credenziali accademiche gli consentirono di accedere alla facoltà di Legge di Yale, ma il suo cuore rimase legato a tutto il vuoto doloroso che gli anni trascorsi per strada gli avevano mostrato.

Durante il colloquio che ebbi con lui per il lavoro, Michael aveva espresso rammarico per gli episodi oscuri del proprio passato, mentre io ritenevo che fosse il candidato ideale per il genere di attività che stavamo mettendo su. Accettò l'ingaggio, si trasferì a Montgomery e, senza indugi, si gettò con me a capofitto nel caso McMillian. Passammo giorni interi a cercare indizi, intervistare decine di persone, seguire le voci più imprecisate, vagliare diverse teorie. Ero sempre più convinto che l'unico modo per scagionare Walter fosse scoprire chi avesse ucciso Ronda Morrison. A parte l'apprezzamento per l'aiuto inestimabile che Michael mi offriva per il lavoro, ero grato di avere finalmente qualcuno con cui condividere la follia di questo caso: proprio perché mi stavo rendendo conto che era ancora più assurdo di quanto avessi immaginato.

Dopo alcuni mesi di indagini, eravamo venuti a conoscenza di prove schiaccianti dell'innocenza di Walter. Avevamo scoperto che lo sceriffo Tate aveva pagato Bill Hooks perché testimoniasse contro Walter: nei registri finanziari della contea trovammo infatti alcuni assegni, pari a circa 5.000 dollari, per pagamenti a favore di Hooks a titolo di ricompensa e di "spese". Sempre Tate aveva versato a Hooks del denaro per fare avanti e indietro dalla contea, all'epoca del processo. Queste informazioni avrebbero dovuto essere fornite ai difensori di Walter prima del processo, così che potessero essere usate per gettare dubbi sulla credibilità della testimonianza di Hooks.

Inoltre, scoprimmo che quest'ultimo era stato rilasciato di prigione subito dopo aver fornito alla polizia la propria dichiarazione secondo la quale, il giorno dell'omicidio, egli avrebbe visto il camion di Walter con "assetto ribassato" presso la lavanderia. Trovammo i registri del tribunale dai quali risultava chiaro che il procuratore distrettuale e lo sceriffo, che sono funzionari della *contea*, avevano in qualche modo fatto sì che venissero ritirate le accuse mosse dal *comune* contro Hooks, nonché le sanzioni a suo carico, e questo nonostante i due non avessero alcuna autorità nelle corti comunali[1]. In base a un precedente della Corte suprema degli Stati Uniti, il pubblico ministero avrebbe dovuto informare la difesa della circostanza che alcune accuse contro Hooks erano state ritirate in cambio di una collaborazione con le autorità. Cosa che, ovviamente, non avvenne.

Riuscimmo a individuare l'uomo bianco che gestiva il negozio il giorno in cui Ralph Myers vi entrò per dare a Walter un biglietto. Quest'ultimo aveva cercato di convincere i propri difensori affinché lo contattassero, ma i due avvocati trascurarono di farlo. Ricevuta da Walter la descrizione del negozio, fummo in grado di rintracciarne il proprietario. Questi tornò con la memoria fino a quel giorno: Myers stava cercando Walter, ma dovette chiedere al proprietario chi dei vari neri presenti nel negozio fosse Walter McMillian. Quell'uomo era assolutamente certo che Myers non avesse mai visto McMillian prima di allora, e tutto questo avveniva mesi dopo l'assassinio.

Nella cantina di una chiesa, la sorella di Walter trovò dei volantini che pubblicizzavano la festa a base di pesce fritto presso la casa dei McMillian; erano la conferma che l'evento aveva avuto luogo proprio il giorno dell'omicidio Morrison. Un bianco, proprietario di un negozio e che non aveva alcuna relazione né con Walter né con la sua famiglia, aveva per qualche motivo conservato una copia di quel volantino e confermò di averlo ricevuto prima dell'assassinio di Ronda Morrison. Rintracciammo pure Clay Kast, il meccanico bianco che aveva modificato il camion di Walter ribassandone l'assetto. Da lui avemmo conferma che il lavoro era stato fatto sei mesi *dopo* che Ronda Morrison era stata uccisa. Questo dimostrava che il furgone di McMillian non aveva subito cambiamenti o modifiche particolari, per cui non poteva essere il camion descritto da Myers e Hooks al processo.

Ero molto soddisfatto dei progressi che stavamo compiendo, quando ricevetti una telefonata che sarebbe divenuta la svolta decisiva in questo caso.

La voce al ricevitore disse: «Signor Stevenson, sono Ralph Myers».

La nostra segretaria mi aveva annunciato che in linea c'era un certo «Signor Miles», perciò rimasi un po' scioccato nel sentire Ralph Myers all'altro capo del telefono. Prima che potessi ricompormi, lui riprese a parlare.

«Credo lei debba venirmi a trovare. C'è qualcosa che devo comunicarle», disse in tono drammatico.

Myers era stato incarcerato presso l'Istituto correzionale di St. Clair, a Springville in Alabama, e io e Michael decidemmo di andare a incontrarlo tre giorni dopo.

Entrambi avevamo preso l'abitudine di correre per qualche chilometro alla sera, finito il lavoro, per cercare di rilassarci dopo le giornate in ufficio sempre più lunghe. Montgomery possiede un bellissimo parco in cui si tiene lo Shakespeare Festival dell'Alabama, che richiama in questo Stato attori e drammaturghi di fama nazionale per mettere in scena produzioni teatrali shakespeariane e moderne. Il teatro si trova in mezzo a centinaia di acri di un parco curato benissimo, con stagni e laghetti e diversi sentieri per correre. Quella sera, la maggior parte della nostra corsa la passammo cercando di immaginare che cosa volesse dirci Myers.

«Perché Myers ci ha chiamati adesso?», chiese Michael. «Tu riesci a immaginarti di andare in tribunale e, davvero, inventarti una storia che spedisce un innocente nel braccio della morte? Credo che non potremo fidarci di nulla di tutto quello che ci dirà».

«Sì, forse hai ragione, ma nel mettere insieme quella testimonianza è stato aiutato parecchio. Ricordati che nel braccio della morte avevano spedito anche Myers per costringerlo a rilasciare alcune di queste dichiarazioni. Chissà? Adesso potrebbe essere in contatto con l'accusa e questa potrebbe essere una trappola per cercare di portarci su una falsa pista».

Fino alla nostra corsa di quella sera non avevo seriamente considerato questa possibilità. Ripensai a quanto Myers fosse stato miserabile durante il processo. «Dobbiamo fare attenzione a non fornire informazioni a Myers, ma solo a prendere quelle che lui ha in suo possesso. Però dobbiamo parlare con lui, perché, se dovesse ritrattare la propria testimonianza al processo, l'accusa non avrebbe più nulla contro Walter».

Convenimmo sul fatto che, a seconda di quel che aveva da dire, Myers poteva cambiare tutto per noi. Avevamo fatto molto per smentire la testimonianza di Bill Hooks; con l'entrata in scena di Darnell Houston, la nuova prova sulle condizioni del camion di Walter e la scoperta dell'aiuto che le forze dell'ordine avevano fornito a Hooks, adesso la testimonianza di quest'ultimo era incrinata da molti dubbi di credibilità. Tuttavia, ottenere una ritrattazione da Myers sarebbe stato un colpo ben più decisivo. Le accuse e la testimonianza bizzarre di Myers erano la base su cui poggiava l'intero caso messo su dall'accusa.

Avendo letto la testimonianza di Myers e riesaminato i documenti disponibili sul suo conto, sapevo che arrivava da un passato tragico e che aveva una personalità complessa. Walter e la sua famiglia lo avevano descritto come il male puro per via delle bugie che aveva raccontato durante il procedimento penale. Per Walter, uno degli aspetti più inquietanti del processo era stato l'essere calunniato così freddamente in un tribunale da qualcuno che neppure conosceva. L'indomani, quando mi chiamò in ufficio, riferii a Walter la telefonata di Myers e che saremmo andati da lui per sentire che cosa avesse da dirci. Walter mi mise in guarda: «È un serpente. Stai attento».

Io e Michael guidammo per due ore per raggiungere il carcere statale di Springville, nella Contea di St. Clair. Il penitenziario si trova in una zona rurale a nordest di Birmingham, lì dove il territorio dell'Alabama inizia a farsi roccioso e irto di monti. Per quanto quel carcere di massima sicurezza fosse una costruzione più recente rispetto a Holman o Donaldson, gli altri due penitenziari dell'Alabama, nessuno avrebbe definito il St. Clair una struttura moderna. Michael e io passammo i controlli di sicurezza all'ingresso del carcere; la guardia che ci ispezionò tastandoci disse che lavorava lì da tre mesi e che quella era la prima visita legale che capitava durante il suo turno. Ci fecero percorrere un lungo corridoio che conduceva a una rampa di scale dalla quale accedemmo ancora più all'interno del penitenziario. Attraverso varie porte di sicurezza in metallo fummo introdotti nell'ampia sala che fungeva da area per le visite. Era una stanza tipica nel suo genere: contro le pareti sul fondo c'erano dei distributori automatici, mentre dei piccoli tavoli rettangolari permettevano ai detenuti di incontrare i propri cari. La familiarità dell'ambiente non servì molto a calmarci. Sia io che Michael depositammo su un tavolo le nostre penne e i nostri taccuini, dopodiché ci mettemmo a percorrere la stanza in attesa di Myers.

Quando fece il suo ingresso nella sala delle visite, fui sorpreso nel vedere quanto quell'uomo apparisse anziano. I suoi capelli erano pressoché bianchi, il che gli conferiva un aspetto fragile e vulnerabile. Inoltre, era anche più basso e con una corporatura decisamente più piccola di quanto mi aspettassi. La sua testimonianza aveva causato un tale tormento a Walter e alla sua famiglia che di lui mi ero creato un'immagine sproporzionata. Ci venne incontro, ma non appena vide Michael si fermò e d'impulso disse nervoso: «Lui chi è? Non mi aveva detto che sarebbe venuto con qualcuno». Myers aveva un pesante accento del Sud. Visto da vicino, le sue cicatrici gli davano un aspetto più compassionevole che minaccioso o malvagio.

«Questo è Michael O'Connor. È un avvocato del mio ufficio che lavora con me a questo caso. Michael mi sta semplicemente aiutando a indagare su questa vicenda».

«Be', mi hanno detto che potevo fidarmi di lei. Di lui non so nulla».

«Le assicuro che è a posto». Lanciai rapidamente un'occhiata a Michael, che faceva del suo meglio per apparire degno di fiducia, dopodiché tornai a Myers. «Prego, si accomodi».

Guardò con scetticismo Michael e poi, lentamente, si mise a sedere. Il mio piano era quello di provare a metterlo a proprio agio mentre conversavamo, facendogli sapere che volevamo semplicemente conoscere la verità. Ma prima ancora che potessi dire qualcosa, Myers fornì subito una ritrattazione completa della propria testimoniata al processo.

«Ho mentito. Tutto quello che ho detto al processo riguardo a McMillian era una bugia. Ci ho perso il sonno e ho sofferto parecchio. Non posso più stare zitto».

«La testimonianza che ha fornito al processo contro Walter McMillian era una bugia?», chiesi cautamente.

Il cuore mi batteva, ma cercai di restare più calmo possibile. Temevo che, se fossi sembrato troppo eccitato o troppo sorpreso – o troppo *qualsiasi cosa* –, lui avrebbe potuto ritrattare.

«È stata tutta una bugia. Quel che sto per dirle la lascerà senza parole, signor Stevenson».

Mi fissò con uno sguardo drammatico, dopodiché si voltò verso Michael.

«Anche tu, Jimmy Connors». Non occorsero molti colloqui con Ralph perché ci rendessimo conto che aveva problemi a ricordare i nomi.

«Signor Myers, lo sa che non mi accontenterò che dica solo a me la verità, ma vorrò che la racconti pure alla corte. È intenzionato a farlo?».

Forzare subito così la mano creò in me della tensione, ma dovevo essere chiaro. Non volevo uno spettacolo privato.

«È per questo che l'ho chiamata». Sembrò sorpreso che potessero esserci dubbi sulle sue intenzioni. «Qui ho partecipato a una terapia di gruppo. Per farla si deve essere pienamente onesti. Abbiamo parlato di onestà per quasi tre mesi. La settimana scorsa gli altri raccontavano tutte le merdate che hanno vissuto da bambini e tutte le cose brutte che hanno fatto».

Mentre parlava, Myers diventava sempre più veloce.

«Alla fine ho detto al gruppo: "Be', io posso battervi tutti, figli di puttana: ho sbattuto un dannato uomo nel braccio della morte mentendo in un maledetto processo"».

Si fermò con un gesto plateale.

«Dopo aver detto a ognuno di loro quello che avevo fatto, tutti mi dicevano che dovevo mettere a posto le cose. Ed è quello che sto cercando di fare». Fece di nuovo una pausa per darmi modo di comprendere appieno ogni parola. «Ehi, volete comprarmi una dannata bibita oppure dovrò stare semplicemente seduto qui, tutto il giorno, a guardare quelle maledette macchinette e intanto aprirmi completamente con voi?». Da quando eravamo insieme fu la prima volta che sorrise. Michael saltò in piedi e andò a comprargli una bevanda.

«Ehi Jimmy, una Sunkist Orange, se ce l'hanno».

Per più di due ore, io feci le domande e Ralph diede le

risposte. Alla fine, mi lasciò effettivamente senza parole. Ci raccontò di come lo sceriffo e l'Alabama Bureau of Investigation lo avessero minacciato con la pena di morte se non avesse testimoniato contro McMillian. Accusò i pubblici ufficiali di corruzione, parlò del suo coinvolgimento nell'omicidio Pittman e rivelò i suoi precedenti tentativi di ritrattare. Infine, ammise di non aver mai saputo nulla dell'omicidio Morrison, di non avere la più pallida idea di che cosa fosse successo alla ragazza e di non avere proprio alcun indizio in merito a quel crimine. Disse di aver raccontato a un mucchio di gente – a cominciare dal procuratore distrettuale e così via – di essere stato costretto a testimoniare il falso contro Walter. Volendo prendere per vera anche solo la metà di quello che stava raccontando, nel caso di Walter erano coinvolte parecchie persone e tutte, per bocca del suo unico accusatore, sapevano che McMillian non aveva avuto nulla a che fare con l'omicidio di Ronda Morrison.

Ralph era alla sua terza Sunkist Orange quando interruppe il flusso delle proprie confessioni, si sporse in avanti e ci fece cenno di avvicinarci. Parlò a me e a Michael sussurrando.

«Lo sapete che tenteranno di uccidervi se proverete davvero ad arrivare fino in fondo».

Avremmo poi imparato che Ralph non era capace di concludere un incontro senza lanciare alla fine qualche intuizione, osservazione o previsione drammatica. Lo rassicurai che avremmo fatto attenzione.

Rientrando a Montgomery, io e Michael discutemmo su quanto potessimo fidarci di Myers. Tutto quello che ci aveva detto sul caso McMillian era perfettamente sensato. La storia da lui raccontata al processo era talmente improbabile che era facile credere che fosse stato costretto a testimoniare il falso. Più difficile da valutare era invece tutto il racconto sulla corruzione che lui sembrava intenzionato a denunciare. Myers sosteneva di aver commesso l'omicidio di Vickie Pittman per ordine di un altro sceriffo locale; ci descrisse una cospirazione di vaste proporzioni che coinvolgeva la polizia, lo spaccio di droga e il riciclaggio di denaro. Non era nient'altro che pura invenzione.

Passammo intere settimane a seguire le piste forniteci da Myers. Aveva ammesso di non aver mai incontrato Walter e di aver saputo della sua esistenza solo attraverso Karen Kelly. Inoltre, aveva confermato di aver trascorso del tempo con la donna e che lei era coinvolta nell'omicidio Pittman. Decidemmo dunque di confermare la sua versione direttamente con Karen Kelly, ora detenuta nel carcere femminile di Tutwiler, dove stava scontando una condanna a dieci anni per l'assassinio della Pittman. Tutwiler è una delle più antiche prigioni dello Stato e l'unico carcere statale femminile dell'Alabama. Rispetto ai penitenziari maschili ha molte meno restrizioni di sicurezza. Al nostro arrivo, davanti ai cancelli, io e Michael riuscivamo a scorgere le detenute che si aggiravano fuori dall'ingresso del carcere senza che vi fosse qualche guardia in vista. Le donne ci guardarono con attenzione per poi accoglierci con sorrisi carichi di curiosità. Prima di attraversare la cancellata di sbarre che immetteva nel corpo principale del carcere, nell'atrio fummo sottoposti a una perquisizione molto sommaria da parte di un agente maschio. Ci dissero di attendere Karen Kelly in una stanza molto piccola, in cui vi era solo un tavolo quadrato.

La Kelly era una donna slanciata, di circa trentacinque anni, ed entrò nella stanza senza manette né alcun vincolo. Sembrava sorprendentemente a proprio agio, mi strinse la mano sicura di sé e poi salutò Michael con un cenno del capo. Aveva addosso del trucco, compreso un ombretto di un verde vistoso sugli occhi. Si mise a sedere, dopodiché annunciò che Walter era stato incastrato e che era contenta di poterlo dire finalmente a qualcuno. Non appena cominciammo a porle le nostre domande, confermò subito che Myers non aveva conosciuto Walter prima dell'omicidio Morrison.

«Ralph è un pazzo. Credeva di potersi fidare di quei poliziotti corrotti e ha lasciato che gli parlassero dicendo che era coinvolto in un crimine di cui non sapeva proprio nulla. Ha già fatto tanto di quel male che non c'era bisogno che se ne andasse in giro a inventare storie».

Sebbene all'inizio della nostra intervista fosse calma, man mano che si addentrava nei dettagli degli eventi che riguardavano il caso divenne sempre più preda dell'emozione. Scoppiò a piangere più di una volta. Parlò con rimorso di come la sua vita fosse finita fuori controllo dopo che aveva cominciato ad assumere droghe.

«Non sono una brutta persona, ma ho fatto delle scelte davvero stupide e sbagliate».

Soprattutto, a turbarla era il fatto che Walter si trovasse nel braccio della morte.

«Mi sento di essere stata io la causa per cui lui è finito in prigione. Lui non è il genere di persona in grado di uccidere qualcuno, io questo lo so». Dopodiché il suo tono si fece amaro. «Io ho commesso molti sbagli, ma quella gente dovrebbe vergognarsi. Hanno fatto tanto male quanto ne ho fatto io. Lo sceriffo Tate aveva in mente solo una cosa. Continuava a ripetere: "Perché vuoi andare a letto coi negri? Perché vuoi andare a letto coi negri?". È stata una cosa spregevole, e lui è un essere spregevole». Fece una pausa e volse in giù lo sguardo, verso le proprie mani. «Ma anche io sono spregevole. Guardate che cosa ho fatto», disse mestamente.

Dopo la nostra visita, cominciai a ricevere delle lettere da Karen Kelly. Voleva che comunicassi a Walter quanto fosse dispiaciuta per quel che gli era accaduto. Disse di tenere ancora molto a lui. Oltre a confermare che Ralph non aveva mai incontrato Walter, non era chiaro che cosa potessimo aspettarci da Karen nel caso in cui avessimo ottenuto una nuova udienza in tribunale. Era evidente che considerava Walter il tipo di persona che non avrebbe mai commesso un omicidio violento, e questo era coerente con l'opinione di tutti quelli che lo conoscevano. Lei però non aveva avuto molto a che fare con la polizia per l'omicidio di Ronda Morrison, perciò, a parte poter mostrare quanto gli agenti fossero irritati dalla sua relazione con Walter, non aveva informazioni utili a evidenziarne il cattivo operato.

Io e Michael decidemmo di dedicare più tempo a investigare sul caso Pittman; eravamo convinti che ci potesse fornire qualche spunto in merito alle pressioni esercitate su Myers. Siccome prima del processo Ralph aveva ritrattato le proprie accuse contro Walter, eravamo consapevoli che l'accusa avrebbe potuto non essere del tutto sorpresa di sentirlo negare il coinvolgimento di McMillian nell'omicidio. Per confermare la verità di quello che ora Myers stava affermando, avevamo bisogno di una prova il più possibile obiettiva. Comprendere il caso Pittman e documentare le altre dichiarazioni di Ralph la cui falsità era dimostrabile avrebbero rafforzato le prove in nostro possesso.

L'omicidio di Vickie Pittman era caduto nell'oblio più completo. I funzionari della Contea di Monroe avevano ridotto le sentenze della Kelly e di Myers in cambio della testimonianza di quest'ultimo contro Walter. Un'altra anomalia era appunto come fossero riusciti a ridurre le sentenze nel caso Pittman, visto che l'omicidio era avvenuto in un'altra contea al di fuori della loro giurisdizione. Myers insisteva a dire che nell'assassinio fossero coinvolte altre persone oltre a lui e alla Kelly, compreso uno sceriffo locale corrotto. Restavano ancora aperti gli interrogativi sul perché Vickie Pittman fosse stata uccisa. Ralph ci disse che la sua morte era legata a debiti di droga e al fatto che la donna minacciava di denunciare la corruzione.

Stando ad alcuni dei primi rapporti della polizia, avevamo appreso che Vic Pittman, il padre di Vickie, era stato inserito nella rosa dei sospettati per l'omicidio. Vickie Pittman aveva due zie, Mozelle e Onzelle, che in cerca disperata di risposte ai quesiti attorno alla morte della nipote avevano raccolto informazioni. Le contattammo nella remota possibilità che volessero parlare con noi e fummo stupiti quando, con entusiasmo, accettarono di incontrarci.

Mozelle e Onzelle erano sorelle gemelle, nonché due chiacchierone dal linguaggio colorito e categorico, che potevano anche essere dirette in maniera sferzante. Queste due donne di campagna, bianche e di mezza età, trascorrevano così tanto tempo insieme che ormai riuscivano a concludere l'una le frasi dell'altra senza nemmeno dare l'impressione di accorgersene. Si definivano due «dure di campagna» e si presentavano come delle impavide e inarrestabili che non si lasciavano intimidire.

«Giusto perché lo sappia: noi abbiamo delle armi, perciò quando verrà non porti con sé guai». Fu questo l'ultimo avvertimento che mi diede Mozelle la prima volta che parlammo, dopodiché riattaccai il telefono.

Io e Michael ci mettemmo in viaggio verso la Contea di Escambia, in una zona rurale, dove fummo accolti dalle due gemelle. Ci invitarono a entrare, facendoci accomodare al tavolo della cucina, e andarono dritte al dunque.

«È stato il vostro cliente a uccidere la nostra piccola?», mi chiese senza mezzi termini Mozelle.

«No, signora, credo sinceramente che non sia stato lui».

«Sapete chi l'ha fatto?».

Feci un sospiro. «Be', non del tutto. Abbiamo parlato con Ralph Myers e riteniamo che lui e Karen Kelly fossero coinvolti, ma Myers insiste nel dire che erano implicate anche altre persone».

Mozelle lanciò uno sguardo a Onzelle e si appoggiò allo schienale.

«Noi sappiamo che ci sono più persone coinvolte», disse Onzelle. Le sorelle diedero voce ai propri sospetti sul fratello e sulle forze di polizia locali, ma si lamentarono del fatto che il pubblico ministero non avesse avuto rispetto per loro e che le avesse ignorate. (Vic Pittman non fu mai accusato formalmente dell'omicidio). Dissero di essere state mandate via persino dal gruppo organizzato dallo Stato per i diritti delle vittime.

«Ci hanno trattate come se fossimo immondizia bianca del ceto basso. Di noi a loro non poteva fregare di meno». Mozelle lanciò un'occhiata furiosa e disse: «Credevo che le vittime venissero trattate meglio. Credevo che avremmo avuto un po' di voce in capitolo».

Sebbene le vittime di crimini si fossero lamentate a lungo del trattamento riservato loro dal sistema giudiziario penale, fu solo negli anni Ottanta del Novecento che si fece strada un nuovo movimento nato da una maggiore sensibilità per la situazione delle vittime di crimini e dei loro familiari. Il problema però era che non tutte le vittime di un crimine ricevevano lo stesso trattamento.

Cinquanta anni fa, nel sistema giudiziario penale degli Stati Uniti era predominante il concetto secondo cui, quando un imputato commette un crimine violento, tutti i membri di una comunità diventano le vittime. La parte che persegue un imputato penale viene chiamata "lo Stato" o "il Popolo", oppure "il Commonwealth", perché quando qualcuno viene assassinato, stuprato, derubato o assalito, viene commesso un reato contro tutti noi. All'inizio degli anni Ottanta, però, i pubblici ministeri cominciarono a coinvolgere nei processi le singole vittime di un crimine e iniziarono a "personalizzare" queste vittime nel loro modo di esporre il caso. Alcuni Stati autorizzarono i familiari delle vittime a sedersi al banco del pubblico ministero durante il processo[2]. Trentasei Stati emanarono leggi che accordavano ai familiari particolari diritti a partecipare all'iter processuale o a rilasciare delle dichiarazioni in merito all'impatto del crimine sulla vittima[3]. In molti Stati, i pubblici ministeri iniziarono a presentarsi come il legale rappresentante di una particolare vittima anziché delle autorità cittadine.

In una causa per la pena capitale, nel 1987 la Corte Suprema degli Stati Uniti stabilì che era incostituzionale presentare prove inerenti la condizione sociale, il carattere, la reputazione o la famiglia della vittima di un omicidio. Per decenni l'idea predominante era stata che «tutte le vittime sono uguali», il che vuol dire che l'omicidio di un bambino di quattro anni figlio di un genitore abbiente non costituisce un reato più grave dell'assassinio di un bambino il cui genitore è in carcere e neppure dell'omicidio del genitore incarcerato. La Corte vietava ai giurati di ascoltare le dichiarazioni sull'"impatto per la vittima", giacché esse erano eccessivamente istigatrici e introducevano arbitrarietà nel processo di elaborazione delle sentenze capitali. Molti critici sostennero che simili prove avrebbero finito per indebolire le vittime economicamente svantaggiate, quelle appartenenti a minoranze razziali e i familiari che non disponevano delle risorse per difendere i propri cari deceduti. La Corte fu concorde, dichiarando illegittimo questo genere di prove nella sentenza *Booth contro lo Stato del Maryland*[4].

Tuttavia, la decisione della Corte fu ampiamente criticata dai pubblici ministeri e da alcuni politici, e inoltre sembrò dare nuovo vigore al movimento per i diritti delle vittime[5]. Meno di tre anni dopo quindi, nel caso *Payne contro lo Stato del Tennessee*, la Corte ribaltò la sua stessa sentenza e confermò il diritto degli Stati di presentare prove riguardanti il carattere della vittima in un processo per la pena di morte.

Ora che la Corte Suprema aveva dato il proprio benestare costituzionale a un ruolo maggiormente visibile e tutelato per le singole vittime in seno all'iter giudiziario penale, i cambiamenti nel processo della giustizia penale americana non fecero che accelerare. In ogni Stato, vennero elargiti milioni di dollari statali e federali per la creazione di gruppi a tutela delle vittime di un crimine. Nel caso di crimini particolari, gli Stati trovarono svariati modi per consentire alle singole vittime di partecipare al processo e di prendere decisioni[6]. I difensori delle vittime furono aggiunti alle commissioni per la concessione della libertà condizionale e nella maggior parte degli Stati venne loro ascritto un ruolo formale negli uffici della pubblica accusa, sia per quella locale che per quella dello Stato. I servizi e l'assistenza alle vittime divennero parte integrante della funzione esercitata dal pubblico ministero. Alcuni Stati organizzarono le esecuzioni avendo più premure per le vittime e consentendo a un numero maggiore dei loro familiari di assistere all'uccisione del condannato[7].

I Parlamenti dei vari Stati emanarono nuove pene dure per i crimini, assegnando alle leggi il nome di particolari vittime. La *Megan's Law* per esempio, che aumentava i poteri dello Stato per la creazione di pubblici registri dei molestatori sessuali, prese il nome da Megan Kanka, una bambina di sette anni che era stata violentata e uccisa da un uomo già condannato per molestie sui minori[8]. Anziché una pubblica accusa o una comunità impersonali, durante i processi furono fatte comparire le vittime dei crimini e le cause penali assunsero la dinamica di un processo civile tradizionale, in cui i familiari della vittima si confrontavano con l'imputato. La copertura mediatica enfatizzava esageratamente la natura personale del conflitto tra un imputato e una determinata vittima[9]. Così facendo, si è venuto quindi a creare un nuovo modo di perseguire penalmente, soprattutto per le cause di grande risonanza, in cui le emozioni, i punti di vista e le opinioni delle vittime assumono un ruolo rilevante su come verranno gestite le azioni penali.

Tuttavia, come Mozelle e Onzelle ebbero modo di scoprire, porre l'attenzione sulla condizione sociale della vittima divenne per il sistema giudiziario penale un altro mezzo con cui svantaggiare determinati soggetti. Le vittime povere e appartenenti a minoranze dovettero andare incontro a una vittimizzazione ulteriore da parte del sistema stesso. La sentenza della Corte Suprema nel caso *Payne* giunse poco dopo il parere espresso dalla medesima Corte nella causa *McCleskey contro Kemp*, un caso che offriva evidenze empiriche persuasive in merito al fatto che, negli Stati Uniti, è la razza della vittima il fattore che più di ogni altro anticipa chi sarà condannato alla pena capitale. Lo studio condotto per quel caso dimostrò che, in Georgia, le probabilità che gli imputati fossero condannati alla pena di morte erano undici volte maggiori se la vittima era un bianco anziché un nero[10]. Queste conclusioni furono le medesime in ognuno degli Stati in cui vennero condotti degli studi sulla razza e sulla pena di morte. In Alabama, quantunque il 65 per cento del totale delle vittime di omicidio fosse nera, quasi l'80 per cento dei detenuti nel braccio della morte era lì rinchiuso per crimini contro dei bianchi[11]. La combinazione di un imputato nero e di una vittima bianca finì per far crescere ancora di più le probabilità di una condanna alla pena capitale[12].

Molte vittime povere o appartenenti alle minoranze lamentavano il fatto di non ricevere chiamate o il sostegno da parte della polizia locale e dei pubblici ministeri. Molte di loro non venivano coinvolte nelle discussioni in merito all'ammissibilità di una richiesta di patteggiamento o a quale sentenza fosse opportuna. Le famiglie un cui parente era stato assassinato o che dovevano affrontare il tormento di uno stupro o di un'aggressione grave potevano non essere riconosciute in quanto vittime qualora, tra i loro membri, vi fossero dei detenuti. In definitiva, l'estensione dei diritti delle vittime ufficializzò quella che da sempre era stata la realtà dei fatti: alcune vittime sono tenute in maggior considerazione e più tutelate di altre.

Più di ogni altra cosa, quel che sconcertava Mozelle e Onzelle era la mancanza di interesse e reattività da parte della polizia, dei pubblici ministeri e di chi forniva servizi alle vittime. «Voi siete le prime due persone che vengono a casa nostra e passano del tempo a parlare con noi di Vickie», ci disse Onzelle. Dopo aver dato ascolto per quasi tre ore alle loro riflessioni strazianti, promettemmo di fare il possibile per scoprire chi altri fosse coinvolto nella morte della nipote.

Eravamo ormai prossimi al punto in cui, non avendo accesso ai documenti e ai fascicoli della polizia, non saremmo più stati in grado di compiere progressi ulteriori. Dal momento che adesso il caso doveva essere discusso in appello diretto, la pubblica accusa non era tenuta a lasciarci consultare quei documenti e fascicoli. Per questa ragione, decidemmo di presentare quella che è conosciuta come la richiesta in base alla Norma 32, che ci avrebbe portati nuovamente in un tribunale di prima istanza, con la possibilità di presentare nuove prove e di ottenere l'accesso ai documenti, inclusi i fascicoli dell'accusa.

Per muovere un'istanza in accordo con la Norma 32 è necessario accludere delle dichiarazioni che non erano già state presentate durante il processo o in appello e che non potevano essere fornite in tali sedi. Sono lo strumento con cui contestare una condanna in ragione di una difesa inefficiente, della mancata rivelazione di prove da parte dell'accusa e, cosa più importante, della presenza di nuove prove di innocenza. Michael e io preparammo insieme un'istanza in cui venivano asserite tutte queste motivazioni, compreso il cattivo operato della polizia e della pubblica accusa, dopodiché la depositammo presso il Tribunale distrettuale della Contea di Monroe.

Il documento, in cui si asseriva che Walter McMillian era stato ingiustamente processato, erroneamente dichiarato colpevole e illegalmente condannato, destò grande scalpore a Monroeville. Erano trascorsi tre anni dal processo. La prima conferma in appello della colpevolezza di Walter era stata riportata su tutta la stampa della comunità e per la maggior parte della gente la responsabilità di Walter era ormai un fatto assodato. Restava solo da attendere la data dell'esecuzione. Il giudice Key era andato in pensione e nessuno tra i nuovi giudici della Contea di Monroe sembrava intenzionato a mettere mano alla nostra istanza, per cui venne trasferita nuovamente nella Contea di Baldwin, in base al principio che un appello post-condanna debba essere discusso nella stessa contea in cui si è svolto il processo iniziale. Per noi questo non aveva granché senso, visto che il primo giudizio era stato presieduto da un giudice della Contea di Monroe, ma c'era ben poco che potessimo fare.

Con nostra sorpresa, la Corte Suprema dell'Alabama fu d'accordo nel sospendere il nostro processo di appello diretto, di modo che la richiesta in base alla Norma 32 potesse avere seguito. La norma generale prevedeva infatti che, per poter intraprendere un appello collaterale post-condanna avvalendosi della Norma 32, prima dovesse essersi concluso l'appello diretto. Sospendendo la causa, la Corte Suprema dell'Alabama aveva dunque segnalato che c'era qualcosa di anomalo nel caso di Walter e tale da rendere legittimo un riesame ulteriore nei tribunali di grado inferiore. Il Tribunale distrettuale della Contea di Baldwin era ora obbligato a riesaminare il nostro caso e poteva essere costretto ad accogliere le nostre richieste di esibizione dei documenti, imponendo quindi l'accesso a tutti i fascicoli della polizia e della pubblica accusa. Questo fu uno sviluppo davvero positivo.

Dovevamo incontrare nuovamente il procuratore distrettuale, Tom Chapman, ma stavolta ci saremmo andati armati di un'ordinanza della corte per la consegna dei dossier della polizia e del pubblico ministero. Inoltre, avremmo finalmente incontrato di persona i pubblici ufficiali coinvolti nell'incriminazione di Walter: l'investigatore del procuratore distrettuale, Larry Ikner, l'agente Simon Benson dell'Alabama Bureau of Investigation e lo sceriffo Tom Tate.

Chapman ci propose di andare nel suo ufficio presso il tribunale della Contea di Monroe, così che i suddetti pubblici ufficiali potessero consegnarci tutti insieme i loro fascicoli. Non ponemmo obiezioni. Una volta arrivati, li trovammo già lì. Tate era un bianco, alto e corpulento, e si era presentato all'incontro in stivali, jeans e camicia. Ikner era un altro bianco sui quarantacinque anni, vestito allo stesso modo. Nessuno dei due sorrideva molto: accolsero me e Michael con quella curiosità piena di sconcerto a cui ormai stavo facendo l'abitudine. Sapevano che li stavamo accusando di negligenza professionale, ma per la maggior parte del tempo furono cortesi. A un certo punto, Tate disse a Michael di aver capito da subito, appena l'aveva visto, che lui era «uno Yankee».

Michael sorrise e rispose: «Be', in realtà, io sono un Nittany Lion».

La battuta cadde nel silenzio della stanza.

Imperterrito, Michael continuò dicendo: «Io sono andato alla Penn State. La mascotte della Penn State è...».

«Nel '78 vi abbiamo fatto il culo». Tate espresse il proprio commento come se avesse appena vinto alla lotteria. La Penn State e l'Università dell'Alabama erano state rivali nel football durante gli anni Settanta del secolo scorso, quando entrambi gli atenei avevano avuto ottimi programmi e allenatori leggendari: Bear Bryant all'Alabama e Joe Paterno alla Penn State. La squadra dell'Alabama aveva battuto 14 a 7 quella della Penn State, che era prima in classifica, aggiudicandosi quindi il campionato nazionale del 1978.

Michael, che al college era stato un tifoso di football sfegatato, nonché un devoto di "JoePa", mi guardò come per chiedermi tacitamente il permesso di ribattere d'impulso. Io, con uno sguardo, lo invitai alla cautela; con mio grande sollievo, sembrò comprendere.

«Quanto vi paga "Johnny D"?», chiese Tate, usando il soprannome con cui Walter veniva chiamato dai suoi familiari e amici.

«Noi lavoriamo a titolo gratuito. Non chiediamo nulla alle persone per le quali lavoriamo», dissi il più tranquillamente e cortesemente possibile.

«Be', riceverete denaro da qualche parte per svolgere quello che fate».

Io decisi di lasciar correre e di andare oltre.

«Pensavo che sarebbe una buona idea se firmaste una carta in cui viene dichiarato che questi fascicoli sono tutto quanto è in vostro possesso su questo caso. Possiamo fare un elenco di quello che ci state passando e poi firmare il tutto?».

«Non c'è bisogno che facciamo nulla di così formale, Bryan. Questi sono ufficiali del tribunale, proprio come me e te. Dovresti limitarti a prendere i fascicoli», disse Chapman chiaramente sulla scorta dell'irritazione suscitata in Tate e Ikner dalla mia proposta.

«Be', potrebbero esserci dei fascicoli che, inavvertitamente, potrebbero essere stati dimenticati oppure dei documenti accantonati. Sto solo cercando di attestare che quel che abbiamo ricevuto è ciò che ci avete consegnato: lo stesso numero di pagine, la stessa intestazione dei faldoni contenenti i fascicoli ecc. Non sto mettendo in dubbio l'integrità di nessuno».

«Col cavolo che non l'hai fatto», fu la risposta senza mezzi termini di Tate, che rivolse il proprio sguardo verso Chapman: «Possiamo firmare qualcosa che confermi quello che gli abbiamo dato. Credo che un simile registro potrebbe essere molto più utile a noi che a lui».

Chapman fece un segno di assenso con il capo. Ottenuti i fascicoli, lasciammo Monroeville pieni di eccitazione per quello che avremmo potuto scoprire tra le centinaia di pagine di documenti che avevamo ricevuto. Tornati a Montgomery, iniziammo a esaminare tutto con ansia, e non solo i fascicoli della polizia e della pubblica accusa. Grazie all'ordinanza di consegna ottenuta dal tribunale, eravamo in grado di mettere insieme i documenti del Taylor Hardin, la struttura per la salute mentale in cui Myers era stato mandato dopo il suo primo rifiuto di testimoniare. Da Simon Benson, l'unico agente nero dell'ABI nel Sud dell'Alabama – come ebbe modo di dirci lui stesso con orgoglio –, ricevemmo anche il fascicolo dell'Alabama Bureau of Investigation. Ottenemmo pure gli incarti del Dipartimento di polizia urbana di Monroeville e altri fascicoli della città. Inoltre, entrammo in possesso dei documenti della Contea di Escambia e dei reperti dell'omicidio di Vickie Pittman. Tutti questi fascicoli si rivelarono sorprendenti.

Saremo stati forse influenzati dal dolore di Mozelle e Onzelle, oppure spinti dalle complicate cospirazioni descritte da Ralph Myers, ma ben presto iniziammo a nutrire dubbi su alcuni funzionari delle forze dell'ordine i cui nomi continuavano a saltare fuori nell'omicidio Pittman. Decidemmo persino di riferire all'FBI alcune cose che avevamo appreso.

Non passò molto tempo prima che scoppiassero gli allarmi bomba.

8
Tutti figli di Dio

Lacrime non versate

Immaginate delle lacrime rimaste non versate
Imbrigliate dentro dal dolore
In attesa di sfuggire
Attraverso le finestre dei vostri occhi.

«Perché non ci lasci scorrere?»,
Chiesero le lacrime alla coscienza,
«Abbandona i tuoi dubbi e timori
E nel farlo guarisci te stesso».

La coscienza disse alle lacrime:
«Lo so che vorreste tanto che io piangessi
Ma se sciogliessi i vostri vincoli,
Ottenendo la libertà voi morireste».

Le lacrime ci meditarono sopra
Prima di dare alla coscienza una risposta:
«Se piangere conduce al trionfo
Allora morire non è poi una grande tragedia».

Ian E. Manuel, Union Correctional Institution

Trina Garnett era la più giovane di dodici figli che vivevano nel quartiere più povero di Chester, in Pennsylvania, una cittadina economicamente depressa nei sobborghi di Philadelphia. Qui, il tasso incredibilmente elevato di povertà, criminalità e disoccupazione si univa al peggior sistema di istruzione pubblica tra i 501 distretti di quello Stato[1]. Quasi il 46 per cento dei ragazzini della città vivevano sotto la soglia di povertà su scala federale[2].

Il padre di Trina, Walter Garnett, era un ex pugile che dopo il fallimento della propria carriera era diventato un alcolista brutale e violento, ben noto alla polizia locale per la facilità con cui era incline a sferrare pugni. Dopo aver partorito così tanti figli, alcuni dei quali erano stati concepiti durante gli stupri compiuti dal marito, la salute di Edith Garnett, la madre di Trina, era ormai minata. Man mano che invecchiava e i suoi acciacchi peggioravano, sempre più la donna diventava il bersaglio della furia di Walter. Quest'ultimo le infliggeva regolarmente calci, pugni e insulti verbali di fronte ai figli. Spesso superava il limite, strappandole i vestiti di dosso e picchiandola finché la donna non si contorceva a terra in preda al dolore, mentre i ragazzi assistevano terrorizzati. Quando perdeva coscienza durante i pestaggi, Walter le infilava un bastoncino in gola per rianimarla e picchiarla nuovamente. Nulla era al sicuro in casa Garnett. Una volta, Trina assistette allo strangolamento del suo cagnolino da parte del padre poiché non la smetteva di abbaiare. Lui picchiò a morte l'animale con un martello e ne gettò via dalla finestra il corpo esanime.

Trina aveva due sorelle gemelle, Lynn e Lynda, più grandi di lei di un anno. Quando era piccola, furono loro a insegnarle a giocare a "invisibile" per proteggersi dal padre ogni volta che, ubriaco, si aggirava per l'appartamento con la cintura in mano, pronto a spogliare i figli e a malmenarli a casaccio. A Trina fu insegnato come nascondersi sotto il letto o in un armadio e a rimanere il più possibile in silenzio.

Ben presto, la ragazzina aveva dato segni di handicap mentali e altre problematiche. Quando era molto piccola, si era ammalata seriamente dopo aver ingerito del fluido per accendini una volta in cui era stata lasciata senza sorveglianza. A cinque anni per sbaglio si diede fuoco, procurandosi gravi ustioni sul petto, sullo stomaco e sulla schiena. Dovette passare settimane in ospedale, sopportando trapianti di pelle molto dolorosi che le lasciarono cicatrici profonde.

Edith morì quando Trina aveva solo nove anni. Le sorelle più gradi cercarono di prendersi cura di lei, ma quando Walter cominciò ad abusare di loro sessualmente, queste fuggirono via. Andate via di casa le sorelle maggiori, gli abusi di Walter si concentrarono su Trina, Lynn e Lynda. Le ragazze scapparono di casa e iniziarono a vagare per le strade di Chester. Trina e le sorelle mangiavano quel che trovavano nei cassonetti della spazzatura e a volte restavano digiune per giorni. Dormivano nei parchi e nei bagni pubblici. Andarono a stare da Edy, la sorella maggiore, finché anche suo marito non cominciò ad abusare di loro. Talvolta trovavano rifugio presso i fratelli maggiori e le zie, ma la situazione abitativa finiva sempre per essere turbata dalla violenza o dalla morte, per cui Trina si ritrovava ancora una volta a vagabondare per strada.

La scomparsa della madre, gli abusi e tutte le circostanze disperate esacerbarono i problemi di salute mentale ed emotiva della ragazza. In certi casi, la sua disperazione e la sua malattia raggiungevano un livello tale che le sorelle erano costrette a cercare un parente che la portasse in ospedale. Tuttavia, non avendo un soldo, non le fu mai concesso di essere ricoverata abbastanza a lungo per stabilizzarsi e guarire.

In una tarda notte dell'agosto 1976, quando aveva ormai quattordici anni ed era in compagnia di un'amica sedicenne di nome Francis Newsome, Trina si arrampicò alla finestra di una casa abbandonata, a Chester. Le due ragazze volevano parlare con due giovani che vivevano laggiù. La madre dei ragazzi aveva proibito ai figli di giocare con Trina, ma lei voleva vederli. Una volta salita dentro la casa, Trina accese dei fiammiferi per trovare la loro stanza. La casa prese fuoco. Le fiamme si diffusero rapidamente e i due giovani, che stavano dormendo, morirono asfissiati dal fumo. La madre accusò Trina di aver appiccato intenzionalmente il fuoco, ma lei e la sua amica insistettero nel sostenere che si era trattato di un incidente.

Trina rimase scioccata dalla morte dei ragazzi e, quando la polizia la arrestò, riuscì a malapena a parlare. Era talmente incapace di agire e apatica, che il difensore che le era stato assegnato la ritenne incapace di affrontare il processo.

Gli imputati che vengono riconosciuti incapaci non possono essere processati in un procedimento penale mediante contraddittorio, il che significa che la pubblica accusa non può perseguirli a meno che le loro condizioni non migliorino al punto di essere in grado di potersi difendere[3]. Le persone accusate di un reato penale e che devono affrontare un processo hanno diritto a ricevere un certo tipo di servizi e trattamenti. Tuttavia, il difensore di Trina mancò di depositare le istanze opportune e di presentare prove a sostegno dell'incapacità della ragazza. Inoltre l'avvocato, che in seguito fu anche radiato e finì in carcere per condotta illecita per fatti non legati a questa vicenda, non si oppose in alcun modo alla decisione del pubblico ministero di perseguire Trina come un'adulta. Di conseguenza, la giovane fu costretta ad affrontare un giudizio per omicidio di secondo grado in un tribunale ordinario. Durante il processo, Francis Newsome testimoniò contro Trina per ottenere in cambio il ritiro delle accuse contro di lei. La ragazza fu riconosciuta colpevole di omicidio di secondo grado e il giudizio passò alla fase della condanna.

Il giudice distrettuale della Contea di Delaware, Howard Reed, riconobbe che la giovane non aveva intenzione di uccidere. Tuttavia, secondo le leggi della Pennsylvania, nell'emettere la sentenza il giudice non poteva prendere in considerazione la mancanza di intenzionalità. Non poteva tenere conto dell'età di Trina, dei suoi disturbi mentali, della povertà, degli abusi che aveva subito e delle tragiche circostanze legate all'incendio. Le leggi della Pennsylvania per la formulazione di una condanna erano inflessibili: l'unica sentenza possibile per chi veniva riconosciuto colpevole di omicidio di secondo grado era necessariamente l'ergastolo senza possibilità di ottenere la libertà condizionale[4]. Il giudice Reed espresse seri dubbi circa la sentenza che fu obbligato a emettere. «Questo è il caso più triste a cui abbia dovuto assistere», fu la sua annotazione[5]. Trina fu condannata a morire in carcere per un tragico crimine commesso quando aveva quattordici anni[6].

Dopo la sentenza, fu immediatamente trasferita in un carcere femminile per adulti. Trina, ora sedicenne e ancora affetta dal trauma e dalla malattia mentale, nonché profondamente vulnerabile, varcò terrorizzata i cancelli dell'Istituto correzionale dello Stato a Muncy, un penitenziario femminile per adulti, con la consapevolezza che da lì non sarebbe più uscita. Il carcere le risparmiò l'incertezza del vivere senza fissa dimora, ma la pose dinanzi a pericoli e sfide nuovi. Poco dopo essere approdata a Muncy, un agente penitenziario la trascinò in un'area appartata e la violentò.

Il crimine fu scoperto quando Trina rimase incinta.

Come spesso accade, l'agente fu licenziato ma non venne perseguito penalmente. La ragazza rimase in carcere e partorì un maschietto. Come centinaia di altre partorienti nei penitenziari, Trina non era affatto preparata ad affrontare il travaglio del dare alla luce un figlio. Partorì il bambino con i polsi legati al letto. È stato solo nel 2008 che la maggior parte degli Stati ha abbandonato la pratica di tenere incatenate e ammanettate le partorienti[7].

Il figlio di Trina venne strappato alla madre e dato in adozione. Dopo questa serie di eventi (l'incendio, l'incarcerazione, lo stupro, il parto traumatico e infine la sottrazione del bambino), la salute mentale della ragazza peggiorò ulteriormente. Nel corso degli anni, divenne sempre meno reattiva e i suoi disturbi mentali si aggravarono. Il suo corpo iniziò a essere percorso da spasmi e fremiti incontrollati, finché fu costretta a usare un bastone e infine una sedia a rotelle. Quando ebbe compiuto trent'anni, i dottori le diagnosticarono la sclerosi multipla, disabilità intellettive e disturbi mentali da trauma.

Trina mosse un'azione civile contro l'agente che l'aveva violentata e la giuria le riconobbe un risarcimento di 62.000 dollari. Tuttavia, la guardia carceraria ricorse in appello e la corte ribaltò la sentenza giacché all'agente non era stato consentito di dire alla giuria che Trina era stata incarcerata per omicidio[8]. Di conseguenza, la giovane non ricevette mai alcun aiuto finanziario o servizio da parte dello Stato come indennizzo per essere stata brutalmente stuprata da uno dei suoi agenti "correzionali".

Nel 2014 Trina ha compiuto cinquantadue anni. È rimasta in carcere per trentotto anni. È una delle quasi cinquecento persone che in Pennsylvania sono state condannate inderogabilmente all'ergastolo senza condizionale, per crimini di cui sono state accusate quando avevano tra i tredici e i diciassette anni[9]. È il numero più alto di ragazzi giudicati colpevoli e condannati a morire in prigione di qualsiasi altra giurisdizione nel mondo.

Nel 1990 Ian Manuel e altri due ragazzi più grandi cercarono di rapinare una coppia che era uscita a cena a Tampa, in Florida. Ian aveva tredici anni. Quando Debbie Baigre oppose resistenza, Ian le sparò con la pistola che gli era stata data dai ragazzi più grandi. Il proiettile attraversò la guancia della signora Baigre, frantumandole diversi denti e danneggiandole gravemente la mandibola. Tutti e tre i ragazzi furono arrestati e accusati di rapina a mano armata e tentato omicidio.

Il difensore assegnato a Ian lo invitò a dichiararsi colpevole, assicurandogli che così avrebbe ottenuto una condanna a quindici anni di carcere. L'avvocato non si era reso conto che due dei capi d'accusa contro il ragazzo erano punibili con una sentenza di ergastolo senza la libertà condizionale. Il giudice accolse la dichiarazione di Ian e lo condannò quindi al carcere a vita senza condizionale. Sebbene non avesse che tredici anni, il giudice condannò Ian poiché viveva per strada, non era seguito adeguatamente dai genitori e perché era già stato arrestato più volte per taccheggio e reati minori contro la proprietà. Il ragazzo fu mandato in un penitenziario per adulti, l'Istituto correzionale Apalachee, una delle carceri più dure della Florida. Il personale del centro di smistamento del penitenziario non riuscì a trovare un'uniforme della taglia di Ian, per cui accorciarono di quindici centimetri i pantaloni più piccoli che avevano a disposizione[10]. Inoltre, dal momento che i minorenni presenti nelle carceri per adulti hanno una probabilità cinque volte superiore alla media di diventare vittime di abusi sessuali, e siccome Ian era piccolino per la sua età, lo staff dell'Apalachee decise di metterlo in isolamento[11].

Finire in isolamento all'Apalachee significava vivere in un vero e proprio bugigattolo delle dimensioni di una cabina armadio. Il cibo veniva passato attraverso una fessura, non era possibile vedere gli altri detenuti e non si entrava mai in contatto o prossimità con un altro essere umano. Se ci si "comportava male", dicendo qualcosa di riottoso o rifiutandosi di eseguire gli ordini ricevuti da un secondino, si era costretti a dormire sul pavimento di cemento della propria cella, senza neppure un materasso. Se si urlava, il tempo da trascorrere in isolamento veniva aumentato; se ci si faceva del male rifiutando il cibo o mutilando il proprio corpo, il tempo da trascorrere in isolamento veniva aumentato; se ci si lamentava con gli agenti o se si diceva qualcosa in tono minaccioso o inappropriato, il tempo da trascorrere in isolamento veniva aumentato. Era consentito fare una doccia tre volte alla settimana e un paio di volte erano concessi quarantacinque minuti di attività fisica in una piccola area cintata da sbarre. A parte questo, si viveva nascosti nel proprio buco di cemento, settimana dopo settimana, mese dopo mese.

In isolamento Ian divenne una "taglierina", come lui stesso si definiva; dal proprio vassoio prendeva qualsiasi oggetto acuminato vi fosse, così da potersi tagliare i polsi e le braccia per osservare il proprio sangue che fuoriusciva. La sua salute mentale andò in pezzi e in più occasioni tentò il suicidio. Ogniqualvolta si feriva o si comportava male, per lui il tempo da trascorrere in isolamento veniva aumentato.

In isolamento Ian trascorse diciotto anni, senza alcuna interruzione.

Una volta al mese gli veniva concesso di fare una telefonata. Poco dopo il suo arrivo in carcere, la Vigilia di Natale del 1992 Ian usò la sua chiamata per mettersi in contatto con Debbie Baigre, la donna a cui aveva sparato. Quando questa rispose al telefono, il ragazzo proruppe in una serie di scuse cariche di emozione, in cui le espresse quanto fosse dispiaciuto e in preda al rimorso. La signora Baigre fu sorpresa di ricevere una chiamata da colui che le aveva sparato, ma fu commossa dalla sua telefonata. Fisicamente si era ripresa dal colpo di pistola ricevuto, adesso era impegnata a diventare una body-builder di successo e aveva anche dato avvio a una rivista incentrata sulla salute delle donne. Era una donna determinata e non aveva permesso che quella sparatoria la distogliesse dai propri obiettivi. Quella prima telefonata del tutto inattesa divenne l'inizio di una corrispondenza regolare. La famiglia di Ian non aveva più mostrato alcun interesse per lui già prima che avvenisse il crimine. Era stato lasciato a vagare per le strade, ricevendo ben poco sostengo dai genitori e dai familiari. Essendo finito in isolamento, non aveva modo di incontrare molti detenuti o guardie penitenziarie. Man mano che andava sprofondando sempre più nella disperazione, Debbie Baigre divenne una delle poche persone nella sua vita a incoraggiarlo perché si facesse forza[12].

Dopo aver comunicato con Ian per diversi anni, la signora Baigre scrisse alla corte, e al giudice che aveva emesso la sentenza disse che la sua condanna era stata troppo dura e che le condizioni di isolamento subite da Ian erano disumane. Cercò di parlare con i funzionari del carcere e rilasciò delle interviste alla stampa per portare all'attenzione pubblica la difficile situazione di Ian. «Nessuno sa meglio di me quanto il crimine commesso da Ian sia stato devastante e sconsiderato. Ma quel che ora stiamo facendo a lui è ignobile e irresponsabile», disse a un reporter. «Quando è stato commesso questo crimine, lui non era che un bambino, un ragazzino di tredici anni con molti problemi, senza una supervisione e alcun aiuto a disposizione. Noi invece non siamo dei bambini».

I tribunali ignorarono l'appello di Debbie Baigre affinché la pena venisse ridotta.

Nel 2010 la Florida ha condannato all'ergastolo senza libertà condizionale per reati diversi dall'omicidio più di un centinaio di bambini[13], molti dei quali all'epoca dei fatti avevano tredici anni[14]. Tutti i più giovani tra i condannati – ragazzini di tredici e quattordici anni – erano neri o latinoamericani[15]. A livello mondiale, la Florida detiene il maggior numero di bambini condannati a morire in prigione per reati diversi dall'omicidio[16].

La zona centro-meridionale di Los Angeles in cui viveva Antonio Nuñez era martoriata dalla violenza delle bande. Quando, al di fuori dell'abitazione sovraffollata in cui vivevano, scoppiava qualche sparatoria – cosa che avveniva con regolarità inquietante –, sua madre costringeva i figli a gettarsi a terra. Quasi una dozzina di vicini era stata colpita o uccisa dal fuoco incrociato durante un conflitto a fuoco.

Le difficoltà fuori della casa di Antonio erano aggravate dai seri abusi domestici in famiglia. Sin da quando portava ancora il pannolino, il ragazzo aveva subito le percosse violente del padre, che lo colpiva con mani, pungi, cinture e prolunghe causandogli lividi e tagli; inoltre, dovette assistere a liti spaventose in cui i genitori si assalivano brutalmente e ognuno minacciava di uccidere l'altro. La violenza era così grave che in più di un'occasione Antonio chiamò la polizia. Cominciò ad avere pesanti incubi dai quali si risvegliava urlando. Sua madre, in preda alla depressione, lo trascurava; quando piangeva, lei semplicemente lo lasciava da solo. L'unica attività di Antonio a cui la donna ricordava di aver mai preso parte fu alle elementari, quando il figlio ricevette l'attestato per un programma della Drug Abuse Resistance Education.

«Era eccitato per la fotografia che gli avrebbero fatto con l'agente di polizia», avrebbe poi ricordato la madre. «Da grande voleva diventare un poliziotto»[17].

Nel settembre del 1999, un mese dopo aver compiuto tredici anni, Antonio Nuñez stava andando in bicicletta, vicino casa, quando uno sconosciuto gli sparò allo stomaco, al fianco e al braccio. Antonio cadde a terra in strada. Suo fratello José, di quattordici anni, lo sentì gridare e corse in suo aiuto. Mentre accorreva alla richiesta del fratellino, José fu colpito alla testa e rimase ucciso. Antonio riportò gravi ferite interne che lo costrinsero a rimanere in ospedale per settimane.

Quando venne dimesso, la madre lo mandò a vivere da alcuni parenti a Las Vegas, dove il ragazzo cercò di riprendersi dalla tragedia per la morte di José. Antonio si sentì sollevato per essersi allontanato dai pericoli del suo quartiere a Los Angeles. Si teneva lontano dai guai, a casa dava una mano ed era ubbidiente, e passava le serate facendo i compiti con l'aiuto del marito di sua cugina. Si buttò alle spalle le bande e la violenza del suo quartiere e mostrò progressi notevoli. Nel giro di un anno, però, le autorità per la libertà vigilata della California gli ordinarono di tornare a Los Angeles, poiché si trovava in libertà vigilata dopo essere stato posto sotto la tutela del tribunale per un reato precedente.

In tutti gli Stati Uniti, nelle zone urbane povere, di norma i ragazzi neri o di carnagione scura si imbattono ripetutamente nella polizia. Quantunque molti di questi ragazzini non abbiano fatto nulla di male, vengono presi di mira dai poliziotti, sono ritenuti colpevoli e vengono sospettati dalle forze dell'ordine di essere pericolosi o impegnati in attività criminali. I fermi, gli interrogatori e le vessazioni eseguiti a caso aumentano notevolmente il rischio che questi ragazzi vengano arrestati per piccoli crimini.

Molti di loro si ritrovano con precedenti penali per comportamenti che invece altri giovani, più benestanti, adottano impunemente.

Costretto a tornare nel quartiere, a pochi isolati da dove il fratello era stato ucciso, per Antonio il rientro non fu semplice. In seguito, un tribunale avrebbe stabilito che «vivendo ad appena pochi isolati da dove lui era stato colpito e il fratello era rimasto ucciso, Nuñez andò incontro ai sintomi di un trauma, tra cui i ricordi, l'urgente necessità di evitare quella zona, una consapevolezza maggiore dei possibili rischi e un bisogno ancora più intenso di proteggersi dalle minacce reali o anche solo percepite». Per autodifesa mise le mani su una pistola, ma per questa ragione fu prontamente arrestato e spedito in un centro minorile, dove i suoi supervisori riferirono come partecipasse con entusiasmo e come la sua risposta a quell'ambiente strutturato e alle indicazioni dei membri del personale fosse positiva[18].

Una volta tornato dal centro, Antonio fu invitato a una festa in cui due uomini con il doppio dei suoi anni gli dissero che stavano progettando un falso rapimento per spillare del denaro a un parente che avrebbe pagato il riscatto. Insistettero perché il ragazzo si unisse a loro. Antonio salì a bordo con i due per recuperare i soldi del riscatto. La presunta vittima era seduta dietro, mentre Juan Perez era alla guida e Antonio sedeva davanti, al posto del passeggero. Prima di arrivare a destinazione, nella Contea di Orange, per impossessarsi del denaro, si accorsero di essere seguiti – e poi inseguiti – da due latinoamericani su un furgone grigio. A un certo punto, Perez e l'altro uomo passarono ad Antonio una pistola e gli dissero di sparare a quel mezzo; ne nacque quindi una pericolosa sparatoria a tutta velocità. Gli uomini alle loro costole erano poliziotti sotto copertura, ma nel momento in cui aprì il fuoco Antonio questo lo ignorava. Quando all'inseguimento si unì anche un'auto ufficiale della polizia, il ragazzo gettò via la pistola subito prima che l'auto finisse contro alcuni alberi. Non ci furono feriti, tuttavia lui e Perez furono accusati di rapimento aggravato e di tentato omicidio nei confronti degli agenti.

Antonio e l'altro uomo di ventisette anni, anch'egli imputato, furono giudicati insieme in un processo congiunto, in cui entrambi vennero riconosciuti colpevoli. Secondo le leggi della California, in caso di omicidio un minore deve avere almeno sedici anni per poter essere condannato all'ergastolo senza la condizionale. Per un rapimento invece non c'è un limite di età, perciò il giudice della Contea di Orange condannò Antonio a restare in prigione fino alla morte, affermando che era membro di una banda pericolosa e che non sarebbe mai potuto cambiare o essere riabilitato, e questo malgrado la sua difficile esperienza e la mancanza di precedenti penali significativi. Il giudice lo spedì nel penitenziario per adulti più sovraffollato e pericoloso della California. A quattordici anni, Antonio divenne quindi la persona più giovane negli Stati Uniti a essere stata condannata a morire in prigione per un crimine in cui nessuno aveva riportato ferite a livello fisico.

La maggior parte degli adulti riconosciuti colpevoli dei crimini per i quali Trina, Ian e Antonio sono stati accusati non hanno ricevuto una condanna all'ergastolo senza la libertà condizionale[19]. In genere, nel sistema federale, gli adulti che involontariamente commettono un incendio doloso o un omicidio in cui più di una persona rimanga uccisa ricevono una condanna che consente loro di essere rilasciati dopo meno di venticinque anni. Molti adulti condannati per tentato omicidio in Florida hanno trascorso meno di sette anni in carcere. Le aggressioni con arma da fuoco che non abbiano causato vittime accertate spesso si risolvono in condanne a meno di dieci anni per gli imputati adulti, persino in quest'epoca di pene severe.

Da tempo ormai, in molti Stati i ragazzi che si macchiano di crimini gravi sono soggetti ai procedimenti penali e alle pene riservati agli adulti, tuttavia lo sviluppo di sistemi di giustizia minorile ha fatto sì che moltissimi ragazzini riconosciuti colpevoli siano stati inviati in strutture di detenzione destinate ai minori. I sistemi di giustizia minorile variano all'interno degli Stati Uniti, ma la maggior parte degli Stati avrebbe posto Trina, Ian e Antonio sotto custodia minorile finché non avessero compiuto diciotto o ventuno anni. Al massimo, nel caso in cui il loro rapporto con le istituzioni o il resoconto del riformatorio avessero suggerito che continuavano a costituire una minaccia per la sicurezza pubblica, li avrebbero trattenuti in custodia finché non avessero avuto venticinque anni o poco più.

Un tempo, chi commetteva un reato a tredici o quattordici anni veniva spedito a scontare una condanna lunga in una struttura per gli adulti solo per crimini straordinariamente gravi, oppure per reati commessi al Sud da ragazzini neri ai danni di un bianco. Per esempio, nel caso tristemente noto dei ragazzi di Scottsboro, avvenuto negli anni Trenta del Novecento, due degli imputati, Roy Wright ed Eugene Williams, avevano solo tredici anni quando furono ingiustamente accusati di stupro e condannati a morte in Alabama[20].

In un altro caso emblematico di azione penale contro un minore, George Stinney, un quattordicenne di colore, fu giustiziato dallo Stato della Carolina del Sud il 16 giugno 1944. Tre mesi prima, due giovani bianche che vivevano nei pressi di Alcolu, una cittadina operaia in cui bianchi e neri vivevano separati dai binari della ferrovia, erano uscite a raccogliere fiori e non erano più tornate a casa. Un gran numero di persone di tutta la comunità si misero in cerca delle due fanciulle scomparse. Il giovane George e i suoi fratelli andarono anche loro a cercarle. A un certo punto, George riferì a uno degli adulti bianchi impegnati nelle ricerche che ore prima, quello stesso giorno, lui e la sorella avevano visto quelle ragazze. Si erano avvicinate mentre i due fratelli stavano giocando all'aperto, per chiedere dove potessero trovare dei fiori.

Il giorno dopo, i corpi senza vita delle due fanciulle furono ritrovati in un canale poco profondo. George fu subito arrestato per gli omicidi poiché aveva ammesso di avere incontrato le ragazze prima della loro scomparsa e perché fu l'ultima persona ad averle viste ancora vive. Fu sottoposto a ore di interrogatorio senza la presenza dei genitori né di un avvocato. La rabbia comprensibile per la morte delle due giovani divenne esplosiva quando si venne a sapere che per gli omicidi era stato arrestato un ragazzo nero. Malgrado non fosse stata presentata alcuna dichiarazione scritta e firmata, lo sceriffo sostenne che George avesse confessato il duplice assassinio. Al lavoro suo padre venne licenziato su due piedi, mentre alla sua famiglia fu suggerito di abbandonare la città altrimenti sarebbero stati linciati. In preda alla paura per le proprie vite, i familiari di George partirono quella notte stessa, lasciandolo in prigione senza il sostegno dei suoi cari. Nel giro di poche ore dopo l'annuncio della presunta confessione una folla pronta al linciaggio si era radunata nei pressi della prigione di Alcolu, ma il quattordicenne era già stato trasferito nella prigione di Charleston[21].

Un mese dopo fu dato inizio al processo. Accusato di omicidio di primo grado, George sedeva da solo di fronte a una folla – si stima – di millecinquecento bianchi che aveva stipato l'aula e i dintorni dell'edificio. In tribunale non era stato consentito l'accesso a nessun afroamericano.

L'avvocato di George, nominato dalla corte, era un fiscalista con aspirazioni politiche che non chiamò a deporre alcun testimone. L'unica prova della pubblica accusa era la testimonianza dello sceriffo riguardo alla presunta confessione del ragazzo. Il processo si concluse nel giro di poche ore. La giuria, interamente composta di bianchi, si ritirò a deliberare per dieci minuti, prima di condannare George per stupro e omicidio. Il giudice Stoll emise prontamente una sentenza alla pena capitale contro il quattordicenne. Il suo difensore dichiarò che non ci sarebbe stato appello, giacché la famiglia del ragazzo non aveva i soldi per pagare il ricorso.

Malgrado gli appelli dell'Associazione nazionale per la promozione delle persone di colore e degli esponenti della comunità ecclesiastica nera, che chiesero di convertire la sentenza in un ergastolo, il governatore Olin Johnston si rifiutò di intervenire e George fu trasferito a Columbia per essere giustiziano sulla sedia elettrica nella Carolina del Sud[22]. Minuto per la sua età, giacché alto appena un metro e sessanta per quarantuno chili, il giovane Stinney avanzò verso la sedia tenendo in mano la Bibbia e, poiché il personale del carcere non riuscì a fissare gli elettrodi sulla sua figura così piccola, il ragazzo fu costretto a sedersi sopra il libro. Solo nella stanza, senza i propri familiari e nessuna persona di colore, il ragazzino terrorizzato si adagiò sulla sedia elettrica troppo grande rispetto alla sua taglia. Sconvolto, si mise a cercare nella sala qualcuno che potesse aiutarlo, ma non vide altro che gli agenti delle forze dell'ordine e i giornalisti. Quando la prima scarica elettrica colpì il corpo di George la maschera, dimensionata per il viso di un adulto, scivolò via dal suo volto. I presenti all'esecuzione poterono vedere i suoi «occhi spalancati e pieni di lacrime e la saliva che colava dalla sua bocca»[23]. Ottantuno giorni dopo essere stato avvicinato da due fanciulle che volevano sapere dove poter raccogliere dei fiori, George Stinney venne dichiarato morto. Anni dopo, corse voce che un bianco appartenente a una famiglia influente avesse confessato sul letto di morte di avere ucciso le ragazze. Di recente, è stata mossa un'iniziativa per chiedere l'assoluzione di George Stinney[24].

La sua esecuzione fu orribile e straziante, tuttavia essa non costituiva tanto il riflesso di come venissero in genere trattati i minori accusati di un crimine, quanto piuttosto delle politiche razziali presenti nel Sud. Fu un esempio di come le politiche e le norme che un tempo erano volte esclusivamente a controllare e a punire i neri fossero riuscite a penetrare nel nostro sistema generale della giustizia penale. Tra la fine degli anni Ottanta e l'inizio degli anni Novanta, le politiche della paura e della rabbia, che dilagavano nel paese e che favorivano un'incarcerazione di massa, stavano rivolgendo la propria attenzione sui minori.

Autorità nel campo della criminologia prospettarono l'arrivo di un'ondata di "superpredatori" che il sistema di giustizia minorile non sarebbe stato in grado di gestire[25]. Rivolgendo in certi casi la propria attenzione espressamente sui giovani neri e dalla pelle scura, i teorici fecero intendere che ben presto l'America sarebbe stata invasa da «giovanissimi delle scuole elementari che portano con sé pistole anziché la merenda» e che «non hanno alcun rispetto per la vita umana»[26]. Il panico per l'imminente ondata criminale che ci si attendeva da parte di questi ragazzini «totalmente impulsivi, crudelmente privi di rimorsi» spinse quasi tutti gli Stati ad approvare leggi che rendevano i minori maggiormente soggetti alle azioni giudiziarie riservate agli adulti[27]. Molti Stati ridussero o eliminarono del tutto i limiti di età per processare i giovani come maggiorenni, facendo sì che bambini di otto anni venissero perseguiti e imprigionati come degli adulti.

Inoltre, alcuni Stati hanno dato avvio a regole di trasferimento inderogabili che hanno privato i pubblici ministeri e i giudici di ogni discrezionalità nel decidere se un giovane debba essere trattenuto o meno nel sistema minorile. Decine di migliaia di ragazzini, che in precedenza erano stati gestiti dal sistema giudiziario minorile dotato di protezioni e requisiti adeguatamente sviluppati per i giovani, adesso vengono gettati in un sistema carcerario destinato agli adulti che è sempre più sovraffollato, violento e pericoloso.

Le previsioni circa i "superpredatori" si sono dimostrate ampiamente errate. Tra il 1994 e il 2000 in America il numero di minori è cresciuto, ma il tasso di criminalità giovanile è diminuito, cosa che ha portato gli accademici originariamente favorevoli alla teoria del "superpredatore" a smentirla[28]. Nel 2001 i responsabili del servizio sanitario pubblico degli Stati Uniti pubblicarono un rapporto in cui la teoria del "superpredatore" veniva definita un mito e in cui si asseriva che «non ci sono prove che i giovani coinvolti in atti violenti nel periodo con i valori massimi, all'inizio degli anni Novanta, fossero colpevoli di reati più efferati e con una frequenza maggiore rispetto ai giovani degli anni precedenti»[29]. Questa constatazione è giunta troppo tardi per ragazzi come Trina, Ian e Antonio. Un dedalo di regole, statuti e limitazioni procedurali, nonché di barricate giuridiche, concepiti per rendere praticamente impossibile avviare con successo un ricorso post-verdetto, aveva precluso ogni possibilità di appellarsi e di ricorrere legalmente contro la loro condanna a morire in carcere.

Quando incontrai Trina, Ian e Antonio, anni dopo, ognuno di loro era stato spezzato da anni di reclusione senza speranze. Erano ragazzini condannati dalla legge a rimanere segregati in carceri per gli adulti, ampiamente ignorati e dimenticati, e con la preoccupazione di come sopravvivere in ambienti spaventosi e pericolosi, ricevendo scarso sostegno dai familiari o aiuto dall'esterno. Ma non erano dei casi eccezionali. Come loro, erano migliaia i giovani disseminati nei penitenziari di tutti gli Stati Uniti: ragazzini condannati all'ergastolo senza libertà condizionale o ad altre pene estreme. Ad aggravare la situazione drammatica e la disperazione di questi fanciulli sembrava contribuire il loro relativo anonimato. Decisi di assumere i casi di Trina, Ian e Antonio, e alla fine presentare ricorso alle condanne all'ergastolo inflitte ai minori divenne, per il nostro ufficio, uno degli obiettivi principali del nostro lavoro. Tuttavia, ben presto ci fu chiaro che le condanne estreme e ingiuste di questi ragazzi non erano che uno dei problemi da affrontare. Tutti loro erano stati lesi e traumatizzati dal nostro sistema di giustizia.

Per Trina, la vita in carcere era stata resa particolarmente problematica dalle sue condizioni di salute fisica e mentale. Fu grata di ricevere il nostro aiuto e mostrò segni di notevole miglioramento quando le dicemmo che avremmo lottato perché riducessero la sua condanna, tuttavia i suoi bisogni erano molti altri. Ripeteva costantemente di voler vedere il suo bambino. Voleva sapere di non essere sola al mondo. Rintracciammo le sue sorelle e organizzammo una visita in cui Trina poté rivedere il figlio, e questo sembrò darle forza in un modo che non avrei immaginato possibile.

Presi un volo per Los Angeles e guidai per centinaia di chilometri attraverso la campagna della California centrale per incontrare Antonio in un penitenziario di massima sicurezza, dominato dalle bande e in cui gli atti di violenza erano all'ordine del giorno. Lui era animato dal desiderio di imparare quante più cose possibile su un mondo che sembrava corrompere con ogni mezzo uno sviluppo sano della specie umana. Per Antonio leggere non era mai stato facile, ma il suo desiderio di apprendere era forte e lui era talmente determinato a voler capire che leggeva più e più volte lo stesso passaggio, cercando le parole che non conosceva su un vocabolario che gli avevamo inviato, finché non riusciva ad afferrarne il senso. Di recente, gli abbiamo mandato *L'origine della specie* di Darwin, perché spera che leggerlo lo possa aiutare a comprendere meglio le persone che lo circondano.

Ian dimostrò di essere molto, molto brillante. Malgrado il suo acume e la sua sensibilità avessero reso per lui particolarmente distruttivo il tempo prolungato trascorso in isolamento, egli era riuscito a farsi un'istruzione leggendo centinaia di libri, scrivendo poesie e brevi racconti che riflettevano il suo intelletto forte e vivace. Mi inviò decine di lettere e poesie. Spesso, quando rientravo in ufficio dopo un viaggio di alcuni giorni, ad attendermi c'erano alcune sue lettere. A volte, in una di esse, trovavo un pezzetto di carta stropicciata che, una volta lisciato, rivelava poesie riflessive e profonde con titoli come "Lacrime non versate", "Legato alle parole", "Il minuto che non perdona", "Silenzio" e "Il rito del mercoledì".

Decidemmo di pubblicare un rapporto per richiamare l'attenzione sulla difficile realtà di quei minori che, negli Stati Uniti, sono stati condannati a morire in carcere[30]. Il mio desiderio era quello di fotografare alcuni dei nostri clienti, così da dare un volto umano a quelle condanne all'ergastolo senza la libertà condizionale che vengono inflitte ai minori. La Florida era uno dei pochi Stati ad avere acconsentito a che i fotografi entrassero nei penitenziari, perciò chiedemmo ai funzionari del carcere di concedere a Ian il permesso di uscire per un'ora dal suo isolamento e dalla sua esistenza priva di contatti di modo che il fotografo da noi assunto potesse scattargli alcune foto. Con mia gioia, essi accettarono e permisero a Ian di stare nella stessa stanza con un fotografo proveniente dall'esterno. Non appena la visita fu conclusa, lui non perse tempo a scrivermi una lettera.

> Caro signor Stevenson,
> spero che questa mia la trovi in buona salute e che per lei tutto stia procedendo bene. Lo scopo di questa lettera è ringraziarla per la sessione fotografica con il fotografo e ricevere da lei informazioni su come poter ottenere un buon numero di stampe degli scatti.
> Come sa, sono rimasto in isolamento per circa quattordici anni e mezzo. È come se il sistema mi avesse seppellito vivo e per il mondo lì fuori io fossi morto. Queste foto, adesso, significano moltissimo per me. In questo momento tutto quel che possiedo, sul mio conto da detenuto, sono 1,75 dollari. Se di questi le mandassi un dollaro, quante foto potrei acquistare?
> Quest'oggi, preso dall'euforia per la seduta fotografica, mi sono scordato di menzionare che oggi, 19 giugno, sarebbe stato il compleanno della mia mamma ora defunta. So che non significa molto, ma riflettendoci a posteriori mi è sembrato simbolico e particolare il fatto che le foto siano state scattate proprio il giorno del compleanno di mia madre!
> Non so come riuscire a trasmetterle l'emozione e l'importanza che per me hanno queste fotografie, ma a essere sincero, desidero comunicare al mondo che io sono vivo! Voglio vedere queste foto e sentirmi vivo! Mi aiuterebbe tanto per il mio dolore. Oggi, durante la sessione con il fotografo, ho provato gioia. Desideravo che non finisse più. Ogni volta che voi venite a trovarmi e poi ve ne andate, io mi sento rattristato. Ma catturo e custodisco con cura questi momenti rubati al tempo, rivivendoli con gli occhi della mia mente, provando gratitudine per l'interazione e il contatto umani. Oggi però, già solo quella semplice stretta di mano che abbiamo condiviso è stata un'aggiunta gradita alla mia vita così deprivata di sensazioni.

Per piacere, mi farà sapere quante fotografie potrò avere? Desidero queste foto che mi ritraggono quasi con la stessa intensità con cui desidero riavere la mia libertà. La ringrazio di rendere possibili così tanti avvenimenti positivi che stanno accadendo nella mia vita. Non so bene come la legge l'abbia condotta nella mia vita, ma ringrazio Dio di averlo fatto. Apprezzo tutto ciò che lei e l'EJI state facendo per me. Per piacere, mi mandi delle foto, okay?

9
Io sono qui

La data dell'udienza di Walter McMillian era finalmente arrivata. Ora avremmo avuto la possibilità di presentare la nuova testimonianza di Ralph Myers e tutte le prove scagionanti che avevamo scoperto nei registri della polizia e che non erano mai state rivelate.

Michael e io avevamo ripassato il caso una dozzina di volte, riflettendo su quale fosse il modo migliore per presentare le prove dell'innocenza di Walter. A preoccuparci maggiormente era Myers, soprattutto perché eravamo coscienti che, una volta ricondotto nel tribunale della contea, avrebbe subito una pressione enorme e già in passato era crollato per questo motivo. Ci confortava il fatto che moltissime delle nostre prove erano basate su documenti e potevano essere ammesse senza le complicazioni e gli imprevisti che la testimonianza di Myers avrebbe potuto comportare.

Adesso nel nostro staff c'era un'assistente, perciò mettemmo pure lei a lavorare al caso. Brenda Lewis era un'ex agente di polizia di Montgomery che si era unita a noi dopo aver assistito all'ennesimo abuso di potere da parte del Dipartimento di polizia. Era un'afroamericana capace di muoversi anche in ambienti in cui il suo genere e il colore della pelle la rendevano un'estranea. Le avevamo chiesto di mettersi in contatto con i nostri testimoni prima dell'udienza, per riesaminare gli ultimissimi dettagli e per calmare i loro nervi.

Per difendere la condanna di Walter, Chapman aveva chiesto l'aiuto dell'ufficio del procuratore generale di Stato, pertanto l'ufficio aveva inviato Don Valeska, l'assistente del procuratore generale: un pubblico ministero di vecchia data, con la fama di uomo forte e combattivo. Valeska era un quarantenne bianco, la cui corporatura media e in forma dava l'impressione di una persona che si manteneva attiva; portava degli occhiali che aumentavano la serietà del suo contegno. Suo fratello Doug era il procuratore distrettuale della Contea di Houston ed entrambi erano agguerriti e impenitenti nel proprio modo di perseguire i "cattivi". Prima dell'udienza, io e Michael eravamo andati ancora una volta da Chapman per cercare di convincerlo a riaprire le indagini e a riesaminare autonomamente la colpevolezza di McMillian. Ma a quel punto, sia lui che tutti gli ufficiali delle forze dell'ordine si erano stancati di noi. Ogni volta che dovevano darci retta, sembravano sempre più ostili. Dal momento che probabilmente arrivavano dalla Contea di Monroe, avevo valutato se riferire loro le minacce di una bomba e di morte che avevamo ricevuto, tuttavia non ero sicuro che nell'ufficio dello sceriffo o del procuratore distrettuale qualcuno se ne sarebbe interessato.

Eravamo venuti a noia anche al nuovo giudice per il caso, Thomas B. Norton Jr. Prima del processo, avevamo già preso parte a diverse udienze per varie istanze, nel corso delle quali Norton si era talvolta seccato per i battibecchi tra gli avvocati. Noi continuavamo a insistere per ottenere tutti i fascicoli e tutte le prove che l'accusa aveva in suo possesso. Avevamo scoperto così tante prove scagionanti che non erano state in precedenza rivelate, da essere convinti che ve ne fossero altre ancora che non ci erano state consegnate. Alla fine, dopo aver presentato per la nona o decima volta una richiesta per ottenere ulteriori fascicoli della polizia e dell'accusa, il giudice ci disse che stavamo semplicemente rimestando. Il mio sospetto era che il giudice Norton avesse fissato l'udienza conclusiva della Norma 32 in parte poiché desiderava depennare questo caso controverso e complicato dal proprio registro dei procedimenti pendenti e dalla propria aula.

Nell'ultima comparsa prima del processo, ci aveva chiesto: «Signor Stevenson, quanto tempo le occorre per presentare le sue prove?».

«Vostro onore, preferiremmo riservarci una settimana».

«Una settimana? Sta scherzando? Per un'udienza della Norma 32? Il processo per questo caso è durato solo un giorno e mezzo».

«Sì, signore. Siamo convinti che questo sia un caso fuori dall'ordinario e ci sono numerosi testimoni...».

«Tre giorni, signor Stevenson. Se dopo tutto i drammi che ha creato non riesce ad avere pronto il suo caso in tre giorni, allora significa che in mano non ha un bel niente».

«Giudice, io...».

«L'udienza è tolta».

Dopo aver trascorso un'altra lunga giornata a Monroeville per rintracciare gli ultimi testimoni, Michael e io tornammo in ufficio per organizzare la presentazione di tutte le prove nel tempo limitato che il giudice ci aveva concesso. Dovevamo rendere coerenti e intellegibili per il giudice la complessità del caso e le molteplici occasioni in cui i diritti di Walter erano stati violati. Un'ulteriore preoccupazione erano Myers e la sua passione per i racconti di fantasia, perciò un paio di giorni prima dell'udienza ci mettemmo al tavolo con lui e cercammo di rendere la sua versione il più semplice possibile.

«Evitiamo le lunghe divagazioni sulla corruzione della polizia», gli dissi. «Rispondi solo alle domande in maniera precisa e sincera, Ralph».

«Lo faccio sempre», ribatté lui con convinzione.

«Un momento, hai appena detto che lo fai *sempre*?», chiese Michael. «Che stai dicendo, che lo fai *sempre*? Ralph, hai raccontato un mucchio di frottole per tutto il processo. È questo che andremo a dimostrare in questa udienza».

«Lo so», disse Myers con calma. «Volevo dire che vi ho sempre detto la verità».

«Non farmi perdere le staffe, Ralph. Bada solo a testimoniare con sincerità», disse Michael.

Quasi tutti i giorni, Ralph aveva chiamato il nostro ufficio per comunicarci una serie infinita di strani pensieri, idee e cospirazioni. Spesso, io ero troppo impegnato per parlare con lui, perciò era stato Michael a rispondere alla maggior parte delle sue telefonate, finendo per essere sempre più preoccupato per la peculiare visione del mondo offerta da Ralph. Ma su questo ormai non potevamo farci più nulla.

La mattina dell'udienza, arrivammo in tribunale di buon'ora e inquieti. Entrambi avevamo indossato un abito scuro, la camicia bianca e una cravatta discreta. In genere, per andare in tribunale mi vestivo nel modo più tradizionale possibile. Ero un giovane uomo di colore e con la barba, e anche quando non c'era una giuria cercavo comunque di soddisfare le aspettative della corte su come dovesse presentarsi un avvocato, se non altro per il bene dei miei clienti. Innanzitutto, prima che iniziasse l'udienza ci accertammo che Myers fosse arrivato sano e salvo e che fosse in condizioni mentali stabili. La sera prima, gli agenti del Dipartimento dello sceriffo della Contea di Baldwin lo avevano condotto dal carcere della Contea di St. Clair al tribunale. Le cinque ore di viaggio nelle strade da incubo dell'Alabama del Sud lo avevano comprensibilmente snervato. Lo incontrammo nella cella in cui era rinchiuso; era visibilmente inquieto. Peggio ancora, era silenzioso e schivo, cosa ben più insolita. Una volta terminato quell'incontro preoccupante, andai da Walter che si trovava anch'egli nel tribunale in una delle celle di contenimento. Tornare nel palazzo di giustizia in cui quattro anni prima, da un giorno all'altro, il suo destino era stato segnato lo aveva ugualmente sconvolto, tuttavia quando entrai si fece forza per sorridermi.

«Il viaggio è andato bene?», gli domandai.

«Tutto a posto. Spero solo che vada meglio dell'ultima volta che sono stato qui».

Per solidarietà, feci un cenno di assenso con il capo e riesaminai insieme a lui quel che immaginavo sarebbe successo nei giorni immediatamente successivi.

Le celle di contenimento dei detenuti si trovavano nell'interrato del tribunale e, dopo l'incontro con Walter, tornai al piano di sopra per prepararmi prima che la corte desse inizio al dibattimento. Quando entrai nell'aula, rimasi impressionato da quel che vidi. Un mucchio di membri della comunità – perlopiù neri e poveri – si erano ammassati nella zona destinata al pubblico. Su entrambi i lati dell'aula per l'udienza, membri della famiglia di Walter, gente che il giorno dell'omicidio aveva partecipato alla festa del pesce fritto, persone che avevamo intervistato negli ultimi mesi, altre che conoscevano Walter per averci lavorato assieme e persino Sam Crook e la sua combriccola, erano tutti stipati nella sala. Appena feci il mio ingresso, Minnie e Armelia mi sorrisero.

Entrò quindi Tom Chapman accompagnato da Don Valeska ed entrambi scrutarono la stanza. A giudicare dal loro sguardo, ero certo che non fossero contenti di quella folla.

Tate, Larry Ikner e Benson – il gruppo di ufficiali delle forze dell'ordine principalmente responsabile dell'incriminazione di Walter – entrarono in gruppo subito dietro ai due pubblici ministeri e presero anche loro posto nell'aula. Poco prima che l'udienza avesse inizio, un vicesceriffo accompagnò i genitori di Ronda Morrison dinanzi alla corte. Quando il giudice salì al proprio banco, la folla di volti neri si alzò rumorosamente in contemporanea per poi rimettersi a sedere. Molti membri della comunità nera erano vestiti come per andare in chiesa. Gli uomini indossavano l'abito e alcune delle donne portavano dei cappelli. Ci volle qualche secondo perché facessero silenzio, cosa che sembrò seccare il giudice Norton. Io però mi sentivo galvanizzato dalla loro presenta ed ero felice per Walter che così tante persone fossero venute per dargli il loro sostegno.

Norton era un uomo bianco sulla cinquantina, affetto da calvizie. Non era alto, ma il banco elevato lo rendeva imponente come ogni altro giudice. In precedenza, aveva diretto alcune delle nostre udienze preliminari indossando un abito, ma oggi aveva la sua toga e in mano stringeva saldamente il proprio martelletto.

«Signori, siamo pronti a procedere?», chiese il giudice Norton.

«Lo siamo, Vostro Onore», risposi. «Tuttavia, è nostra intenzione chiamare a testimoniare diversi agenti delle forze dell'ordine presenti in aula e per farlo vorrei invocare il principio dell'isolamento». Nei processi penali, i testimoni che dovranno deporre devono accomodarsi fuori dall'aula, così che non possano alterare la propria testimonianza sulla base di quanto dichiarato dagli altri testimoni.

Valeska saltò subito in piedi: «No, giudice. Ciò non può avvenire. Stiamo parlando di inquirenti che sono giunti alla soluzione di un crimine efferato e abbiamo bisogno che rimangano in aula per presentare il nostro caso».

Mi alzai in piedi. «Vostro Onore, non è a carico dell'accusa presentare un caso in questo procedimento. Siamo noi a doverlo fare. Questo non è un processo penale, bensì un'udienza probatoria post-condanna».

«Giudice, sono loro che cercano di ridiscutere questo caso e noi abbiamo bisogno che i nostri uomini rimangano dentro», controbatté Valeska.

Il giudice si intromise dicendo: «Bene, a quanto pare, lei sta cercando di ridiscutere il caso, signor Stevenson, perciò concederò all'accusa di tenere in aula gli inquirenti che hanno ricostruito il crimine».

Non era un buon inizio. Decisi quindi di procedere con una dichiarazione preliminare prima di chiamare Myers come nostro primo testimone. Il mio scopo era far comprendere al giudice che noi non stavamo semplicemente difendendo il signor McMillian da un punto di vista diverso rispetto a quello adottato dai precedenti avvocati. Volevo metterlo a conoscenza del fatto che eravamo in possesso di nuove e significative prove di innocenza che scagionavano Walter, come pure che la giustizia imponeva il suo rilascio immediato. Per riuscire nel nostro intento, era necessario che il giudice comprendesse in che modo esaminare le nostre prove.

«Vostro Onore, il caso costruito dall'accusa contro Walter McMillian verteva interamente sulla testimonianza di Ralph Myers, già precedentemente condannato per diversi reati e che all'epoca del processo del signor McMillian era in attesa di giudizio per un altro omicidio di primo grado nella Contea di Escambia. Durante il processo, il signor McMillian aveva dichiarato la propria innocenza e di non conoscere il signor Myers all'epoca di questo crimine. Nel corso dell'intero procedimento, egli non ha fatto altro che ribadire la propria innocenza».

Quando iniziai a parlare, il giudice iniziò a dare segni

di impazienza e sembrava essere distratto, perciò mi interruppi. Anche se non fosse stato d'accordo, volevo che ascoltasse quello che stavo dicendo. Smisi di parlare finché non fui certo che prestasse piena attenzione. Finalmente mi guardò negli occhi, perciò ripresi il discorso.

«Non vi sono dubbi che Walter McMillian sia stato condannato alla pena di morte in forza della testimonianza di Myers. Al processo, oltre alla testimonianza di quest'ultimo non vi erano altre prove atte a stabilire che il signor McMillian fosse colpevole di omicidio di primo grado. L'accusa non possedeva alcuna prova fisica che collegasse il signor McMillian a questo crimine, l'accusa non possedeva alcun movente e l'accusa non possedeva alcun testimone sulla scena del crimine; l'accusa possedeva unicamente la testimonianza di Ralph Myers.

Al processo, Myers ha testimoniato di essere stato *inconsapevolmente* e *involontariamente* reso partecipe di un omicidio di primo grado e di una rapina il 1° novembre 1986, quando Walter McMillian lo vide presso un autolavaggio e gli chiese di guidare il camion dello stesso McMillian perché il "braccio gli faceva male". Myers aveva dichiarato di aver condotto il signor McMillian fino al Jackson Cleaners, successivamente di essere entrato nella lavanderia e di aver visto McMillian con una pistola mentre metteva del denaro in una borsa marrone. Nella lavanderia c'era anche un altro uomo, un bianco. Myers aveva testimoniato che quest'uomo aveva i capelli brizzolati e che, a quanto pare, avrebbe parlato con McMillian. Sempre Myers aveva asserito di essere stato strattonato e minacciato da McMillian al suo ingresso nella tintoria. Questa terza persona misteriosa, che in base alle prove indiziarie si presume fosse a capo di tutta la vicenda, avrebbe dato ordine a McMillian di "sbarazzarsi di Myers", cosa che il signor McMillian disse di non poter fare perché aveva terminato i proiettili. Quest'uomo bianco a capo di tutto non è mai stato identificato né arrestato dall'accusa. La pubblica accusa non ha intrapreso alcuna ricerca di una terza persona, di un capobanda alla guida di questo crimine, perché a mio parere aveva riconosciuto la totale inesistenza di questa persona».

Feci nuovamente una pausa affinché quanto appena detto fosse recepito chiaramente. «Sulla base della testimonianza di Ralph Myers, Walter McMillian è stato riconosciuto colpevole di omicidio di primo grado e condannato a morte. Come sentirete tra poco, la testimonianza di Ralph Myers era completamente falsa. Ancora una volta, Vostro Onore, la testimonianza di Ralph Myers al processo era completamente falsa».

Attesi un momento, dopodiché mi rivolsi all'usciere perché chiamasse alla sbarra Myers. La sala piombò nel silenzio finché l'ufficiale non aprì la porta che dava nella zona di contenimento e Ralph Myers fece il proprio ingresso in aula. La sua presenza suscitò una reazione palpabile. Dall'ultima volta in cui molti membri della comunità lì radunati lo avevano visto, Ralph era invecchiato visibilmente; riuscii a percepire alcuni commenti su come i suoi capelli si fossero ingrigiti. Mentre saliva al banco dei testimoni, vestito nella sua tenuta bianca da carcerato, Myers mi diede nuovamente l'impressione di essere triste e minuto. Si guardò attorno nella sala con nervosismo, prima di sollevare la mano e giurare di dire la verità. Io attesi finché nell'aula non si fece silenzio. Il giudice Norton stava osservando Myers con attenzione.

Mi avvicinai per dare inizio all'interrogatorio. Dopo avergli chiesto di dichiarare il proprio nome da mettere a verbale e dopo aver stabilito che era già comparso in tribunale e che aveva testimoniato contro Walter McMillian, arrivò il momento di andare dritto al dunque.

Mi avvicinai al banco dei testimoni.

«Signor Myers, la testimonianza che aveva fornito al processo del signor McMillian era veritiera?». La mia speranza era che il giudice non si rendesse conto che stavo trattenendo il respiro in attesa che Ralph rispondesse. Ralph, il quale mi guardava con aria tranquilla, a un certo punto iniziò a parlare in tono chiaro e con fare sicuro.

«Niente affatto». Adesso il brusio in aula divenne maggiore, ma la folla si zittì rapidamente per continuare ad ascoltare.

«Niente affatto», ripetei io prima di proseguire. Volevo che la ritrattazione di Ralph fosse recepita chiaramente, ma senza indugiare troppo perché avevamo bisogno di molto altro ancora.

«Il giorno in cui Ronda Morrison è stata assassinata, lei ha visto il signor McMillian?».

«Assolutamente no». Mentre parlava, Ralph appariva immobile.

«Quel giorno, ha guidato il suo camion dentro Monroeville?».

«Assolutamente no».

«Quando Ronda Morrison è stata assassinata, si è recato presso la lavanderia Jackson Cleaners?».

«No. Non l'ho mai fatto».

Non volevo che la corte pensasse che Ralph stesse negando come un automa tutto quello che gli chiedevo, perciò gli posi una domanda a cui doveva rispondere in maniera affermativa. «Ebbene, durante il processo del signor McMillian, lei ha forse fornito una qualche testimonianza circa la presenza di un uomo bianco nella lavanderia quando lei vi entrò dentro?».

«Sì, l'ho fatto».

Ero arrivato a porre a Ralph il numero massimo di domande a cui rispondere con un sì o un no oltre il quale non osavo arrischiarmi. «Cortesemente, qual era stata la sua testimonianza?».

«A quanto riesco a ricordare, la testimonianza era stata che avevo sentito Walter McMillian dire qualcosa a questo tizio e ricordo anche di aver detto di aver visto da dietro la testa di quell'uomo, ma questo è più o meno tutto quello che riesco a ricordare al riguardo».

«Signor Myers, quella testimonianza era vera?».

«No, non lo era». Adesso il giudice si sporse in avanti per ascoltare con assoluta attenzione.

«Pertanto, era vera qualcuna delle accuse da lei mosse contro Walter McMillian secondo cui questi sarebbe stato coinvolto nell'omicidio di Ronda Morrison?».

Ralph fece una pausa e prima di rispondere lanciò uno sguardo nell'aula. Per la prima volta, nella sua voce vi fu un'emozione, di rammarico o di rimorso.

«No».

Era come se nella sala tutti avessero trattenuto il respiro, ma ora vi fu un chiaro mormorio da parte di molti sostenitori di Walter.

Avevo con me una trascrizione del processo e guidai passo passo Ralph lungo tutte le dichiarazioni della sua testimonianza contro Walter. Affermazione dopo affermazione, egli ammise che la sua precedente testimonianza era completamente falsa. Myers parlava in modo schietto e convincente. Spesso, mentre rispondeva, voltava la testa per guardare il giudice Norton direttamente negli occhi. Quando gli feci ripetere i passaggi della sua testimonianza in cui dichiarava di essere stato costretto a testimoniare il falso, Ralph rimase calmo e mostrò una sincerità assoluta. Anche durante il lungo contro-interrogatorio di Chapman, Myers fu risoluto. Dopo un incessante interrogatorio sul perché stesse ritrattando la propria testimonianza e dopo il suggerimento da parte di Chapman che fosse qualcuno a istigarlo, Ralph fu colto dall'indignazione. Guardò il pubblico ministero e disse:

> Per quanto mi riguarda, io posso semplicemente guardarla in faccia, a lei o a chiunque altro, dritto negli occhi, e dirle che questo è tutto: tutto quello che è stato detto su McMillian è una bugia... Per quanto ne so io, McMillian non ha nulla a che fare con tutto questo, perché quel giorno, il giorno in cui dicono che è successo questo, io non ho neppure visto McMillian. Ed è esattamente quel che ho raccontato a un mucchio di gente.[1]

Interrogandolo nuovamente, chiesi a Ralph di ammettere ancora una volta che la testimonianza da lui resa al processo era falsa e di aver consapevolmente spedito un innocente nel braccio della morte. Dopodiché, mi interruppi un attimo e andai verso il banco della difesa per assicurarmi di non aver dimenticato nulla. Ripassai i miei appunti e lanciai quindi un'occhiata a Michael. «Tutto bene?».

Michael mi guardò stupito. «Ralph è stato grande. È stato davvero, davvero grande».

Volsi lo sguardo in direzione di Walter e solo allora mi accorsi che i suoi occhi erano umidi. Stava scuotendo il capo da una parte all'altra in preda all'incredulità. Gli misi una mano sulla spalla, dopodiché annunciai alla corte che Myers poteva essere dispensato. Non avevamo più domande.

Myers si alzò in piedi per abbandonare l'aula. Mentre gli agenti lo scortavano verso un'uscita laterale, rivolse uno sguardo di scuse a Walter prima di essere accompagnato fuori. Non sono sicuro che Walter l'abbia visto.

La gente in aula iniziò nuovamente a mormorare. Riuscii a udire uno dei parenti di Walter che, a voce bassa, diceva: «Gesù mio, ti ringrazio!».

La sfida successiva era confutare la testimonianza di Bill

Hooks e di Joe Hightower, i quali avevano sostenuto di aver visto il camion di Walter con l'"assetto ribassato" fermo davanti alla lavanderia, all'incirca all'ora in cui Ronda Morrison era stata uccisa.

Chiamai a deporre Clay Kast. Il meccanico bianco testimoniò che nel novembre del 1986, quando Ronda Morrison fu assassinata, il camion di McMillian non aveva l'assetto ribassato. Kast possedeva dei registri e ricordava di aver modificato il camion di Walter a maggio del 1987, oltre sei mesi dopo la data in cui Hooks e Hightower sostenevano di aver visto il camion ribassato presso la lavanderia. Concludemmo la giornata con Woodrow Ikner, un agente di polizia di Monroeville il quale testimoniò di essere giunto per primo sulla scena del crimine e che il corpo di Ronda Morrison non era nel punto in cui Myers, nella propria testimonianza, aveva sostenuto si trovasse. Ikner dichiarò che, in base alla sua osservazione della scena dell'omicidio, era evidente che la Morrison fosse stata colpita alle spalle dopo una lotta che era iniziata nel bagno e che si era conclusa nel retro della lavanderia, dove il corpo fu ritrovato. La descrizione fornita da Ikner della scena contraddiceva le dichiarazioni che Myers aveva fatto al processo, in cui aveva asserito di aver visto la Morrison vicino al bancone sul davanti del negozio. Cosa ancora più importante, Ikner testimoniò che Pearson, il pubblico ministero, gli aveva chiesto di testimoniare che all'interno del negozio il corpo della Morrison fosse stato trascinato dal bancone sul davanti fino al punto in cui era stato rinvenuto nel retro. Mentre era al banco dei testimoni e nel ricordare questa conversazione, Ikner fu assalito dall'indignazione. Era consapevole che una testimonianza del genere sarebbe stata falsa e ai pubblici ministeri aveva opposto il proprio rifiuto a mentire. Poco tempo dopo, venne licenziato dal Dipartimento di polizia.

Le udienze probatorie, così come i processi con giuria, possono essere estenuanti. Avevo finito l'interrogatorio di tutti i testimoni e fui sorpreso nel constatare che ormai si erano fatte le 17,00. L'udienza stava procedendo bene. Io mi sentivo eccitato ed elettrizzato per il fatto di essere finalmente in grado di esporre tutte le prove a conferma dell'innocenza di Walter. Tenevo d'occhio il giudice Norton per essere certo che fosse sempre attento, e in effetti sembrava visibilmente colpito da quanto stava emergendo. A giudicare dall'aria preoccupata sul suo volto, ritengo fosse confuso sul da farsi alla luce di queste prove e, personalmente, consideravo l'attuale confusione e turbamento del giudice un vero e proprio passo in avanti.

Tutti i testimoni che chiamammo a deporre il primo giorno erano bianchi e nessuno di loro aveva alcun legame con Walter McMillian. A quanto pare, per il giudice Norton fu una mossa inattesa. Quando Clay Kast dichiarò che il camion descritto dai testimoni dell'accusa come un mezzo con un "assetto ribassato" era stato modificato solo circa sette mesi dopo la data in cui il crimine era avvenuto, il giudice prese nota furiosamente con il viso sempre più accigliato. E quando fu il turno di Woodrow Ikner, il quale annunciò di essere stato licenziato per aver cercato di essere onesto in merito alle prove contro McMillian, il giudice sembrò turbato. Questa fu la prima delle prove da noi addotte a evidenziare come i rappresentanti delle forze dell'ordine si fossero a tal punto concentrati sul voler condannare Walter da essere pronti a ignorare, o persino occultare, le prove che contraddicevano il caso da loro formulato.

Quando Woodrow Ikner concluse la propria testimonianza era ormai pomeriggio inoltrato. Il giudice guardò l'orologio e dichiarò chiusa l'udienza per quel giorno. Io sarei voluto andare avanti, se necessario fino a mezzanotte, ma mi resi conto che così non sarebbe stato. Mi diressi verso Walter.

«Dobbiamo interrompere adesso?», chiese preoccupato.

«Sì, ma semplicemente riprenderemo e continueremo domattina». Gli feci un sorriso e fui contento nel vederlo sorridere a sua volta.

Mi lanciò uno sguardo carico di eccitazione. «Caspita, non riesco a dirti come mi sento adesso. Per tutto questo tempo sono rimasto ad aspettare che venisse fuori la verità e invece sentivo dire solamente bugie. Ora sembra tutto incredibile. Semplicemente, io…». Giunse a interromperci un agente in uniforme.

«Dobbiamo riportarlo nella cella di contenimento, dovrete continuare a parlare laggiù». L'agente, un bianco di mezza età, sembrava irritato. Non ci badai più di tanto e dissi a Walter che sarei andato da lui più tardi.

Mentre le persone si accodavano per uscire dall'aula, la famiglia di Walter appariva visibilmente più fiduciosa. Mi vennero incontro per abbracciarmi. La sorella di Walter, Armelia, sua moglie Minnie e suo nipote Giles stavano discutendo con eccitazione delle prove che avevamo presentato.

Una volta rientrati in albergo, anche Michael si abbandonò all'eccitazione. «Chapman ti dovrebbe semplicemente chiamare per comunicarti che intende ritirare le accuse contro Walter e lasciarlo andare».

«Non ci conviene affatto sperare che faccia una telefonata del genere», fu la mia risposta.

Quando avevamo lasciato l'aula, Chapman era parso turbato. Nutrivo ancora qualche speranza che facesse dietrofront e persino che ci aiutasse, ma di certo non ci potevo contare.

La mattina dopo arrivai presto in aula, perché prima

dell'inizio del dibattimento volevo fare visita a Walter, il quale era nella sua cella al piano interrato. Mentre risalivo, rimasi stupito nel vedere una moltitudine di neri seduti fuori dell'aula, nell'atrio del tribunale. Era quasi l'ora fissata per l'inizio del procedimento. Andai da Armelia, che era seduta con altri fuori dell'aula, e lei mi guardò con preoccupazione.

«Che succede?», le domandai. «Perché non siete tutti dentro, in aula?».

Girai lo sguardo nell'atrio. Se il giorno prima c'era stata una folla considerevole, per l'udienza di oggi ne era arrivata una anche maggiore e c'erano pure diversi esponenti religiosi e alcuni anziani di colore che non avevo mai visto prima.

«Non ci lasciano entrare, signor Stevenson».

«Che cosa vuol dire che non vi lasciano entrare?».

«Prima abbiamo provato a entrare, ma ci hanno detto che non potevamo farlo».

Difronte all'ingresso dell'aula stava in piedi un giovanotto con l'uniforme da vicesceriffo. Gli andai incontro e lui sollevò il braccio per bloccarmi.

«Voglio entrare in aula», dissi con fermezza.

«Non può entrare».

«Che significa che non posso entrare? È in programma un'udienza e io voglio entrare dentro».

«Mi dispiace, signore, ma non può entrare in aula».

«Perché non posso?», chiesi.

Rimase fermo in silenzio. Alla fine, aggiunsi: «Sono l'avvocato della difesa. Ritengo sia mio diritto poter accedere all'aula».

Mi osservò con attenzione e rimase chiaramente perplesso. «Mhmm, non so dirle. Devo andare a chiedere». Sparì dentro la sala. Dopo alcuni istanti, ricomparve e mi fece un gran sorriso incerto. «Uhm, lei può entrare».

Spinsi da parte l'agente, aprii la porta e vidi che tutta l'aula era stata modificata. Alla porta era stato piazzato un grande metal detector, mentre sul lato opposto un agente di polizia tratteneva un enorme pastore tedesco. La sala era già metà piena. I banchi, su cui il giorno prima si erano seduti i sostenitori di Walter, adesso erano occupati perlopiù da anziani bianchi. Chiaramente, questa gente era lì per sostenere i Morrison e la pubblica accusa. Chapman e Valeska erano già seduti al banco dell'accusa e si comportavano come se nulla fosse. Io ero livido.

Andai da Chapman e gli chiesi: «Chi ha detto agli agenti di non far entrare in aula le persone che sono fuori?». Mi guardarono come se non sapessero di che stessi parlando. «Lo dirò al giudice».

Girai i tacchi e andai direttamente nella stanza del giudice con i due pubblici ministeri che mi venivano dietro. Quando spiegai al giudice Norton che alla famiglia e ai sostenitori di McMillian era stato detto di rimanere fuori dall'aula, mentre ai sostenitori dell'accusa era stato concesso di entrare, il giudice alzò gli occhi in segno di stizza.

«Signor Stevenson, la sua gente doveva solo arrivare prima», dichiarò con fare liquidatorio.

«Giudice, qui non si tratta di arrivare prima. Il problema è che a loro è stato detto che non potevano entrare in aula».

«A nessuno è stato negato l'accesso in aula, signor Stevenson».

Si girò verso il proprio usciere del tribunale, il quale abbandonò la stanza. Lo seguii e lo vidi bisbigliare qualcosa all'agente fuori dell'aula. Ora che metà sala era già piena, ai sostenitori di McMillian fu concesso di entrare dentro.

Andai nel punto in cui i due sacerdoti avevano radunato tutti i sostenitori di Walter e cercai di spiegare la situazione.

«Mi rivolgo a tutti per dire che mi dispiace», iniziai a dire. «Oggi hanno fatto qualcosa di davvero disdicevole. Adesso vi permettono di entrare, ma l'aula è già piena per metà di sostenitori dell'accusa. Non ci sarà posto per tutti».

Mi venne incontro uno dei sacerdoti, un afroamericano robusto con indosso un abito scuro e una grossa croce sul petto.

«Non importa, signor Stevenson. Per piacere, non si preoccupi per noi. Oggi solo pochi di noi faranno da rappresentanti e domani arriveremo ancora prima. Non permetteremo a nessuno di mandarci via, signore».

I sacerdoti iniziarono a scegliere chi dovesse fare da rappresentante nell'aula. Dissero a Minnie, Armelia, ai figli di Walter e ad altri di entrare. Quando poi chiamarono la signora Williams, tutti sembrarono sorridere. La signora Williams, una nera avanti con gli anni, si drizzò in piedi e si preparò a entrare dentro. Ebbe grande premura nell'aggiustarsi perfettamente l'acconciatura. In testa, sopra i capelli grigi, indossava un cappellino che si sistemò con precisione. Poi, tirò fuori una lunga sciarpa blu che avvolse con delicatezza attorno al collo. Solo a quel punto iniziò ad avanzare lentamente verso la porta dell'aula, dove la fila dei sostenitori di Walter si era già formata. Rimasi avvinto dalla dignità del suo rituale, ma una volta rotto l'incantesimo mi resi conto che dovevo darmi una mossa. Contrariamente alle mie intenzioni, non avevo potuto trascorrere la mattinata preparandomi per i testimoni e, invece, mi ero ritrovato coinvolto in questo trattamento assurdamente ingiusto nei confronti di chi era lì per sostenere Walter. Oltrepassai quella fila di gente paziente ed entrai dentro, per iniziare a prepararmi all'udienza.

Ero in piedi al banco della difesa quando, con la coda dell'occhio, mi accorsi che la signora Williams era riuscita ad arrivare alla porta dell'aula. Era davvero elegante con la sua sciarpa e il cappellino. Non era una donna massiccia, ma nella sua presenza vi era un che di autorevole; mentre varcava con cautela l'ingresso per passare attraverso il metal detector, non potei fare a meno di guardarla. Passò più lentamente di chiunque alto, ma tenne alta la testa con una grazia e una dignità incontestabili. Mi ricordava le altre donne anziane che avevo incontrato nel corso della mia vita: donne la cui esistenza era dura, ma che continuavano a essere gentili e che si dedicavano all'edificazione e al sostegno della propria comunità. La signora Williams lanciò uno sguardo in direzione dei posti liberi per vedere dove accomodarsi, dopodiché si voltò per attraversare il metal detector; fu allora che si accorse del cane.

Vidi svanire tutta la sua compostezza, al cui posto si era sostituito uno sguardo di assoluto terrore. Le andarono giù le spalle, il suo corpo si incurvò e sembrò paralizzarsi. Rimase ferma per oltre un minuto, immobile; poi qualche fremito cominciò a pervaderle il corpo, dopodiché si mise a tremare visibilmente. La udii gemere. Le lacrime le scendevano sul volto e iniziò ad agitare mestamente la testa. Continuai a guardare finché non si girò e uscì velocemente dall'aula.

Sentii che il mio umore era cambiato. Ignoravo che cosa fosse accaduto esattamente alla signora Williams, ma sapevo che qui in Alabama i cani della polizia e i neri in cerca di giustizia non sono mai andati d'accordo.

Stavo cercando di scrollarmi di dosso le emozioni negative procuratemi dagli eventi di quella mattina, quando gli agenti portarono Walter in aula. Dal momento che non c'era una giuria, il giudice non mi aveva concesso di fornirgli degli abiti perché fosse vestito in borghese, perciò indossava l'uniforme della prigione. Gli avevano permesso di rimanere in aula senza le manette, ma avevano insistito nel tenergli legate le caviglie. Mentre gli altri familiari e dei sostenitori di Walter passavano lentamente in fila attraverso il metal detector e, superato il cane, accedevano nella sala, io e Michael ci confrontammo brevemente sull'ordine dei testimoni da chiamare.

Malgrado gli espedienti orchestrati di buon mattino dall'accusa, e nonostante il cattivo presagio del cane e della signora Williams, anche quella giornata in tribunale fu per noi positiva. Le prove fornite dagli operatori del centro statale per la salute mentale, i quali si erano presi cura di Myers la volta in cui, quando si era rifiutato di testimoniare alla prima data fissata per il processo, era stato mandato nel Centro medico di sicurezza Taylor Hardin per una perizia, avevano confermato la testimonianza resa da Myers il giorno precedente. Il dottor Omar Mohabbat spiegò che all'epoca Myers gli aveva raccontato «che la polizia lo aveva incastrato costringendolo a decidere se assumersi la colpa dell'omicidio del quale lo accusavano oppure "di testimoniare" che "l'aveva commesso quell'uomo"». Mohabbat riferì che Myers «negava nel modo più assoluto di essere coinvolto in quel crimine. Dichiarava: "Non conosco il nome di quella ragazza, non so a che ora è avvenuto il crimine, non so la data del crimine, non conosco il luogo in cui è avvenuto il crimine"». Inoltre, Mohabbat testimoniò che Myers gli aveva detto: «Mi hanno detto di dire quello che loro volevano che io dicessi».

La sua testimonianza fu confermata da quanto dichiararono gli altri medici. Il dottor Norman Poythress, del Taylor Hardin, chiarì che Myers gli aveva detto che «le sue precedenti "confessioni" sono fandonie e che gli erano state imposte dalla polizia attraverso l'isolamento fisico e mentale in cui era stato tenuto».

Presentammo le prove di un membro dell'équipe medica del Taylor Hardin, il dottor Kamal Nagi, il quale affermò che Myers gli parlò di «un altro omicidio che era avvenuto nel 1986, in cui avevano sparato a una ragazza in una lavanderia a gettoni. [Lui] disse che la "polizia e anche il mio avvocato vogliono che io dica di aver portato queste persone nella lavanderia a gettoni e che loro hanno sparato a quella ragazza, ma non lo farò"». Inoltre, Myers disse a Nagi: «Mi hanno minacciato. Vogliono che io dica quello che loro desiderano sentire e, se non lo faccio, allora mi dicono: "Finirai sulla sedia elettrica"».

Avevamo anche le prove di un quarto medico, al quale Myers aveva confidato di essere stato costretto a testimoniare il falso contro Walter McMillian. Il dottor Bernard Bryant testimoniò che Ralph gli aveva detto che «non aveva commesso il reato e che all'epoca in cui era stato imprigionato per quel reato era stato minacciato e tormentato dalle autorità di polizia locali perché confessasse di aver commesso un crimine».

Nel corso dell'udienza di quel giorno, sottolineammo alla corte il fatto che Myers avesse fatto tutte queste affermazioni *prima* del processo originario. Non solo simili dichiarazioni rendevano la sua ritrattazione ancora più credibile, ma oltretutto erano documentate dai registri medici che non erano mai stati inoltrati agli avvocati del processo contro Walter, come invece previsto dalla legge. Più volte la Corte Suprema degli Stati Uniti ha imposto che la pubblica accusa fornisca all'imputato tutto ciò che possa scagionarlo o comunque aiutarlo a mettere in dubbio la credibilità di un testimone.

I sostenitori che l'accusa aveva fatto arrivare in tribunale, come pure la famiglia della vittima, sembravano confusi dalle prove che stavamo presentando: queste rendevano ben più complesso il racconto semplicistico a cui si erano totalmente affidati quando avevano creduto alla colpevolezza di Walter e alla necessità di una pena rapida e certa. Con il procedere della giornata, i sostenitori dell'accusa cominciarono ad abbandonare l'aula, mentre cresceva il numero di neri che venivano lasciati entrare. Alla fine del secondo giorno mi sentivo davvero fiducioso. Avevamo tenuto un buon passo e i controinterrogatori erano stati più brevi del previsto. A mio parere, ancora un giorno e il caso poteva essere chiuso.

Quella sera, mentre raggiungevo la mia auto, mi sentivo stanco ma ero contento. Con mio stupore, notai la signora Williams seduta su una panchina fuori dal tribunale, da sola. Quando i nostri sguardi si incrociarono, lei si alzò in piedi. Le andai incontro, ricordando l'inquietudine che avevo provato quando l'avevo vista abbandonare l'aula.

«Signora Williams, mi spiace per quello che hanno commesso oggi. Non avrebbero dovuto farlo, e sono dispiaciuto se l'hanno turbata. Ma perché lei lo sappia, le cose oggi sono andate bene. Sento che per noi è stata una buona giornata…».

«Avvocato Stevenson, sono così dispiaciuta. Sono così dispiaciuta», mi disse e intanto afferrò le mie mani.

«Questa mattina sarei dovuta entrare in quell'aula. Dovevo essere in quell'aula stamattina», disse e scoppiò a piangere.

«Signora Williams, va tutto bene», dissi io. «Non avrebbero dovuto agire in quel modo. Per piacere, non si dia pena». Le cinsi le spalle con un braccio.

«No, no, no, avvocato Stevenson. Io dovevo essere in quell'aula, era previsto che io fossi in quell'aula».

«Non c'è problema, signora Williams, non c'è problema».

«No, signore, io dovevo essere lì e volevo essere lì. Ci ho provato, ci ho provato, lo sa Iddio se ci ho provato, signor Stevenson. Ma quando ho visto quel cane…». Scosse il capo e fissò lo sguardo lontano. «Quando ho visto quel cane, mi è tornato in mente il 1965, quando a Selma ci eravamo radunati all'Edmund Pettus Bridge e avevamo cercato di marciare per i nostri diritti di voto. Ci picchiarono e ci aizzarono contro quei cani». Mi guardò mestamente. «Io ho provato a muovermi, avvocato Stevenson, io volevo muovermi, ma proprio non ce l'ho fatta».

Mentre parlava, pareva che una tristezza infinita l'avesse avvinta. Scostò la mia mano e andò via. La osservai salire su un'automobile con a bordo altre persone che prima avevo notato in aula.

Con l'umore un po' incupito, guidai fino al motel per iniziare a preparare l'ultimo giorno dell'udienza.

Volendomi assicurare che non vi fossero problemi, l'indomani arrivai di buon mattino in tribunale. Ben presto fu chiaro che per sostenere l'accusa si erano presentate davvero poche persone. E per quanto il metal detector e il cane fossero ancora lì, alla porta non c'era nessun agente che impedisse alla gente di colore l'accesso in aula. Una volta dentro, notai una delle donne che, la sera prima, erano andate via con la signora Williams. Mi venne incontro e si presentò come la figlia della signora Williams. Mi ringraziò per aver cercato di dare conforto alla madre.

«Quando è tornata a casa, ieri sera, era davvero turbata. Non ha mangiato nulla, non ha parlato con nessuno, è andata direttamente a letto. L'abbiamo sentita pregare tutta la notte. Questa mattina ha chiamato il reverendo e l'ha implorato di concederle un'altra possibilità di poter rappresentare la comunità all'udienza. Quando mi sono alzata dal letto lei era già in piedi, vestita e pronta per venire in tribunale. Le ho detto che non era necessario che venisse, ma non ha voluto intendere ragioni. Ne ha passate tante e, insomma, mentre venivamo qui non faceva altro che ripetere: “Signore, non devo aver paura dei cani, non devo aver paura dei cani”».

Mi stavo ancora scusando con la figlia per ciò che i funzionari del tribunale avevano fatto il giorno prima, quando improvvisamente vi fu del trambusto presso la porta dell'aula. Entrambi sollevammo lo sguardo e scorgemmo la signora Williams in piedi. Anche oggi era vestita in modo impeccabile, con la sua sciarpa e il cappellino. Teneva stretta al fianco la propria borsa e sembrava barcollare all'ingresso. Riuscivo a sentirla mentre, ripetendolo in continuazione, diceva a se stessa: «Non ho paura dei cani, non ho paura dei cani». Vidi i funzionari che la lasciavano avanzare. Mentre attraversava a passo lento il metal detector, teneva dritto il capo ripentendo di continuo: «Non ho paura dei cani». Era impossibile distogliere lo sguardo. Riuscì a passare il metal detector e fissò il cane. Poi, a voce abbastanza alta perché la udissero tutti, cantò a gran voce: «Non ho paura dei cani».

Superò il cane e attraversò l'aula. Gli altri neri che erano già entrati sorrisero di gioia al suo passaggio. Si andò a sedere quasi di fronte alla corte, dopodiché si voltò verso di me con un ampio sorriso e annunciò: «Avvocato Stevenson, io sono qui!».

«Signora Williams, sono lieto di vederla qui. La ringrazio per essere venuta».

L'aula si riempì e io iniziai a raccogliere le mie carte. Walter fu portato in sala, era il segnale che stava per avere inizio l'udienza. Fu allora che udii la signora Williams chiamare il mio nome.

«No, avvocato Stevenson, lei non mi ha sentita. Ho detto che io sono qui». Parlò a voce molto alta e io rimasi un po' confuso e imbarazzato. Mi voltai e le feci un sorriso.

«No, signora Williams, l'ho sentita e sono lieto che lei sia qui». Quando la guardai, però, era come se fosse in un mondo tutto suo.

L'aula era piena di gente e, quando entrò il giudice, l'usciere richiamò all'ordine la corte. Come da prassi, tutti si alzarono in piedi. Quando il giudice salì al banco e si accomodò, anche i presenti in sala si misero seduti. Ci fu una pausa insolitamente lunga mentre tutti attendevamo che il giudice parlasse. Mi accorsi che la gente fissava qualcosa alle mie spalle, e fu allora che mi girai e vidi che la signora Williams era ancora in piedi. L'aula si fece particolarmente silenziosa. Tutti gli occhi erano puntati su di lei. Io provai a farle cenno di andarsi a sedere, ma a quel punto lei reclinò indietro il capo e gridò: «Io sono qui!». Mentre si andava a sedere la gente ridacchiò nervosamente, ma quando lei rivolse lo sguardo verso di me, vidi che i suoi occhi erano pieni di lacrime.

In quel momento, avvertii un che di particolare, un profondo senso di riconoscimento. Adesso sorridevo, perché sapevo che lei stava dicendo alla sala: «Potrò anche essere vecchia, potrò anche essere povera, potrò anche essere nera, ma io sono qui. Io sono qui perché ho questa visione della giustizia che mi impone di essere una testimone. Io sono qui perché ho il dovere di essere qui. Io sono qui perché non potete tenermi lontana».

Sorrisi alla signora Williams mentre, tutta orgogliosa, si metteva a sedere. Per la prima volta da quando avevo iniziato a lavorare al caso, tutto quello che ci stavamo impegnando a ottenere sembrava avere finalmente un senso. Mi ci volle un minuto prima che mi rendessi conto che il giudice stava chiamando il mio nome, chiedendomi con impazienza di iniziare.

L'ultimo giorno di udienza andò bene. Una mezza dozzina di persone che erano state rinchiuse nella prigione della contea o incarcerate nel penitenziario insieme a Ralph Myers lo aveva sentito dichiarare di essere stato costretto a testimoniare il falso contro Walter McMillian. Eravamo riusciti a rintracciarne la maggior parte e le avevamo portate a testimoniare. I fatti riferiti da queste persone furono del tutto coerenti. Isaac Dailey, che era stato falsamente accusato da Myers di aver commesso l'omicidio Pittman, spiegò come Myers avesse ingiustamente coinvolto Walter nell'assassinio della Pittman. Dopo essere stato arrestato, Ralph aveva confidato a Dailey che lui e Karen avevano discusso di come addossare l'omicidio Pittman a Walter. «Ci raccontò che lui e Karen avevano commesso l'omicidio e che avevano complottato per farlo ricadere su Johnny D».

Un altro detenuto che aveva scritto delle lettere per Myers nella prigione della Contea di Monroe spiegò che Ralph non conosceva McMillian, non era a conoscenza dell'omicidio Morrison ed era stato messo sotto pressione della polizia perché testimoniasse il falso contro McMillian.

La prova più schiacciante, però, la riservammo per il finale. I nastri che Tate, Benson e Ikner avevano inciso durante gli interrogatori fatti a Myers erano particolarmente drammatici. Le numerose dichiarazioni registrate che Myers aveva fornito alla polizia vedevano Ralph asserire ripetutamente di non sapere nulla sull'omicidio Morrison o su Walter McMillian. Questi includevano anche le minacce dei pubblici ufficiali contro Myers e le sue resistenze a incastrare un innocente per omicidio. Queste incisioni non solo confermavano la ritrattazione di Ralph contraddicendo la sua testimonianza al processo, ma smascheravano la menzogna che Pearson aveva raccontato alla corte, alla giuria e ai difensori di McMillian: vale a dire che fossero solamente due le dichiarazioni rilasciate da Myers. Quest'ultimo, infatti, aveva fornito alla polizia almeno altre sei dichiarazioni, ampiamente coerenti con quanto testimoniato all'udienza della Norma 32, in cui aveva affermato di non avere informazioni secondo cui Walter McMillian avrebbe commesso l'omicidio di Ronda Morrison. Tutte queste dichiarazioni messe a verbale erano incise su nastro, erano scagionanti ed erano a favore di Walter McMillian, ma nessuna era stata comunicata ai legali di McMillian come previsto dalla legge.

Chiamai a deporre Bruce Boynton e J.L. Chestnut, gli avvocati della difesa al processo di McMillian, perché testimoniassero quanto avrebbero potuto fare in più per ottenere l'assoluzione se solo la pubblica accusa avesse trasmesso loro le prove che invece aveva occultato. Concludemmo la presentazione delle prove e, con nostra sorpresa, l'accusa non mosse alcuna obiezione. Ignoravo che cosa avrebbero potuto avanzare per confutare le nostre evidenze, tuttavia avevo dato per scontato che avrebbero presentato *qualcosa*. Anche il giudice pareva sorpreso. Fece una pausa, dopodiché annunciò di volere che le parti presentassero una memoria scritta in cui avrebbero argomentato quale era la decisione da loro auspicata. Era quello che noi speravamo e io fui sollevato che la corte ci desse il tempo per illustrare il significato di tutte le prove fornite, mettendole per iscritto e offrendogli la nostra assistenza per redigere la sua ordinanza, un provvedimento che mi auguravo avrebbe ridato la libertà a Walter. Al termine di tre giorni di acceso contenzioso, il giudice aggiornò i lavori al tardo pomeriggio.

Quell'ultima mattina di udienza, Michael e io eravamo usciti di fretta senza fare il check-out in hotel prima di correre in tribunale. In aula salutammo la famiglia di Walter e rientrammo in albergo, esausti ma soddisfatti.

Bay Minette, la cittadina in cui si era svolta l'udienza, si trova a circa trenta minuti dalle spiagge meravigliose del Golfo del Messico. Avevamo preso l'abitudine di portare in spiaggia il nostro staff, ogni settembre, e tutti ci eravamo innamorati delle acque calde e cristalline del Golfo. La sabbia bianca e il lungomare, delizioso e scarsamente cementificato, erano spettacolari e rilassanti. La vista era leggermente rovinata dalle imponenti piattaforme petrolifere al largo, che si potevano scorgere a distanza, ma se non ci si badava, si aveva l'impressione di essere in paradiso. I delfini amavano questa parte del Golfo e al mattino presto era possibile avvistarli mentre, giocosi, si muovevano nell'acqua. Avevo pensato spesso che non sarebbe stato male trasferire il nostro ufficio proprio lì, sulla spiaggia.

Era stato Michael a suggerire di fare un salto da quelle parti prima di tornare a Montgomery. Io non ero sicuro che fosse una buona idea, ma la giornata era così calda e la costa talmente vicina da non poter resistere. Saltammo in auto seguendo le ultime ore di luce fino alle splendide spiagge vicino a Fort Morgan, in Alabama. Appena arrivati, Michael si tolse l'abito per mettersi il costume e andò di corsa dentro l'oceano. Io ero troppo stanco per precipitarmi in acqua, perciò indossai dei pantaloncini e mi sedetti sul bagnasciuga. Presto sarebbe arrivato il crepuscolo, ma il calore perdurava. La mia testa era piena di tutto quello che era accaduto in tribunale: riconsideravo ciò che i testimoni avevano detto e mi preoccupavo se tutto fosse andato esattamente come doveva. Mentalmente, stavo passando al setaccio ogni dettaglio, ogni possibile passo falso, finché non mi fermai. Era finita; adesso non serviva a nulla ammattire rimuginandoci sopra. Decisi quindi di tuffarmi nell'oceano e, per il momento, di dimenticare ogni cosa.

Di recente, mentre ero bloccato in aeroporto senza nulla da leggere, mi ero imbattuto in un articolo sugli attacchi degli squali. Affrontando le onde a Fort Morgan, ora accese dal tramonto, mi ricordai che gli squali si nutrono all'alba e al crepuscolo. Osservavo Michael che nuotava al largo e, non senza un qual certo umorismo, sapevo che se fosse sopraggiunto uno squalo sarei stato io il bersaglio più vulnerabile. Michael nuotava come un pesce, laddove io riuscivo a malapena a stare a galla.

Michael agitò le braccia verso di me e gridò: «Sii uomo, vieni quaggiù!». Mi avventurai con cautela nell'acqua, abbastanza al largo da potergli comunicare i miei timori sugli squali. Scoppiò a ridere. L'acqua era calda e incantevole, un conforto del tutto inatteso. Un banco di pesci guizzò tra le mie gambe e io li osservai con meraviglia finché non mi venne in mente che forse potevano essere in fuga da un predatore più grande. Con prudenza, riguadagnai quindi la riva.

Mi sedetti sulla battigia sabbiosa a osservare i pellicani, di un bianco lucente, mentre volteggiavano senza sforzo sopra le acque in cerca di cibo. Intorno a me sgambettavano dei piccoli granchi violinisti, troppo timorosi per avvicinarsi ma abbastanza curiosi da indugiare nei paraggi. Il mio pensiero andò a Walter, che stava tornando a Holman, ancora una volta in ceppi nel retro del cellulare. Volevo che fosse fiducioso, ma sufficientemente realista, da poter affrontare ogni decisione della corte. Pensai alla sua famiglia e alle persone che erano venute in tribunale. Nei cinque anni che erano trascorsi dacché Walter era stato arrestato, tutte avevano mantenuto viva la propria fede e adesso avevano motivo di sentirsi galvanizzate e incoraggiate. Ripensai alla signora Williams. Conclusa l'udienza, era venuta da me e mi aveva dato un bacio tenero sulla guancia. Le dissi quanto fossi felice che fosse tornata in tribunale. Lei mi lanciò uno sguardo faceto. «Avvocato Stevenson, lo *sa* che sarei venuta qui e lo *sa* che non avrei permesso a questa gente di tenermi lontana». Le sue parole mi fecero sorridere.

Michael uscì dall'acqua con aria preoccupata.

«Che hai visto?», ironizzai. «Uno squalo? Un'anguilla? Meduse velenose? Una pastinaca? Dei piraña?».

Era senza fiato. «Ci hanno minacciati, ci hanno mentito, c'è stato chi ci ha detto che alcune persone nella contea erano così irritate da quello che stavamo facendo che ci avrebbero uccisi. Che cosa pensi faranno ora che sanno quante prove abbiamo dell'innocenza di Walter?».

Anche io mi ero soffermato su questo pensiero. I nostri avversari avevano fatto di tutto per incastrare Walter, con l'intenzione di ucciderlo. Ci avevano mentito e avevano sovvertito il processo giudiziario. Erano stati in molti a riferirci di aver sentito, nella comunità, dei tipi arrabbiati che lanciavano minacce contro la nostra vita, perché convinti che stessimo cercando di aiutare un reo di omicidio a uscire dal braccio delle morte.

«Non lo so», dissi a Michael, «ma dobbiamo insistere, accidenti, dobbiamo insistere».

Entrambi eravamo seduti in quel silenzio, a osservare il sole che moriva nell'oscurità. Dalle loro tane sbucarono ancora più granchi, zampettando all'impazzata e avvicinandosi lì dove ci eravamo messi. Mi voltai verso Michael con le tenebre ormai sempre più vicine.

«È ora di andare».

10
Attenuanti

I penitenziari degli Stati Uniti sono diventati dei parcheggi per i malati psichiatrici. L'incarcerazione di massa è stata fortemente incrementata da politiche sbagliate per le droghe e da un uso eccessivo delle condanne, ma l'incarcerazione di centinaia di migliaia di cittadini poveri e affetti da disturbi mentali è stato uno dei fattori trainanti che ci hanno portati a un tasso di reclusioni da record. E tutto questo ha creato problemi senza precedenti.

Il mio primo incontro con Avery Jenkins era avvenuto al telefono. Fu lui a chiamarmi, ma nell'esprimersi si dimostrò alquanto incoerente. Non riuscì a spiegare il motivo per cui era stato condannato e neppure a descrivermi in maniera chiara che cosa volesse che io facessi per lui. Si lamentava delle condizioni in cui era recluso per poi, improvvisamente, cambiare discorso appresso a un altro pensiero sopraggiunto a caso. Mi mandò anche delle lettere, ma pure quelle erano difficili da seguire come le sue telefonate, perciò decisi di parlare con lui di persona, per cercare di comprendere in che modo poterlo aiutare.

Per oltre un secolo, l'assistenza fornita dalle istituzioni agli americani affetti da serie patologie mentali era andata alternandosi tra le strutture ospedaliere e quelle di reclusione impiantate per gestire i soggetti con disturbi psichiatrici. Alla fine del XIX secolo, allarmati dalle condizioni di trattamento disumane inflitte alle persone rinchiuse per queste patologie, Dorothea Dix e il reverendo Louis Dwight avevano portato avanti con successo una campagna volta a liberare dalle carceri i malati di mente. Pertanto, il numero di soggetti incarcerati per gravi disturbi psichiatrici subì un brusco calo, mentre iniziarono a nascere strutture per la salute mentale, sia pubbliche che private, volte a offrire cure ai soggetti affetti da questo tipo di patologie. Ben presto, ovunque cominciarono a sorgere ospedali psichiatrici statali.

Verso la metà del XX secolo, gli abusi all'interno di questi istituti salirono agli onori della cronaca e la segregazione contro la volontà delle persone divenne un serio problema. Le famiglie, gli insegnanti e i tribunali spedivano dentro queste strutture migliaia di soggetti per via delle loro eccentricità che, tuttavia, più che frutto di gravi disturbi mentali, erano attribuibili alle resistenze da loro opposte alle regole sociali, culturali e sessuali. Spesso, gli omosessuali, chi rifiutava le norme di genere o chi avviava frequentazioni interrazziali si ritrovavano internati contro la loro volontà. L'introduzione di farmaci antipsicotici a base di clorpromazina diede grandi speranze a molte persone la cui salute psichica era afflitta da disturbi gravi; tuttavia, in molti istituti psichiatrici è stato fatto un uso davvero eccessivo di questi farmaci, il che ha prodotto effetti collaterali e abusi tremendi. In alcune strutture, i protocolli di trattamento aggressivi e violenti hanno dato origine a vicende orribili, che a loro volta hanno promosso una nuova campagna, questa volta finalizzata a tirare fuori le persone da queste realtà istituzionali destinate alla salute mentale.

Negli anni Sessanta e Settanta del secolo scorso furono emanate diverse leggi che hanno reso più difficile l'internamento contro la volontà[1]. Per molti Stati, la dimissione dei malati dalle strutture di ricovero divenne un vero e proprio obiettivo. I sostenitori e i difensori della salute mentale riuscirono a ottenere delle vittorie in una serie di casi sottoposti alla Corte Suprema, in forza delle quali gli Stati si videro costretti a trasferire chi era internato in questi istituti all'interno di programmi attivati dalle comunità. Queste sentenze legali hanno dato alle persone con disabilità evolutive la facoltà di rifiutare le terapie e hanno istituito, per i disabili mentali, dei diritti grazie ai quali il ricovero coatto è divenuto molto meno frequente. Dagli anni Novanta del Novecento, in molti Stati il tasso di dimissione dalle strutture di ricovero è salito di oltre il 95 per cento, il che vuol dire che per ogni cento pazienti che prima dell'avvio dei programmi di dimissione erano presenti negli ospedali statali, all'epoca in cui fu condotto lo studio degli anni Novanta ne rimanevano meno di cinque. Nel 1955, i posti letto nei reparti psichiatrici erano uno ogni trecento americani; cinquant'anni dopo, ce n'era uno ogni tremila.

Sebbene fosse urgente il bisogno di attuare simili riforme, la dimissione dalle strutture di ricovero è andata a incrociarsi con il diffondersi delle politiche di incarcerazione di massa – che hanno ampliato le norme penali e l'emissione di condanne più severe –, producendo effetti disastrosi. Per i soggetti poveri dimessi dalle strutture psichiatriche e affetti da handicap mentali il "mondo libero" è diventato un posto pericoloso. Le disabilità di molti di questi soggetti, persone con un reddito troppo basso per ricevere i trattamenti e i farmaci necessari, hanno aumentato drasticamente le probabilità di un incontro con la polizia che, alla fine, si è concluso con un periodo di reclusione in una prigione locale o in un penitenziario statale. La prigione e il carcere sono diventati la strategia messa in atto dallo Stato per gestire la crisi sanitaria prodotta dall'uso e dalla dipendenza da droghe. Pertanto, i penitenziari hanno finito per essere investiti da un'ondata di persone affette da disturbi mentali, colpevoli di reati minori e crimini legati alla droga, o semplicemente di comportamenti che le loro comunità non erano disposte a tollerare.

Oggi, negli Stati Uniti, oltre la metà dei detenuti presenti nelle prigioni locali e nelle carceri statali è affetta da una patologia mentale diagnosticata, un tasso quasi cinque volte maggiore rispetto a quello della popolazione generale in età adulta presente nel paese[2]. Quasi un detenuto su cinque ha una malattia psichiatrica grave[3]. Difatti, in queste strutture il numero di individui affetti da seri disturbi mentali è più di tre volte superiore a quello presente negli ospedali; in alcuni Stati è addirittura dieci volte superiore[4]. E il carcere è un luogo terribile per chi soffre di malattie psichiatriche o disturbi neurologici, patologie che chiaramente le guardie penitenziarie non sono state addestrate a comprendere.

Per esempio, quando lavoravo ancora ad Atlanta, il nostro ufficio fece causa al famigerato Penitenziario Angola in Louisiana per essersi rifiutato di modificare una politica in base alla quale i detenuti nelle celle di isolamento dovevano far passare le proprie mani attraverso le sbarre, affinché fossero ammanettati prima che gli agenti entrassero dentro per trasferirli. Le volte in cui cadevano in preda alle convulsioni, i prigionieri disabili con disturbi epilettici o convulsivi necessitavano di assistenza all'interno delle loro celle e, dal momento che non erano in grado di mettere le mani tra le sbarre, le guardie usavano i lacrimogeni o gli estintori per contenerli. Questo tipo di intervento non faceva che aggravare i problemi di salute dei detenuti e, in alcuni casi, ne provocava il decesso.

Moltissimi penitenziari sovraffollati non sono in grado di fornire l'assistenza e le terapie necessarie ai malati psichiatrici. Questa mancanza di terapie non è che una delle innumerevoli regole che rendono la vita nelle carceri impossibile per tanti disabili. Altri detenuti sfruttano a proprio vantaggio o reagiscono con violenza ai sintomi comportamentali di chi è affetto da disturbi psichiatrici. E non è raro che i secondini, in preda alla frustrazione, li sottopongano a punizioni crudeli, all'isolamento o alle più estreme tra le forme di reclusione adottabili. Molti giudici, pubblici ministeri e avvocati difensori fanno ben poco per riconoscere i bisogni speciali dei disabili mentali, cosa che conduce a condanne ingiuste, a termini di carcerazione più lunghi e a tassi elevati di recidività.

Una volta rappresentai legalmente un malato psichiatrico di nome George Daniel, il quale era rinchiuso nel braccio della morte dell'Alabama. George aveva riportato dei danni cerebrali in seguito a un incidente automobilistico avvenuto una sera tardi a Houston, in Texas, in cui aveva perso conoscenza. Al risveglio, si era ritrovato nell'auto capovolta lungo il bordo della strada. Quella sera rientrò a casa e non si rivolse mai a un medico per chiedere assistenza. Successivamente, la sua ragazza raccontò ai familiari di George che all'inizio lui sembrava semplicemente un po' sfasato. Dopo, però, cominciò ad avere allucinazioni e comportamenti sempre più bizzarri e imprevedibili. Non dormiva più regolarmente, lamentava di sentire delle voci e in due occasioni corse fuori casa nudo perché credeva di essere inseguito dalle vespe. A una settimana dall'incidente, aveva ormai smesso di esprimersi formulando delle frasi. Subito prima che venisse chiamata la madre, la quale viveva a Montgomery, perché desse il suo aiuto a convincerlo ad andare in ospedale, nel cuore della notte George salì su un pullman della Greyhound. Viaggiò fin dove lo portarono i soldi che aveva in tasca.

Disorientato e poco comunicativo, fu costretto a scendere dal pullman a Hurtsboro, in Alabama, poiché aveva inquietato alcuni passeggeri con il suo parlare da solo ad alta voce e gesticolare all'impazzata contro oggetti che immaginava gli ronzassero attorno. Il pullman era passato da Montgomery, dove vivevano dei parenti, ma George era rimasto a bordo finché non venne buttato giù, senza soldi e con indosso soltanto dei jeans e una maglietta, e senza scarpe, in pieno gennaio. Si mise a vagare per Hurtsboro e alla fine si fermò presso una casa. Bussò alla porta e, quando gli fu aperto, entrò dentro senza essere invitato e si mise a girare finché non raggiunse il tavolo in cucina, dove si mise seduto. La proprietaria di casa, allarmata, chiamò il figlio, il quale accorse e afferrò George per buttarlo fuori dall'abitazione. Lui allora andò in un'altra casa, in cui abitava una signora anziana, e lì fece la stessa cosa. La donna chiamò la polizia. L'agente che rispose alla chiamata era noto per la sua aggressività e portò George fuori dall'abitazione con la forza. Mentre veniva trascinato verso l'auto della polizia, iniziò a opporre resistenza, ne nacque una colluttazione ed entrambi finirono a terra. L'agente estrasse l'arma e i due lottarono in un corpo a corpo per la pistola, quando da questa partì uno sparo che colpì l'agente allo stomaco. L'uomo morì in seguito alla ferita prodotta dal proiettile.

George fu arrestato e accusato di omicidio di primo grado. Mentre era nella prigione della Contea di Russell, fu colto da una crisi psicotica acuta. Gli agenti riferirono che non voleva abbandonare la propria cella. Fu visto mangiare le proprie feci. La madre andò a fargli visita, ma lui non la riconobbe. Non riusciva a esprimersi con frasi complete. La maggiore preoccupazione dei due avvocati assegnatigli per la difesa nel processo per omicidio fu che solo uno di loro avrebbe ricevuto i 1.000 dollari previsti dallo Stato dell'Alabama come compenso da dare ai difensori d'ufficio per il tempo necessario alla preparazione della causa fuori dal tribunale. Iniziarono quindi a bisticciare e finirono con il farsi causa a vicenda per stabilire chi di due avesse il diritto di esigere il denaro[5]. Nel frattempo, il giudice spedì George al Bryce Hospital di Tuscaloosa perché venisse eseguita una perizia. Non si sa per quale mistero, ma Ed Seger, il dottore che lo esaminò, concluse che George non fosse affetto da disturbi mentali, bensì che si stesse «fingendo malato» e che stesse simulando i sintomi di una patologia psichiatrica.

Sulla base di quella perizia, il giudice decise di procedere con il processo per omicidio di primo grado. Gli avvocati di George litigarono tra loro, non presentarono alcuna difesa e non chiamarono a deporre nessun testimone. L'accusa chiamò il dottor Seger, il quale convinse la giuria che la mente di George non aveva nulla che non andasse, e questo sebbene durante il processo lui non avesse fatto altro che sputare in una tazza e produrre degli schiocchi fragorosi. I familiari di George erano disperati. Prima dell'incidente, lui aveva lavorato al Pier 1, un negozio di arredamenti a Houston. Aveva lasciato la città senza ritirare l'assegno dello stipendio, che già due giorni prima che lui partisse era pronto per essere incassato. Sua madre, una donna povera che sapeva bene quanto valore avesse un dollaro per uno come George, tra tutti quelli che aveva notato ritenne questo il comportamento più indicativo della patologia mentale del figlio e autorizzò i difensori a ritirare l'assegno non riscosso, con la speranza che lo presentassero al processo quale conferma dello stato di confusione mentale in cui versava George. I due avvocati, invece, ancora in lite per il denaro, incassarono l'assegno per pagare se stessi anziché usarlo come prova.

George fu giudicato colpevole e condannato alla pena

di morte[6]. All'epoca in cui entrammo in campo noi dell'EJI, lui si trovava nel braccio della morte da diversi anni ed era ormai avviato inesorabilmente all'esecuzione. Quando lo incontrai, i medici del carcere gli somministravano cure pesanti mediante farmaci psicotropi, che quantomeno rendevano stabile il suo comportamento. La patologia mentale di George era talmente manifesta che non fu uno shock scoprire che il dottore che lo aveva esaminato al Bryce Hospital era un impostore privo di una formazione medica. Il "dottor Ed Seger" aveva contraffatto le proprie credenziali. Pur non essendosi mai laureato al college, era riuscito a trarre in inganno i funzionari dell'ospedale facendo credere loro di essere un medico qualificato con una specializzazione in psichiatria. Prima che il suo imbroglio venisse scoperto, per *otto anni* riuscì a portare avanti la propria finzione in ospedale, svolgendo perizie sulle facoltà di soggetti accusati di un crimine.

Assunsi la difesa di George nel procedimento che si sarebbe tenuto presso la corte federale. In quella sede, la pubblica accusa riconobbe che Seger era un impostore, ma non ritenne che George avesse diritto a un nuovo processo. Alla fine, ottenemmo una decisione a nostro favore da parte del giudice federale, il quale ribaltò la condanna e la sentenza[7]. Considerate la sua patologia mentale e la sua incapacità, George non fu mai processato né perseguito nuovamente. Da allora, è sempre rimasto in un istituto per la salute mentale. Tuttavia, sono probabilmente centinaia gli altri individui incarcerati in base a una perizia del "dottor Seger" e la cui condanna non è mai stata riesaminata.

Molti miei clienti nel braccio della morte soffrivano di gravi malattie mentali, tuttavia, dal momento che i sintomi delle loro disabilità potevano essere episodici e spesso erano indotti dallo stress, non sempre era palese che i trascorsi delle loro patologie fossero iniziati già prima che entrassero in carcere. Le lettere di Avery Jenkins però, scritte a mano in caratteri talmente piccoli da costringermi a usare una lente d'ingrandimento per riuscire a leggerle, mi persuasero che fosse un soggetto seriamente malato e da molto tempo.

Studiai il suo caso e iniziai a mettere insieme i pezzi della sua storia. Come venni a scoprire, era stato condannato per l'omicidio brutale, e decisamente inquietante, di un uomo anziano. Le molteplici coltellate inflitte sulla vittima inducevano il forte sospetto di trovarsi di fronte a una patologia mentale, tuttavia negli atti e nei fascicoli del tribunale non veniva mai menzionato in alcun modo che Jenkins soffrisse di una disabilità. Ritenni quindi che mi sarei fatto un'idea più chiara incontrandolo di persona.

Quando mi fermai nel parcheggio della prigione, notai posteggiato lì un pick-up che sembrava un santuario dedicato al Vecchio Sud: era interamente ricoperto di adesivi inquietanti, decalcomanie della bandiera della Confederazione e altre immagini allarmanti. Al Sud le targhe con la bandiera dei Confederati si vedono ovunque, ma alcuni di quegli adesivi erano per me nuovi. Molti avevano per soggetto delle pistole e l'identità sudista. Su uno di questi c'era scritto: «Se avessi saputo che sarebbe finita così, avrei scelto il mio dannato cotone». Anche se ero cresciuto circondato dalle immagini del Sud dei Confederati, e sebbene avessi lavorato per molti anni nel Profondo Sud, rimasi piuttosto scosso da questi simboli.

L'epoca della storia americana seguita alla Ricostruzione aveva sempre suscitato in me un interesse particolare. Mia nonna era figlia di gente tenuta in schiavitù. Era nata in Virginia negli anni Ottanta dell'Ottocento, dopo il ritiro delle truppe federali e l'inizio di un regno fatto di terrore e violenza, concepito per negare ogni diritto politico e sociale agli afroamericani. Suo padre le aveva raccontato di come i neri, da poco emancipati, fossero stati fondamentalmente schiavizzati di nuovo dagli ex ufficiali e soldati confederati, i quali ricorrevano alla violenza, all'intimidazione, al linciaggio e al peonaggio, al fine di mantenere gli afroamericani sottomessi ed emarginati. Quando i democratici sudisti si riappropriarono con la violenza del potere politico, i genitori di mia nonna rimasero profondamente amareggiati da come fu infranta la promessa di libertà e uguaglianza dopo la schiavitù.

Gruppi terroristici come il Ku Klux Klan iniziarono a indossare delle cappe con i simboli del Sud dei Confederati, per intimidire e vittimizzare migliaia di neri. Nulla riusciva a inquietare gli insediamenti rurali dei neri più delle voci riguardanti le attività del Klan, lì nelle vicinanze. Per cento anni, ogni accenno di progresso al Sud per la gente di colore poteva scatenare una reazione da parte dei bianchi i quali, inevitabilmente, avrebbero fatto ricorso ai simboli dei Confederati e parlato di opporre resistenza. Al volgere del secolo, poco dopo che i bianchi riscrivessero la Costituzione dello Stato per garantire la propria supremazia, in Alabama il Giorno di commemorazione dei Confederati venne dichiarato festa dello Stato, una festività che ancora oggi viene celebrata[8]. Quando i veterani neri tornarono al Sud dopo la seconda guerra mondiale, i politici di quegli Stati crearono un blocco "Dixiecrat" con l'intento di preservare la segregazione razziale e la dominazione dei bianchi, per paura che il servizio militare potesse incoraggiare i veterani di colore a mettere in discussione i principi della segregazione[9]. Negli anni Cinquanta e Sessanta del Novecento, l'attivismo per i diritti civili e le nuove leggi federali generarono la medesima resistenza nei confronti dei progressi razziali, e ancora una volta portarono al culmine l'uso dell'immaginario legato alla Confederazione. Infatti, fu proprio negli anni Cinquanta, dopo che la segregazione nelle scuole pubbliche venne dichiarata incostituzionale nella causa *Brown contro il Ministero dell'Istruzione*, che molti Stati del Sud issarono le bandiere della Confederazione in cima ai propri edifici governativi[10]. Durante l'epoca della lotta per i diritti civili, in tutto il Sud non fecero che proliferare i monumenti, i memoriali e l'immaginario dedicati ai Confederati. Fu proprio in quel periodo che il compleanno di Jefferson Davis, il presidente della Confederazione, fu aggiunto alle feste statali dell'Alabama. Ancora oggi qui le banche, gli uffici e le istituzioni dello Stato chiudono in suo onore.

Una volta, in occasione di un'udienza prima del processo, protestai contro l'esclusione degli afroamericani dalla lista dei possibili giurati. In quella particolare comunità rurale del Sud, benché la popolazione fosse composta per il 27 per cento da gente di colore, solo il 10 per cento dei possibili giurati era composto di neri. Quando fornii i dati e presentai le mie argomentazioni sull'incostituzionalità dell'esclusione degli afroamericani, il giudice protestò con veemenza.

«Accoglierò la sua mozione, signor Stevenson, tuttavia sarò onesto. Sono decisamente stufo di sentir parlare sempre dei diritti delle minoranze. Afroamericani, messicano-statunitensi, asioamericani, nativi americani… Quand'è che qualcuno verrà nella mia corte e proteggerà i diritti dei Confederati americani?». Il giudice mi colse totalmente alla sprovvista. Volevo chiedere se essere nato al Sud o se vivere in Alabama facesse di me un Confederato americano, ma lasciai perdere.

Mi fermai nel cortile del penitenziario per dare meglio

un'occhiata a quel pick-up. Non potei fare a meno di andargli vicino e leggere quegli adesivi provocatori. Tornai indietro, diretto ai cancelli principali del carcere, e provai a recuperare la concentrazione, ma non riuscivo a fare finta di nulla di fronte a quelli che percepivo come dei simboli di oppressione razziale. Ero già stato spesso in quel penitenziario, per cui molti degli agenti correzionali mi erano familiari, tuttavia appena varcai la soglia mi imbattei in un secondino che non avevo mai visto prima. Era un uomo bianco alto quanto me – circa un metro e ottantatré centimetri –, con una corporatura muscolosa. Sembrava sulla quarantina e portava i capelli tagliati corti, in stile militare. Mi stava fissando, freddamente, con i suoi occhi blu come l'acciaio. Mi mossi verso il cancello che immetteva all'ingresso della sala destinata alle visite, dove mi aspettavo che, come al solito, sarei stato perquisito prima di accedere all'area per gli incontri. Quell'agente mi si parò davanti e mi impedì di procedere.

«Che cosa sta facendo?», mi ringhiò contro.

«Sono qui per una visita legale», gli replicai. «Il mio incontro era previsto per l'inizio di questa settimana. Il personale dell'ufficio del direttore ha i documenti». Feci un sorriso e parlai il più cortesemente possibile per smorzare i toni.

«Va bene, va bene, però prima dobbiamo perquisirla».

Non era facile ignorare il suo atteggiamento palesemente ostile, ma feci del mio meglio.

«Okay, devo togliermi le scarpe?». A volte, gli agenti più intransigenti mi facevano togliere le scarpe prima di entrare.

«Se vuole entrare nel mio carcere, prima dovrà andare in quel bagno e togliersi tutti i vestiti di dosso».

Rimasi scioccato, tuttavia parlai con tutta la gentilezza che riuscii a esprimere. «Oh no, mi scusi. Credo che si stia sbagliando. Io sono un avvocato. Gli avvocati non sono tenuti a farsi perquisire per avere accesso alle visite legali».

Anziché calmarlo, questo sembrò irritarlo ulteriormente. «Senta, non so chi si crede di essere, ma lei non entrerà nel mio carcere se prima non si atterrà ai nostri protocolli di sicurezza. Perciò, o va in quel bagno e si spoglia oppure può anche tornarsene da dove è venuto».

Di tanto in tanto, entrando nei penitenziari mi erano già capitati alcuni incontri difficili con degli agenti, soprattutto nelle piccole prigioni di contea o nei posti in cui non ero mai stato prima, ma questa situazione era più che mai inconsueta.

«Sono già stato molte volte in questo carcere e non mi è mai stato chiesto di sottopormi a una perquisizione. Non credo che questa sia la procedura», dissi in tono più deciso.

«Be', non so e non mi importa che cosa facciano gli altri, ma questo è il protocollo che adotto io». Valutai se provare a rivolgermi a un assistente del direttore, ma mi resi conto che non sarebbe stato facile e, in ogni caso, sarebbe stato improbabile che un assistente del direttore desse torto a un agente davanti a me. Per quella visita mi ero fatto due ore di macchina e per le tre settimane successive la mia agenda era fitta di impegni; se non l'avessi fatto in quel momento, non sarei riuscito a tornare tanto presto in quel carcere. Andai nel bagno e mi tolsi i vestiti. L'agente entrò dentro e mi ispezionò con un'aggressività immotivata, dopodiché bofonchiò che ero pulito. Rimisi l'abito e uscii fuori.

«Adesso vorrei entrare nella sala per le visite». Cercai di recuperare un po' di dignità, parlando con maggiore risolutezza.

«Be', deve tornare indietro e firmare il registro».

Parlò in tono tranquillo, ma stava palesemente tentando di provocarmi. Per gli incontri con i familiari il penitenziario aveva un libro delle visite, che però non veniva utilizzato per le visite legali. Io avevo già firmato il registro per gli avvocati. Non aveva senso che firmassi anche un secondo registro.

«Gli avvocati non sono tenuti a firmare quel libro…».

«Se lei vuole entrare nel mio carcere, dovrà firmare quel libro». Adesso sembrava sogghignare. Io cercai di mantenere la calma.

Mi voltai, andai verso il libro e vi apposi il mio nome. Tornai indietro verso la sala per le visite e mi misi ad attendere. Sulla porta a vetri c'era un lucchetto che doveva essere aperto per poter accedere all'area in cui avrei potuto incontrare il mio cliente. Finalmente, l'agente estrasse le sue chiavi per aprire la porta. Rimasi lì in silenzio, sperando di poter accedere dentro senza ulteriori intoppi. Aperta la porta, feci un passo in avanti ma lui mi afferrò il braccio per fermarmi. Quando parlò, abbassò il tono di voce.

«Ehi, amico, per caso nel cortile per i visitatori hai mica visto un pick-up parcheggiato con su un mucchio di adesivi, bandiere e una rastrelliera per le armi?».

Cautamente risposi: «Sì, l'ho visto».

Nel parlare il suo volto si fece più duro. «Voglio che tu sappia che quello è il mio camioncino». Mollò la presa del mio braccio e mi lasciò entrare dentro il carcere. Mi sentivo arrabbiato con quella guardia, ma ancora di più ero irritato per la mia impotenza. A distrarmi dai miei pensieri fu l'apertura della porta sul fondo della sala per le visite, quando il signor Jenkins fu condotto dentro da un altro agente.

Jenkins era un afroamericano basso, con i capelli tagliati a spazzola. Mentre si accomodava, afferrò le mie mani con le sue e mi fece un ampio sorriso. Sembrava straordinariamente felice di vedermi.

«Signor Jenkins, il mio nome è Bryan Stevenson. Sono l'avvocato con cui ha parlato…».

«Mi ha portato un frappè al cioccolato?», disse velocemente.

«Scusi, che cosa ha detto?».

Continuando a sorridere: «Mi ha portato un frappè al cioccolato? Voglio un frappè al cioccolato».

Il viaggio, il pick-up dei Confederati, le angherie della guardia e adesso la richiesta di un frappè: stava diventando una giornata bizzarra. Non celai la mia impazienza.

«No, signor Jenkins, non le ho portato un frappè al cioccolato. Sono un avvocato. Sono qui per aiutarla per il suo caso e per cercare di farle avere un nuovo processo. Okay? È per questo che sono qui. Adesso ho bisogno di farle alcune domande e di provare a capire che cosa sta succedendo».

Vidi il sorriso svanire velocemente dal suo viso. Cominciai a fargli delle domande a cui lui rispondeva a monosillabi, talvolta bofonchiando semplicemente un sì o un no. Mi resi conto che stava ancora pensando al suo frappè. Il tempo trascorso con l'agente mi aveva fatto dimenticare quanto quell'uomo potesse essere disturbato. Interruppi la mia intervista e mi sporsi in avanti.

«Signor Jenkins, sono mortificato. Non avevo capito che volesse un frappè al cioccolato. Se l'avessi saputo, avrei assolutamente provato a portarglielo. Le prometto che la prossima volta che verrò, se mi consentiranno di portarle qui dentro un frappè al cioccolato, lo farò sicuramente. Okay?».

Detto questo, ritrovò il sorriso e il suo umore si rallegrò. Dai registri carcerari risultava che spesso era vittima di episodi psicotici in cui si metteva a urlare per ore. Durante i nostri incontri era generalmente mite e gentile, ma era chiaramente disturbato. Non riuscivo a comprendere come fosse possibile che gli atti del suo processo non menzionassero la sua malattia mentale, ma, dopo il caso di George Daniel, ormai non mi stupivo più di nulla. Quando rientrai in ufficio, iniziammo a indagare in maniera più approfondita sul passato del signor Jenkins. Quel che scoprimmo fu straziante. Suo padre era stato ucciso prima che lui nascesse e la madre era morta di overdose quando lui aveva un anno. Dall'età di due anni era stato dato in affido familiare. Il periodo dell'affidamento era stato spaventoso: prima che compisse otto anni era stato affidato a diciannove famiglie diverse. Già da piccolo cominciò a dare segni di ritardi intellettivi. Aveva difficoltà cognitive che lasciavano supporre alcuni danni organici al cervello, problemi comportamentali che suggerivano una schizofrenia e altri disturbi mentali seri.

All'età di dieci anni, Avery viveva con dei genitori affidatari violenti, le cui regole severe lo mettevano costantemente in agitazione. Non era in grado di ottemperare a tutte le richieste che gli venivano imposte, perciò spesso veniva rinchiuso in un armadio, senza cibo, ed era vittima di percosse e altri abusi fisici. Poiché il suo comportamento non fece progressi, la madre che lo aveva in affido decise di sbarazzarsi di lui. Lo portò fuori nei boschi, lo legò a un albero e lo abbandonò lì. Tre giorni dopo, fu ritrovato da alcuni cacciatori in pessime condizioni di salute. Dopo essersi ripreso da gravi problemi clinici dovuti all'abbandono, venne riconsegnato alle autorità che lo diedero nuovamente in affido familiare. A tredici anni, iniziò a fare uso di alcol e di droghe. All'età di quindici, soffriva di convulsioni e aveva episodi psicotici. A diciassette anni fu giudicato incapace di gestirsi e rimase senza una casa. Avery cominciò a entrare e uscire di prigione finché non ebbe compiuto vent'anni quando, nel pieno di una crisi psicotica, capitò in una casa strana, con la convinzione di essere attaccato dai demoni. In quella casa pugnalò a morte in maniera selvaggia un uomo che lui credeva fosse un demone. Prima del processo, i suoi avvocati non indagarono sul passato del signor Jenkins, il quale fu prontamente giudicato colpevole di omicidio e condannato a morte.

Il carcere non mi consentì di portare al signor Jenkins un frappè. Cercai di spiegarglielo, ma all'inizio di ogni incontro lui mi chiedeva se gliene avessi portato uno. Gli dicevo che avrei continuato a provarci: dovevo farlo, così che si concentrasse su tutto il resto. Mesi dopo, avevamo finalmente una data per presentare alla corte le prove della sua grave patologia mentale, informazioni che avrebbero dovuto essere prodotte al processo. La tesi da noi avanzata fu che i suoi avvocati avessero mancato di offrirgli una difesa efficace durante il giudizio, giacché non avevano messo in luce le vicende di Avery né mostrato quanto le sue disabilità fossero rilevanti rispetto alle sue responsabilità penali e alla pena da comminargli.

Appena raggiunsi il tribunale in cui si sarebbe tenuta l'udienza, a circa tre ore di macchina dal carcere, andai a trovare Avery nella cella di contenimento posta al piano interrato dell'edificio. Superato il consueto rito del frappè, cercai di fargli comprendere quel che sarebbe avvenuto davanti alla corte. Il mio timore era che, vedendo i testimoni – le persone che avevano avuto a che fare con lui durante gli anni in affidamento –, potesse rimanere turbato. Inoltre, la testimonianza che gli esperti avrebbero fornito sarebbe stata molto esplicita nel descrivere la sua patologia e disabilità. Volevo che capisse perché lo stavamo facendo. Lui fu affabile e piacevole come sempre.

Quando tornai al piano superiore del tribunale, notai l'agente penitenziario che mi aveva fatto passare un brutto quarto d'ora la prima volta che avevo incontrato Avery. Da quel primo scambio sgradevole non l'avevo più rivisto. A un altro dei miei clienti avevo chiesto informazioni su quella guardia e mi fu detto che godeva di una cattiva reputazione e che, in genere, svolgeva il turno tardi. Erano in molti a tenersi alla larga da lui. Dovevano avergli assegnato l'incarico di portare Avery all'udienza, il che mi fece temere per il modo in cui Avery poteva essere stato trattato durante il trasporto, anche se mi era sembrato che stesse come al suo solito.

Nei tre giorni successivi presentammo le nostre prove sui trascorsi di Avery. Gli esperti chiamati a parlare delle sue disabilità furono straordinari. Senza essere parziali né faziosi, furono semplicemente convincenti nel descrivere dettagliatamente il modo in cui i danni fisici al cervello, la schizofrenia e i disordini da bipolarismo possono concorrere a creare un grave handicap mentale. Spiegarono come la psicosi e altri problemi di salute mentale seri, che gravavano sul signor Jenkins, potessero condurre a comportamenti pericolosi, che però erano espressione di una patologia grave e non un riflesso del suo carattere. Inoltre, presentammo una serie di prove sul sistema di assistenza dell'affido familiare e su come questo avesse fallito con Avery. Parecchi dei genitori affidatari presso cui aveva trovato sistemazione erano stati successivamente condannati per abusi sessuali e maltrattamenti sui minori che avevano avuto in custodia. Mostrammo come Avery fosse passato da una situazione infelice a un'altra, finché non era divenuto un senzatetto e un tossicodipendente.

Molti dei suoi ex genitori affidatari riconobbero di aver provato una grande frustrazione, poiché impreparati a dover gestire i suoi gravi problemi di salute mentale. Con il giudice argomentai che non tenere conto, durante il processo, dei disturbi mentali di Avery era stato crudele come dire a qualcuno che avesse perduto le gambe: «Devi salire in cima a questa scala senza alcuna assistenza, e se non ci riesci è soltanto perché sei pigro». Oppure come dire a un cieco: «Devi attraversare questa autostrada trafficata senza ricevere aiuti, altrimenti sei solo un codardo».

Sono centinaia i modi in cui andiamo incontro alle disabilità del corpo, o quantomeno le comprendiamo. Ci arrabbiamo se le persone non riconoscono il bisogno di un'assistenza premurosa e compassionevole quando si tratta di un handicap fisico; ma siccome le disabilità mentali non sono ugualmente manifeste, tendiamo invece ad avere poca considerazione per le necessità di chi ne è affetto e siamo veloci a giudicarne i deficit e le manchevolezze. Certamente, il brutale omicidio di qualcuno impone che lo Stato ne ritenga responsabile l'autore e protegga la gente. Tuttavia, sarebbe ingiusto valutare il grado di colpevolezza da attribuire a una persona, e il tipo di condanna da infliggerle, senza tenere assolutamente conto del suo handicap.

Tornai a casa con una sensazione molto positiva rispetto all'udienza, anche se, a dire il vero, di rado capitava che un'udienza post-condanna dello Stato desse adito a una sentenza favorevole. Era più probabile ottenere un riesame in appello. Non mi aspettavo quindi una decisione miracolosa. Circa un mese dopo l'udienza, prima che fosse reso noto il parere del giudice, decisi di andare a trovare Avery in carcere. Da quella volta in tribunale, non avevamo avuto molto tempo per parlare e volevo assicurarmi che stesse bene. Per quasi tutto il dibattimento era rimasto seduto garbatamente, ma quando alcuni dei suoi ex genitori affidatari erano entrati in aula, lo avevo visto turbarsi. Pensai che una visita dopo l'udienza potesse essere di aiuto.

Quando mi fermai nel parcheggio, scorsi di nuovo quel pick-up ripugnante, con le sue bandiere, i suoi adesivi e la sua minacciosa rastrelliera per le armi. Ebbi timore di incrociare nuovamente quel secondino. Come previsto, fatta la registrazione presso la segretaria del direttore e mentre ero diretto alla sala per le visite, lo vidi che veniva verso di me. Io mi feci animo per prepararmi all'incontro. Fu allora che accadde qualcosa di sorprendente.

«Salve, signor Stevenson. Come sta?», mi chiese l'agente. Sembrava onesto e sincero. Io fui scettico.

«Io sto bene. E lei come sta?». Mi guardava con un'aria diversa da quella avuta in precedenza; non aveva un aspetto torvo e sembrava genuinamente desideroso di interagire. Decisi di assecondarlo.

«Guardi, andrò nel bagno a prepararmi per la sua perquisizione».

«Oh, signor Stevenson, non si preoccupi di questo», rispose senza indugio. «Lo so che lei è a posto». Tutto nei suoi modi e nei suoi toni era differente.

«Ah, bene, la ringrazio. Mi fa piacere. Allora torno indietro a firmare il libro».

«Signor Stevenson, non ce n'è bisogno. L'ho vista arrivare e l'ho firmato io per lei. Ci ho già pensato io». A dire il vero, mi accorsi che aveva un'aria nervosa.

Ero confuso per come il suo atteggiamento fosse cambiato. Ringraziai e mi diressi verso la porta della sala per le visite, mentre la guardia mi veniva dietro. Si voltò per aprire il lucchetto, così che potessi entrare nella sala. Quando lo superai per varcare la soglia, mi mise la mano sulla spalla.

«Ehm, vorrei dirle una cosa».

Non ero sicuro di dove volesse arrivare.

«Lo sa che sono stato io a portare il vecchio Avery in tribunale per la sua udienza e che sono rimasto lì con tutti voi in quei tre giorni. E io, be', volevo dirle che sono rimasto ad ascoltare». Tolse la mano dalla mia spalla e mi attraversò con lo sguardo, come se stesse fissando qualcosa dietro di me. «Sa, io... Be', io apprezzo quello che lei sta facendo. Dico davvero. Per me è stato un po' difficile stare in quell'aula in tribunale e ascoltare quello di cui voi stavate parlando. Sono cresciuto in affidamento, lo sa? Anch'io sono cresciuto in affidamento». Il suo volto si addolcì. «Cavolo, non credevo che qualcuno se la fosse passata tanto brutta come me. Mi hanno sballottato di qua e di là, come se non mi volessero da nessuna parte. È stata decisamente dura. Ma ascoltare quello che lei diceva a proposito di Avery mi ha fatto rendere conto che c'erano altri che se l'erano vista brutta come me. E immagino pure peggio. Voglio dire, stare seduto in quell'aula mi ha fatto tornare in mente un mucchio di ricordi».

Mise la mano in tasca per prendere un fazzoletto e asciugarsi il sudore che si era formato sulla sua fronte. Per la prima volta, notai che sul braccio aveva tatuata la bandiera della Confederazione.

«Be', suppongo che quello che sto cercando di dirle è che considero giusto quello che lei sta facendo. Crescendo sono diventato così arrabbiato, che un sacco di volte avrei voluto davvero fare del male a qualcuno solo perché ero furioso. Sono arrivato a diciotto anni, mi sono arruolato nell'esercito e, be', sono stato bene. Ma sedermi in quell'aula mi ha fatto ricordare tante cose e credo di essermi reso conto di quanta rabbia provo ancora».

Gli sorrisi. Lui continuò dicendo: «Lo specialista che lei ha fatto venire ha detto che alcuni dei danni che vengono provocati sui bambini, in quelle case dove si commettevano tanti abusi, sono permanenti; questo mi ha un po' inquietato. Lei crede che sia vero?».

«Oh, io credo che possiamo sempre fare di meglio», gli dissi. «Quello che ci definisce non sono le cose brutte che ci sono capitate. Solo, qualche volta è importante che gli altri comprendano da dove arriviamo».

Entrambi ci stavamo rivolgendo l'uno all'altro in tono pacato. Un altro agente ci passò accanto e ci fissò. Io continuai: «Sa, apprezzo davvero sentirla dire quello che mi ha appena raccontato. Per me significa molto, sul serio. Alle volte mi dimentico di quanto noi tutti, a un certo punto, abbiamo bisogno di attenuanti».

Mi guardò e sorrise. «In quell'aula lei non faceva altro che parlare di attenuanti. E io mi sono detto: "Che diavolo ha che non va? Perché continua a parlare in quel modo di 'attenuanti'?". Quando sono tornato a casa ho controllato sul vocabolario. All'inizio non ero sicuro di che cosa lei intendesse dire, ma ora lo so».

Feci una risata. «A volte mi capita di andare in tribunale e anche io non sono certo di sapere quel che sto dicendo».

«Be', credo che abbia fatto la cosa giusta, davvero giusta». Mi guardò negli occhi e poi mi tese la mano. Io la strinsi, dopodiché iniziai nuovamente a varcare la porta. Stavo appunto entrando dentro, quando lui mi afferrò ancora una volta il braccio.

«Oh, aspetti. C'è dell'altro che le devo ancora dire. Senta, ho fatto una cosa che probabilmente non avrei dovuto fare, ma voglio che lei lo sappia. Durante il viaggio di ritorno qui in carcere, quell'ultimo giorno dopo il tribunale... be', so come sta messo Avery, lei ha presente. A ogni modo, volevo solo che sapesse che sulla via del ritorno ho preso un'uscita dell'interstatale. E, be', l'ho portato in un Wendy's e gli ho preso un frappè al cioccolato».

Lo fissai incredulo e lui si mise a ridacchiare. Dopodiché mi chiuse dentro la sala. Ero talmente incredulo per quello che mi aveva detto l'agente, che non sentii l'altra guardia entrare nella stanza insieme ad Avery. Quando mi accorsi che Avery era già dentro, mi voltai e andai a salutarlo. Siccome non diceva nulla, mi allarmai un po'.

«Stai bene?».

«Sì, signore, sto bene. E tu stai bene?», mi chiese lui.

«Sì, Avery, io sto davvero bene». Attesi che il nostro rito consueto avesse inizio. Non sentendogli dire nulla, immaginai di fare semplicemente la mia parte. «Guarda, ho provato a portarti un frappè al cioccolato, ma non...».

Avery mi interruppe. «Oh, ho già preso il frappè. Adesso sto bene».

Appena iniziai a parlare dell'udienza, lui mi fece un ampio sorriso. Parlammo per un'ora, dopodiché dovetti incontrare un altro cliente. Avery non mi chiese più un frappè al cioccolato. Ottenemmo un nuovo processo e alla fine riuscimmo a tirarlo fuori del braccio della morte e a inserirlo in una struttura in cui poté ricevere delle cure per la sua salute mentale. Non rividi più quell'agente; qualcuno mi disse che se n'era andato non molto tempo dopo il nostro ultimo incontro.

11
Volerò via

Era il terzo allarme bomba in due mesi. Mentre abbandonavamo velocemente l'ufficio e restavamo in attesa dell'arrivo della polizia, tutto lo staff era in tensione. Adesso eravamo cinque avvocati, un investigatore e tre colleghi in amministrazione. Avevano cominciato ad arrivare anche degli studenti di Legge per dei tirocini a breve termine, grazie ai quali ricevevamo un'ulteriore assistenza legale e l'aiuto per le ricerche di cui avevamo un gran bisogno. Nessuno di loro, però, aveva firmato per degli allarmi bomba. La tentazione di ignorarli c'era, ma solo due anni prima a Savannah, in Georgia, un avvocato per i diritti civili degli afroamericani era stato ucciso dall'esplosione di una bomba spedita al suo studio legale. All'incirca nello stesso periodo, Robert Vance, un giudice della Corte d'Appello federale, fu assassinato a Birmingham con un pacco bomba. Alcuni giorni dopo, una terza bomba fu spedita a un ufficio per i diritti civili in Florida e una quarta al tribunale di Atlanta. L'attentatore sembrava aver preso di mira i professionisti legati ai diritti civili. Ci avvertirono che eravamo un possibile bersaglio e per settimane trasportammo con delicatezza i nostri pacchi postali fino al tribunale federale, perché venissero controllati ai raggi X prima di aprirli. Dopo quanto accaduto, gli allarmi bomba non erano uno scherzo.

Tutti abbandonarono lo stabile, mentre noi discutevano della probabilità concreata di un attentato dinamitardo. Chi aveva chiamato per minacciarci aveva descritto il nostro edificio con precisione. Sharon, la nostra segretaria, ne aveva dette quattro all'uomo che aveva chiamato. Era una giovane madre con due figli piccoli ed era cresciuta in una famiglia povera di contadini bianchi. Si rivolgeva alla gente in modo semplice e diretto.

«Perché fai questo? Ci stai spaventando!».

Riferì che, dalla voce, quell'uomo sembrava di mezza età e originario del Sud, ma più di così non era in grado di descriverlo. «Vi sto facendo un favore», aveva risposto lui in tono minaccioso. «Voglio che la smettiate di occuparvi di quello che state facendo. Uccidervi tutti non è la mia prima opzione, perciò è meglio che usciate fuori adesso! La prossima volta non ci saranno avvertimenti».

Era passato un mese dall'udienza per il caso McMillian. La prima volta che l'ufficio aveva subito una minaccia, la persona al telefono aveva fatto commenti razzisti dicendo che ci doveva impartire una lezione. Più o meno nello stesso periodo, ricevevo telefonate minatorie a casa. In genere, chi mi chiamava diceva: «Se credi che ti lasceremo aiutare quel negro a cavarsela dopo aver ucciso quella ragazza, per te in arrivo c'è un'altra cosa. Morirete tutti e due, negri!».

Sebbene fossi impegnato anche su altri casi, ero sicuro che quelle telefonate fossero in risposta al caso McMillian. Prima dell'udienza, più volte Michael e io eravamo stati seguiti mentre svolgevamo le nostre indagini nella Contea di Monroe. Una sera tardi, un uomo inquietante chiamò per dirmi che gli erano stati offerti un mucchio di soldi per uccidermi, ma che non lo avrebbe fatto perché rispettava quel che facevamo. Gli espressi la mia riconoscenza per il sostegno e lo ringraziai garbatamente. Era difficile capire quanto prendere sul serio tutto questo, ma era decisamente snervante.

Una volta evacuato lo stabile, la polizia ispezionò l'ufficio con i cani. Non fu trovata nessuna bomba e quando, dopo un'ora e mezza, l'edificio non saltò in aria, tornammo tutti dentro. Avevamo del lavoro da fare.

Un paio di giorni dopo, ricevetti un'allerta per un altro tipo di bomba: stavolta a chiamarmi fu la cancelleria della Contea di Baldwin. L'impiegata telefonava per comunicarmi che il giudice Norton si era pronunciato per il caso McMillian: aveva bisogno del mio numero di fax per inviarmi copia della sentenza. Glielo diedi e mi misi in attesa nervosa davanti al fax. Quando dalla macchina vennero fuori solo tre fogli, fui preso dall'ansia.

Le pagine contenevano un'ordinanza in cui, in termini secchi, il giudice Norton ci negava il riesame. Ancor più che devastato, ero amareggiato. Avevo avuto il sospetto che quella sarebbe stata la risposta del giudice. Considerando l'interesse da lui dimostrato durante l'udienza, non era mai apparso particolarmente motivato a comprendere la questione fondamentale se Walter fosse colpevole o innocente. Aveva mantenuto una posizione di difesa: quella del custode del sistema, che difficilmente avrebbe ribaltato una precedente sentenza, anche di fronte a prove di innocenza schiaccianti.

A ogni modo, a sorprendermi fu la superficialità, l'inconsistenza e la mancanza di interesse che trasparivano da quelle due pagine e mezzo dell'ordinanza della corte. Il giudice menzionava unicamente la testimonianza di Ralph Myers e nessuno dei diritti che avevamo sottoposto alla sua attenzione, né alcuna delle dichiarazioni rese dagli altri testimoni, oltre una dozzina, che avevamo fornito. Di fatti, in tutta l'ordinanza non veniva citato nemmeno un precedente legale:

Ralph Meyers [*sic*] è salito al banco dei testimoni dinanzi a questa Corte, ha giurato di dire la verità e ha cominciato a ritrattare la maggior parte, se non tutti, i punti salienti della testimonianza da lui resa al processo. Chiaramente, o Ralph Meyers ha reso una testimonianza falsa al processo oppure ha giurato il falso davanti a questa Corte.

Nel prendere questa decisione sono stati considerati i seguenti aspetti: la condotta del testimone; la possibilità del testimone di essere a conoscenza dei fatti da lui testimoniati al processo; le motivazioni, così come dichiarate dal testimone per la propria testimonianza durante il primo processo; le motivazioni, così come dichiarate dall'imputato, della sua ritrattazione; le prove delle pressioni esterne esercitate sul testimone sia prima che dopo il processo e la ritrattazione; le azioni del testimone che danno credito alla sua testimonianza al processo e le azioni del testimone che danno credito alla sua ritrattazione; le prove addotte al processo in contraddizione con i dettagli della testimonianza fornita dal teste e, considerata la natura del caso in esame, tutte le evidenze addotte da ogni tipo di fonte e relative all'impossibilità del suddetto teste di essere edotto dei fatti da lui testimoniati al processo.

Dal momento che il giudizio di tale materia è stato condotto dinanzi all'Onorevole R.E.L. Key, giudice distrettuale, ora in pensione, questa Corte non ha la possibilità di confrontare la condotta del testimone durante il processo con la testimonianza della sua ritrattazione.

Un esame degli altri fattori summenzionati non fornisce una prova conclusiva circa la possibilità che il testimone, Ralph Meyers, abbia giurato il falso in occasione del processo originale. Sussistono numerose evidenze del fatto che su Ralph Meyers siano state esercitate pressioni successivamente alla sua testimonianza al processo, evidenze tali da poter indurre a dubitare della sua ritrattazione. Tanto dagli atti del processo quanto dalla testimonianza della ritrattazione non si evince in alcun modo una prova che collochi Ralph Meyers in qualche altro luogo che non fosse la scena del crimine all'ora in cui è stato commesso.

Dal momento che a questa Corte è stata rimessa la decisione se sussistano prove a sostegno dell'ipotesi che Ralph Meyers abbia giurato il falso in occasione del processo originale, e avendo, la medesima Corte, accertato l'insufficienza delle prove a sostegno di detta ipotesi, viene pertanto ORDINATO, DICHIARATO e STABILITO che la testimonianza fornita da Ralph Meyers durante il processo non è giudicata una testimonianza falsa.
Deciso il 19 maggio 1992.

THOMAS B. NORTON, JR
Giudice distrettuale

Sebbene Chapman avesse suggerito che su Myers fossero state esercitate pressioni affinché ritrattasse, il procuratore distrettuale non aveva presentato alcuna prova effettiva a sostegno della propria asserzione, il che rendeva difficile comprendere la decisione del giudice. Nonostante fossimo tutti convinti che l'udienza fosse andata bene, avevo già avvertito Walter e la sua famiglia che, per ottenere la possibilità concreta di un riesame, probabilmente saremmo dovuti arrivare in Corte d'Appello.

Ero ottimista sul risultato che le prove da noi addotte avrebbero potuto conseguire presso la Corte d'Appello penale dell'Alabama. Ormai argomentavamo regolarmente i casi dinanzi a quella corte. Subito dopo la mia prima discussione del caso McMillian, avevamo presentato appello per quasi due dozzine di condanne a morte e la corte cominciava a rispondere alle nostre istanze. Nel 1990 eravamo riusciti a far ribaltare quattro sentenze, poi altre quattro nel 1991 e alla fine del 1992 avevamo ottenuto il riesame per altri otto detenuti nel braccio della morte. Non di rado la corte aveva espresso le proprie rimostranze, perché costretta a indire nuovi processi o ad accordare il riesame per un carcerato, ma ciononostante aveva deliberato in nostro favore. Nel giro di pochi anni, alcuni giudici della Corte d'Appello vennero attaccati e, in occasione di elezioni faziose del corpo giudiziario, furono sostituiti da candidati che si lamentavano per le decisioni assunte dalla corte nei casi di pena di morte. Tuttavia, noi tenevamo duro e andavamo avanti contestando gli errori reversibili nei casi di pena capitale. Sollecitavamo la corte affinché in quei casi facesse rispettare la legge e, quando rifiutava di farlo, riuscivamo a ottenere un riesame dalla Corte Suprema dell'Alabama e dai tribunali federali.

Sulla base di queste recenti esperienze, ero convinto che in appello saremmo riusciti a farci accordare un riesame per McMillian. Anche se la corte del giudice Norton non era stata disposta a decretare l'innocenza di Walter e il suo rilascio, il rifiuto delle prove addotte a sua discolpa era stato un atto alquanto estremo, tanto che la corte avrebbe faticato a eludere la giurisprudenza in forza della quale si rendeva necessario un nuovo processo. Nulla era assicurato, tuttavia spiegai a Walter che solo adesso ci stavamo rivolgendo a una corte in cui le nostre istanze sarebbero state prese seriamente in considerazione.

Michael era rimasto con noi ben più a lungo dei due anni previsti dal suo impegno iniziale, ma ora era arrivato per lui il momento di trasferirsi a San Diego per iniziare a collaborare come difensore d'ufficio presso la corte federale. Era tormentato all'idea di abbandonare il nostro ufficio, mentre il pensiero di andarsene dall'Alabama lo poneva meno in conflitto.

Affidai a Bernard Harcourt, uno dei nostri nuovi avvocati, il compito di sostituire Michael nel caso di Walter. Bernard era molto simile a Michael quanto a intelligenza, determinazione e grandissima abnegazione al lavoro. La prima volta che lavorò con me fu quando era ancora uno studente alla facoltà di Legge di Harvard. Rimase talmente coinvolto da questa collaborazione che chiese al giudice federale, presso cui stava facendo il praticante dopo la facoltà di Legge, il permesso di interrompere i due anni di praticantato per raggiungerci in Alabama. Il giudice acconsentì e Bernard arrivò poco prima che Michael partisse. Cresciuto a New York da genitori francesi, aveva frequentato il Lycée Français de New York, a Manhattan, una scuola superiore orgogliosa della propria visione europea dell'istruzione. Dopo aver ottenuto la laurea a Princeton, Bernard aveva lavorato nel settore bancario per poi conseguire una laurea in Legge. Si era preparato a svolgere la tradizionale carriera forense, finché un'estate non venne a lavorare da noi e si appassionò alle problematiche poste dai casi di pena di morte. Accompagnato dalla fidanzata Mia, entrambi si trasferirono a Montgomery e furono affascinati dalla vita in Alabama. La rapida immersione di Bernard nel caso McMillian rese ancora più intensa la sua avventura culturale, ben più di quanto avesse immaginato.

Siccome la comunità era stata presente all'udienza, la gente cominciò a parlare di ciò che avevamo presentato alla corte, e questo spinse molti a farsi avanti per dare informazioni utili. Iniziarono a contattarci persone di ogni genere, fornendo dichiarazioni di ampia portata in merito a corruzione e negligenze. Giusto un paio di cose, ogni tanto, si rivelarono utili ai nostri sforzi per liberare Walter, ma il tutto era comunque interessante. Bernard e io proseguivamo a vagliare le piste e a intervistare le persone che avevano opinioni da condividere sulla vita nella Contea di Monroe.

Le minacce che continuavamo a ricevere mi facevamo temere l'ostilità a cui Walter sarebbe andato incontro qualora fossimo riusciti a farlo scarcerare. Mi domandavo quanto al sicuro sarebbe stata la sua vita nella comunità se qualcuno fosse stato convinto che lui era un assassino pericoloso. Volendo preparare il terreno per il suo eventuale rilascio, iniziammo quindi a valutare l'idea di contattare alcune persone che fossero in grado di enfatizzare pubblicamente l'ingiustizia della condanna illegittima subita dal signor McMillian. Per agevolare il suo ritorno alla libertà, bastava solo che l'opinione pubblica venisse a conoscenza di quello che noi sapevamo. Volevamo che la gente comprendesse semplicemente questo: *Walter non ha commesso quell'omicidio*. La sua liberazione non sarebbe avvenuta sulla base di qualche astuta scappatoia legale o sfruttando un vizio di forma. Sarebbe avvenuta semplicemente in forza della giustizia: era un uomo innocente.

D'altra parte, non ritenevo che l'attenzione dei media sarebbe stata di aiuto per vincere la causa ora in attesa di giudizio presso la Corte d'Appello penale. Come noto, infatti, il giudice capo della corte, John Patterson, aveva fatto causa al «New York Times» per il modo in cui il giornale aveva seguito il Movimento per i diritti civili durante il suo incarico di governatore dell'Alabama. Si trattava di una tipica mossa utilizzata dai politici del Sud in occasione delle proteste per i diritti civili: ossia, citare in giudizio i media nazionali per diffamazione, qualora questi fornissero una copertura giornalistica solidale nei confronti degli attivisti oppure nel caso in cui presentassero in maniera sfavorevole i politici del Sud e gli agenti delle forze dell'ordine. I giudici delle corti statali al Sud e le giurie composte di soli bianchi erano assolutamente determinati a deliberare in favore degli agenti locali "diffamati", e in questo modo le autorità dello Stato avevano vinto milioni di dollari grazie ai loro verdetti. Cosa ancora più importante, i toni favorevoli della copertura mediatica nei confronti dell'attivismo per i diritti civili venivano smorzati da queste cause per diffamazione.

Nel 1960, proprio il «New York Times» pubblicò un annuncio dal titolo "Ascoltate le loro voci che si sollevano", il cui scopo era raccogliere fondi per la difesa di Martin Luther King Jr, accusato in Alabama di aver dichiarato il falso. I funzionari del Sud risposero attaccando e citando in giudizio il quotidiano. Il commissario per la sicurezza pubblica L.B. Sullivan e il governatore Patterson fecero causa per diffamazione. Una giuria locale riconobbe loro un risarcimento di mezzo milione di dollari, e il caso finì in appello presso la Corte Suprema degli Stati Uniti.

Con una sentenza storica, il caso *New York Times contro Sullivan* ha cambiato quelli che sono gli estremi del reato di calunnia e di diffamazione a mezzo stampa, imponendo che il querelante dimostri il dolo, ossia la prova che da parte dell'editore vi sia stata effettivamente la consapevolezza della falsità di una dichiarazione[1]. La decisione segnò una vittoria importante per la libertà di stampa e assicurò ai media e agli editori la libertà di parlare con maggiore franchezza delle proteste e dell'attivismo per i diritti civili. Al Sud, invece, ciò non fece che suscitare un disprezzo ancora maggiore nei confronti della stampa nazionale e questa animosità è perdurata anche dopo la stagione dei diritti civili. Ero certo che la copertura del caso di Walter da parte della stampa nazionale non avrebbe giovato al nostro caso presso la Corte d'Appello penale.

A ogni modo, ero convinto che dare una visione supportata da un maggior numero di informazioni della condanna di Walter e dell'omicidio avrebbe reso meno pericolosa la sua vita dopo la scarcerazione; questo però immaginando che saremmo riusciti a far ribaltare la sua condanna. Sentivamo di dover correre il rischio e far uscire questa storia. A turbarmi era che la gente della comunità locale non avesse la possibilità di farsi un'idea chiara di quello che stava accadendo. Oltre che dell'ostilità a cui temevamo che Walter sarebbe andato incontro qualora fosse stato liberato, eravamo preoccupati di quel che sarebbe successo se fosse stato indetto un nuovo giudizio. Tutta quella copertura mediatica carica di pregiudizi avrebbe reso pressoché impossibile lo svolgimento di un giusto processo. La stampa locale nella Contea di Monroe e in quella di Mobile aveva demonizzato Walter, asserendo in toni sprezzanti che la sua condanna fosse attendibile e la sua esecuzione necessaria.

I giornali locali avevano dipinto Walter come un pericoloso spacciatore di droga che probabilmente aveva ucciso diversi adolescenti innocenti. I quotidiani di Monroeville e Mobile mandavano tranquillamente in stampa dichiarazioni secondo cui Walter era un «boss della droga», un «predatore sessuale» e un «capobanda». All'inizio, quando fu arrestato, i titoli della stampa locale avevano posto l'accento sulle accuse assurde di condotta sessuale illecita che coinvolgevano Ralph Myers. Tra quelli più comuni, uno era: "McMillian accusato di sodomia"[2]. Nel seguire le udienze, il «Monroe Journal» si era concentrato sul pericolo rappresentato da Walter: «Per entrare nell'aula è stato necessario passare al metal detector, ed è stato così durante tutto il procedimento della corte contro McMillian, mentre nell'aula erano dislocati degli agenti»[3]. A dispetto di tutte le evidenze presentate alla nostra udienza per mostrare come Walter non avesse nulla a che fare con l'omicidio Pittman, la stampa locale tirò fuori il caso per alimentare ulteriormente la paura nei confronti di Walter[4]. "Omicida condannato ricercato nell'omicidio a East Brewton" fu uno dei primi titoli apparsi sul giornale di Brewton[5]. "Ronda non è stata l'unica ragazza uccisa" fu invece un titolo pubblicato sul «Mobile Press Register» dopo la nostra udienza. Al termine di questa, il giornale di Mobile riferì: «Stando agli ufficiali delle forze dell'ordine,

Myers e McMillian facevano parte di un giro di furti con scasso, rapine, contraffazioni e spaccio di droga operativo in diverse contee nel Sud dell'Alabama. McMillian era a capo di tutta l'attività»[6]. Dall'enfasi rivolta alla sua reclusione nel braccio della morte prima del processo fino alle misure di sicurezza aggiuntive in occasione delle sue apparizioni in tribunale, il racconto fornito dalla stampa era chiaro: questo uomo era estremamente pericoloso.

A quel punto, la gente sembrava non essere più interessata alla verità sul crimine. Durante la recentissima udienza tenutasi nella Contea di Baldwin, i locali sostenitori della pubblica accusa avevano preferito uscire dall'aula anziché ascoltare le prove a sostegno dell'innocenza di Walter. Era un rischio, tuttavia speravamo che, se i media nazionali avessero raccontato la vicenda dal nostro punto di vista, questo avrebbe potuto cambiare la versione dei fatti.

Un anno prima Walt Harrington, un giornalista del «Washington Post», era venuto in Alabama per scrivere un articolo sul lavoro che svolgevamo e io gli avevo esposto il caso McMillian. Harrington aveva passato quelle informazioni a un amico giornalista, Pete Earley, il quale mi contattò e si mostrò da subito interessato alla nostra storia. Dopo aver letto le trascrizioni e i fascicoli che gli avevamo fornito, si buttò a capofitto sul caso, trascorse diverso tempo assieme alle persone coinvolte e, ben presto, rimase anche lui stupito che Walter fosse stato condannato sulla base di prove così inattendibili.

All'inizio di quell'anno avevo tenuto un discorso presso la facoltà di Legge a Yale, a cui aveva partecipato un produttore di *60 Minutes*, il celebre programma investigativo della CBS, e anche lui mi contattò. Negli anni precedenti, avevamo ricevuto le chiamate di diversi programmi d'informazione, che si erano detti interessati a raccontare il nostro operato, ma io mi ero mantenuto cauto. In linea di massima, ritenevo che la copertura della stampa raramente giovasse ai nostri clienti. Al di là del sentimento generale di avversione ai media diffuso al Sud, la pena di morte è un tema particolarmente divisivo. È un argomento talmente carico di risvolti politici che, di solito, anche dei semplici articoli indulgenti nei confronti dei detenuti nel braccio della morte scatenano a livello locale una reazione violenta, che genera ancora più problemi per il cliente e il suo caso. Sebbene a volte i clienti desiderassero l'attenzione della stampa, io ero estremamente contrario alle interviste dei media sui casi ancora pendenti. Avevo presenti fin troppi episodi in cui un profilo favorevole offerto dai media aveva poi sortito come effetto un'accelerazione nel fissare la data dell'esecuzione, oppure maltrattamenti ritorsivi che avevano solo peggiorato le cose.

Quell'estate presentammo ricorso presso la Corte d'Appello penale. Non senza il persistere di una buona dose di dubbi, decisi di procedere con la puntata di *60 Minutes*. In una giornata di luglio con 38 gradi Ed Bradley, un reporter esperto, e il suo produttore David Gelber scesero a Monroeville da New York e intervistarono molte delle persone le cui testimonianze avevamo presentato alla nostra udienza. Parlarono con Walter, Ralph Myers, Karen Kelly, Darnell Houston, Clay Kast, Jimmy Williams, con la famiglia di Walter e con Woodrow Ikner. Ebbero un confronto faccia a faccia con Bill Hooks sul suo posto di lavoro e fecero una lunga intervista a Tommy Chapman. La notizia che in città ci fosse Ed Bradley, una celebrità nel mondo dell'informazione, si diffuse rapidamente con il disappunto dei funzionari locali. Il «Monroe Journal» scrisse:

> Troppi tra questi scrittori [forestieri] esprimono apertamente il loro disprezzo per la gente e le istituzioni che qui incontrano, compiendo poco più che un tentativo

> sommario per raccogliere i fatti. Peggio ancora, alcuni sono stati di una imprecisione comprovabile. Possiamo tranquillamente fare a meno di ulteriori coperture mediatiche del genere "reporter di successo approda nella città di provincia".[7]

Ancor prima che la puntata fosse trasmessa, i media locali sembravano voler sollecitare la comunità a diffidare di tutto quello che sentiva riportare sul caso. Nell'articolo "La CBS investiga su un caso di omicidio", un giornalista locale del «Monroe Journal» scrisse: «Il Procuratore distrettuale della Contea di Monroe, Tommy Chapman, ha dichiarato la propria convinzione che gli investigatori di *60 Minutes*, il programma d'informazione televisiva della CBS, avessero già tratto le proprie conclusioni ancor prima di arrivare». Il procuratore aveva preso l'abitudine di esibire una foto di McMillian scattata all'epoca dell'arresto, in cui appariva con i capelli cespugliosi e la barba lunga; un'immagine che, secondo Chapman, mostrava chiaramente come Walter fosse un criminale pericoloso. «La persona da loro intervistata nel carcere di Holman non è la stessa arrestata dallo sceriffo Tate per questo omicidio», spiegò Chapman. Il «Monroe Journal» aggiunse che il procuratore aveva proposto a quelli della CBS la fotografia del «vero» McMillian scattata all'epoca del suo arresto, ma che loro «non si erano dimostrati interessati»[8]. Dal momento che i detenuti in Alabama sono tenuti a mantenersi perfettamente rasati, risulta ovvio che Walter apparì diverso quando fu intervistato davanti alla telecamera.

Mesi dopo, in occasione della messa in onda della puntata di *60 Minutes*, le autorità locali si mossero velocemente per screditarla. Il titolo del «Mobile Press Register» recitava: "Il procuratore distrettuale: il reportage televisivo sulla condanna di McMillian è una 'vergogna'";

nell'articolo venivano citate le parole di Chapman: «È da non credersi, oltre che sconsiderato, che questi si ritenga un programma di informazione rispettabile». Il clamore suscitato fu inoltre descritto come ulteriormente lesivo nei confronti dei genitori di Ronda Morrison. I giornalisti locali lamentarono il fatto che i Morrison dovevano affrontare e gestire l'angoscia che questo nuovo clamore «potesse indurre molta gente a credere che McMillian sia innocente»[9].

I media del posto furono ansiosi di unirsi alle critiche dei pubblici ministeri contro *60 Minutes*, e questo perché la trasmissione aveva chiamato in causa la copertura da loro stessi fornita, che perlopiù aveva dato visibilità unicamente alla tesi e alla descrizione di Walter e del crimine presentate dall'accusa. Tuttavia, i membri della comunità guardavano sempre *60 Minutes* e in genere si fidavano di quel programma. Malgrado la reazione dei media locali, il reportage della CBS offrì alla gente una sintesi delle prove da noi fornite alla corte e sollevò interrogativi e dubbi sulla colpevolezza di Walter. Inoltre, alcuni esponenti autorevoli della comunità ritennero che tutto questo facesse apparire Monroeville un luogo retrogrado e probabilmente razzista, in un modo lesivo per l'immagine della comunità e per gli sforzi volti al rilancio degli affari, e i dirigenti d'azienda cominciarono a fare domande scomode a Chapman e alle forze dell'ordine su che cosa stesse accadendo con il caso.

I membri della comunità nera furono soddisfatti nel vedere un reportage veritiero sul caso. Per anni avevano continuato a parlare sottovoce di quanto fosse ingiusta la condanna di Walter. Il caso aveva a tal punto traumatizzato la comunità dei neri, che molti si preoccupavano ormai per ogni sviluppo e decisione della corte. Capitava sovente di ricevere telefonate da parte di persone che volevano semplicemente ricevere aggiornamenti. Alcuni ci chiamavano per avere chiarimenti su particolari aspetti del caso che erano stati oggetto di seri dibattiti dal barbiere o durante un incontro sociale. Per molta gente di colore che viveva nella regione, vedere che le prove da noi presentate alla corte venivano ora mostrate alla televisione nazionale fu un atto terapeutico.

Nell'intervista fatta da *60 Minutes* al procuratore Chapman, questi liquidava come stupidaggini qualsiasi accenno a un pregiudizio razziale nel procedimento contro Walter McMillian. Con tranquillità, egli dichiarò la sua assoluta certezza e convinzione che McMillian fosse colpevole e che dovesse essere mandato a morte il prima possibile. Manifestò pure il proprio disprezzo per gli avvocati di Walter e per le «persone che cercano di mettere in dubbio le giurie».

In seguito, venimmo a sapere che, nonostante la convinzione espressa nelle proprie dichiarazioni ai media locali e a *60 Minutes*, in privato Chapman aveva cominciato a preoccuparsi della credibilità delle prove contro Walter. Non poteva ignorare i problemi che erano stati sollevati durante l'udienza. Considerati i successi che avevamo riportato in altri casi di pena di morte, il procuratore deve aver temuto che vi fosse la possibilità concreta che la Corte d'Appello ribaltasse la condanna di Walter. Chapman era diventato il volto pubblico a difesa di quella condanna e si rese conto di aver messo in prima linea la propria credibilità, affidandosi all'operato degli inquirenti locali; un lavoro i cui vizi adesso si stavano rivelando al limite del ridicolo.

Passato poco tempo dall'udienza, Chapman convocò insieme Tate, Ikner e Benson ed espresse loro la sua preoccupazione. Quando chiese agli investigatori spiegazioni in merito alle contraddizioni sollevate dalle prove che avevamo presentato, non rimase colpito da quanto si sentì rispondere. Non molto dopo, chiese formalmente ai funzionari dell'ABI di Montgomery di condurre altre ricerche sull'omicidio per confermare la colpevolezza del signor McMillian.

Chapman non ci informò mai direttamente della nuova indagine, e questo sebbene per due anni non avessimo fatto altro che cercare di fare riesaminare le prove. Quando mi contattarono i nuovi investigatori dell'ABI, Tom Taylor e Greg Cole, accettai con entusiasmo di condividere con loro i miei fascicoli e le mie informazioni. Dopo averli incontrati, fui ancora più fiducioso su quanto sarebbe potuto emergere dall'indagine. Entrambi sembravano inquirenti pratici ed esperti, il cui interesse era svolgere un lavoro credibile e affidabile.

Nel giro di qualche settimana, Taylor e Cole sembrarono nutrire dubbi sulla colpevolezza di Walter. Non erano legati a nessuna delle persone coinvolte nel Sud dell'Alabama. Passammo loro i fascicoli, gli appunti e persino alcune prove inedite, giacché non avevamo nulla da nascondere. A impensierirmi era il fatto che, qualora avessimo ottenuto un ribaltamento della sentenza e un nuovo processo, divulgare così tante informazioni agli inquirenti dell'accusa – i quali avrebbero poi potuto essere meglio preparati a screditare e a smontare le nostre prove – avrebbe potuto rivelarsi una mossa svantaggiosa; tuttavia, ero ancora fiducioso che ogni investigatore onesto e ragionevole avrebbe portato alla luce l'assurdità delle accuse contro Walter.

A gennaio, erano ormai trascorsi sei mesi da quando avevamo presentato ricorso alla Corte d'Appello criminale e la decisione era attesa da una settimana all'altra. Fu allora che chiamò Tom Taylor per dirci che lui e Cole desideravano un nuovo incontro. Durante la loro indagine ci eravamo sentiti in un paio di occasioni, ma questa volta avremmo discusso di quello che avevano scoperto. Quando arrivarono, insieme a Bernard ci accomodammo tutti nel mio ufficio e loro andarono dritti al dunque.

«È assolutamente impossibile che a uccidere Ronda Morrison sia stato Walter McMillian». Disse Tom Taylor in modo chiaro e diretto. «Riferiremo al procuratore generale, al procuratore distrettuale e a chiunque ce lo chieda che McMillian non c'entra nulla con nessuno di questi omicidi e che è totalmente innocente».

Cercai di non tradire l'eccitazione che provavo. Non volevo però scacciare questa buona notizia. «È magnifico», dissi cercando di non apparire sorpreso. «Mi fa piacere sentirlo e devo dire che vi sono davvero grato per aver esaminato le prove di questo caso con scrupolo e onestà».

«Be', dimostrare che McMillian non c'entri nulla non è stato poi tanto difficile», replicò Taylor. «Perché mai un boss della droga avrebbe vissuto nelle condizioni in cui viveva lui, lavorando quindici ore al giorno per tagliare legname in un territorio impervio? Quello che ci è stato detto su McMillian dalle forze dell'ordine locali non aveva granché senso, e la storia raccontata da Myers al processo era senz'altro assurda. Non riesco ancora a credere che una giuria possa averlo condannato».

Fu il turno di Cole. «Vi interesserà sicuramente sapere che anche Hooks e Hightower hanno ammesso che la loro testimonianza al processo era falsa».

«Davvero?», stavolta non riuscii a trattenere lo stupore.

«Sì. Quando ci hanno chiesto di indagare su questo caso, ci hanno detto che avremmo dovuto indagare su di lei, perché Hooks aveva dichiarato che lei gli avrebbe offerto del denaro e un appartamento in Messico se avesse cambiato la sua testimonianza». Taylor era molto serio.

«Un appartamento in Messico?».

«Credo sulla spiaggia», aggiunse Cole con distacco.

«Un momento, io? Io avrei offerto a Bill Hooks un appartamento sulla spiaggia in Messico se avesse modificato la sua testimonianza contro Walter?». Più di tanto, non fui in grado di reprimere il mio turbamento.

«Be', lo so che le sembrerà folle, ma, mi creda, laggiù ci sono persone che smaniano perché lei venga incriminato. Ma quando abbiamo parlato con Hooks, non c'è voluto molto perché lui riconoscesse di non aver mai parlato con lei e che lei non avesse mai cercato di corromperlo, e inoltre ha anche ammesso che la sua testimonianza al processo contro McMillian era completamente inventata».

«Bene, non avevamo mai avuto alcun dubbio che Hooks stesse mentendo».

Cole accennò una risatina. «Abbiamo iniziato a testarli con la macchina della verità e tutto è andato rapidamente in frantumi».

Bernard fece la domanda più ovvia: «E quindi, che è successo?».

Taylor lanciò un'occhiata al suo collega, dopodiché rivolse lo sguardo su di noi. «Be', non abbiamo ancora concluso tutto. Vorremmo risolvere l'omicidio e abbiamo un sospettato. Mi chiedevo se magari voi foste intenzionati a darci una mano. So che il vostro scopo non è quello di spedire qualcuno nel braccio della morte, tuttavia abbiamo pensato che potreste quantomeno prendere in considerazione la possibilità di aiutarci un po' a identificare il vero assassino. La gente sarà più disposta ad accettare l'innocenza del signor McMillian se saprà chi è stato il vero autore di questo crimine».

Per quanto fosse assurdo pensare che la libertà di Walter dipendesse dall'arresto di qualcun altro, avevo già messo in conto che proprio questa dovesse essere la conclusione di un'indagine ben riuscita; e non potevo certo contestare il fatto che, anche nel caso in cui Walter fosse stato scagionato da un'indagine dell'ABI, finché non fosse stato scoperto il vero assassino la gente avrebbe comunque continuato a credere che lui l'avesse fatta franca. Da molto tempo ormai, eravamo giunti alla conclusione che trovare il vero colpevole sarebbe stato il modo più efficace per liberare Walter, ma senza il potere e l'autorità delle forze dell'ordine, era ben poco quello noi potevamo scoprire.

Avevamo una teoria solida. Molti testimoni ci avevano riferito che, intorno all'ora del crimine, un uomo bianco era stato visto uscire dalla lavanderia. Eravamo venuti a sapere che, prima della sua morte, Ronda Morrison aveva ricevuto minacce telefoniche e che c'era un uomo che la seguiva con accanimento e in maniera inopportuna, passando senza preavviso dalla lavanderia, forse anche importunandola con delle molestie. All'inizio non fummo in grado di identificare quell'uomo.

Avevamo però dei sospetti. Eravamo stati contattati da un uomo bianco che sembrava particolarmente interessato al caso. Chiamava per parlare a lungo di ciò su cui stavamo indagando. Ci lasciava intendere di avere informazioni che potevano esserci di aiuto, ma era restio ed esitante a condividere qualunque elemento concreto. Più volte ci disse di sapere che McMillian era innocente e che ci avrebbe dato una mano a dimostrarlo. Infine, dopo molte telefonate e parecchie ore di conversazione, sostenne di conoscere il luogo in cui si trovava l'arma del delitto, che non era mai stata recuperata.

Cercammo di ottenere da lui più informazioni che potemmo. Verificammo pure i suoi precedenti. Ci raccontò di aver avuto alcuni contrasti con un altro uomo in città e più parlava di quell'uomo, più lo incolpava della morte della Morrison. Quando facemmo ricerche per vagliare questa pista, rimanemmo delusi. L'altro uomo non corrispondeva alle descrizioni fornite dai testimoni oculari riguardo alla persona che avevano visto uscire dalla lavanderia e, a differenza dell'uomo che ci telefonava, non aveva una storia personale fatta di atti persecutori e violenze sulle donne, né il suo assillo per l'omicidio Morrison. Cominciammo a credere che fosse proprio lui la persona che aveva ucciso Ronda Morrison. Con lui avevamo avuto decine di conversazioni telefoniche e un paio di volte lo avevamo persino incontrato. Eravamo sempre meno convinti che l'uomo da lui accusato del crimine fosse davvero coinvolto. A un certo punto, gli rivolgemmo alcune domande dirette su dove si trovasse il giorno dell'omicidio, cosa che probabilmente dovette metterlo in allarme, perché da allora lo sentimmo con minore frequenza.

Prima che potessi riferire tutto questo agli inquirenti dell'ABI, Taylor disse: «Pensiamo che voi possiate aver parlato con il nostro sospettato e che forse abbiate messo insieme un buon numero di informazioni sul suo conto. Speriamo che, magari, vorrete darci accesso a quelle informazioni e a quei colloqui». Fecero il nome della persona di cui noi sospettavamo.

Annunciai che li avremmo lasciati acquisire le informazioni che avevamo raccolto. Nessuna era protetta dal segreto professionale, non avevamo mai rappresentato quell'uomo né ottenuto qualcosa in via riservata. Chiesi a Taylor e a Cole di darci un paio di giorni per organizzare tutto il materiale, dopodiché glielo avremmo inoltrato.

«È nostro desiderio tirare Walter fuori di prigione il prima possibile», insistetti.

«Be', credo che il procuratore generale e i suoi legali vorranno mantenere lo status quo ancora per qualche mese, finché non saremo in grado di arrestare il vero assassino».

«Senza dubbio, tuttavia comprenderete che per noi lo status quo è un problema. Walter è rimasto nel braccio della morte per quasi sei anni, per un crimine che non ha commesso».

Taylor e Cole si scambiarono uno sguardo imbarazzato. Quindi Taylor rispose: «Noi non siamo dei legali, perciò non riesco davvero a capire loro da che mondo arrivino. Se io fossi in prigione per qualcosa che non ho fatto e lei fosse il mio avvocato, diamine se non spererei che mi tirasse fuori il prima possibile».

Quando se ne andarono, Bernard e io eravamo molto eccitati, anche se restava in noi il turbamento per questo piano di «mantenere lo status quo». Decisi di contattare telefonicamente l'ufficio del procuratore generale, per vedere se fossero disposti a concedere l'errore giuridico nell'appello ancora in corso, il che avrebbe garantito un riesame presso la Corte d'Appello e magari accelerato la scarcerazione di Walter.

Nel procedimento era subentrato un altro legale dell'ufficio del procuratore generale, il cui nome era Ken Nunnelly. Avevo già avuto a che fare con Nunnelly in molti altri casi di pena di morte. Gli dissi che avevo incontrato gli investigatori dell'ABI e che avevo capito che erano emersi alcuni sviluppi a favore di McMillian. Fu chiaro che il caso era stato ampiamente discusso dai legali dell'accusa.

«Bryan, andrà tutto come deve, ma devi pazientare ancora qualche mese. È stato nel braccio della morte per anni, perciò un paio di mesi in più non faranno poi tutta questa differenza».

«Ken, quando sei rinchiuso lì dentro ogni giorno fa la differenza, per di più se sei stato condannato ingiustamente». Cercai di ottenere un impegno, ma da lui non arrivò alcuna proposta. Chiesi allora di poter incontrare il procuratore generale o qualunque funzionario avesse l'autorità di prendere una decisione definitiva, e lui mi disse che avrebbe valutato quel che poteva fare. Pochi giorni dopo, la pubblica accusa presentò un'istanza singolare presso la Corte d'Appello penale. La mozione del procuratore generale chiedeva alla corte di sospendere la causa e di non emettere un parere, in quanto «potremmo aver scoperto delle prove scagionanti a favore del signor McMillian, che potrebbero dargli diritto a un nuovo processo», ma avevano bisogno di più tempo per ultimare le indagini[10].

Ero profondamente arrabbiato per il tentativo della pubblica accusa di rinviare un'eventuale ordinanza che garantisse il riesame del caso di Walter. Era in linea con tutto quello che era avvenuto negli ultimi sei anni, ma era comunque esasperante. Presentammo prontamente una replica per opporci alla mozione dell'accusa. Comunicammo alla corte che sussistevano prove schiaccianti del fatto che i diritti del signor McMillian fossero stati violati e che questi avesse a pretendere un riesame immediato. Il rinvio di un riesame avrebbe aggiunto un'offesa ulteriore a un uomo che già si era visto ingiustamente giudicato colpevole e condannato al braccio della morte per un crimine che non aveva commesso. Invitammo la corte a respingere la richiesta dell'accusa e a emettere celermente un'ordinanza.

Adesso mi tenevo in contatto con Minnie e la sua famiglia ogni settimana, aggiornando tutti sulle nuove indagini dell'accusa.

«Sento che sta per accadere qualcosa di buono, Bryan», mi disse Minnie. «Lo hanno tenuto rinchiuso per anni. Adesso è tempo che lo lascino andare. Devono lasciarlo andare».

Apprezzavo il suo ottimismo, ma ero anche preoccupato. In passato, troppe volte eravamo rimasti delusi. «Dobbiamo rimanere fiduciosi, Minnie».

«Ho sempre detto alla gente: "Nessuna bugia può durare a lungo", e questa è sempre stata una grossa bugia».

Non sapevo bene come gestire le aspettative della famiglia. Sentivo che avrei dovuto essere la voce della prudenza, preparando i familiari al peggio anche quando li invitavo a sperare per il meglio. Via via che aumentavano i casi da gestire e che assistevo all'infinità di modi in cui le cose potevano andare male, diventava un compito sempre più arduo. Tuttavia, andavo sviluppando una consapevolezza più matura di quanto una speranza fiduciosa fosse importante nel produrre giustizia.

Avevo iniziato ad affrontare il tema della speranza fondata sulla fiducia nei miei discorsi davanti a piccoli gruppi. Mi ero appassionato ad alcune citazioni di Václav Havel, il grande leader ceco il quale aveva parlato di come, durante la dominazione sovietica, «la speranza» fosse l'unica cosa di cui avevano bisogno quelli che lottavano nell'Europa dell'Est.

Havel aveva detto che le persone che combattevano per l'indipendenza volevano soldi e apprezzamenti dagli altri paesi; chiedevano all'Ovest più critiche all'impero sovietico e maggiori pressioni diplomatiche. Tuttavia, Havel aveva affermato che queste erano cose che *volevano*; l'unica cosa di cui *avevano bisogno* però era la speranza. Non di sogni a occhi aperti, non di preferire l'ottimismo al pessimismo, ma piuttosto di «un orientamento dello spirito»[11]. Quella speranza che crea la volontà di collocarsi in un luogo disperato e di esserne testimoni, che consente a un individuo di credere in un futuro migliore, anche di fronte agli abusi di potere. Una speranza di questo genere rende un uomo forte.

Havel prescriveva esattamente ciò che il nostro lavoro sembrava richiedere. Il caso di Walter ne aveva un bisogno assoluto. Perciò non scoraggiai Minnie. Insieme, sperammo.

Il 23 febbraio, quasi sei mesi dopo aver ricevuto il rapporto dell'ABI, la cancelliera del tribunale chiamò per informarci che la Corte d'appello penale aveva deliberato sul caso McMillian e che potevamo ritirare il parere.

«Vedrà che le piacerà», disse in tono criptico.

Mi precipitai subito in tribunale e, quando mi sedetti a leggere le trentacinque pagine della delibera, non avevo più fiato per quanto avevo corso. La cancelliera aveva ragione. L'ordinanza invalidava la condanna e la pena di morte inflitte a Walter. La corte non aveva concluso dichiarandolo innocente e imponendone la scarcerazione, tuttavia deliberò in nostro favore su tutte le altre istanze e ordinò un nuovo processo. Fu solo quando ottenemmo finalmente la vittoria che mi resi conto di quanto avessi temuto che avremmo perso.

Saltai a bordo dell'auto e corsi immediatamente al braccio della morte, per dirlo a Walter di persona. Lo osservai apprendere fino in fondo la notizia. Si tirò indietro e mi fece una delle sue risatine familiari.

«Be'», disse con calma, «ecco, così va bene. Così va bene».

«Bene? È fantastico!».

«Sì, è fantastico». Adesso sorrideva apertamente con una libertà che non gli avevo mai visto. «Caspita amico, non riesco a crederci, non riesco a crederci... Caspita!».

Il suo sorriso iniziò a sparire e, lentamente, prese a scuotere la testa.

«Sei anni, sei anni andati via». Guardò lontano, con un'espressione dolorosa. «Sei anni che sono sembrati cinquanta. Sei anni semplicemente andati via. Ho avuto talmente timore che mi avrebbero ucciso che non ho neppure pensato al tempo che ho perduto».

Il turbamento nel suo sguardo rese serio anche me. «Lo so, Walter, e ancora non abbiamo finito», gli dissi.

«L'ordinanza ti concede solo un nuovo giudizio. Visto quanto hanno detto quelli dell'ABI, non posso credere che cercheranno di perseguirti ancora una volta, ma con questa gente un comportamento ragionevole non è mai garantito. Cercherò di farti tornare a casa quanto prima è umanamente possibile».

Rivolgemmo i pensieri a casa sua, il suo umore si fece meno greve e cominciammo a parlare di argomenti che, da quando ci eravamo incontrati, avevamo avuto troppo timore di affrontare. Disse: «Voglio incontrare tutti quelli che mi hanno aiutato a Montgomery. E voglio andare in giro con te e raccontare al mondo che cosa mi hanno fatto. Qui dentro ci sono persone innocenti come me». Si interruppe, dopodiché sorrise di nuovo. «Cavolo, voglio anche del cibo buono. È da così tanto che non mangio qualcosa di davvero buono, che nemmeno più ricordo che sapore ha».

«Tutto quello che vuoi, sarà il mio regalo per te», gli dissi con soddisfazione.

«Da quello che ho sentito, potresti non essere in grado di permetterti il genere di pranzo che vorrei», disse prendendomi in giro. «Voglio bistecche, pollo, maiale, forse anche del buon procione cotto».

«Del procione?».

«Oh, non fare finta di niente. Dai che ti piace l'orsetto lavatore alla griglia. Per piacere, non venirmi a dire che non hai mai mangiato del buon procione, visto che lo so che sei cresciuto nella contea proprio come me. Un sacco di volte, mentre io e mio cugino stavamo guidando, un procione ci ha tagliato di corsa la strada e lui mi ha detto: "Fermati, fermati!". Io mi fermavo e lui saltava giù e si metteva a correre nel bosco e poi, dopo qualche minuto, tornava con il procione che aveva preso. Tornavamo a casa, lo scuoiavamo e la carne la facevamo fritta o cotta al barbecue. Cavolo... che stai dicendo? Quello sì che sarebbe buono da mangiare».

«Stai scherzando, vero? Sono cresciuto nella contea, ma non ho mai dato la caccia a nessun animale selvatico nei boschi per portarlo a casa e mangiarlo».

Ci rilassammo e ridemmo parecchio. Avevamo riso anche prima di quel giorno; malgrado i sei anni passati nel braccio della morte, Walter non aveva perso il suo senso dell'umorismo. E questo caso gli aveva fornito parecchi spunti. Spesso ci mettevamo a discutere delle situazioni e delle persone legate al caso che, nonostante tutti i danni che avevano causato, ci facevano comunque ridere per la loro assurdità. Ma oggi le risate avevano un sapore totalmente diverso. Erano risate di libertà.

Rientrai a Montgomery e ragionai su come poter velocizzare la scarcerazione di Walter. Chiamai Tommy Chapman e lo informai che, alla luce della decisione della Corte d'appello, era mia intenzione presentare un'istanza per il ritiro delle accuse contro Walter e che speravo volesse valutare la possibilità di unirsi alla mia mozione o, quantomeno, di non osteggiarla. Sospirando, disse: «Parleremo quando sarà tutto finito. Una volta che avrà presentato l'istanza, le farò sapere se vorrò unirmi. Quel che è certo è che non ci opporremo».

Fu fissata un'udienza per discutere la mozione. Alla fine, il procuratore si unì alla nostra richiesta per il ritiro dei capi d'accusa e, stando alle mie previsioni, l'udienza finale sarebbe durata pochi minuti. La sera prima, avevo guidato fino a casa di Minnie per prendere un vestito da far indossare a Walter durante l'udienza, visto che finalmente sarebbe potuto uscire dal tribunale da uomo libero. Quando arrivai da lei, mi strinse in un lungo abbraccio. Aveva l'aria di chi aveva pianto e non era riuscita a chiudere occhio. Ci mettemmo a sedere e lei mi raccontò ancora una volta di quanto fosse felice che stessero per liberarlo. Tuttavia, sembrava turbata. Alla fine, si girò verso di me.

«Bryan, credo tu debba dirgli che forse non dovrebbe tornare qui. È stato tutto troppo. Lo stress, i pettegolezzi, le menzogne, tutto. Non si merita quello che gli hanno fatto passare, e finché vivrò mi farà male al cuore quello che hanno fatto, a lui e a tutti noi. Non penso che riuscirò a tornare alla vita di prima».

«Be', dovreste parlarne tutti insieme quando lui tornerà a casa».

«Quando uscirà vogliamo che vengano tutti. Vogliamo cucinare del cibo buono e tutti vorranno fare festa. Ma dopo, forse sarebbe il caso che venga a Montgomery con te».

Avevo già discusso con Walter dell'opportunità, per motivi di sicurezza, di non trascorrere le prime notti a Monroeville. Avevamo ipotizzato che lui andasse per un po' da alcuni parenti in Florida, mentre noi avremmo monitorato le reazioni locali al suo rilascio. Ma del suo futuro con Minnie non ne avevo parlato.

Continuavo a sollecitarla perché parlasse con Walter quando lui fosse tornato a casa, ma era chiaro che lei non ne aveva il coraggio. Mentre guidavo per rientrare a Montgomery, mi resi conto mestamente che, sebbene fossimo a un passo dalla vittoria e da quella che per Walter e la sua famiglia sarebbe stata una magnifica liberazione, probabilmente per lui quest'incubo non sarebbe mai del tutto finito. Per la prima volta, affrontai fino in fondo la realtà che quella condanna, la sentenza di morte, lo strazio e la devastazione di questo errore giudiziario avevano prodotto ferite indelebili.

L'indomani, al mio arrivo, fuori del tribunale si erano già accalcati i media locali, statali e nazionali. Ad accogliere Walter quando fosse uscito erano arrivate decine di parenti e amici provenienti da tutta la comunità. Con mia sorpresa, avevano realizzato degli striscioni e dei cartelli. Erano gesti davvero semplici, eppure mi commossero profondamente. Quei cartelli davano una voce silenziosa a quella folla: «Bentornato a casa, Johnny D», «Dio non ci abbandona mai», «Finalmente libero, grazie Signore, finalmente siamo liberi».

Andai in prigione per consegnare a Walter il suo abito. Lo informai che, dopo l'udienza, a casa sua era in programma una festa. Il penitenziario non gli aveva consentito di portare i propri effetti personali in tribunale, rifiutandosi quindi di riconoscere che Walter avrebbe potuto essere scarcerato, per cui saremmo dovuti andare di nuovo a Holman per prendere le sue cose, prima di tornare finalmente a casa. Gli dissi inoltre che avevo prenotato per lui una stanza a Montgomery e che, probabilmente, sarebbe stato più sicuro trascorrere lì le notti successive, giusto un paio.

Con riluttanza, gli riferii le conversazioni che avevo avuto con Minnie. Lui parve rimanerne sorpreso e ferito, ma non ci si soffermò sopra.

«Questo è un giorno davvero felice per me. Non c'è proprio nulla che possa rovinarti la gioia di aver ritrovato la libertà».

«Be', prima o poi dovrete parlarne tutti insieme», gli raccomandai.

Tornai di sopra e in aula trovai ad attendermi Tommy Chapman. «Quando avremo finito, vorrei stringergli la mano», mi disse. «Sarebbe un problema?».

«Credo che lo apprezzerebbe».

«Questo caso mi ha insegnato cose che non immaginavo nemmeno di dover imparare».

«Tutti abbiamo imparato tanto, Tommy».

In giro era pieno di agenti dello sceriffo. Appena arrivò

Bernard, ci consultammo rapidamente al banco della difesa, poi un ufficiale giudiziario ci chiese di spostarci sul retro, nell'ufficio del giudice. Alcune settimane prima che la Corte d'Appello penale emettesse l'ordinanza, il giudice Norton era andato in pensione. Il suo successore, il giudice Pamela Bashab, ci accolse calorosamente. Dopo aver scambiato un paio di convenevoli, passammo a discutere di quel che sarebbe avvenuto nel corso dell'udienza. Tutti erano stranamente cordiali.

«Signor Stevenson, mi presenti pure la sua mozione corredata da un breve riepilogo, non ho bisogno di nessuna argomentazione né dichiarazione, perché è mia intenzione accettare la sua istanza con effetto immediato, dimodoché possiate tornare tutti a casa. Possiamo fare tutto alla svelta». Andammo in aula. Dentro, radunati per l'udienza, sembravano esserci più agenti neri di quanti ne avessi mai visti in tutte le mie comparizioni in tribunale. Non c'era nessun metal detector, nessun cane minaccioso. La sala era piena di parenti e sostenitori di Walter. All'esterno dell'edificio, a dare il loro incoraggiamento, c'erano ancora più neri di quelli che erano riusciti a entrare. Fuori dell'aula affollata, invece, si era riversata un'orda di giornalisti e di telecamere della televisione.

Finalmente Walter, che indossava l'abito nero e la camicia bianca che gli avevo portato, fu scortato in aula. Appariva di bell'aspetto e in forma, come se fosse un altro uomo. Gli agenti non lo avevano ammanettato né gli avevano messo le catene, perciò lui attraversò la corte salutando con la mano la famiglia e gli amici. Sin dal processo, avvenuto sei anni prima, i familiari non lo avevano più visto indossare null'altro che non fosse la tenuta bianca da carcerato, e furono in molti tra la folla a rimanere a bocca aperta quando entrò in aula con un abito. Per anni, i parenti e i sostenitori di Walter avevano dovuto affrontare gli sguardi intimidatori e le minacce di espulsione qualora avessero espresso liberamente opinioni durante le sedute del processo, ma oggi gli agenti accettavano in silenzio le loro esternazioni euforiche.

Il giudice si accomodò al proprio seggio e io mi feci avanti per parlare. Esposi brevemente il caso e informai la corte che sia la difesa che l'accusa chiedevano di far cadere tutti i capi d'imputazione. Il giudice fu rapido nell'accogliere la mozione e domandò se ci fossero altre richieste. D'improvviso, mi sentii stranamente agitato. Mi sarei atteso di provare esuberanza. Tutti erano di un umore così lieto. Il giudice e il pubblico ministero erano stati inaspettatamente generosi e accomodanti. Fu come se tutti volessero assicurarsi che non ci fossero risentimenti né rancori.

Giustamente Walter era entusiasta, tuttavia io ero confuso dalla rabbia che improvvisamente mi sentivo ribollire dentro. Stavamo per uscire dal tribunale per l'ultima volta e io iniziai a riflettere su tutto il dolore e sulla sofferenza che erano stati inflitti a Walter, ai suoi familiari e alla comunità intera. Pensai a come Walter avrebbe probabilmente trascorso il resto dei suoi giorni, e a come sarebbe morto nella cella di un penitenziario, se il giudice Robert E. Lee Key non avesse superato la condanna all'ergastolo senza libertà condizionale voluta dalla giuria, imponendo la pena di morte, atto che portò il caso alla nostra attenzione. Pensai a come fossero di certo centinaia, forse migliaia, le altre persone innocenti esattamente come Walter che però non avrebbero mai ricevuto l'aiuto di cui avevano bisogno. Ero consapevole che quello non fosse né il momento né il luogo per tenere un discorso di protesta, tuttavia non potei esimermi dal fare un commento finale.

«Vostro Onore, prima di aggiornarci vorrei dire quanto segue. È stato fin troppo facile condannare un uomo ingiustamente accusato di omicidio e mandarlo nel braccio della morte per qualcosa che non aveva commesso, mentre è stato davvero difficilissimo ottenere che venisse liberato dopo aver dimostrato la sua innocenza. In questo Stato abbiamo problemi gravi da risolvere e un lavoro importante che deve essere compiuto».

Mi rimisi a sedere e il giudice dichiarò Walter libero di andare. In un attimo, fu un uomo libero.

Walter mi abbracciò con forza e io gli passai un fazzoletto per asciugarsi le lacrime dagli occhi. Lo condussi da Chapman e i due si strinsero la mano. Gli agenti di colore che avevano stazionato lì accanto ci scortarono fino a una porta sul retro che conduceva al piano di sotto, dove ad attenderci trovammo una folla di reporter. Uno degli agenti mi diede una pacca sulla spalla, dichiarando: «Fantastico, amico. Fantastico». Pregai Bernard di avvisare i familiari e i sostenitori che ci saremmo visti fuori.

Walter rimase accanto a me per tutto il tempo in cui rispondemmo ai quesiti della stampa. Immaginai si sentisse sopraffatto, perciò dopo qualche minuto interruppi le domande e ci incamminammo verso l'ingresso del tribunale. Le troupe televisive ci vennero dietro. Mentre uscivamo, decine di persone lo accolsero agitando i loro cartelli. I parenti di Walter corsero su per le scale per abbracciarlo e abbracciarono anche me. I nipotini gli afferrarono le mani. Degli anziani che non avevo mai visto prima salirono ad abbracciarlo. Walter non riusciva a credere a quante persone fossero lì per lui. Abbracciò tutti. Anche quando alcuni degli uomini presenti andavano da lui per stringergli la mano, lui li abbracciava. Comunicai a tutti che Bernard e io dovevamo portare Walter in carcere e che da lì saremmo andati direttamente a casa. Ci volle quasi un'ora per riuscire a superare tutta quella folla e salire in auto.

Durante il viaggio verso il penitenziario, Walter mi raccontò che l'ultima notte nel braccio della morte gli altri detenuti avevano celebrato per lui una cerimonia speciale. Avevano pregato per lui e gli avevano dato un ultimo abbraccio. Ammise di sentirsi in colpa per averli abbandonati. Gli dissi di non farlo: erano tutti felicissimi di sapere che stava tornando a casa.

Malgrado le mie rassicurazioni che saremmo arrivati a casa presto, tutti ci seguirono fino al carcere. La stampa, le troupe delle TV locali, la famiglia, tutti. Arrivati a Holman, dietro di noi serpeggiava una carovana di media e sostenitori. Parcheggiai l'auto e andai al cancello principale per spiegare alla guardia nella torretta che non c'entravo niente con tutta quella gente; conoscevo le politiche rigide del direttore in merito alla presenza di persone che non avevano questioni da sbrigare in carcere. La guardia però ci fece cenno con la mano di entrare. Nessuno cercò di convincere la folla ad andarsene.

Ci dirigemmo nell'ufficio del carcere per prendere gli effetti personali di Walter: i documenti legali e la corrispondenza con me, le lettere da parte dei familiari e dei sostenitori, una Bibbia, l'orologio della Timex che indossava al momento dell'arresto e il portafoglio che aveva con sé quel giugno del 1987, quando ebbe inizio il suo incubo. Nel portafoglio c'erano ancora ventitré dollari. Agli altri carcerati nel braccio della morte Walter aveva regalato il suo ventilatore, un dizionario e i generi alimentari che aveva nella cella. Mentre raccoglievamo le cose di Walter, notai che il direttore ci guardava dal suo ufficio, ma non uscì fuori.

Attraversammo l'ingresso principale del carcere sotto gli sguardi di alcune guardie. Fuori era ancora riunita una moltitudine di persone. Notai la signora Williams. Walter le andò incontro e la abbracciò. Sciolto il loro abbraccio, lei mi lanciò un rapido sguardo e mi strizzò l'occhio. Non potei trattenermi dal ridere.

Dalle loro celle, i detenuti riuscivano a vedere tutta quella gente raggruppata fuori e, mentre Walter andava via, cominciarono a urlargli i loro incoraggiamenti. Dall'esterno del carcere noi non potevamo vederli, ma le loro voci risuonavano ugualmente: erano voci inquietanti perché prive di un corpo, però cariche di eccitazione e di speranza. Una delle ultime voci che sentimmo fu quella di un uomo che gridava: «Sii forte, amico. Sii forte!».

Walter rispose gridando: «Va bene!».

Camminando verso la macchina, Walter alzò le braccia e, dolcemente, le mosse su e giù come se volesse spiccare il volo. Mi guardò e disse: «Mi sento come un uccello, mi sento come un uccello».

12
Madre, madre

In una serata fredda e pungente di metà marzo, Marsha Colbey uscì per le strade di New York al fianco del marito con addosso un elegante abito blu reale. Erano anni che aveva sognato un momento come quello. Mentre passeggiavano lungo i marciapiedi affollati, accoglieva ogni suono e immagine con estrema curiosità. In lontananza, enormi edifici si allungavano verso il cielo, mentre per le vie del Greenwich Village il traffico sfrecciava rumoroso. I gruppetti di studenti e artisti newyorchesi non prestarono attenzione a quella coppia che attraversava il Washington Square Park. Lei notò un trio di jazzisti dilettanti impegnati a suonare dei pezzi famosi in un angolo del parco. Tutto sembrava uscito fuori da un film.

Marsha era una donna bianca, proveniente da una povera cittadina rurale dell'Alabama, che non aveva mai visto New York ma alla quale stava per essere conferita una onorificenza a una cena con duecento invitati. Tutto era molto eccitante, ma lungo il tragitto per arrivare all'incontro stava provando qualcosa di diverso. Ben presto, si rese conto di quello che stava percependo. La libertà. Stava gironzolando insieme al marito per le strade della città più affascinante del mondo ed era libera. Era una sensazione meravigliosa. Nei tre mesi successivi alla sua scarcerazione, tutto era stato incantevole. Era ben oltre quello che avrebbe mai potuto immaginare, anche prima di essere condannata a scontare l'ergastolo senza libertà condizionale nel Penitenziario femminile Julia Tutwiler.

Quando l'uragano Ivan si abbatté sulle coste dell'Alabama, portando caos e disgrazia nella vita di Marsha, lei credette che fosse successo il peggio che poteva accadere. Ivan aveva generato centodiciannove tornado e causato diciotto miliardi di dollari di danni. Con sei figli da proteggere, non poteva certo sprecare tempo andando nel panico per la perdita della casa o per la distruzione violenta di tutto ciò che li circondava. A turbare Marsha era l'incertezza. Dove avrebbero trovato lavoro lei e suo marito? Per quanto tempo i figli sarebbero rimasti lontani dalla scuola? Come avrebbero fatto con i soldi? Come avrebbero fatto per il cibo? Tutti sulla Costa del Golfo avvertivano la propria vulnerabilità di fronte a un futuro così incerto. Le continue ondate di tempeste e uragani tropicali che, nell'estate del 2004, minacciarono le coste della Louisiana, dell'Alabama, del Mississippi e della Florida, avevano trasformato la tranquilla vita costiera di quelle località meridionali in una lotta apocalittica per la sopravvivenza.

Marsha e Glen Colbey vivevano con i figli in una casa mobile sovraffollata, e quando fu annunciato l'arrivo dell'uragano sapevano di non essere al sicuro. Non erano i soli: tante altre famiglie erano nella stessa situazione, il che era una magra consolazione. Tuttavia, quando a settembre Ivan distrusse la casa dei Colbey, non era molto confortante ritrovarsi in fila con migliaia di altre persone, in cerca di assistenza da parte dell'Agenzia federale per la gestione delle emergenze (FEMA). Alla fine, gli aiuti arrivarono. I Colbey ricevettero come casa provvisoria un camper della FEMA e lo collocarono sul terreno di loro proprietà, così che i bambini potessero restare nelle scuole lì vicino. All'inizio dell'estate, Marsha e Glen avevano trovato lavoro nel settore edile e nelle costruzioni di tetti; ora però sarebbero passate settimane prima che fossero richiesti dei lavori di ricostruzione.

Marsha aveva anche intuito di essere incinta. Aveva quarantatré anni e un altro figlio non faceva parte dei suoi programmi. L'unica cosa a cui riusciva a pensare era a come, nel giro di un paio di mesi, la gravidanza avrebbe limitato le sue capacità di lavorare nelle costruzioni. A volte le sue preoccupazioni le provocavano uno stato di ansia tanto profonda da farle scattare una vecchia tentazione: le droghe. Erano però troppe le persone che dipendevano da lei, ed erano troppe le cose da gestire per poter mollare. Cinque anni prima, quando era in attesa dell'ultimogenito, Joshua, la polizia fu chiamata dalle infermiere che avevano trovato della cocaina nel suo organismo e le autorità l'avevano terrorizzata, accusandola e minacciandola di perseguirla penalmente, di incarcerarla e di sottrarle la custodia dei figli. Non avrebbe rischiato nuovamente tutto questo.

Lei e Glen erano poveri in canna, ma Marsha aveva sempre compensato ciò che non poteva offrire ai figli donando loro tutto il suo cuore. Leggeva per loro, parlava con loro, giocava con loro, li abbracciava e baciava continuamente e li teneva costantemente vicino. Contro ogni previsione, portava avanti una bella famiglia unita da un amore intenso. I suoi figli maggiori, persino quello di diciannove anni, restavano vicino a lei in casa, e questo nonostante le molte distrazioni che si presentarono quando finirono le superiori. A Marsha piaceva fare la mamma. È per questo che non si preoccupava di avere così tanti bambini. Rimanere incita del settimo figlio non era quello che aveva previsto o desiderato, ma avrebbe amato questo bambino come prima aveva amato tutti gli altri.

Quando arrivò l'inverno, le cose nella Contea di Baldwin si erano rimesse a posto. C'era di nuovo lavoro e Glen aveva trovato finalmente un'occupazione stabile. La famiglia era ancora alle prese con le difficoltà finanziarie, ma la maggior parte dei bambini era tornata a scuola e sembrava che fossero sopravvissuti alla peggiore delle devastazioni.

Marsha era consapevole che, alla sua età, una gravidanza era molto rischiosa, tuttavia non poteva permettersi di consultare un medico. Semplicemente, non aveva i soldi. Avendo già affrontato in precedenza sei parti, sapeva che cosa l'aspettava e ritenne di potersela cavare senza ricorrere a un'assistenza prenatale. Cercò di non preoccuparsi, anche se con questa gravidanza stava sperimentando dei dolori e dei problemi che non ricordava di aver avuto in passato. C'erano state perdite di sangue; se solo avesse potuto permettersi un esame, un dottore avrebbe riscontrato i segni di un distacco della placenta.

La loro vecchia casa giaceva accanto al nuovo camper della FEMA e in gran parte non era più abitabile, ma aveva ancora l'acqua corrente e una vasca da bagno, che di tanto in tanto offriva a Marsha un tranquillo rifugio. Un giorno, in cui non si era sentita bene, pensò che un lungo bagno caldo le avrebbe giovato. Si sistemò per qualche minuto nella vasca d'acqua calda, dopodiché sopraggiunsero delle doglie violente. Sentiva che il tutto stava avvenendo troppo in fretta e, prima di rendersene conto, partorì un bambino già morto. Cercò disperatamente di rianimare il piccolo, ma questo non iniziò mai a respirare.

Sebbene all'inizio si fosse crucciata per la gravidanza, Marsha si addolorò per la morte del neonato e insistette nel volergli dare un nome e una sepoltura di famiglia. Lo chiamarono Timothy e lo seppellirono in una tomba con il nome, accanto al piccolo camper che era la loro casa. Se non fosse stato per un vicinato impiccione, che a lungo aveva nutrito sospetti sui Colbey, la nascita di un figlio morto forse sarebbe rimasta una tragedia privata per Marsha e la sua famiglia.

Debbie Cook si accorse che Marsha Colbey non era più incinta senza però avere un bambino, cosa che accese la sua curiosità per i dettagli sul piccolo nato morto. Marsha non si fidava di quella donna, e quando questa le fece delle domande, lei rispose in maniera evasiva. Alla fine, la signora Cook, che lavorava nella scuola elementare frequentata dai figli dei Colbey, diede istruzioni a una delle inservienti della mensa scolastica perché avvisasse la polizia dell'assenza del neonato[1]. L'agente Kenneth Lewellen parlò con la signora Cook, dopodiché andò a casa dei Colbey. Marsha, ancora in lutto per la perdita del bambino e frustrata dall'intrusione, reagì male all'interrogatorio della polizia. Allo scopo di proteggere la sua privacy, all'inizio cercò di dare informazioni errate all'agente e agli investigatori. La sua non fu una mossa intelligente, ma era irritata dalla loro insistenza. Quando Lewellen notò la tomba col nome accanto all'abitazione dei Colbey, Marsha ammise che si trattava della tomba del figlio che, di recente, aveva dato alla luce già morto.

Per riesumare il corpo del neonato fu chiamata Kathleen Enstice, una patologa forense che lavorava per l'ufficio del procuratore. Marsha rimase turbata dalla decisione delle autorità di eseguire senza motivo un atto così sconvolgente. Non appena la salma del bambino fu riesumata, ma prima di effettuare un opportuno esame formale sul corpo, la Enstice riferì a un investigatore la propria convinzione che il piccolo non fosse nato morto. In seguito, avrebbe ammesso di non avere alcuna base su cui fondare un simile parere e che senza un'autopsia e dei test non era affatto possibile per lei stabilire se il bambino fosse nato vivo. Come si venne poi a scoprire, già in passato la Enstice aveva prematuramente ed erroneamente definito alcuni decessi degli omicidi senza il sostegno di prove adeguate[2].

La patologa eseguì quindi un'autopsia nel laboratorio del Dipartimento di scienze forensi a Mobile[3]. Non solo concluse che il figlio di Marsha Colbey era nato vivo, ma affermò pure che, se avesse ricevuto un'assistenza medica, il piccolo sarebbe sopravvissuto[4]. Sebbene la maggior parte degli esperti siano concordi nel ritenere che i patologi forensi – che perlopiù hanno a che fare con persone decedute – non siano qualificati per valutare le probabilità di sopravvivenza, l'ufficio dell'accusa diede il via libera ai pubblici ministeri perché muovessero le accuse penali.

In preda all'incredulità, un paio di settimane dopo aver dato alla luce il figlio nato morto, Marsha Colbey si vide tratta in arresto e accusata di omicidio di primo grado. L'Alabama rientra nell'elenco sempre più numeroso di Stati che considerano l'assassinio di una persona al di sotto dei quattordici anni un reato capitale passibile della pena di morte. La categoria delle vittime infantili ha prodotto un notevole aumento nel numero di giovani madri e di minorenni spedite nel braccio della morte. Le cinque donne rinchiuse nel braccio dell'Alabama erano state condannate per il decesso inspiegabile dei loro bambini piccoli o per la morte del proprio coniuge o compagno violento. Tutte e cinque. Su scala nazionale, infatti, la maggior parte delle detenute nel braccio della morte sono in attesa dell'esecuzione per crimini familiari connessi all'accusa di abusi su minori o di violenze domestiche che coinvolgono un compagno di sesso maschile[5].

Durante il processo, Kathleen Enstice testimoniò che Timothy era nato vivo e che era poi morto per annegamento. Asserì di essere giunta alla conclusione che il piccolo sarebbe stato vivo alla nascita attraverso una «diagnosi per esclusione» – vale a dire che non aveva trovato alcun elemento comprovante che il bambino fosse nato morto e che non aveva nessun'altra spiegazione per chiarirne il decesso[6]. L'inattendibilità della sua testimonianza fu messa in luce persino dall'esperto chiamato a testimoniare dall'accusa: il dottor Dennis McNally, un ostetrico ginecologo che esaminò la signora Colbey due settimane dopo il parto del figlio nato morto. Il dottor McNally testimoniò che, considerate l'età avanzata e la mancanza di assistenza prenatale, la gravidanza della signora Colbey era ad alto rischio di «morte in utero inspiegabile»[7]. La conclusione della Enstice fu ulteriormente screditata dal dottor Werner Spitz, il quale era stato proprio l'autore del trattato medico su cui la Enstice aveva studiato durante la sua formazione in patologia forense. Per la difesa il dottor Spitz testimoniò che, viste le circostanze del caso, egli «non avrebbe assolutamente» concluso che si trattava della nascita di un bambino vivo, figurarsi poi di un omicidio[8].

Senza alcuna prova scientifica attendibile che fosse avvenuto un crimine, l'accusa presentò delle evidenze istigatrici che dipingevano Marsha come una donna povera, una ex tossicodipendente e, ovviamente, una cattiva madre per non essere ricorsa all'assistenza di un medico. Gli inquirenti della polizia andarono a casa sua e scattarono alcune fotografie di un water non scaricato e di una lattina di birra lasciata sul pavimento, che furono sventolate sotto gli occhi della giuria come prove della sua incuria e della sua inadeguatezza di genitore[9].

Nel corso di numerosi interrogatori, la signora Colbey ribadì costantemente di aver partorito un figlio già morto alla nascita. Disse agli inquirenti che il suo bambino era nato morto e che, nonostante i suoi sforzi per rianimarlo, non iniziò mai a respirare[10]. La Colbey rifiutò l'offerta dell'accusa di un patteggiamento, grazie al quale avrebbe scontato una condanna a diciotto anni di carcere, poiché fu irremovibile nel dichiarare di non aver fatto nulla di male[11].

L'azione penale contro Marsha Colbey finì per attirare l'attenzione della stampa, solleticata dalla storia di un'altra "madre pericolosa". Il crimine fu presentato in toni sensazionalistici dai media locali, i quali lodarono la polizia e il pubblico ministero per essersi mossi in soccorso di un neonato indifeso. All'epoca in cui era stato fissato il processo contro Marsha, per i media demonizzare le madri irresponsabili era diventata una vera e propria mania. Il tragico racconto delle madri che avevano assassinato i propri figli suscitava scalpore a livello nazionale. Quando, nel 2001 in Texas, Andrea Yates annegò i suoi cinque figli, la tragedia divenne una vicenda nazionale. Nella Carolina del Nord, il tentativo di Susan Smith di far ricadere su dei neri la responsabilità della morte dei figli prima di ammettere, in un secondo momento, di essere stata lei a ucciderli, appassionò gli americani ossessionati dal crimine. Con il tempo, l'interesse dei media per questo genere di vicende è diventato un problema nazionale. La rivista «Time» definì l'azione penale mossa contro Casey Anthony, la giovane madre della Florida che alla fine fu assolta per la morte della figlia di due anni, il «processo del secolo sui social media», dopo che la storia aveva generato una copertura mediatica continua da parte delle reti via cavo[12].

L'assassinio di un figlio per mano di un genitore è un atto orribile e, in genere, è reso più complicato da gravi malattie mentali, come nel caso della Yates e della Smith. Tuttavia, questi episodi tendono anche a creare distorsioni e pregiudizi. La polizia e i pubblici ministeri sono stati influenzati dalle notizie diffuse dai media, e adesso su migliaia di donne – in particolare, su quelle povere e in difficoltà – i cui figli sono morti inspiegabilmente si è abbattuta la presunzione di colpevolezza. A dispetto del ruolo preminente degli Stati Uniti tra le nazioni sviluppate, da sempre abbiamo dovuto fare i conti con un elevato tasso di mortalità infantile; più alto rispetto alla maggior parte dei paesi sviluppati. Da decenni ormai, l'impossibilità di molte donne povere di ricevere un'assistenza medica adeguata, incluse le cure durante la gestazione e dopo il parto, è divenuta un serio problema in questo paese. Malgrado i recenti miglioramenti, il tasso di mortalità infantile continua a essere imbarazzante per una nazione che spende per la sanità più soldi di qualunque altro paese al mondo. Nell'America del XXI secolo, la criminalizzazione della mortalità infantile e le azioni penali contro le donne povere a cui è morto un figlio hanno raggiunto proporzioni inedite, come iniziano a dimostrare i penitenziari di tutto il paese[13].

Le comunità si sono messe all'erta nei confronti delle madri cattive che dovrebbero finire in galera. All'incirca nello stesso periodo in cui Marsha veniva processata, nella Contea di Pickens, in Alabama, Bridget Lee diede alla luce un figlio nato morto. La donna fu accusata di omicidio di primo grado e venne incarcerata ingiustamente. La signora Lee, un'organista di chiesa e madre di due bambini, nonché contabile presso una banca, era rimasta incinta a seguito di una relazione extraconiugale. Depressa e spaventata, la trentaquattrenne aveva tenuto nascosta la gravidanza e sperava di poter dare segretamente il figlio in adozione. Purtroppo però, andò in travaglio con cinque settimane d'anticipo e il bambino nacque morto. Al marito non disse nulla del parto, cosa che alimentò i sospetti. Le circostanze sconvenienti attorno alla gravidanza della signora Lee furono sufficienti a condizionare il patologo incaricato di effettuare l'autopsia, il quale concluse che il bambino, anziché morto, fosse invece nato vivo per poi essere soffocato dalla madre. Mesi dopo che la donna era stata arrestata e accusata di omicidio di primo grado, altri sei patologi esaminarono il corpo e furono unanimi nel concludere che a uccidere il bambino era stata una polmonite neonatale; si trattava infatti di un classico caso di feto nato morto, con caratteristiche molto comuni. Queste nuove informazioni indussero il pubblico ministero a ritirare le accuse, risparmiando così alla signora Lee un processo per omicidio e, potenzialmente, la pena di morte[14]. Quel patologo ormai screditato ha lasciato l'Alabama, ma in Texas continua a esercitare come medico legale.

Sono centinaia gli altri casi in cui donne erroneamente accusate non hanno mai ricevuto l'assistenza legale di cui avevano bisogno per evitare condanne ingiuste. Un paio di anni prima di rappresentare Marsha Colbey, assumemmo il caso di Diane Tucker e di Victoria Banks. Quest'ultima, una donna nera con un ritardo intellettivo che viveva nella Contea di Choctaw, in Alabama, fu accusata di aver assassinato il figlio appena nato, sebbene la polizia non avesse alcun elemento plausibile per credere che lei fosse mai stata incinta. Secondo quanto riferito, la signora Banks aveva detto a un vicesceriffo di aspettare un bambino per evitare di finire in prigione per un'altra vicenda estranea a questi fatti. Quando però, mesi dopo, fu vista senza alcun neonato, la polizia l'accusò dell'omicidio del figlio. Mentalmente disabile e priva di un'adeguata assistenza legale, la donna fu costretta a dichiararsi colpevole di aver ucciso con la sorella, la signora Tucker, un bambino che non era mai esistito. Posta di fronte alle accuse di omicidio di primo grado e alla possibilità di essere condannata a morte, la Banks patteggiò accettando una condanna a venticinque anni. Prima di spedirla in carcere, le autorità si rifiutarono di prendere in esame le sue dichiarazioni di innocenza. Noi riuscimmo a liberarla dimostrando che, cinque anni prima dell'arresto, la signora

Banks aveva subito una legatura delle tube, il che rendeva per lei biologicamente impossibile poter concepire, e ancor meno partorire, un bambino[15].

Oltre ai decessi inspiegabili di neonati figli di donne povere, sono stati criminalizzati anche altri tipi di "inadeguatezza genitoriale". Nel 2006, l'Alabama ha emanato una legge in base alla quale è diventato un reato esporre un bambino a un "ambiente pericoloso" in cui il minore potrebbe entrare in contatto con delle droghe. Questo "statuto per l'esposizione dei minori ai rischi da sostanze chimiche" era stato chiaramente promulgato per proteggere i bambini che vivevano in ambienti domestici in cui c'erano laboratori di metanfetamine o in cui avvenivano operazioni legate allo spaccio di droga. Tuttavia, la legge è stata applicata in maniera decisamente più ampia e, ben presto, migliaia di madri con figli che vivono in comunità povere ed emarginate, in cui dilagano le droghe e le tossicodipendenze, sono diventate a rischio di azioni penali.

Con il tempo, la Corte Suprema dell'Alabama ha ampliato l'accezione del termine *ambiente* arrivando a includervi l'utero, e quella del termine *bambino* facendovi rientrare anche un feto[16]. Adesso, in presenza di prove che abbiano fatto uso di droghe in un momento qualsiasi della gravidanza, le gestanti potrebbero essere perseguite penalmente e condannate a scontare decenni di carcere. In questi ultimi anni, sono decine le donne che, anziché ricevere l'aiuto di cui avevano bisogno, sono state incarcerate in forza di questa legge.

L'isteria che aleggiava attorno alle madri cattive rendeva molto difficile per Marsha Colbey ricevere un giusto processo. Durante le fasi di selezione della giuria, molti giurati si erano dichiarati incapaci di imparzialità nei confronti della signora Colbey. Tra questi, alcuni avevano a tal punto manifestato la propria inquietudine dinanzi alle accuse di infanticidio, da non riuscire a rispettare il principio della presunzione di innocenza[17]. E furono in molti a rivelare di avere una relazione così stretta con uno degli inquirenti dell'ufficio del procuratore – un testimone chiave dell'accusa, che era stato particolarmente esplicito nell'additare le cattive madri – da attribuirgli una «credibilità immediata» e da «ritenere che tutto quello [che lui aveva] detto fosse attendibile»[18]. Un altro giurato ammise di fidarsi dei testimoni delle forze dell'ordine che già conosceva al punto di «credere a tutto quello che dicono»[19].

Nonostante le obiezioni mosse dalla difesa, il tribunale di prima istanza consentì a quasi tutti questi membri di rimanere nella giuria. Alla fine, per decidere il destino di Marsha Colbey, furono selezionati per il processo dei giurati carichi di pregiudizi e presunzioni.

Il verdetto formulato dalla giuria fu di colpevolezza per il solo capo d'imputazione di omicidio di primo grado. Prima di comunicare la loro decisione, i giurati espressero la propria preoccupazione che la signora Colbey diventasse passibile della pena di morte, perciò la pubblica accusa accettò di non procedere con la richiesta di un'esecuzione qualora fosse stata giudicata colpevole. Questa concessione portò a una condanna immediata. La sentenza emessa dalla corte contro la signora Colbey fu l'ergastolo senza la possibilità di chiedere la libertà condizionale, dopodiché la donna si ritrovò incatenata a bordo di un cellulare diretto al Penitenziario femminile Julia Tutwiler.

Edificato negli anni Quaranta del Novecento, il carcere Tutwiler è situato a Wetumpka, in Alabama. Questo penitenziario, dedicato a una donna che aveva promosso l'istruzione delle carcerate e che si era battuta per delle condizioni di reclusione più umane, era divenuto un vero e proprio incubo, stipato di gente e pericoloso, per le donne lì intrappolate. Più volte i tribunali avevano giudicato incostituzionale lo stato di sovraffollamento in cui versava la struttura, con quasi il doppio di carcerate rispetto al numero per accogliere il quale era stata progettata. Negli Stati Uniti, tra il 1980 e il 2010 il numero di donne mandate in prigione è aumentato del 646 per cento, con un tasso di crescita 1,5 volte maggiore di quello degli uomini. Con quasi duecentomila donne nelle prigioni locali e nei penitenziari americani, e con oltre un milione di donne sotto la supervisione o il controllo del sistema di giustizia penale, l'incarcerazione femminile ha raggiunto livelli da record.

A Tutwiler le donne sono stipate in dormitori e spazi abitativi improvvisati. Marsha rimase scioccata dal sovraffollamento. Essendo l'unico carcere statale femminile, a Tutwiler non vige alcun tipo di sistema sensato per classificare e assegnare le detenute a dormitori appropriati. Le donne che devono combattere con patologie mentali serie o con gravi disagi emozionali vengono buttate nella mischia insieme alle altre, il che rende la vita nei dormitori caotica e stressante per tutte. Marsha non poté mai abituarsi a sentire delle carcerate urlare e strillare, senza alcun motivo e per tutta la notte, in una camerata gremita di persone.

La maggior parte delle detenute – quasi due terzi – sono in carcere per reati di droga e contro la proprietà non violenti e di entità lieve. In particolare, sono state proprio le leggi sulla droga ad avere un enorme impatto sul numero di donne spedite in prigione. Anche le leggi dei "tre strike" hanno avuto un ruolo notevole. Io avevo iniziato a contestare le condizioni di reclusione a Tutwiler alla metà degli anni Ottanta, quando ero ancora un giovane avvocato presso il Comitato per la difesa dei detenuti del Sud. All'epoca rimasi scioccato nel trovare in carcere alcune donne per reati così lievi. Una delle prime detenute che avessi mai incontrato fu una giovane madre, condannata a scontare una lunga pena in carcere per aver firmato degli assegni con cui aveva acquistato dei regali di Natale per i suoi tre bambini, senza avere però sul conto denaro a sufficienza. Proprio come il personaggio di un romanzo di Victor Hugo, in lacrime mi raccontò la sua storia straziante. Non riuscivo a credere che quanto mi stava dicendo potesse essere vero, finché non verificai la sua vita e non scoprii che, in effetti, era stata giudicata colpevole e condannata a oltre dieci anni di carcere per aver rilasciato cinque assegni, tra cui tre a un negozio Toys“R”Us. Nessuno degli assegni superava i centocinquanta dollari. E non era la sola. Migliaia di donne sono state condannate a scontare un lungo periodo in carcere per aver firmato assegni scoperti o per lievi reati contro la proprietà che comportano pene detentive minime obbligatorie.

Gli effetti collaterali dell’incarcerazione femminile sono consistenti. All’incirca tra il 75 e l’80 per cento delle detenute sono madri di figli minorenni. Al momento dell’arresto, quasi il 65 per cento di loro viveva con dei minorenni: bambini che sono diventati più vulnerabili e a rischio per effetto dell’incarcerazione della madre e che rimarranno in queste condizioni per il resto della vita, anche quando il genitore sarà tornato a casa[20]. Nel 1996, il Congresso ha approvato la riforma del welfare che, a titolo del tutto gratuito, comprendeva una misura che autorizzava gli Stati a escludere dalla fornitura di assegni e sussidi pubblici le persone condannate per droga. La popolazione colpita da questa normativa sbagliata è soprattutto quella delle ex detenute con bambini, la maggior parte delle quali sono state incarcerate per crimini di droga. Queste donne e i loro figli non possono più vivere nelle case popolari, non possono più ricevere i buoni alimentari né accedere ai servizi essenziali. Negli ultimi vent’anni, nella società americana abbiamo creato una nuova classe di "intoccabili", formata dalle nostre madri più vulnerabili e dai loro figli.

Marsha trascorse i primi giorni a Tutwiler in uno stato di incredulità. Incontrò altre donne che, come lei, erano state imprigionate per aver dato alla luce dei bambini nati morti. Efernia McClendon, una giovane adolescente nera di Opelika, in Alabama, era rimasta incinta alle superiori e non aveva detto nulla ai genitori. Partorì a poco più del quinto mese e lasciò i resti del feto nato morto in un canale di drenaggio. Una volta scoperti, fu interrogata dalla polizia finché non ammise di non poter essere sicura al 100 per cento che il bambino non si fosse mosso prima del decesso, anche se il parto prematuro rendeva estremamente remote le possibilità di sopravvivenza. Minacciata di pena di morte, è finita anche lei nella comunità sempre più numerosa di donne incarcerate per aver avuto una gravidanza non programmata e un verdetto sbagliato.

A Tutwiler, le vite e le sofferenze delle detenute si intrecciavano le une con le altre. Per Marsha, era impossibile non notare che alcune donne non ricevevano mai visite. All'inizio provò a restare indifferente dinanzi a chi, intorno a lei, sembrava particolarmente in pena, ma non ci riuscì; erano persone che piangevano più del normale o che soffrivano di un'ansia smisurata per i figli o i genitori che avevano abbandonato o che sembravano particolarmente avvilite e depresse. Per come erano legate tutte assieme, una giornata orribile per una di loro inevitabilmente diventava orribile per tutte le altre. In una situazione del genere, l'unica consolazione era che si condividevano anche i momenti di gioia. La concessione della libertà sulla parola, l'arrivo di una lettera tanto sperata, la visita di un familiare a lungo assente sollevava a tutte il morale.

Se le battaglie delle altre donne fossero state la sfida

più grande per Marsha a Tutwiler, i suoi anni lì dentro sarebbero stati difficili ma comunque gestibili. Purtroppo però, c'erano problemi anche maggiori e a causarli era il personale del carcere. Le donne a Tutwiler venivano stuprate dalle guardie penitenziarie. Le detenute venivano sessualmente molestate, sfruttate, violentate e aggredite dagli agenti in modi infiniti. Il direttore consentiva ai secondini di entrare nelle docce durante la conta delle detenute. Gli agenti sorridevano in modo lascivo alle donne prive di vestiti, facendo commenti crudi e minacce allusive. Le detenute non godevano di privacy quando andavano al bagno, giacché i secondini potevano osservarle mentre usavano il gabinetto. C'erano angoli e corridoi bui: luoghi terrorizzanti a Tutwiler, in cui le donne potevano essere picchiate e aggredite sessualmente. L'EJI aveva chiesto al Dipartimento dell'amministrazione penitenziaria di installare delle telecamere di sicurezza nei dormitori, ma questo rifiutò di farlo. La cultura della violenza sessuale era talmente pervasiva che persino il cappellano del carcere aggrediva sessualmente le detenute che si recavano nella cappella.

Poco dopo l'arrivo di Marsha a Tutwiler, noi riuscimmo a ottenere la liberazione di Diane Jones, la quale era stata ingiustamente riconosciuta colpevole e condannata a morire in carcere per un crimine che non aveva commesso. Diane era stata erroneamente coinvolta in un'operazione contro il traffico di droga in cui era implicato il suo ex fidanzato. Fu giudicata colpevole per diversi capi d'accusa, che fecero scattare una condanna all'ergastolo inderogabile senza libertà condizionale. Contestammo la condanna e la sentenza e alla fine ottenemmo la sua scarcerazione. La liberazione di Diane Jones, una carcerata condannata all'ergastolo, diede speranza a tutte le altre ergastolane rinchiuse a Tutwiler. Ricevetti delle lettere da parte di donne che non avevo mai incontrato e che mi ringraziavano per averla aiutata. Mentre lavoravo al suo caso, andavo a Tutwiler per incontrare Diane e lei mi raccontava di quanto le detenute cercassero disperatamente un aiuto.

«Bryan, ho circa nove biglietti che mi chiedono di passarti. Erano troppi perché potessi superare i controlli delle guardie, perciò non te li ho portati, ma queste donne desiderano il tuo aiuto».

«Be', non cercare di portare di nascosto dei biglietti. Ci possono scrivere».

«A dire il vero, alcune hanno detto che vi hanno già scritto».

«Siamo oberati, Diane. Mi dispiace, ma cercheremo di rispondere».

«Sono preoccupata soprattutto per le altre con l'ergastolo. Sono quelle che moriranno qua dentro».

«Ci stiamo provando... più di tanto non possiamo fare».

«Lo so, glielo dirò. È solo che sono disperate, come lo ero io prima che voi mi aiutaste. Marsha, Ashley, Monica, Patricia mi ossessionano perché mandiate qualcuno che le aiuti».

Poco tempo dopo quel colloquio, incontrammo Marsha Colbey e cominciammo a preparare il suo appello. Decidemmo di contestare gli argomenti dell'accusa e il modo in cui era stata selezionata la giuria. Charlotte Morrison, che aveva beneficiato della borsa di studio Rhodes ed era stata una mia ex studentessa, adesso lavorava come avvocato anziano all'EJI. Più volte era andata a incontrare Marsha accompagnata da Kristen Nelson, una consulente legale laureata in Legge ad Harvard che aveva lavorato presso il Servizio per la difesa d'ufficio del Distretto di Columbia, la più importante struttura per la difesa d'ufficio del paese. Marsha parlava del suo caso, della sfida di tenere unita la sua famiglia mentre era in carcere e di tutta una serie di problemi. Ma l'argomento che più di frequente saltava fuori durante quelle visite erano le violenze sessuali a Tutwiler.

Io e Charlotte assumemmo il caso di un'altra donna che aveva intentato una causa civile a livello federale dopo essere stata stuprata dentro Tutwiler. Lo aveva fatto senza ricevere un'assistenza legale; a causa dei vizi formali presenti nella sua comparsa e nelle accuse da lei formulate nella propria denuncia, riuscimmo a ottenere solo un piccolo accordo. Ma i dettagli dell'esperienza da lei vissuta erano così dolorosi che non potevamo più ignorare quelle violenze. Avviammo un'indagine intervistando oltre cinquanta detenute; rimanemmo profondamente sconcertati nel constatare fino a che punto fosse ormai diffuso il problema delle violenze sessuali. Molte donne erano state violentate ed erano rimaste incinte. Ben poco fu fatto al riguardo, persino nei casi in cui il test del DNA aveva confermato che gli agenti erano i padri di quei bambini. Alcune guardie, che erano state oggetto di numerose denunce per violenze sessuali, furono temporaneamente riassegnate ad altre mansioni o ad altri penitenziari, ma solo per tornare poi a Tutwiler, dove avevano ricominciato a tormentare le detenute. Alla fine, sporgemmo una denuncia al Dipartimento di Giustizia degli Stati Uniti e in merito al problema diffondemmo diversi rapporti pubblici, che ricevettero un'ampia copertura mediatica. Tutwiler entrò nella lista redatta da «Mother Jones» delle dieci carceri peggiori d'America; fu l'unica struttura femminile a ottenere un simile disonore. Ne derivarono audizioni parlamentari e modifiche alle politiche del penitenziario. Ora le guardie di sesso maschile non possono più accedere alle docce e ai bagni, e un nuovo direttore è subentrato alla guida del carcere.

Malgrado tutte queste sfide, Marsha tenne duro e iniziò a difendere alcune detenute più giovani. Rimanemmo sconcertati quando la Corte d'Appello criminale emise un ordine di conferma della sua colpevolezza e condanna. Chiedemmo un riesame alla Corte Suprema dell'Alabama e, sulla base del rifiuto opposto dal giudice del processo di escludere dalla giuria le persone condizionate dai pregiudizi e che potevano non essere imparziali, riuscimmo a ottenere un nuovo processo. Marsha e il nostro gruppo furono entusiasti; lo furono meno invece i funzionari locali nella Contea di Baldwin. Minacciarono di muovere una nuova azione penale. Noi coinvolgemmo degli esperti in patologia e convincemmo le autorità locali che non sussistevano basi effettive per condannare Marsha di omicidio. Occorsero due anni per trovare un accordo nella causa legale e poi un altro anno di dispute con il Dipartimento dell'amministrazione penitenziaria affinché a Marsha fossero riconosciuti appieno i meriti per il periodo scontato in carcere, dopodiché venne finalmente liberata nel dicembre del 2012, dopo dieci anni di ingiusta reclusione.

Tutti gli anni, a marzo, avevamo cominciato a organizzare una cena di beneficienza a New York, allo scopo di raccogliere fondi per l'EJI. Di norma, conferivamo un'onorificenza a un luminare dei servizi pubblici e a un cliente. In passato, l'avevamo già offerta a Marian Wright Edelman, l'eroica avvocatessa per i diritti civili e creatrice del Fondo per la difesa dei bambini. Nel 2011 assegnammo l'onorificenza al giudice, ormai in pensione, John Paul Stevens della Corte Suprema degli Stati Uniti. Avevo incontrato il giudice Stevens a una piccola conferenza quand'ero un giovane avvocato, e con me era stato gentilissimo. All'epoca del pensionamento, tra i giudici della Corte lui era diventato il più apertamente critico riguardo alle pene eccessive e all'incarcerazione di massa. Nel 2013, oltre a

Marsha Colbey, decidemmo di attribuire la nostra onorificenza a Elaine Jones, l'ex direttrice carismatica del Fondo per la difesa legale dell'NAACP e alle icone progressiste del gelato Ben Cohen e Jerry Greenfield della Ben & Jerry's. Roberta Flack, la leggendaria cantante e autrice di canzoni, accettò di esibirsi per noi. Cantò il brano *Isn't It a Pity* di George Harrison, dopodiché consegnammo a Marsha il nostro premio.

Nell'introdurla, raccontai ai presenti come, il giorno stesso in cui fu scarcerata da Tutwiler, lei fosse venuta nel nostro ufficio per ringraziarci uno a uno. Il marito e le due figlie erano andati a prenderla nel penitenziario. La figlia più piccola ridusse in lacrime la maggior parte del nostro staff poiché non volle allontanarsi dalla madre per tutto il tempo che rimase nel nostro ufficio. Si era attaccata alla vita di Marsha, le teneva stretto il braccio e si poggiava contro di lei come se volesse impedire fisicamente a chiunque di separarle ancora una volta. Avevamo scattato alcune foto a Marsha insieme ad alcuni membri del nostro gruppo, e in ogni scatto è presente anche sua figlia perché non voleva lasciare andare la madre. Questo la diceva lunga su che genere di mamma fosse Marsha Colbey. Avvolta nel suo incantevole abito blu, Marsha salì sul podio.

«Desidero ringraziare tutti voi per questo riconoscimento a me e a tutto quello che ho passato. Siete stati tutti davvero gentili con me. Io sono semplicemente felice di essere libera». Si rivolse a quel grande pubblico con calma e con molta padronanza di sé. Era sciolta e affascinante. Si lasciò vincere dall'emozione solo quando parlò delle donne che aveva abbandonato.

«Io sono fortunata. Ho ricevuto un aiuto che la maggior parte delle donne non può avere. È questo ciò che più mi turba adesso: sapere che loro sono ancora lì, mentre io sono a casa. Spero che potremo fare di più per aiutare ancora più persone». Il suo abito brillò tra le luci e il pubblico si alzò per applaudire Marsha, mentre lei piangeva per le donne che aveva abbandonato.

Riprendendo la parola dopo di lei, non riuscivo a pensare a che cosa dire. «Abbiamo bisogno di più speranza. Abbiamo bisogno di più pietà. Abbiamo bisogno di più giustizia».

Presentai quindi Elaine Jones, la quale esordì dicendo: «Marsha Colbey: non è una creatura meravigliosa?».

13
Recupero

Ciò che avvenne nei giorni e nelle settimane successivi alla scarcerazione di Walter fu del tutto inatteso. Il «New York Times» dedicò la prima pagina alla sua assoluzione e al suo ritorno a casa. Fummo sommersi dalle richieste dei media, e io e Walter rilasciammo interviste alla stampa locale, nazionale e persino internazionale, che voleva raccontare la nostra vicenda. Malgrado in genere fossi riluttante riguardo ai media per le cause ancora in corso, ritenevo che, se alla gente della Contea di Monroe fosse stata ribadita a sufficienza la notizia che Walter era stato scarcerato perché innocente, ci sarebbero state meno resistenze ad accettare il suo rientro a casa.

Walter non era la prima persona che, riconosciuta la sua innocenza, veniva liberata dal braccio della morte. Prima di lui erano già state scarcerate decine e decine di innocenti, ingiustamente condannati al braccio. Il Centro di informazione sulla pena di morte riferì che Walter era la cinquantesima persona a essere stata scagionata nell'epoca moderna. In quel periodo, un paio di casi precedenti avevano suscitato molta attenzione da parte dei media. La scarcerazione di Clarence Brandley, avvenuta in Texas nel 1990, aveva prodotto un certo clamore: il suo caso era stato seguito anche dal programma *60 Minutes*. Randall Dale Adams fu invece di ispirazione per un film documentario, coinvolgente e pluripremiato, diretto da Errol Morris e dal titolo *La sottile linea blu*. Il film ebbe un ruolo nel proscioglimento di Adam, il quale venne liberato dal braccio della morte del Texas poco tempo dopo l'uscita della pellicola. Ma non c'era mai stato nulla di simile alla copertura mediatica che si scatenò attorno alla scarcerazione di Walter.

Nel 1992, un anno prima della sua liberazione, negli Stati Uniti erano state giustiziate trentotto persone. Era stato il numero più alto di esecuzioni in un singolo anno dal 1976, data di reintroduzione della pena di morte in epoca moderna. Nel 1999 il numero salì a novantotto. La scarcerazione di Walter andò a coincidere con l'interesse sempre maggiore dei media per la pena di morte, suscitato dal ritmo crescente di esecuzioni. La sua vicenda fece da contronarrativa a tutta la retorica della giustizia e dell'affidabilità offerta dai politici e dai funzionari delle forze dell'ordine, che chiedevano più esecuzioni e più rapidità nell'eseguirle. Il caso di Walter rese il dibattito più complesso, in toni molto crudi.

Io e Walter iniziammo a viaggiare per partecipare a conferenze legali e per parlare della sua esperienza e della pena di morte. Qualche mese dopo la sua liberazione, la Commissione giudiziaria del Senato degli Stati Uniti mise in programma alcune audizioni sull'innocenza e sulla pena di morte, a cui entrambi recammo le nostre testimonianze. E sempre pochi mesi dopo il rilascio di Walter dal carcere, fu dato alle stampe *Circumstantial evidence*, il libro di Pete Earley in cui veniva fornita una descrizione accurata della sua vicenda. Walter si godeva i viaggi e le attenzioni, per quanto non amasse molto parlare in pubblico. A volte i politici lanciavano qualche commento provocatorio – come ad esempio il fatto che il suo proscioglimento attestasse il buon funzionamento del sistema –, cosa che mi irritava e mi faceva infuriare. Anche le mie parole, talvolta, assumevano una piega bellicosa. Walter invece rimaneva calmo, gioviale e giudizioso, e tutto questo risultava molto efficace: vederlo raccontare la sua storia con questo umorismo, sagacia e sincerità, acuiva nel nostro uditorio l'orrore per la determinazione con cui la pubblica accusa aveva cercato di giustiziare quest'uomo a nome di noi tutti. Era una presentazione persuasiva. Passavamo molto tempo insieme e, di tanto in tanto, Walter mi confidava di sentirsi ancora turbato per la situazione in cui versavano gli uomini che aveva lasciato nel braccio della morte. Pensava ai ragazzi rinchiusi lì dentro come a degli amici. Dietro la gentilezza delle sue presentazioni, Walter aveva sviluppato un'opposizione feroce alla pena capitale, un tema su cui ammetteva senza indugio di non aver mai riflettuto finché non si vide costretto ad affrontarlo in prima persona.

A distanza di qualche mese dalla sua liberazione, io ero ancora preoccupato per il suo ritorno nella Contea di Monroe. In occasione di una grande festa organizzata subito dopo la sua scarcerazione, a casa di Walter erano arrivate centinaia di persone per festeggiare la sua libertà, ma sapevo che all'interno della comunità quell'entusiasmo non era condiviso da tutti. Finché non venne rilasciato, non gli raccontai delle minacce di morte e degli allarmi bomba che avevamo ricevuto; poi però lo avvisai che dovevamo stare attenti. Walter trascorse a Montgomery la sua prima settimana fuori dal carcere. Dopodiché si trasferì per un paio di mesi dalla sorella in Florida. Noi due continuavamo a sentirci quasi tutti i giorni. Aveva accettato il desiderio di Minnie di andare avanti senza di lui, e sembrava perlopiù felice e fiducioso. Questo però non significava che il tempo trascorso in carcere non avesse lasciato delle conseguenze. Iniziò sempre più a raccontarmi come fosse stato insopportabile vivere con la costante minaccia di essere giustiziato nel braccio della morte. Mi confidò le paure e i dubbi di cui non mi aveva parlato mentre era rinchiuso in carcere. Mentre era nel braccio, aveva visto sei uomini andare incontro alla morte. Durante le esecuzioni, aveva retto facendo come tutti gli altri detenuti: attraverso proteste simboliche e momenti di angoscia in privato. Tuttavia, mi disse che solo quando uscì dal carcere si rese conto di quanto quell'esperienza lo avesse terrorizzato. Ed era confuso sul perché tutto questo lo dovesse turbare anche adesso che era tornato libero.

«Perché continuo a pensarci?».

A volte lamentava di avere degli incubi. Se accadeva che un amico o un parente esprimessero in qualche modo il proprio sostegno alla pena di morte – ma non per Walter –, lui ne rimaneva scosso.

L'unica cosa che potevo dirgli era che le cose sarebbero migliorate.

Passati alcuni mesi, Walter desiderava moltissimo tornare nei luoghi in cui aveva trascorso tutta la sua vita. Questo mi metteva in ansia, ma lui fece di testa sua, piazzò una casa mobile sulla proprietà che possedeva nella Contea di Monroe e vi si stabilì nuovamente. Era nostra intenzione avviare una causa civile contro tutte le persone coinvolte nell'ingiustizia della sua incriminazione e della sua condanna; nel frattempo, lui riprese a lavorare nel taglio del legame.

La maggior parte delle persone che vengono scarcerate dopo essere state riconosciute innocenti non ricevono né soldi né assistenza né un supporto psicologico: nulla di nulla da parte dello Stato che le ha ingiustamente imprigionate. All'epoca in cui Walter fu liberato, solo dieci Stati e il Distretto di Columbia possedevano leggi che concedevano indennizzi alle persone finite in carcere per un'ingiustizia. Da allora, questo numero è cresciuto, ma ancora oggi quasi metà degli Stati (ventidue) non offre alcun risarcimento a chi è stato detenuto ingiustamente. Molti degli Stati che concedono un qualche aiuto monetario pongono però pesanti limitazioni all'entità dell'indennizzo. A prescindere da quanti anni un innocente abbia trascorso in carcere a seguito di un'ingiustizia, il New Hampshire impone un tetto di 20.000 dollari; quello del Wisconsin è di 25.000 dollari; l'Oklahoma e l'Illinois limitano al di sotto dei 200.000 dollari l'importo totale che un innocente può recuperare, anche nel caso in cui abbia trascorso decenni in carcere. Sebbene altri Stati pongano un limite superiore al mezzo milione di dollari, e altri ancora non ne pongano affatto, sono in molti a fissare dei requisiti di idoneità gravosi. In alcune giurisdizioni, se alla persona manca l'appoggio del pubblico ministero che lo ha ingiustamente condannato, non le verrà concesso alcun risarcimento.

Quando Walter fu liberato, l'Alabama non era tra i pochi Stati che offrivano un aiuto agli innocenti rilasciati dal carcere. Il Parlamento dell'Alabama aveva facoltà di approvare un disegno di legge speciale per accordare un indennizzo a chi fosse stato ingiustamente condannato, ma questo non accadeva praticamente mai. Un parlamentare cercò di presentare una proposta di legge affinché venisse concesso un risarcimento a McMillian, cosa che istigò subito la stampa locale a ripotare la notizia che Walter stava cercando di ottenere nove milioni di dollari. Il disegno di legge, di cui Walter non era stato precedentemente a conoscenza, si concluse in un nulla di fatto. Tuttavia, la notizia dell'eventuale pagamento di nove milioni di dollari suscitò lo sdegno di coloro che, a Monroeville, mettevano ancora in dubbio la sua innocenza e solleticò diversi amici e parenti di Walter, alcuni dei quali iniziarono a pressarlo insistentemente per avere un aiuto finanziario. Una donna arrivò persino a intentargli una causa di paternità con la falsa rivendicazione che Walter fosse il padre di suo figlio, un bambino che era nato meno di otto mesi dopo la sua scarcerazione. Il test del DNA confermò che lui non era il padre.

Talvolta, Walter dava voce alla propria frustrazione perché la gente non voleva credergli quando diceva di non avere ricevuto un soldo. Noi proseguivamo nel nostro sforzo per ottenere un risarcimento attraverso un'azione legale, ma c'erano alcuni ostacoli. La causa civile che avevamo intentato finì per incappare nelle leggi che garantivano alla polizia, ai pubblici ministeri e ai giudici un'immunità speciale dalle responsabilità civili in materia di giustizia penale. Se adesso Chapman e i funzionari dell'ufficio del procuratore coinvolti nel caso erano pronti a riconoscere l'innocenza di Walter, non erano però disposti ad accettare alcuna responsabilità per l'azione giudiziaria e la condanna a morte che lui aveva subito. Stando a quanto si diceva, lo sceriffo Tate, che era parso il più sollecito nel rinchiudere ingiustamente Walter nel braccio della morte prima del processo, e le cui minacce razziste e tattiche intimidatorie sembravano essere gli elementi maggiormente perseguibili in una causa civile, aveva accettato l'innocenza di Walter subito dopo la scarcerazione, ma in seguito aveva iniziato a dire in giro di essere ancora convinto della colpevolezza di McMillian.

Rod McDuff, un mio vecchio amico di Jackson, in Mississippi, accettò di unirsi al nostro gruppo per portare avanti la vertenza civile. Rod è un bianco, originario del Mississippi, i cui modi e il cui fascino da uomo del Sud accrescono le sue straordinarie doti forensi nelle corti dell'Alabama. Di recente, aveva chiesto il mio aiuto in una causa per i diritti civili proprio in Alabama che riguardava alcune negligenze da parte delle forze dell'ordine. Il caso verteva attorno a un raid della polizia in un nightclub della Contea di Chambers, durante il quale alcuni residenti di colore erano stati illegalmente fermati, maltrattati e insultati dalle autorità locali, le quali però respingevano ogni responsabilità per le proprie scorrettezze. Alla fine, portammo avanti il caso fino alla Corte Suprema degli Stati Uniti, dove finalmente ottenemmo una sentenza a nostro favore.

Anche la causa civile di Walter sarebbe arrivata fino alla Corte Suprema degli Stati Uniti. Citammo in giudizio quasi una dozzina di funzionari e di enti locali e dello Stato. Come c'era da aspettarsi, tutti gli imputati invocarono l'immunità per la propria condotta il cui risultato era stato l'ingiusta condanna di Walter. Ai pubblici ministeri e ai giudici viene garantita un'immunità da responsabilità civili anche maggiore delle tutele assicurate ai funzionari delle forze dell'ordine. Per questa ragione, quantunque fosse un dato acclarato che Ted Pearson, il pubblico ministero che aveva perseguito Walter, avesse trattenuto illegalmente delle prove ed era riuscito subito a farlo condannare ingiustamente, era molto improbabile che potessimo vincere una causa civile contro di lui. Dal momento che era proprio Pearson la persona maggiormente responsabile dell'ingiustizia del processo e della condanna subiti da Walter, era davvero arduo rassegnarsi alla sua immunità dalla colpa di aver dato origine all'intera vicenda, ma c'era ben poco che potessimo fare. Le corti statali e federali hanno ostinatamente protetto i pubblici ministeri da ogni assunzione di responsabilità per condotte vergognosamente negligenti che hanno portato alla reclusione di persone innocenti nel braccio della morte.

Nel 2011, la Corte Suprema degli Stati Uniti ha nuovamente confermato le tutele che proteggono i pubblici ministeri dall'assunzione di responsabilità. In Louisiana, a un mese dalla data fissata per l'esecuzione di un detenuto di nome John Thompson, fu scoperto un rapporto della scientifica che contraddiceva le argomentazioni mosse contro di lui dall'accusa per una rapina con omicidio avvenuta quattordici anni prima. Il tribunale dello Stato ribaltò il verdetto di colpevolezza e la condanna a morte di Thompson, il quale fu poi prosciolto da ogni accusa e scarcerato. L'uomo intentò una causa civile e una giuria di New Orleans gli riconobbe un risarcimento di quattordici milioni di dollari. La giuria era venuta a sapere che il procuratore distrettuale, Harry Connick Sr, aveva illegalmente occultato le prove dell'innocenza di Thompson, facendogli scontare quattordici anni di carcere per un crimine che non aveva commesso. Connick ricorse in appello contro il verdetto e, con una decisione aspramente divisiva di 5 voti contro 4, la Corte Suprema degli Stati Uniti ribaltò la sentenza. In forza di una legge per l'immunità, la Corte sostenne che il pubblico ministero non potesse essere ritenuto responsabile di negligenza in una causa penale, anche nel caso in cui egli avesse trattenuto deliberatamente e illegalmente delle prove di innocenza. La decisione della Corte fu duramente criticata dagli accademici e dagli osservatori della Corte, e il giudice Ruth Bader Ginsburg scrisse una nota di dissenso persuasiva, tuttavia Thompson non ottone alcun risarcimento.

Anche nel caso di Walter ci trovammo di fronte a ostacoli del genere. Dopo un anno di deposizioni, udienze e discussioni preliminari, alla fine raggiungemmo un accordo con la maggior parte degli imputati, i quali avrebbero corrisposto a Walter poche centinaia di migliaia di dollari. Non fu trovato invece un accordo per la richiesta di risarcimento di Walter contro la Contea di Monroe per la condotta illecita dello sceriffo Tate, perciò presentammo ricorso in appello presso la Corte Suprema degli Stati Uniti.

In genere, gli ufficiali delle forze dell'ordine non possiedono risorse personali per pagare i danni alle vittime della loro negligenza, per cui solitamente sono la città, la contea o l'ente per cui lavorano il bersaglio di tutte le azioni civili per chiedere un indennizzo. Ecco il motivo per cui avevamo chiesto un risarcimento alla Contea di Monroe per la condotta scorretta del suo sceriffo. La posizione assunta dalla contea fu che, sebbene la giurisdizione dello sceriffo si limitasse alla contea, sebbene fosse eletto solo dagli abitanti della stessa e nonostante egli venisse pagato dalla contea, lo sceriffo non era un suo impiegato. Questa sostenne infatti che lo sceriffo della contea fosse un impiegato dello Stato dell'Alabama.

Le amministrazioni statali sono ampiamente al riparo dai risarcimenti per le negligenze dei propri impiegati, a meno che l'impiegato non lavori per un ente citabile in giudizio. Se Tate fosse stato un agente dello Stato, la Contea di Monroe non sarebbe stata responsabile degli illeciti nella sua condotta e dallo Stato dell'Alabama non sarebbe stato possibile ricevere alcun indennizzo. Sfortunatamente per Walter, ancora una volta con uno stretto scarto di voti, 5 contro 4, la Corte Suprema stabilì che in Alabama gli sceriffi delle contee *sono* agenti dello Stato, limitando così le nostre possibilità di ottenere un risarcimento danni per le negligenze più vergognose nel caso di Walter. Alla fine, raggiungemmo un accordo con tutte le parti, ma io rimasi amareggiato per non essere riuscito a realizzare di più per lui. Aggiungendo al danno la beffa, Tate fu rieletto sceriffo e lo è ancora oggi; è stato ininterrottamente sceriffo per oltre venticinque anni.

Per quanto il denaro non fosse quanto avessimo sperato, fu comunque sufficiente perché Walter potesse ripartire con la sua attività nel taglio e nel trasporto del legname.

Era contento di essere tornato tra i boschi a tagliare alberi. Mi raccontò che lavorava dalla mattina alla sera e che stava all'aperto, perché questo lo faceva sentire normale. Un pomeriggio, però, accadde la tragedia. Mentre era intento a tagliare un albero, si spezzò un ramo che lo colpì rompendogli il collo. Fu un grave infortunio, che lo lasciò in pessime condizioni per parecchie settimane. Non aveva molte cure a disposizione, perciò venne a vivere con me a Montgomery per diversi mesi, finché non si ristabilì. Alla fine, riuscì a recuperare la mobilità, ma a seguito del trauma non fu più in grado di tagliare gli alberi e di eseguire opere complesse per la cura del paesaggio. Mi meravigliai di come sembrasse accettare la cosa senza problemi.

«Quando tornerò in piedi, mi inventerò qualcos'altro da fare», mi disse.

Qualche mese dopo, tornò nella Contea di Monroe e iniziò a raccogliere parti di automobili per rivenderle. Possedeva il lotto di terreno su cui aveva parcheggiato la casa mobile in cui viveva e, su consiglio di alcuni amici, si era convinto di poter trarre profitto da un'attività nei rifiuti, raccogliendo veicoli e pezzi d'auto abbandonati per poi rivenderli. A livello fisico era un lavoro meno impegnativo rispetto al taglio del legname e gli consentiva di stare all'aperto. In breve tempo, la sua proprietà fu disseminata di veicoli in rovina e rottami di metallo.

Nel 1998, Walter e io fummo invitati a Chicago per partecipare a una conferenza nazionale in cui gli ex detenuti nel braccio della morte avevano intenzione di radunarsi. Verso la fine degli anni Novanta, la prova del DNA aveva contribuito a rivelare decine di condanne ingiuste. In molti Stati, il numero dei proscioglimenti superò quello delle esecuzioni. In Illinois il problema raggiunse proporzioni tali che nel 2003, adducendo come motivazione l'inattendibilità della pena capitale, il governatore George

Ryan, un repubblicano, convertì la condanna a morte di tutti i 167 detenuti nel braccio della morte. Crescevano sempre più le preoccupazioni per l'innocenza e la pena di morte, mentre nei sondaggi di opinione il consenso alla pena capitale iniziò a diminuire. Gli abolizionisti cominciarono a sperare di poter ottenere una riforma profonda della pena di morte o magari una moratoria. Il tempo trascorso a Chicago insieme agli altri ex carcerati nel braccio della morte fu corroborante per Walter, il quale sembrava più che mai motivato a parlare della propria esperienza.

All'incirca nello stesso periodo, cominciai a insegnare presso la facoltà di Legge della New York University. Andavo a New York per tenere i miei corsi, dopodiché prendevo il volo di ritorno a Montgomery per portare avanti l'EJI. Tutti gli anni chiedevo a Walter di venire a New York a parlare con gli studenti, e ogni volta che entrava in classe era un momento molto forte. Lui era un sopravvissuto a un sistema di giustizia penale che, nel suo caso, aveva dimostrato con quanta brutalità potesse essere ingiusto e crudele. La sua personalità, la sua presenza e la sua testimonianza esprimevano un che di straordinario sull'umanità delle persone direttamente colpite dagli abusi del sistema. La sua prospettiva in prima persona sul dramma di chi è stato condannato ingiustamente aveva un significato profondo per gli studenti, che spesso si sentivano sopraffatti dall'esperienza di Walter. Di solito, parlava molto brevemente e forniva risposte concise alle domande che gli venivano poste. Ma l'effetto che suscitava sugli studenti che lo incontravano era enorme. Con loro rideva, scherzava e diceva di non sentirsi arrabbiato o amareggiato, ma solo grato di essere libero. Raccontava come ad aiutarlo a sopravvivere alle centinaia di notti passate nel braccio della morte fosse stata la sua fede.

Un anno, durante il viaggio per New York, Walter si

perse e mi telefonò per dirmi che non ce l'avrebbe fatta. Sembrava confuso e non fu in grado di darmi una spiegazione coerente di quel che era accaduto in aeroporto. Tornato a casa, andai a trovarlo e lui sembrava stare come al solito, giusto un po' abbacchiato. Mi raccontò che la sua attività di sfasciacarrozze non stava andando bene. Quando mi illustrò il quadro delle sue finanze, divenne chiaro che stava spendendo più velocemente di quanto fosse prudente il denaro che gli avevamo fatto ottenere. Stava comprando attrezzature per semplificare la sua raccolta di automobili, ma non stava generando entrate sufficienti a sostenere i costi. Dopo un'ora o due di discorsi in preda all'ansia, Walter si rilassò un pochino e sembrò tornare la persona gioviale che avevo imparato a conoscere. Rimanemmo d'accordo che in futuro avremmo viaggiato assieme.

Walter non era il solo a dover affrontare nuovi ostacoli finanziari. Quando nel 1994 i conservatori ottennero la maggioranza al Congresso, l'assistenza legale ai detenuti nel braccio della morte divenne un bersaglio politico e ben presto i fondi federali furono tagliati. In tutto il paese, moltissimi centri che si occupavano della difesa dalla pena capitale furono costretti a chiudere i battenti. Noi non avevamo mai ricevuto un sostegno dallo Stato per la nostra attività, e senza i soldi federali eravamo di fronte a difficoltà finanziarie serie. Stringemmo la cinghia e riuscimmo a trovare finanziamenti privati sufficienti a portare avanti il nostro lavoro. L'insegnamento e le responsabilità sempre maggiori nel reperire fondi finirono ammucchiati in cima all'elenco stracolmo delle mie cause, ma in qualche modo le cose andarono migliorando. Il nostro staff era stracarico di impegni, ma io ero entusiasta degli avvocati e dei professionisti di talento che lavoravano con noi. Seguivamo i clienti nel braccio della morte, presentavamo ricorso contro le pene eccessive, aiutavamo i disabili, assistevamo i bambini incarcerati nel sistema penitenziario per gli aduli e cercavamo di denunciare i pregiudizi razziali, le discriminazioni verso i poveri e gli abusi di potere. Erano impegni soverchianti ma gratificanti.

Un giorno, ricevetti con sorpresa una telefonata dall'ambasciatore di Svezia presso gli Stati Uniti, il quale mi informava che l'EJI era stata selezionata per il premio internazionale per i diritti umani Olof Palme. Mi invitarono a Stoccolma per riceverlo. Quando ero uno studente all'università, avevo studiato l'approccio progressista degli svedesi al reinserimento dei criminali e a lungo avevo ammirato il loro sistema incentrato sul recupero. Le loro pene erano umane e i loro politici consideravano un tema serio il reinserimento dei criminali, cosa che mi rendeva emozionato per il premio e per il viaggio. Il fatto che stessero assegnando un premio dedicato a un amatissimo primo ministro, tragicamente assassinato da un folle, a una persona che rappresentava legalmente chi era rinchiuso nel braccio della morte la diceva lunga su quali fossero i loro valori. Il viaggio a Stoccolma era programmato per gennaio. Un mese o due prima della partenza, fu mandata a intervistarmi una troupe televisiva, che volle parlare anche con qualche cliente. Feci in modo che venisse intervistato Walter.

«Posso venire anch'io per questa intervista», gli dissi.

«No, non ce n'è bisogno. Non devo viaggiare, perciò non ho problemi a parlare con loro. Non perdere tempo a venire fino a qui».

«Vuoi andare in Svezia?», gli dissi un po' scherzando.

«Non so esattamente dove sia, ma se per arrivarci devi fare un volo lungo, no, non mi interessa particolarmente. D'ora in poi credo che preferirò restare a terra». Ci mettemmo a ridere e lui mi sembrò stare bene.

Poi divenne silenzioso e mi fece un'ultima domanda prima di riagganciare. «Quando torni, magari puoi venirmi a trovare? Sto bene, ma potremmo semplicemente andare da qualche parte».

Era una richiesta insolita da parte sua, perciò accettai con entusiasmo. «Certo, sarebbe fantastico. Possiamo andare a pesca», dissi per prenderlo in giro. Non ero mai andato a pescare in vita mia e Walter la trovava una cosa così scandalosa che non la smetteva mai di farmi domande al riguardo. Quando viaggiavamo insieme, a tavola io non ordinavo mai pesce e lui era convinto che non lo mangiassi perché non ne avevo mai pescato uno. Cercavo di seguire la sua logica e facevo delle promesse, ma non eravamo mai riusciti a trovare il tempo per andare a pesca.

La troupe degli svedesi fu ansiosa di affrontare la sfida di trovare la roulotte di Walter in una località isolata dell'Alabama del Sud. Spiegai loro come arrivarci. Ero sempre stato con lui quando aveva dovuto parlare con la stampa, ma sentivo che con ogni probabilità stavolta non ci sarebbero stati rischi.

«Non fa lunghi discorsi. In genere è molto sintetico e diretto», dissi agli intervistatori. «Lui è un grande, però dovreste fargli delle belle domande. E probabilmente sarebbe anche meglio se parlaste con lui all'esterno. Preferisce stare all'aperto». Scossero benevolmente il capo in segno di assenso, anche se parevano confusi dalla mia ansia. Prima di partire per la Svezia telefonai a Walter e lui mi disse che l'intervista era andata bene, il che mi rassicurò.

Malgrado le continue nevicate e le temperature rigide, Stoccolma era stupenda. Tenni dei discorsi e partecipai ad alcuni cene. Fu un viaggio breve e gelido, ma la gente fu con me amabile e insolitamente gentile. Rimasi sorpreso da quanto trovassi gratificante il loro entusiasmo per il nostro lavoro. Quasi tutti quelli che incontravo mi offrivano sostegno e incoraggiamento. Un paio di anni prima, ero stato invitato in Brasile per parlare delle pene e dei trattamenti ingiusti inflitti ai soggetti svantaggiati. Trascorsi molto tempo in seno alle comunità locali, soprattutto nelle favela fuori San Paolo, dove incontrai centinaia di persone nella miseria più nera e con un forte desiderio di parlare. Passai ore a discutere con gente di ogni sorta, da madri in difficoltà a bambini indigenti che sniffavano colla per sopportare la fame e le violenze della polizia. Gli scambi interculturali con quelle persone, che avevano condiviso molte delle storie e delle lotte vissute dai miei clienti negli Stati Uniti, ebbero su di me un impatto enorme. In Svezia incontrai gente altrettanto interessata e pronta a comprendere, sebbene non avesse sperimentato un'estrema miseria né condiviso la medesima lotta contro un sistema di giustizia violento. La gente di ogni parte del paese sembrava motivata a stabilire un contatto per un senso comune di grandissima compassione.

Gli organizzatori mi pregarono di fare un intervento in una scuola superiore alla periferia di Stoccolma. Il Kungsholmens Gymnasium si trova in una parte straordinariamente incantevole della città, su di un'isola circondata dall'architettura del XVII secolo. Essendo un americano che aveva viaggiato poco al di fuori degli Stati Uniti, rimasi impressionato dall'età degli edifici e ammirato dalla loro architettura ricercata. Anche la scuola aveva circa un secolo. Fui condotto attraverso l'istituto fino a una scala stretta e tortuosa, con una ringhiera fatta a mano, che portava a un auditorium cavernoso. Dentro la sala erano stipate diverse centinaia di studenti, in attesa della mia conferenza. Il soffitto a cupola dell'enorme aula era ricoperto di graziosi affreschi e frasi latine scritte in caratteri ornamentali. Lungo tutte le pareti e sul soffitto danzavano angeli fluttuanti e putti che stringevano trombe. Un'ampia balaustra, anch'essa colma di studenti, sembrava ascendere con grazia tra quei disegni.

Sebbene la sala fosse molto fredda, l'acustica era perfetta, e lo spazio era così preciso ed equilibrato da sembrare magico. Mentre venivo introdotto, mi misi a esaminare le centinaia di adolescenti scandinavi seduti in quell'aula. Ero colpito dall'entusiasmo che esprimevano. Per tre quarti d'ora parlai a quel gruppo di adolescenti insolitamente attenti e silenziosi. Ero consapevole che l'inglese non era la loro lingua madre e avevo seri dubbi su quanto davvero riuscissero a seguire quello che dicevo, ma quando ebbi concluso scoppiarono in un fervido applauso. La loro risposta mi stupì per davvero. Erano così giovani, eppure tanto interessati alla difficile situazione dei miei clienti condannati a migliaia di chilometri di distanza. Il preside mi raggiunse sul palco per ringraziarmi e invitò anche gli studenti a farlo offrendomi una canzone. La scuola aveva un coro studentesco e un programma musicale di fama internazionale. Il preside chiese ai ragazzi del coro, sparsi nell'auditorium, di alzarsi dai loro posti e di cantare brevemente qualcosa. Si levò in piedi una cinquantina circa di ragazzi, che ridacchiando si guardarono a vicenda.

Dopo un minuto di incertezza, un diciassettenne con i capelli di un biondo rossiccio si alzò dalla sedia e disse qualcosa in svedese ai compagni del coro. Gli studenti scoppiarono a ridere, per poi farsi più seri. Appena furono calmi e in perfetto silenzio, il ragazzo intonò una nota con la sua splendida voce da tenore. La sua intonazione era perfetta. Poi, lentamente, iniziò a muovere le braccia per invitare quegli straordinari ragazzi a cantare. Le loro voci riverberarono sulle pareti e sul soffitto di quella sala antica, per poi fondersi in un'armonia gloriosa come non ne avevo mai udite prima. Dopo aver dato il la ai propri compagni, il giovane si mosse dalla sedia e andò a unirsi a loro nell'esecuzione di una melodia straziante, con una cura e una precisione straordinarie. Non fui in grado di comprendere una sola parola di quei versi in svedese, ma il loro suono era angelico. Le dissonanze e le tensioni armoniche lentamente si trasformavano in accordi pieni di calore: quel suono era trascendente. A ogni strofa, il canto diveniva più potente e pieno di gloria.

Su quel palco, al di sopra dei cantanti e con il preside al mio fianco, volsi lo sguardo in alto verso il soffitto, su quell'opera d'arte maestosa. Mia madre era morta pochi mesi prima di quel viaggio. Era stata una musicista di chiesa per quasi tutta la sua vita e aveva lavorato con decine di cori di bambini. Quando alzai lo sguardo e vidi gli angeli dipinti sulla cupola, il mio pensiero andò a lei. Velocemente mi resi conto che, se avessi continuato a guardare lassù, non sarei più stato in grado di ricompormi, perciò tornai a osservare i ragazzi e mi sforzai di sorridere. Quando ebbero concluso il loro canto, il resto degli studenti esultò e si scatenò in un applauso caloroso. Mi unii al loro applauso e cercai di ritrovare un contegno. Quando scesi dal palco, gli studenti mi vennero incontro per ringraziarmi della conferenza, per pormi domande e per scattare delle foto. Io ero completamente rapito.

Quello fu un giorno lungo e spossante, eppure meraviglioso. Quando rientrai in albergo, fui grato per le due ore di pausa prima del successivo intervento in programma. Non so che cosa mi indusse ad accendere il televisore, ma mancavo da casa da quattro giorni e non avevo più guardato i titoli di apertura. Le notizie locali esplosero a raffica nella mia camera. I conduttori a me ignoti della TV svedese andavano avanti con le loro chiacchiere, finché a un certo punto sentii pronunciare il mio nome. Era il pezzo che la troupe aveva girato insieme a me: lo schermo si riempì di immagini familiari. Mi vidi entrare con il reporter nella chiesa di Martin Luther King Jr sulla Dexter Avenue, a Montgomery, e poi camminare lungo la via che porta al Memoriale per i diritti civili. La scena passò quindi su Walter, in piedi con la tuta da lavoro tra le sue pile di auto abbandonate, laggiù a Monroeville.

Quando cominciò a rispondere alle domande dei giornalisti, Walter mise delicatamente a terra un gattino che teneva in braccio. In precedenza, mi aveva accennato a tutti i gatti che avevano trovato rifugio nel suo campo di rottami. Disse cose che gli avevo già sentito raccontare decine di volte. Poi però vidi la sua espressione mutare, e cominciò a parlare con una foga e un'eccitazione mai udite prima.

Divenne insolitamente emotivo. «Mi hanno messo nel braccio della morte, per sei anni! Mi hanno minacciato, per sei anni. Mi hanno torturato assicurandomi che mi avrebbero giustiziato, per sei anni. Ho perso il mio lavoro. Ho perso mia moglie. Ho perso la mia reputazione. Ho perso... la mia dignità».

Parlava a voce alta e con ardore e sembrava sul punto di piangere. «Ho perso tutto», continuò. Si calmò e cercò di sorridere, ma non ce la fece. Puntò con uno sguardo serio la telecamera. «È dura, è dura, amico. È dura». Con preoccupazione, vidi Walter che si piegava quasi fino a terra e che scoppiava a singhiozzare con violenza. La telecamera indugiò su di lui mentre piangeva. Il servizio tornò su me che dicevo qualcosa di astratto e filosofico, dopodiché si concluse. Mi sentivo stordito. Volevo chiamare Walter, ma non sapevo come fare a telefonargli dalla Svezia. Compresi che era tempo di tornare in Alabama.

14
Crudele e inaudita

La mattina del 4 maggio 1989 il quindicenne Michael Gulley e il diciassettenne Nathan McCants convinsero il tredicenne Joe Sullivan a intrufolarsi assieme a loro in un'abitazione di Pensacola, in Florida. I tre ragazzi si introdussero in casa di Lena Bruner al mattino, mentre non c'era nessuno. McCants arraffò dei soldi e qualche gioiello. Dopodiché i tre ragazzini scapparono. Quel pomeriggio la signora Bruner, un'anziana donna bianca sulla settantina, subì un'aggressione sessuale nella sua abitazione. Qualcuno bussò alla porta e mentre lei andava ad aprire un'altra persona che si era introdotta dal retro l'afferrò da dietro. Fu uno stupro violento e scioccante; la donna non vide distintamente il suo assalitore. Di lui riuscì soltanto a dire che era un «ragazzo dalla pelle scura» con «i capelli più o meno ricci». Gulley, McCants e Sullivan erano tutti afroamericani.

Pochi minuti dopo l'aggressione, Gulley e McCants furono fermati. McCants aveva ancora con sé i gioielli della signora Bruner. Poiché rischiava di essere incriminato per reati gravi, Gulley – che aveva all'attivo una lunga serie di condanne, compresa almeno una per molestie sessuali – accusò Joe dello stupro. Joe quel giorno non fu arrestato, ma si costituì spontaneamente quando venne a sapere che Gulley e McCants lo avevano accusato. Joe ammise di aver aiutato i due ragazzi più grandi nel furto, ma negò nel modo più assoluto di essere a conoscenza e tantomeno di essere coinvolto nella violenza sessuale.

Il pubblico ministero scelse di incriminare il tredicenne Joe Sullivan per stupro e altri reati in un tribunale ordinario. Non vi fu alcun riesame per stabilire se Joe dovesse essere processato in un tribunale minorile o in uno ordinario. La Florida è tra gli Stati che consentono all'accusa di decidere se incriminare un minore in un tribunale ordinario per alcuni crimini che non prevedono un'età minima per processare un bambino al pari di un adulto.

Durante il processo Joe testimoniò di aver partecipato al furto nell'abitazione, ma di non aver commesso la violenza sessuale. L'imputazione si basava soprattutto sulle versioni di comodo di Gulley e McCants e sul racconto di Gulley secondo il quale Joe, mentre si trovavano in carcere prima del processo, gli aveva confessato lo stupro. Avendo accusato Joe, McCants fu condannato, da maggiorenne, a quattro anni e mezzo di carcere ma scontò solo sei mesi. Gulley, nonostante avesse ammesso il coinvolgimento in una ventina di furti e in un reato sessuale, fu processato e condannato come minorenne e trascorse solo un breve periodo in un istituto minorile.

L'unica evidenza fisica a carico di Joe era un'impronta parziale del palmo, che secondo la testimonianza del perito del tribunale corrispondeva con la sua. Ciò era coerente con la sua presenza nella camera da letto, come da lui stesso ammesso, prima dello stupro. La polizia aveva raccolto liquido seminale e sangue, ma l'accusa scelse di non presentare queste prove in tribunale e le distrusse prima che la difesa potesse esaminarle. Il pubblico ministero presentò inoltre la testimonianza di un agente di polizia, il quale, dopo aver visto che Joe Sullivan veniva interrogato alla stazione di polizia in quanto sospettato dello stupro, disse di aver "intravisto" un ragazzo afroamericano fuggire dalla casa della vittima. L'agente identificò Joe come il giovane in fuga.

Infine, l'accusa presentò la testimonianza della vittima, la quale, pur essendo stata edotta della sua testimonianza durante una prova senza la presenza della giuria, non poté identificare con assoluta certezza in Joe Sullivan il suo aggressore. A Joe furono fatte ripetere in aula le parole che la vittima ricordava di aver udito dire dal suo assalitore, ma lei testimoniò soltanto che la voce di Joe «poteva essere» quella dello stupratore[1].

Joe fu condannato da una giuria di sei persone dopo un processo durato appena una giornata. Le dichiarazioni d'apertura cominciarono intorno alle 9,00 del mattino; la giuria emise il suo verdetto alle 16,55. L'avvocato d'ufficio di Joe fu poi sospeso dalla pratica in Florida e mai più reintegrato. Il legale non aveva presentato nessun ricorso scritto e al momento della sentenza non pronunciò più di dodici righe che aveva già preparato. C'erano tante cose da dire che non furono mai dette.

All'epoca del suo arresto, avvenuto nel 1989, Joe Sullivan era un ragazzo di tredici anni con disabilità mentali che leggeva come un bambino della prima elementare, aveva subito ripetute molestie fisiche dal padre e viveva in stato di abbandono. La sua famiglia era precipitata nell'«abuso e nel caos», secondo quanto riportato dalle autorità statali. Dall'età di dieci anni fino al momento dell'arresto, Joe non aveva avuto una dimora stabile; in quei tre anni aveva cambiato almeno dieci indirizzi. Aveva trascorso la maggior parte del tempo per strada, dove la polizia lo aveva fermato per reati che andavano dalla violazione di domicilio al furto di una bicicletta, a crimini contro la proprietà compiuti con il fratello maggiore e altri adolescenti più grandi di lui.

Il ragazzo era stato processato in tribunale una sola volta, a dodici anni. La funzionaria addetta alla sua sorveglianza attribuì la sua condotta al fatto che «Joe è facilmente influenzabile e frequenta le persone sbagliate». La donna osservò: «È evidente che Joe è una persona molto immatura e ingenua, un gregario più che un leader». Ma disse anche che possedeva il potenziale per «diventare un individuo positivo e produttivo».

La lista degli incidenti giovanili di Joe, perlopiù ascrivibili alla cattiva condotta – quasi tutti non violenti e non meritevoli di una pena superiore a due anni, con sentenza di un giudice monocratico –, venne valutata in maniera differente dal giudice, il quale concluse che «il sistema rieducativo minorile è stato totalmente incapace di fare alcunché con il signor Sullivan». La corte concluse che a Joe erano state «offerte tante possibilità di rimettersi in riga e sfruttare la seconda e terza occasione che gli erano state date». In realtà, a Joe non era mai stata data una seconda, e tantomeno una terza, occasione di «rimettersi in riga», eppure fu dipinto dalla pubblica accusa, a tredici anni, come un «criminale seriale», un «individuo violento e recidivo». Il giudice lo condannò all'ergastolo senza condizionale.

Nonostante vi fossero numerosi validi argomenti con cui presentare appello, l'avvocato d'ufficio assegnato a Joe per l'appello presentò una mozione Anders – attestante la sua convinzione che non ci fossero motivi validi per l'appello né argomenti credibili per contestare la condanna o la sentenza –, e così gli fu concesso di rifiutare la difesa legale di Joe[2]. Il ragazzo, entrato da appena un anno nell'adolescenza, fu spedito in un carcere per adulti, dove ebbe inizio un incubo lungo diciott'anni. In prigione, fu ripetutamente stuprato e molestato sessualmente. Svariate volte tentò il suicidio. Sviluppò la sclerosi multipla, che alla fine lo costrinse sulla sedia a rotelle. I medici conclusero in seguito che il suo disturbo neurologico potesse essere stato innescato dal trauma subito in prigione.

Un suo compagno di carcere ci scrisse per raccontarci che il ragazzo era diventato disabile, subiva orribili maltrattamenti ed era stato ingiustamente condannato a morire in prigione per un reato diverso dall'omicidio compiuto all'età di tredici anni. Nel 2007 scrivemmo a Joe e scoprimmo che non aveva alcuna assistenza legale e che aveva trascorso diciotto anni in carcere senza che nessuno lo aiutasse a contestare la condanna o la sentenza. Quando ricevetti la risposta alla mia lettera, un biglietto scribacchiato con una grafia infantile, Joe leggeva ancora come un bambino della terza elementare, pur avendo ormai trentun anni. Nella lettera mi diceva che era «tutto ok». E poi: «Se non ho fatto niente, posso tornare a casa adesso? Se è vero, signor Bryan, mi puoi rispondere per favore e venire a prendermi?».

Gli risposi che avremmo esaminato con attenzione il suo caso e che pensavamo avesse buone possibilità di essere dichiarato innocente. Provammo a dimostrare la sua innocenza presentando istanza per un test del DNA, ma, poiché l'accusa aveva distrutto la prova biologica pertinente, l'istanza fu respinta. Scoraggiati, decidemmo di contestare la condanna al carcere a vita in quanto pena crudele e inaudita dal punto di vista costituzionale.

Guidai da Montgomery alla Florida, attraversando il Sud dell'Alabama, e poi lungo un intrico di strade secondarie circondate dai boschi, per arrivare all'istituto penitenziario Santa Rosa, nella cittadina di Milton, dove incontrai Joe per la prima volta. La Contea di Santa Rosa confina con il Golfo del Messico all'estremità occidentale della Florida Panhandle ed era nota per la sua produzione agricola. Tra il 1980 e il 2000, la popolazione della contea era raddoppiata e sulla costa proliferavano case al mare e resort. Molte famiglie benestanti lasciavano Pensacola per trasferirsi nella Contea di Santa Rosa, e così facevano diverse famiglie di militari della vicina base aeronautica di Eglin. Ma c'era un altro business in città: il carcere.

Negli anni Novanta, il Dipartimento penitenziario della Florida costruì la prigione per ospitare 1.600 persone, in un'epoca in cui negli Stati Uniti si aprivano carceri a un ritmo mai visto. Tra il 1990 e il 2005 ne veniva inaugurato uno nuovo ogni dieci giorni. L'incremento degli istituti penitenziari e il conseguente «complesso carcerario-industriale» – ossia il comparto che trae profitto dalla costruzione delle carceri – resero le incarcerazioni talmente vantaggiose che milioni di dollari furono investiti in attività di lobby per convincere i legislatori statali a intensificare l'uso dell'incarcerazione come soluzione a qualsiasi problema. L'incarcerazione divenne la risposta a tutto. Problemi di natura sanitaria come la tossicodipendenza, la povertà che poteva spingere qualcuno a staccare un assegno scoperto, i disturbi infantili del comportamento, la gestione degli indigenti disabili mentalmente e persino le questioni legate all'immigrazione: a tutte queste questioni il legislatore rispondeva mandando la gente in prigione. Mai come negli ultimi venticinque anni negli Stati Uniti sono stati spesi tanti soldi in attività di lobby per ingrossare la popolazione carceraria americana, bloccare la riforma delle condanne, creare nuove categorie di reato e alimentare la paura e la rabbia che favoriscono le incarcerazioni di massa.

Una volta arrivato al carcere di Santa Rosa, non incontrai nessuna persona di colore tra il personale, sebbene il 70 per cento degli uomini rinchiusi lì fossero neri o mulatti. Era un fatto abbastanza insolito: mi capitava spesso di vedere agenti di colore o mulatti negli altri penitenziari. Fui sottoposto a una elaborata procedura di ammissione e mi fu dato un cercapersone da attivare nel caso in cui fossi stato minacciato o molestato all'interno della prigione. Fui scortato in una stanza di dodici metri per dodici, in cui più di venti detenuti sedevano mestamente tra il via vai degli agenti in uniforme.

All'angolo c'erano tre gabbie metalliche alte circa due metri e poco più larghe di un metro per uno. In tanti anni di visite legali non avevo mai visto, all'interno di un carcere di sicurezza, gabbie così piccole per tenere un detenuto. Mi chiedevo quale pericolo potessero costituire gli uomini in gabbia da non poter sedere con gli altri sulle panche. Due giovani erano in piedi nelle prime due gabbie. Nella terza, incassata nell'angolo, se ne stava un uomo minuto sulla sedia a rotelle. La sedia era rivolta verso il retro della gabbia, cosicché l'uomo non poteva guardare nella stanza. Non riuscivo a vederlo in viso, ma ero certo che fosse Joe. Un agente camminava senza sosta nella stanza pronunciando un nome ad alta voce ed esortando uno degli uomini ad alzarsi dalla panca e a seguirlo in un corridoio, dove avrebbe dovuto incontrare un vicedirettore o qualcun altro. Alla fine, l'agente proclamò ad alta voce: «Joe Sullivan, visita legale». Mi avvicinai all'uomo e gli dissi che ero l'avvocato venuto per la visita legale. Lui fece segno a due agenti, che andarono ad aprire la gabbia di Joe. Era talmente stretta che, quando provarono a spostare la sedia a rotelle, i raggi rimasero incastrati e non riuscirono a smuoverla.

Rimasi lì a guardare per diversi minuti mentre altri agenti si sforzavano, con mosse sempre più complicate, di estrarre la sedia a rotelle da quella gabbia angusta. La tirarono su, poi la spinsero giù, sollevando la parte anteriore dal pavimento, ma nemmeno questo funzionò. Provarono a strattonarla emettendo rumorosi grugniti e a disincastrarla, ma era completamente bloccata.

Due detenuti in custodia attenuata che stavano lavando il pavimento si fermarono per osservare gli agenti che battagliavano con la sedia a rotelle e con la gabbia. I due si offrirono di dare una mano, anche se nessuno gliel'aveva chiesto. Gli agenti accettarono in silenzio l'aiuto dei carcerati, ma nessuno di loro riuscì a trovare una soluzione. Mentre tra gli addetti aumentava il disappunto per il fatto di non riuscire a tirar fuori Joe dalla gabbia, qualcuno propose di usare tenaglie e seghetti e di piegare su un lato la gabbia con Joe dentro. Qualcun altro suggerì di sollevare Joe e di farlo uscire senza la sedia, ma sia Joe che la sedia erano talmente stipati nella gabbia che nessuno sarebbe potuto entrare per spostarlo.

Chiesi alle guardie innanzitutto come mai si trovasse nella gabbia e ne ottenni una brusca risposta: «Ergastolano. Tutti gli ergastolani vanno trasferiti con protocolli di sicurezza speciali».

Non riuscivo a vedere la faccia di Joe mentre succedeva tutto questo, ma lo sentivo piangere. Ogni tanto singhiozzava e le spalle andavano su e giù. Quando gli uomini del personale proposero di poggiare la gabbia di lato, si udì chiaramente il suo gemito. Alla fine, i due detenuti suggerirono di sollevare la gabbia e di inclinarla leggermente, e tutti furono d'accordo. I due sollevarono e inclinarono la pesante gabbia, mentre tre agenti tirarono con un violento strattone la sedia a rotelle, che finalmente fu liberata. Le guardie si diedero il cinque e i due detenuti se ne andarono via senza dire nulla, mentre Joe se ne stava al centro della stanza immobile sulla sua sedia a rotelle e con lo sguardo abbassato.

Mi avvicinai a lui e mi presentai. Il volto era rigato di lacrime, aveva gli occhi rossi ma sollevò lo sguardo su di me e prese a battere le mani a ripetizione. «Sì! Sì! Signor

Bryan». Sorridendomi mi porse entrambe le mani, che presi tra le mie.

Spinsi Joe fino a un angusto ufficio per la visita legale. Continuò a rallegrarsi in silenzio e a battere le mani per l'entusiasmo. Dovetti discutere con la guardia carceraria per poter chiudere la porta e parlare in privato. L'agente alla fine cedette. Joe sembrò rilassarsi quando chiusi la porta. Nonostante l'esordio terrificante di quella visita, era allegro. Non potei scrollarmi di dosso la sensazione di parlare con un ragazzino.

Raccontai a Joe il nostro disappunto per il fatto che l'accusa avesse distrutto le prove biologiche che ci avrebbero probabilmente consentito di dimostrare che era innocente grazie al test del DNA. Avevamo saputo che sia la vittima che uno dei suoi coimputati erano morti. L'altro coimputato non avrebbe detto nulla su ciò che era realmente accaduto e questo rendeva molto difficile per noi contestare il verdetto di condanna. Allora gli parlai di un'altra idea che avevamo avuto, ossia contestare la sentenza in quanto incostituzionale; questo gli avrebbe aperto un'altra strada per uscire di prigione. Durante la mia spiegazione lui continuò a sorridere, ma era chiaro che non aveva capito. Sulle gambe teneva un blocchetto per gli appunti, e quando finii mi disse che aveva preparato qualche domanda per me.

Durante l'intera visita continuai a pensare a come fosse entusiasta e infervorato più di quanto mi aspettassi, considerata la sua storia. Quando mi disse delle domande che si era preparato, quasi scoppiava. Mi confidò che, se mai fosse uscito di prigione, gli sarebbe piaciuto diventare un reporter: «Così potrò raccontare alla gente quello che succede». Fu con orgoglio che mi annunciò che era pronto a fare le sue domande.

«Ti rispondo molto volentieri Joe. Spara».

Cominciò a leggere con qualche difficoltà.

«Hai figli?». Mi lanciò uno sguardo pieno di attesa.

«No, non ho figli. Però ho dei nipoti».

«Qual è il tuo colore preferito?». Mi sorrise di nuovo con entusiasmo.

Feci una risatina, perché in effetti non ho un colore preferito. Ma volevo rispondergli.

«Il marrone».

«Ok, l'ultima domanda è la più importante». Mi guardò per un momento con gli occhi sgranati e sorrise. Poi diventò serio e lesse la domanda.

«Qual è il tuo personaggio dei fumetti preferito?». Quando rivolse il suo sguardo su di me era raggiante. «Dimmi la verità, ti prego. Ci tengo a saperlo».

Non mi venne in mente nulla e dovetti sforzarmi per continuare a sorridere. «Oh, Joe, onestamente non lo so. Posso pensarci un po' e fartelo sapere poi? Ti scrivo una lettera e te lo dico». Annuì con entusiasmo.

Nei tre mesi successivi ricevetti un fiume di lettere scarabocchiate da Joe, quasi una al giorno. Di solito si trattava di poche frasi su ciò che aveva mangiato quel giorno o cosa aveva visto alla televisione. Qualche volta erano due o tre versi della Bibbia che aveva ricopiato. Mi chiedeva sempre di rispondergli e di farmi sapere se la sua grafia stesse migliorando. Qualche volta le lettere contenevano solo poche parole o una domanda del tipo: «Hai amici?».

Presentammo ricorso per contestare la condanna di Joe in quanto pena crudele e inaudita in base al dettato costituzionale. Sapevamo che ci sarebbero state obiezioni procedurali perché veniva presentato quasi vent'anni dopo la sentenza, ma ritenevamo che la recente decisione della Corte Suprema di vietare la pena di morte per i minorenni potesse costituire una base per un riesame della pena. Nel

2005 la Corte riconobbe che le differenze tra bambini e adulti imponevano che i ragazzi fossero preservati dalla pena di morte in base all'Ottavo emendamento. Insieme al mio staff riflettei su come avremmo potuto sfruttare il ragionamento costituzionale che vietava l'esecuzione di minori come base legale per contestare le condanne all'ergastolo senza condizionale per i minorenni.

Presentammo ricorsi simili contro l'ergastolo senza condizionale in diversi altri casi che coinvolgevano dei ragazzini, compreso quello di Ian Manuel. Ian era ancora tenuto in isolamento in Florida. Presentammo altri ricorsi in Missouri, Michigan, Iowa, Mississippi, Carolina del Nord, Arkansas, Delaware, Wisconsin, Nebraska e South Dakota. Ne presentammo uno in Pennsylvania per Trina Garnett, la ragazza incriminata per incendio doloso. Era ancora rinchiusa nel carcere femminile, ma era felicissima che facessimo qualcosa per far riformare la sentenza. Ancora, presentammo ricorso in California per Antonio Nuñez.

Presentammo altri due ricorsi in Alabama. Ashley Jones era una quattordicenne condannata per aver ucciso due familiari quando il suo ragazzo, più grande di lei, provò a farla scappare di casa. Quella di Ashley era una storia orribile di abusi e abbandono. Quando era ancora un'adolescente e scontava la pena nel carcere femminile Tutwiler, cominciò a scrivermi per farmi domande su una serie di sentenze di cui aveva letto sui giornali. Non mi chiese mai assistenza legale; semplicemente, mi faceva domande su ciò che leggeva e manifestava interesse per il diritto e per il nostro lavoro. Cominciò a mandarmi dei biglietti per congratularsi con me e con l'EJI ogni volta che vincevamo un processo d'appello contro una condanna a morte. Quando decidemmo di contestare le condanne all'ergastolo per i minori, le dissi che forse avremmo potuto impugnare anche la sua sentenza. Ne fu elettrizzata.

Evan Miller era un altro quattordicenne condannato al carcere a vita in un penitenziario dell'Alabama. Evan proveniva da una famiglia povera bianca del Nord dell'Alabama. La sua difficile vita era costellata di tentativi di suicidio cominciati all'età di sette anni, quando era alle elementari. I suoi genitori erano violenti e tossicodipendenti, e lui passava da un genitore affidatario all'altro; ma all'epoca del delitto viveva con la madre. Una sera un vicino di mezza età, Cole Cannon, si recò a casa loro per comprare droga dalla madre. Il quattordicenne Evan e un suo amico di sedici anni tornarono con lui a casa sua per giocare a carte. Cannon diede ai ragazzi delle droghe e fece con loro dei giochi che prevedevano l'alcol. A un certo punto li spedì a comprare altra droga. Una volta tornati, i due rimasero lì mentre si faceva sempre più tardi. Alla fine, pensando che Cannon avesse perso i sensi, provarono a rubargli il portafoglio. L'uomo si svegliò all'improvviso e si avventò su Evan. Il più grande reagì colpendo Cannon alla testa con una mazza, poi si misero entrambi a picchiarlo e infine diedero fuoco alla sua roulotte. Cole Cannon morì, ed Evan e l'amico furono incriminati per omicidio di primo grado. Il ragazzo più grande patteggiò e ottenne la condanna all'ergastolo con la possibilità della condizionale, mentre Evan fu condannato al carcere a vita senza condizionale.

Assunsi il caso di Evan subito dopo il processo e presentai ricorso perché la sentenza fosse riformata, anche se quella era la pena obbligatoria per chi veniva condannato per omicidio di primo grado ma era troppo giovane per essere giustiziato. Durante un'udienza chiesi al giudice di riconsiderare la sentenza, data la giovane età di Evan. Il pubblico ministero commentò: «Credo che debba essere giustiziato. Merita la pena di morte». Si lamentò poi che la legge non autorizzasse più l'esecuzione di ragazzini:

non desiderava altro che portare quel quattordicenne sulla sedia elettrica e ammazzarlo. Il giudice respinse il nostro ricorso.

Quando andavo a trovare Evan in prigione, facevamo delle lunghe chiacchierate. Gli piaceva parlare con me di qualsiasi argomento pur di protrarre le visite. Parlavamo di sport e di attività fisica, di libri, della sua famiglia, di musica, di tutto ciò che gli sarebbe piaciuto fare una volta cresciuto. Di solito era molto vivace e si lasciava entusiasmare dalle cose, ma quando non sentiva i suoi parenti per un po' o gli capitava qualcosa di brutto in prigione, cadeva in depressione. Non riusciva a comprendere il comportamento ostile e violento dei detenuti e delle altre persone che lo circondavano. Una volta mi raccontò che una guardia gli aveva tirato un pugno al torace solo perché aveva fatto una domanda sugli orari della mensa. Nel raccontarmelo si mise a piangere: non capiva come mai l'agente si fosse comportato in quel modo.

Evan fu mandato nell'Istituto correzionale di St. Clair, un carcere di massima sicurezza per adulti. Poco dopo il suo arrivo, fu aggredito da un altro detenuto che gli diede nove coltellate. Si riprese senza gravi conseguenze fisiche, ma rimase traumatizzato da quell'esperienza e disorientato dalla violenza. Quando mi parlò del suo atto di violenza, sembrò davvero incredulo di come avesse potuto compiere un gesto così distruttivo.

Nella maggior parte dei casi di minorenni condannati all'ergastolo, avevamo a che fare con clienti che mostravano lo stesso sconcerto di Evan per la loro condotta durante l'adolescenza. Molti erano diventati adulti più ragionevoli e riflessivi, ormai erano capaci di prendere decisioni responsabili e appropriate. In quasi tutti i casi era evidente il tragico paradosso per cui i detenuti di oggi erano completamente diversi dai ragazzi confusi che avevano commesso il delitto; erano tutti cambiati profondamente. Questo li rendeva diversi dalla maggior parte dei miei clienti che commettevano reati in età adulta. E paradossale era anche che fossi proprio io a occuparmi di adolescenti che avevano compiuto crimini violenti.

Avevo sedici anni e vivevo nel Sud del Delaware. Un giorno stavo per uscire quando squillò il telefono. Guardai mia madre rispondere mentre le passavo accanto. Un minuto dopo la sentii urlare. Mi precipitai di nuovo dentro casa e la vidi seduta per terra che singhiozzava. «Papà, papà», diceva mentre la cornetta penzolava dalla base del telefono. La presi in mano: all'altro capo c'era mia zia. Mi disse che mio nonno era stato ammazzato.

I miei nonni si erano separati da molti anni; il nonno viveva da un po' in una casa popolare a sud di Philadelphia. Era lì che era stato accoltellato a morte da alcuni adolescenti intrufolatisi nel suo appartamento per rubare il televisore in bianco e nero. Aveva ottantasei anni.

La nostra famiglia fu devastata da quell'omicidio assurdo. Soprattutto mia nonna, che pure si era separata dal nonno molti anni prima, rimase scioccata da quel delitto e dalla sua morte. Alcuni miei cugini che lavoravano nelle forze dell'ordine raccolsero informazioni sui ragazzi autori dell'omicidio; ricordo che la loro reazione, più che sete di vendetta, fu di sconcerto per l'immaturità e la sconsideratezza dimostrate da quei minorenni. Continuavamo a ripeterci la stessa cosa: *non c'era bisogno che lo uccidessero.* In nessun modo un uomo di ottantasei anni avrebbe potuto impedire loro di portar via quel misero bottino. Mia madre non riuscì mai a farsene una ragione. E nemmeno io. A scuola conoscevo dei ragazzi che sembravano violenti e fuori controllo, ma ancora mi chiedevo come qualcuno potesse mostrare una furia tanto devastante e insensata. Dopo l'omicidio di mio nonno furono molte le domande a cui non riuscimmo a dare risposta.

Adesso, decenni dopo, cominciavo a capire. Mentre mi preparavo a dibattere per conto di tre ragazzini di cui avevamo assunto la difesa, divenni consapevole che questi sconcertanti e insensati delitti non potevano essere giudicati onestamente senza comprendere la vita che questi minorenni erano costretti a sopportare. Nel vietare la pena di morte per i minorenni, la Corte Suprema aveva valutato con attenzione la mole sempre più corposa di ricerche mediche sullo sviluppo degli adolescenti e di studi sul cervello nonché la loro pertinenza in relazione ai crimini dei minori e alla loro colpevolezza.

Le attuali evidenze neurologiche, psicologiche e sociologiche dimostrano che i minori possiedono un giudizio immaturo, una capacità di autoregolarsi e un senso di responsabilità non ancora adeguatamente sviluppati, sono vulnerabili alle influenze negative e alle pressioni esterne e non riescono a controllare i propri impulsi e l'ambiente che li circonda. L'adolescenza, che per consenso generale va dai dodici ai diciott'anni, è caratterizzata da una trasformazione radicale, compresi gli ovvi e spesso destabilizzanti cambiamenti fisici associati alla pubertà (aumento di peso e di altezza, mutamenti sessuali), così come da una progressiva evoluzione della capacità di discernimento ragionato e maturo, del controllo degli impulsi e dell'autonomia. Come poi spiegammo alla Corte, gli esperti erano giunti alla seguente conclusione:

> «Un rapido e drastico aumento dell'attività dopaminergica nel sistema socio-emotivo durante la fase della pubertà» spinge il giovane adolescente a una maggiore ricerca di sensazioni e assunzione di rischio; «tale incre-

mento nella ricerca di gratificazione precede la maturazione strutturale del sistema di controllo cognitivo e delle sue connessioni con le aree del sistema socio-emotivo. Tale processo di maturazione è graduale, copre tutta la fase dell'adolescenza e consente una più avanzata capacità di autoregolarsi e di controllare gli impulsi [...]. Nel lasso di tempo che intercorre tra il risveglio del sistema socio-emotivo, che avviene nella prima adolescenza, e la piena maturazione del sistema di controllo cognitivo, che si verifica in un secondo momento, il ragazzo è maggiormente vulnerabile all'assunzione di rischio nella media adolescenza».[3]

Questi processi biologici e psicosociali spiegano ciò che è già ovvio per genitori, insegnanti e per qualunque adulto che rifletta sugli anni della propria adolescenza: i giovanissimi non hanno la maturità, l'indipendenza e la prospettiva sul futuro che gli adulti hanno ormai acquisito. Sembrava strano dover spiegare in un'aula di tribunale una cosa tanto elementare riguardo all'età dello sviluppo, ma la tendenza a infliggere pene severe ai minori era tanto forte e reazionaria che dovemmo spiegare quei fatti basilari.

In aula sostenemmo che, rispetto a quello degli adulti, il discernimento dei giovani adolescenti è limitato sotto moltissimi aspetti: agli adolescenti mancano l'esperienza e il bagaglio di conoscenze che guidano le scelte, hanno difficoltà a crearsi alternative e a immaginare le conseguenze e, forse legittimamente, non possiedono la fiducia in se stessi necessaria per formulare giudizi ponderati ai quali poi attenersi[4]. Sostenemmo anche che le neuroscienze e le nuove informazioni sulla chimica cerebrale ci aiutano a spiegare lo scarso discernimento dimostrato spesso dagli adolescenti. Quando questi deficit strutturali, che pesano su tutti i ragazzi, si combinano con l'ambiente in cui alcuni di loro devono vivere – ambiente caratterizzato da abusi, violenze, disfunzioni, abbandono e mancanza di cure amorevoli – l'adolescenza può renderli vulnerabili a decisioni disastrose che sfociano in una tragica violenza.

Riuscimmo a portare argomentazioni persuasive circa la differenza tra adulti e bambini, ma non era quello l'unico ostacolo per ottenere un riesame. Il precedente creato dalla Corte Suprema con il richiamo all'Ottavo emendamento richiede non solo che una particolare sentenza offenda «il senso morale» ma anche che sia «inaudita». Nei casi in cui la Corte Suprema aveva concesso un riesame in base all'Ottavo emendamento, il numero di sentenze contestate era complessivamente inferiore a un centinaio a livello nazionale. Nel 2002, quando la Corte vietò la pena di morte per le persone con disabilità intellettive, erano circa cento le persone con ritardo mentale che rischiavano di essere giustiziate. E nel 2005, quando la Corte bandì la pena capitale per i minorenni, nel braccio della morte c'erano meno di settantacinque minori. Cifre ancora più esigue si associavano alla decisione della Corte di vietare la pena di morte per i delitti diversi dall'omicidio.

La nostra strategia dibattimentale fu complicata dal fatto che negli Stati Uniti oltre 2.500 minorenni erano stati condannati al carcere a vita senza condizionale. Decidemmo di concentrarci su due sottocategorie di minori per aiutare la Corte a concedere il riesame qualora non fosse stata pronta a vietare l'ergastolo senza condizionale per tutti i minorenni. Ponemmo l'accento sui più giovani, ossia quelli tra i tredici e i quattordici anni. Erano meno di cento i ragazzi sotto i quindici anni condannati all'ergastolo senza condizionale. Concentrammo l'attenzione anche sui ragazzi che, come Joe Sullivan, Ian Manuel e Antonio Nuñez, erano stati incriminati per delitti diversi dall'omicidio. La maggior parte dei minorenni condannati all'ergastolo senza condizionale erano stati dichiarati colpevoli di omicidio. Stimammo che i minorenni condannati al carcere a vita per delitti diversi dall'omicidio fossero meno di duecento.

Argomentammo che il divieto della pena di morte non poteva non avere conseguenze, dal momento che anche una condanna al carcere a vita è un giudizio definitivo, immutabile, finale sull'intera esistenza di un essere umano, che lo dichiara per sempre incapace di far parte della società civile. Chiedemmo ai giudici di ammettere che tale giudizio non può ragionevolmente applicarsi a bambini inferiori a una certa età poiché sono creature ancora incomplete, prodotti umani in evoluzione. Si trovano in un momento particolarmente vulnerabile della loro esistenza; il loro potenziale di crescita e cambiamento è enorme. Quasi tutti, crescendo, si affrancheranno dalla condotta criminale, ed è praticamente impossibile individuare i pochi che non lo faranno. Essi sono «il prodotto di un ambiente sul quale non hanno un vero controllo, ed è stretta la via che devono attraversare, in un mondo che non hanno creato loro»: fu ciò che scrivemmo nella memoria difensiva[5].

Mettemmo in evidenza l'incoerenza di non consentire ai ragazzi di fumare, bere, votare, guidare se non con delle limitazioni, donare il sangue, acquistare armi e una serie di altre attività perché ne riconosciamo la mancanza di maturità e di discernimento, e allo stesso tempo, nel sistema di giustizia penale, trattare i ragazzi più a rischio, più trascurati e penalizzati alla stregua di adulti pienamente sviluppati.

Inizialmente avemmo scarso successo con queste argomentazioni. Il giudice cui era assegnato il caso di Joe Sullivan stabilì che il nostro ricorso era «inutile». Anche in altri Stati ci scontrammo con lo stesso scetticismo e le stesse resistenze. Alla fine, esaurimmo le opzioni fornite dallo Stato della Florida per il caso di Joe Sullivan e presentammo appello alla Corte Suprema degli Stati Uniti. Nel maggio del 2009 la Corte accettò di riesaminare il caso. Ci sembrò un miracolo: un riesame da parte della Corte Suprema è di per sé un fatto abbastanza raro, ma la possibilità che la Corte sancisse costituzionalmente un riesame della pena per i minori condannati a morire in prigione rendeva questa opportunità ancora più elettrizzante. Era l'occasione per cambiare le regole in tutto il paese.

La Corte concesse il riesame nel caso di Joe e in un altro, sempre in Florida, in cui era coinvolto un sedicenne condannato per un crimine diverso dall'omicidio e messo all'ergastolo senza condizionale. Terrance Graham era di Jacksonville, in Florida, e si trovava in libertà vigilata quando fu accusato di tentata rapina in un negozio. Dopo il nuovo arresto, il giudice revocò la libertà vigilata e lo condannò al carcere a vita. Dal momento che sia il caso di Joe sia quello di Graham non riguardavano omicidi, era probabile che, se avessimo strappato una sentenza favorevole alla Corte, essa si sarebbe applicata solo agli ergastoli senza condizionale di minorenni condannati per delitti diversi dall'omicidio; ma era comunque una possibilità esaltante.

I due processi attirarono grande attenzione da parte della stampa nazionale. Quando presentammo la nostra memoria difensiva alla Corte Suprema degli Stati Uniti, alcune organizzazioni nazionali si unirono a noi presentando dichiarazioni *amicus curiae*, in cui chiedevano alla Corte di pronunciarsi in nostro favore. Ricevemmo supporto dall'Associazione psicologi americani, dall'Associazione psichiatri americani, dall'Ordine degli avvocati americani, dall'Associazione medici americani, da ex giudici, ex procuratori, operatori sociali, gruppi per i diritti civili, gruppi per i diritti umani, persino da alcuni gruppi per i diritti delle vittime. Ex criminali minorenni che nel frattempo erano divenuti figure pubbliche di primo piano presentarono documenti a nostro sostegno, tra cui politici ultraconservatori come l'ex senatore Alan Simpson del Wyoming[6]. Simpson era stato al Senato per diciott'anni, di cui dieci come capogruppo, dunque da numero due del Partito Repubblicano. Ma da minorenne era stato anche un delinquente. Era stato riconosciuto tale a diciassette anni, dopo una serie di condanne per incendio doloso, furto, aggressione aggravata, atti violenti con armi e, infine, aggressione a un agente di polizia. Più tardi confessò: «Ero un mostro». La sua vita non cambiò fino a quando non si ritrovò in prigione «in un mare di vomito e urina» dopo l'ennesimo arresto. Il senatore Simpson sapeva quindi per esperienza personale che non si possono giudicare tutte le potenzialità di una persona sulla base dei suoi misfatti di gioventù. Un'altra dichiarazione fu presentata per conto di alcuni ex bambini soldato i cui terribili atti, dopo la loro adesione forzata ad alcune violente milizie africane, facevano sembrare al confronto i crimini dei nostri clienti molto meno gravi. Eppure questi ex bambini soldato, una volta liberati dai loro eserciti, si erano emendati ed erano stati accolti nei college e nelle università americane, dove molti di loro si erano distinti.

Nel novembre del 2009, dopo che furono depositati i ricorsi per Joe e Graham, mi recai a Washington per la mia terza udienza dibattimentale presso la Corte Suprema degli Stati Uniti. Nessuno dei processi che avevo seguito fino ad allora aveva ricevuto tanta attenzione da parte dei media e della stampa nazionale. La Corte era gremita e anche fuori dall'aula c'erano centinaia di persone. Un vasto assortimento di difensori dei diritti dell'infanzia, avvocati ed esperti di malattie mentali seguirono con interesse la nostra richiesta alla Corte di dichiarare incostituzionale l'ergastolo senza condizionale per i minori.

Durante il dibattimento la Corte si mostrò risoluta, ed

era impossibile prevedere cosa avrebbero deciso i giudici. Dissi alla Corte che gli Stati Uniti sono l'unico paese al mondo ad applicare l'ergastolo senza condizionale ai bambini. Spiegai che condannare i minori viola il diritto internazionale, il quale vieta questo tipo di sentenze per i bambini. Dimostrammo poi come queste sentenze vengano applicate in modo sproporzionato per i minori di colore. Argomentammo che l'ergastolo per i minorenni discende da pene concepite per criminali adulti recidivi, non certo per i bambini; il che rendeva inaudita l'applicazione di tale pena su minorenni come Terrance Graham e Joe Sullivan. Dinanzi alla Corte affermai inoltre che dire a un bambino di tredici anni che è buono solo a marcire in prigione è crudele. Non sapevo se la Corte si sarebbe persuasa.

Avevo promesso a Joe, il cui nome e la cui vicenda tenevano banco in televisione, che sarei andato a trovarlo dopo il dibattimento alla Corte Suprema. All'inizio Joe era molto eccitato dall'attenzione che il suo caso suscitava, ma poi le guardie e gli altri detenuti cominciarono a prendersi gioco di lui e a trattarlo peggio del solito. Sembrava quasi che provassero fastidio per tutta l'attenzione che riceveva. Gli dissi che adesso che la fase dibattimentale era conclusa, le acque si sarebbero calmate.

Da settimane si esercitava per memorizzare una poesia che aveva scritto, almeno così diceva. Quando gli chiesi se davvero l'avesse scritta lui, ammise di essere stato aiutato da un altro detenuto; questo però non diminuì il suo entusiasmo. Mi aveva promesso diverse volte che l'avrebbe recitata per me quando fossi andato a trovarlo dopo l'udienza dibattimentale. Allorché arrivai in carcere, Joe fu trasportato nella sala visite senza intoppi. Gli raccontai dell'udienza a Washington, ma sembrava più interessato a farmi ascoltare la sua poesia. Intuivo la sua tensione perché non sapeva se sarebbe riuscito a recitarla. Riassunsi velocemente gli aggiornamenti sul suo caso in modo da poter ascoltare la poesia. Chiuse gli occhi per concentrarsi e poi cominciò a declamare questi versi:

Le rose sono rosse, le viole sono blu.
Presto tornerò a casa e con me ci sarai anche tu.
La mia vita sarà più bella, sarò felice e contento,
Tu sarai come un papà e mi darai un tetto.
Staremo bene coi nostri amici e gli altri lo vedranno,
Sono una brava persona... eh... sono una brava persona...
sono... una... brava... persona... eh...

Non ricordava l'ultimo verso. Fissò il soffitto e poi il pavimento sforzandosi di ricordare. Strizzò gli occhi per riportare alla mente le ultime parole, ma non ci riuscì. Ero tentato di suggerirgli un verso soltanto per aiutarlo a venirne a capo: «Perciò sii felice per me» oppure «E la gente lo vedrà». Ma capii che inventare un verso per lui non era la cosa giusta da fare, così rimasi lì ad aspettare.

Alla fine, sembrò accettare l'idea di non ricordare il verso. Pensavo che si sarebbe arrabbiato, invece quando fu chiaro che non l'avrebbe ricordato si mise a ridere. Gli sorrisi sollevato. Per qualche motivo, non riuscire a ricordare l'ultimo verso gli sembrò divertente; poi all'improvviso smise di ridere e mi osservò.

«Aspetta un attimo. Penso che l'ultimo verso... Sì, l'ultimo verso è proprio quello che ho detto. L'ultimo verso è semplicemente: "Sono una brava persona"».

Fece una pausa e lo guardai con aria scettica per qualche secondo. Poi, senza riflettere, gli chiesi: «Davvero?».

Forse avrei dovuto farla finita lì, invece continuai: «Staremo bene coi nostri amici e gli altri lo vedranno, sono una brava persona?».

Mi guardò per un momento con espressione seria, poi entrambi scoppiammo in una gran risata contemporaneamente. Non ero sicuro che fosse giusto che io ridessi, ma Joe rideva, il che mi fece pensare che fosse tutto a posto. Onestamente, non potevo farci nulla. In pochi secondi eravamo tutti e due molto euforici. Lui si dimenava sulla sedia a rotelle e intanto rideva e batteva le mani. Nemmeno io potevo smettere di ridere; ci provavo, ma senza riuscirci. E ridendo ci fissavamo. Lo osservai mentre rideva come un ragazzino, ma poi notai le rughe sul suo viso e persino qualche capello grigio che gli era spuntato prematuramente. Pur continuando a ridere, mi resi conto che la sua infanzia infelice era stata seguita da un'adolescenza infelice in prigione, seguita a sua volta da un'infelice età adulta in carcere. D'un tratto capii che era un miracolo che Joe fosse ancora capace di ridere. Pensai a quanto fosse stato ingiusto il mondo verso Joe Sullivan e a quanto mi sarebbe piaciuto vincere la causa.

Alla fine, ci quietammo entrambi. Cercai di dare un tono il più sincero possibile alla mia voce: «Joe, è una poesia veramente, veramente bella». Feci una pausa. «Secondo me è stupenda».

Mi guardò raggiante e batté le mani.

15
Distrutto

Il declino di Walter fu rapido. I suoi momenti di confusione diventavano sempre più lunghi. Cominciava a dimenticare le cose che aveva fatto solo qualche ora prima. Ormai non teneva più a mente i dettagli della propria attività e il lavoro di organizzazione si complicò in modi per lui inspiegabili, cosa che lo rendeva depresso. A un certo punto, riesaminammo insieme i suoi registri e scoprimmo che stava vendendo i materiali al minimo del loro valore, perdendoci un mucchio di soldi.

Dall'Irlanda arrivò in Alabama una troupe televisiva intenzionata a girare un breve documentario sulla pena capitale, in cui sarebbero stati presentati il caso di Walter e quelli di altri due detenuti nel braccio della morte dell'Alabama. James "Bo" Cochran era stato scarcerato dopo aver trascorso quasi vent'anni nel braccio; i giudici federali ribaltarono la sua condanna poiché emessa da una giuria selezionata in base a pregiudizi razziali, dopodiché fu celebrato un nuovo processo[1]. Nel nuovo giudizio, i giurati appartenenti a razze diverse lo riconobbero non colpevole di omicidio e lui venne liberato. Anche il terzo uomo che veniva presentato nel film era stato fermo nel dichiarare la propria innocenza. In seguito, il pubblico ministero ammise che la giuria fu scelta illegalmente, attraverso una selezione discriminatoria a livello razziale; tuttavia, dal momento che il difensore non fu in grado di presentare delle obiezioni congrue, i giudici rifiutarono di riesaminare la sua richiesta e così Tarver venne giustiziato.

Organizzammo un'anteprima del documentario nel nostro ufficio e invitai Walter e Bo a fare un intervento per il pubblico. Nella sala riunioni dell'EJI in cui proiettammo il film si erano radunate circa settantacinque persone della comunità. Walter procedeva con difficoltà. Era più stringato del solito e, tutte le volte in cui qualcuno gli poneva una domanda, lui guardava me con ansia. Gli dissi che sarebbe stato meglio se non avesse fatto più presentazioni. Sua sorella mi raccontò che aveva preso a vagare di sera e che finiva con il perdersi. Cominciò a bere pesantemente, cosa che non aveva mai fatto prima. Mi disse di essere sempre ansioso e che l'alcol gli calmava i nervi. Finché un giorno, poi, non ebbe un tracollo. Quando ne venni informato a Montgomery, lui si trovava in ospedale. Accorsi per parlare con il medico, il quale mi disse che Walter soffriva di uno stato di demenza avanzata, probabilmente indotta dal trauma, e che necessitava di cure costanti. Il dottore disse pure che la demenza sarebbe progredita e che probabilmente Walter sarebbe diventato un incapace.

Facemmo un incontro con i suoi familiari nel nostro ufficio e rimanemmo d'accordo che lui sarebbe andato a vivere da un parente a Huntsville, il quale gli avrebbe fornito le cure adeguate. Per un po' la cosa funzionò, ma poi laggiù Walter cominciò ad agitarsi e finì i soldi, perciò tornò a Monroeville dove sua sorella Katie Lee accettò di assisterlo. Rientrato in città, per un po' si sentì molto meglio, dopodiché le sue condizioni ripresero a peggiorare.

Ben presto, fu necessario trasferirlo in una struttura di quelle che forniscono assistenza agli anziani e ai malati. La maggior parte degli istituti non lo volevano perché era stato condannato per un crimine. Pur spiegando che era stato vittima di una condanna ingiusta e che poi era stato riconosciuto innocente, non riuscimmo a trovare nessuno che volesse accoglierlo. Nello staff dell'EJI adesso avevamo pure un'assistente sociale, Maria Morrison, la quale cominciò a lavorare con Walter e i suoi familiari per cercargli una sistemazione adeguata. Fu un processo estremamente frustrante ed esasperante. Alla fine, Maria riuscì a trovare un posto a Montgomery che accettò di prendere Walter per un periodo breve: massimo novanta giorni. Andò lì, mentre noi riflettevamo sul da farsi in seguito.

Tutta la situazione in generale mi procurava una tristezza profonda. Il nostro carico di lavoro cresceva troppo rapidamente. Avevo appena discusso il caso di Joe Sullivan presso la Corte Suprema degli Stati Uniti e con ansia attendevo quella sentenza. La Corte Suprema dell'Alabama aveva programmato le date per l'esecuzione di diversi condannati nel braccio della morte che erano giunti al termine del loro giudizio d'appello. Per anni, noi avevamo temuto che cosa sarebbe successo quando un numero considerevole di detenuti avesse concluso il proprio appello. Erano oltre una dozzina le persone a cui adesso poteva essere fissata una data per l'esecuzione e, considerato l'attuale clima giuridico in quello Stato a cui si aggiungevano i limiti imposti ai giudici federali nel riesaminare i casi di pena di morte, sapevamo che sarebbe stato estremamente difficile bloccare quelle esecuzioni. Feci una riunione con il mio gruppo e prendemmo l'ardua decisione di rappresentare tutti i detenuti per i quali era stata fissata una data di esecuzione e che erano sprovvisti di assistenza legale.

Alcune settimane dopo, mi ritrovai in uno stato di profonda angoscia. Ero preoccupato per le date delle esecuzioni che in Alabama erano state fissate per ciascuno dei mesi a venire. Ero preoccupato da ciò che la Corte Suprema degli Stati Uniti avrebbe stabilito di fare con tutti i ragazzini condannati a morire in prigione, giacché adesso la decisione era nelle sue mani. Ero preoccupato per i nostri finanziamenti e se avremmo avuto uno staff e delle risorse sufficienti a far fronte alle necessità delle nostre pratiche sempre più numerose. Ero preoccupato per parecchi nostri clienti che erano in difficoltà. Quando arrivai nella casa di riposo di Montgomery per fare visita a Walter, che da una settimana era entrato in quella struttura, mi sentivo come se per tutto il giorno non avessi fatto altro che preoccuparmi.

Era seduto a guardare la televisione in una sala comune, insieme a persone più anziane e sotto pesanti terapie farmacologiche. Non si era rasato e sul mento gli si era incrostato qualcosa che aveva mangiato. Nei suoi occhi c'era una tristezza che non avevo mai visto prima. Osservandolo, mi sentii stringere il cuore; una parte di me voleva andare via. Un'infermiera mi vide indugiare fuori dalla sala e mi chiese se fossi venuto a trovare qualcuno. Risposi di sì e lei mi sorrise benevolmente.

Dopo che la donna mi ebbe accompagnato nella stanza, andai incontro a Walter e gli misi la mano sulla spalla. Lui ebbe un sussulto e alzò lo sguardo, dopodiché mi fece un ampio sorriso.

«Oh, eccolo!». Il tono pareva allegro e di colpo sembrò di nuovo lui. Iniziò a ridere e si alzò in piedi. Lo abbracciai. Fui sollevato: di recente non era riuscito a riconoscere alcuni familiari.

«Come stai?», gli chiesi mentre lui si appoggiava a me leggermente.

«Ma sì, dai, sto bene». Ci avviammo verso la sua camera, dove potevamo parlare con maggiore intimità.

«Ti senti meglio?».

Non fu una domanda molto delicata, tuttavia ero un po'

inquieto nel vedere Walter in quello stato. Aveva perso peso e il suo camice non era legato dietro, cosa di cui non sembrava rendersi conto. Lo fermai.

«Aspetta, lascia che ti aiuti».

Gli legai i lacci del camice e proseguimmo verso la sua camera. Si muoveva lentamente e con cautela, trascinando i piedi con le pantofole sul pavimento quasi avesse dimenticato come fare ad alzarli. Nel corridoio, per un paio di metri mi prese un braccio e si appoggiò a me mentre avanzavamo piano piano.

«Sai, ho detto a tutti che ho un sacco di macchine, un sacco». Parlava con enfasi, con un'eccitazione maggiore di quanta gli avessi sentito esprimere negli ultimi tempi. «Di tutti i colori, forme e dimensioni. Uno mi ha detto: "Le tue auto sono rotte". Gli ho risposto che le mie auto funzionano pure». Mi guardò: «Magari gli dovresti dire delle mie auto, okay?».

Annuii con il capo e pensai al suo campo di rottami. «Hai un sacco di macchine…».

«Lo so!». Mi interruppe e si mise a ridere. «Lo vedi, gliel'ho detto, ma non mi credono. Gliel'ho detto». Adesso sorrideva e ridacchiava, ma sembrava confuso e non era più lui. «Quella gente pensa che io non so quello che dico, ma io so esattamente quello che dico». Lo disse con aria di sfida. Raggiungemmo la sua stanza e lui si sedette sul letto, io invece presi una sedia. Si fece calmo e silenzioso poi, improvvisamente, sembrò molto preoccupato.

«Be', pare proprio che sia tornato qui», disse con un pesante sospiro. «Mi hanno rimesso nel braccio della morte».

La voce era afflitta.

«Ci ho provato, ci ho provato, ci ho provato, ma loro non mi lasciano in pace». Mi guardò negli occhi. «Non riuscirò mai a capire perché vogliono fare a qualcuno quello che stanno facendo a me. Perché la gente è così? Io mi faccio gli affari miei. Non faccio del male a nessuno. Cerco di comportarmi bene, ma non importa quello che faccio: la gente viene e mi rispedisce nel braccio della morte… per nulla. Nulla. Non ho fatto nulla a nessuno. Nulla, nulla, nulla».

Iniziava ad agitarsi, perciò gli misi una mano sul braccio.

«Ehi, va tutto bene», dissi il più delicatamente possibile. «Non è poi così male come sembra. Credo…».

«Mi tirerai fuori, vero? Mi tirerai di nuovo fuori dal braccio?».

«Walter, questo non è il braccio. Non sei stato bene, perciò ora sei qui per rimetterti. Questo è un ospedale».

«Mi hanno preso di nuovo, e tu devi aiutarmi».

Stava andando nel panico e io non sapevo bene che fare. Poi scoppiò a piangere. «Per piacere, tirami fuori di qui. Per piacere! Mi uccideranno senza un buon motivo e io non voglio morire sulla sedia elettrica». Adesso piangeva con una forza che mi spaventò.

Mi sedetti accanto a lui sul letto e gli misi un braccio attorno alle spalle. «Va tutto bene, va tutto bene. Walter, si aggiusterà tutto. Si aggiusterà tutto».

Tremava e io mi alzai in piedi così che lui si potesse stendere. Quando poggiò la testa sul cuscino, smise di piangere. Cominciai a dirgli delicatamente che avrei cercato di sistemare le cose perché lui potesse stare a casa, che avremmo avuto bisogno di aiuto e che il problema vero era che per lui non era sicuro rimanere da solo. Mentre parlavo, vidi che i suoi occhi cominciavano a chiudersi e nel giro di qualche minuto sprofondò nel sonno. Ero stato con lui meno di venti minuti. Gli tirai su le coperte e rimasi a guardarlo mentre dormiva.

Nel corridoio, chiesi a un'infermiera come se la cavasse Walter.

«È davvero tenero», mi disse. «Ci fa piacere averlo qui.

È carino con tutto il personale, molto cortese e gentile. A volte si rabbuia e inizia a parlare della prigione e del braccio della morte. Non capivamo di che parlasse, ma poi una delle ragazze ha cercato su Internet e così abbiamo letto che cosa gli era successo. Qualcuno ha detto che lui non dovrebbe stare qui, ma io ho risposto che il nostro lavoro è aiutare chiunque ha bisogno d'aiuto».

«Be', lo Stato ha riconosciuto che non ha fatto nulla di male. È innocente».

L'infermiera mi guardò con dolcezza. «Lo so, signor Stevenson, ma molti qui pensano che se sei stato una volta in prigione, a prescindere che quello fosse o meno il tuo posto, questo ti rende un uomo pericoloso e non vogliono avere nulla a che fare con te».

«Capisco, ma è una vergogna». Fu tutto quello che riuscii a dire.

Lasciai la struttura scosso e turbato. Il mio cellulare squillò non appena misi piede fuori. La Corte Suprema dell'Alabama aveva appena fissato la data per l'esecuzione di un altro detenuto nel braccio della morte. Adesso il nostro vicedirettore era uno dei migliori avvocati dell'EJI. Quando era ancora uno studente alla Georgetown University, Randy Susskind aveva fatto il tirocinio presso di noi e poi, una volta uscito dalla facoltà di Legge, era diventato un consulente legale. Dimostrò di essere un civilista eccellente e un responsabile di progetto davvero abile. Chiamai Randy e discutemmo sul da farsi per fermare l'esecuzione, anche se entrambi eravamo consapevoli che a quel punto sarebbe stato difficile ottenere una sospensione. Gli raccontai della mia visita a Walter e quanto fosse stato doloroso vederlo. Rimanemmo per un po' in silenzio al telefono, cosa che accade spesso quando parliamo.

In controtendenza rispetto al resto della nazione, in

Alabama il numero di esecuzioni era in aumento. L'attenzione dei media a tutti i casi di innocenti condannati ingiustamente aveva avuto effetto sulla percentuale di condanne a morte in America, che nel 1999 aveva iniziato a diminuire. Ma gli attacchi terroristici dell'11 settembre 2001 a New York e la minaccia del terrorismo e di un conflitto globale sembrarono arrestare i progressi per l'abolizione della pena di morte. Qualche anno dopo, però, la percentuale di esecuzioni e di condanne a morte tornò a calare nuovamente[2]. Nel 2010, il numero di esecuzioni per anno era sceso a meno della metà rispetto al 1999[3]. In molti Stati erano in corso dibattiti seri sul porre fine alla pena di morte. Il New Jersey, lo Stato di New York, l'Illinois, il Nuovo Messico, il Connecticut e il Maryland avevano tutti chiuso i conti con la pena capitale[4]. Persino in Texas, in cui sono avvenute circa il 40 per cento delle quasi 1.400 esecuzioni dell'epoca moderna negli Stati Uniti, il numero di condanne a morte era diminuito drasticamente e finalmente era rallentato il ritmo delle esecuzioni[5]. Dalla fine degli anni Novanta, anche in Alabama era scesa la percentuale di condanna a morte, ma rimaneva la più alta del paese[6]. Alla fine del 2009, l'Alabama aveva il tasso più alto di esecuzioni pro capite del paese.

Ogni mese c'era qualcuno che andava incontro all'esecuzione e noi correvamo per tenere il passo. Nel 2009 furono giustiziati Jimmy Callahan, Danny Bradley, Max Payne, Jack Trawick e Willie McNair. Avevamo cercato di fermare quelle esecuzioni, soprattutto contestando il modo in cui venivano eseguite. Nel 2004, presso la Corte Suprema degli Stati Uniti, avevo dibattuto un caso che metteva in dubbio la costituzionalità di alcuni metodi adottati. Gli Stati avevano per la maggior parte smesso di giustiziare attraverso la sedia elettrica, la camera a gas, il plotone d'esecuzione e l'impiccagione, optando invece per l'iniezione letale. In quasi tutti gli Stati con la pena di morte l'iniezione letale, ritenuta uno strumento più pacifico e asettico, era diventata il metodo più diffuso per uccidere legittimamente le persone. Ma iniziavano a sorgere dubbi sulla sua efficacia e sul fatto che fosse indolore.

Nel caso che discussi dinanzi alla Corte, contestavamo la costituzionalità dei protocolli adottati dall'Alabama per somministrare l'iniezione letale. David Nelson aveva delle vene fortemente compromesse. Era un uomo di sessant'anni e in passato era stato un tossicodipendente, cosa che rendeva difficile avere accesso alle sue vene. Gli agenti del personale penitenziario non erano in grado di inserirgli nel braccio una flebo, così da portare a termine la sua esecuzione senza che sorgessero complicazioni cliniche. Dal momento che il giuramento d'Ippocrate proibisce ai dottori e al personale medico di prendere parte alle esecuzioni, i funzionari dell'Alabama avevano deciso che degli agenti penitenziari senza alcuna formazione avrebbero preso un coltello e praticato un'incisione di cinque centimetri nel braccio o nell'inguine del signor Nelson, in modo da trovare una vena, iniettargli delle tossine e ucciderlo. Noi argomentammo che, senza un'anestesia, quella procedura sarebbe stata inutilmente crudele e dolorosa.

Lo Stato dell'Alabama aveva sostenuto che le regole procedurali proibissero al signor Nelson di contestare la costituzionalità di quel protocollo. Su questo intervenne la Corte Suprema degli Stati Uniti. Il dubbio legale era se a dei detenuti che erano stati condannati fosse consentito presentare azioni legali in materia di diritti civili, per contestare metodi di esecuzione che con ogni probabilità erano incostituzionali. Durante il dibattito orale, il giudice Sandra Day O'Connor fu particolarmente attiva, ponendomi parecchie domande sull'opportunità che il personale penitenziario praticasse delle procedure mediche. La

Corte deliberò all'unanimità in nostro favore, stabilendo che un condannato avesse facoltà di contestare l'incostituzionalità di alcuni metodi di esecuzione presentando un'azione in materia di diritti civili[7]. David Nelson morì per cause naturali un anno dopo la nostra vittoria.

Subito dopo la causa Nelson, cominciarono a sorgere dubbi sul mix di sostanze utilizzato dalla maggior parte degli Stati per eseguire le iniezioni letali. Erano in molti a ricorrere a farmaci che erano stati vietati per l'eutanasia degli animali, in quanto causavano una morte nel dolore e nel tormento[8]. Quelle sostanze non erano facilmente disponibili negli Stati Uniti, perciò alcuni Stati avevano iniziato a importarle dai produttori europei. Quando si diffuse la notizia che i farmaci venivano usati per le esecuzioni negli Stati Uniti, i produttori in Europa non le resero più disponibili[9]. Quelle sostanze divennero difficilmente reperibili e gli Stati spinsero le autorità penitenziarie a procurarsele illegalmente, senza attenersi alle norme dell'Agenzia per gli alimenti e i medicinali (FDA) che regolano la vendita e il trasferimento dei farmaci tra gli Stati. Le razzie di quei medicinali da parte dei penitenziari statali furono una conseguenza bizzarra di questo surreale traffico di sostanze per eseguire le esecuzioni[10]. In seguito, nel caso *Baze contro Rees*, la Corte Suprema degli Stati Uniti sostenne che i protocolli per le esecuzioni e i mix di sostanze non erano di per sé incostituzionali. Pertanto, le esecuzioni ripresero il loro corso[11].

Per i detenuti nel braccio dell'Alabama e per lo staff dell'EJI ciò significò che in trenta mesi furono eseguite diciassette condanne a morte. Questo avveniva nello stesso periodo in cui eravamo impegnati a rappresentare i ragazzini che, in tutto il paese, erano stati condannati al carcere a vita senza libertà condizionale. Nei mesi precedenti, avevo preso voli diretti in South Dakota, Iowa, Michigan, Missouri, Arkansas, Virginia, Wisconsin e California per discutere i casi a nome dei giovanissimi che erano stati condannati. I tribunali, le procedure e le persone coinvolte erano tutti diversi, e viaggiare era molto stancante. Eravamo ancora fortemente impegnati a portare avanti delle vertenze per conto dei ragazzini condannati in Mississippi, in Georgia, nella Carolina del Nord, in Florida e in Louisiana: tutti Stati del Sud in cui avevamo già seguito delle cause. E poi, ovviamente, c'erano anche quelle iscritte a ruolo in Alabama, più numerose e impegnative che mai. Nel giro di due settimane, ero andato a trovare Antonio Nuñez fin nel suo carcere sperduto in una zona rurale della California, prima di discutere il suo caso presso la Corte d'appello di quello Stato, e in contemporanea avevo pure cercato attivamente di ottenere un riesame per Trina Garnett in Pennsylvania e per Ian Manuel in Florida. Ero andato a far visita a Ian e a Joe Sullivan in un penitenziario della Florida, ed entrambi erano in difficoltà. Le autorità carcerarie stavano impedendo a Joe di poter accedere regolarmente alla propria sedia a rotelle, e lui era già caduto più volte procurandosi delle ferite. Ian invece continuava a restare chiuso in isolamento. E per finire, le condizioni di salute di Trina stavano peggiorando.

Gestire tutto questo stava diventando per me sempre più difficile. In quello stesso periodo si concluse il tempo di permanenza accordato a Walter nella struttura di Montgomery, perciò ingaggiammo una febbrile lotta contro il tempo per organizzare il suo ritorno a casa, dove la sorella avrebbe fatto del suo meglio per prendersi cura di lui. Era una situazione preoccupate tanto per Walter quando per i suoi familiari e per noi tutti.

Quando in Alabama fu messa in calendario l'esecuzione di Jimmy Dill, all'EJI eravamo tutti sfiniti. La data non poteva cadere in un momento più difficile. Prima di allora non ci eravamo mai occupati del caso del signor Dill, e questo voleva dire attivarsi ancora più rapidamente in quei trenta giorni prima che venisse giustiziato. Si trattava di un crimine diverso dal solito. Il signor Dill era stato accusato di aver sparato a una persona al culmine di una lite scoppiata durante uno spaccio di droga. L'uomo che era stato colpito non morì; il signor Dill fu arrestato e accusato di aggressione aggravata. Rimase nella prigione locale per nove mesi in attesa di giudizio, mentre la vittima veniva dimessa dall'ospedale e si stava riprendendo bene. Tuttavia, dopo diversi mesi di cure a casa, a quanto pare la moglie abbandonò l'uomo, il quale si ammalò gravemente. Quando morì, i pubblici ministeri cambiarono le accuse da aggressione a omicidio di primo grado.

Jimmy Dill soffriva di un handicap mentale e per tutta l'infanzia aveva subito abusi psicologici e sessuali. Fino al momento dell'arresto aveva lottato contro la tossicodipendenza. Gli fu assegnato un difensore d'ufficio che fece ben poco per preparare la causa in vista del processo. In pratica, non furono svolte indagini per accertare le scarse cure mediche ricevute dalla vittima, cure che costituivano la causa effettiva del suo decesso. L'accusa fece un'offerta per una condanna a ventitré anni se si fosse dichiarato colpevole, una proposta che però non fu mai adeguatamente trasmessa al signor Dill, il quale finì quindi a processo, fu giudicato colpevole e venne condannato a morte. Le corti d'appello confermarono sia il verdetto che la sentenza. Non riuscì a trovare un difensore gratuito per gli appelli post-condanna e perciò, a livello procedurale, la maggior parte dei suoi diritti legali decaddero, poiché non aveva rispettato le scadenze per presentare le proprie istanze.

Quando mettemmo mano per la prima volta al caso del signor Dill, a poche settimane dalla sua esecuzione, nessun giudice aveva riesaminato gli aspetti incerti sull'affidabilità della sua condanna e sentenza. L'omicidio di primo grado presuppone che vi sia stata l'intenzione di uccidere, laddove in questo caso sussisteva un argomento convincente a dimostrare che non vi era stata intenzione di uccidere e che la morte della vittima era stata causata da una scarsa assistenza medica. La maggior parte delle vittime di ferite da arma da fuoco non muoiono dopo nove mesi, ed era sorprendente che in questo caso la pubblica accusa stesse chiedendo la pena di morte. Inoltre, già in passato la Corte Suprema degli Stati Uniti aveva vietato l'esecuzione di soggetti con un ritardo mentale, per cui il signor Dill avrebbe dovuto essere al riparo dalla pena di morte in considerazione della sua disabilità intellettiva; eppure nessuno aveva indagato né presentato alcuna prova per sostenere un tale diritto.

Accanto a tutte le altre difficoltà, il signor Dill aveva enormi problemi a parlare. Aveva un disturbo del linguaggio che gli causava una grave forma di balbuzie che, quando si eccitava o agitava, non faceva che peggiorare. Siccome in passato non era stato assistito da un avvocato disposto a incontrarlo e a parlare con lui, il signor Dill vide il nostro intervento come un miracolo. Una volta assunto il suo caso, inviai i miei giovani avvocati a incontrarlo regolarmente e lui mi chiamava spesso.

Ci impegnammo freneticamente per far sì che i giudici accordassero una sospensione sulla base dei nuovi elementi che avevamo messo in evidenza, ma fu tutto inutile. Le corti sono particolarmente restie a riesaminare le domande quando un condannato ha concluso l'intero iter d'appello una prima volta. Fu respinta persino la richiesta in considerazione del ritardo mentale, perché nessun giudice avrebbe concesso un'udienza in una fase ormai così avanzata.

Malgrado sapessi che tutte le probabilità erano contro di noi, le gravi disabilità del signor Dill mi avevano reso fiducioso nel mio intimo che forse un giudice si sarebbe posto uno scrupolo e ci avrebbe quantomeno consentito di presentare delle prove ulteriori. E invece tutti ci risposero: «Troppo tardi».

Il giorno programmato per l'esecuzione, mi ritrovai ancora una volta a parlare con un uomo che stava per essere legato e ucciso. Avevo chiesto al signor Dill di chiamarmi tutto il giorno, perché eravamo in attesa di ricevere dalla Corte Suprema degli Stati Uniti il riscontro alla nostra richiesta finale per una sospensione. All'inizio della giornata, lui era parso ansioso ma aveva continuato a insistere che le cose sarebbero andate bene e mi aveva detto che non avrebbe smesso di sperare. Provò a esprimere la propria gratitudine per quello che avevamo fatto nelle ultime settimane prima della sua esecuzione, e mi ringraziò per aver mandato regolarmente i miei colleghi a trovarlo. Eravamo riusciti a rintracciare alcuni familiari con cui aveva riallacciato i rapporti. Inoltre, gli esprimemmo la nostra convinzione che il suo verdetto e la sua condanna fossero stati ingiusti. Sebbene non fossimo ancora riusciti a persuadere un giudice a sospendere l'esecuzione, gli sforzi da noi compiuti sembravano aiutarlo a reggere. Poi però la Corte Suprema respinse la nostra richiesta finale di sospensione e non ci fu più nulla da fare. Sarebbe stato giustiziato nel giro di neanche un'ora e a me toccava comunicargli che la Corte non gli avrebbe concesso un rinvio. Mi sentii sopraffatto.

Parlammo al telefono poco prima che venisse condotto nella camera per le esecuzioni. Fu dura ascoltarlo. Balbettava più del solito e faceva una fatica enorme a pronunciare le parole. L'imminenza dell'esecuzione lo spaventava, tuttavia cercava con coraggio di esprimerci la propria gratitudine per i nostri sforzi. Rimasi a lungo seduto con la cornetta stretta in mano, mentre lui si sforzava di parlare. Fu straziante. A un certo punto, mi tornò in mente una cosa che fino a quel momento avevo del tutto dimenticato.

Quand'ero piccolo mia madre mi portava in chiesa. Una volta, quando avevo circa dieci anni, mi trovavo fuori della nostra parrocchia con i miei amici, uno dei quali aveva portato alla funzione un suo parente venuto in visita. Quel bambino era un ragazzo timido e magrolino, alto all'incirca quanto me, che restava ansiosamente incollato al cugino. Mentre il nostro gruppo chiacchierava amabilmente, lui non diceva nulla. Io gli chiesi da dove venisse ma, quando provò a parlare, iniziò a balbettare terribilmente. Soffriva di un grave disturbo del linguaggio e non riusciva a far collaborare la bocca. Non riusciva neppure a dire il nome della città in cui viveva. Non avevo mai visto qualcuno balbettare in quel modo; credetti che stesse scherzando o facendo finta, perciò scoppiai a ridere. Il mio amico mi lanciò uno sguardo allarmato, ma io non la smettevo di ridere. Con la coda dell'occhio notai mia madre che mi fissava con un'espressione che non le avevo mai visto prima. Era un misto di orrore, rabbia e vergogna, interamente rivolto a me. Smisi di ridere all'istante. Mi ero sempre sentito adorato da mia madre, perciò provai agitazione quando lei mi chiamò.

Quando la raggiunsi, era molto arrabbiata con me. «Che cosa stai facendo?».

«Perché? Non ho fatto…».

«Non ridere *mai più* di qualcuno solo perché non riesce a pronunciare bene le parole. Non farlo *mai più*!».

«Mi dispiace». Fui molto addolorato per essere stato sgridato con tanta durezza da mia madre. «Mamma, non volevo fare niente di male».

«Ormai dovresti saperlo, Bryan».

«Mi dispiace. Io credevo che…».

«Non voglio sentirti, Bryan. Non ci sono scuse e tu mi hai davvero delusa. Adesso voglio che tu torni indietro e chieda scusa a quel ragazzino».

«Sì, signora».

«Poi voglio che tu gli dia un abbraccio».

«Eh?».

«E poi voglio che tu gli dica che gli vuoi bene». Alzai gli occhi su di lei e, con mio orrore, vidi che era terribilmente seria. Avevo risposto mostrandomi il più dispiaciuto possibile, ma quello era davvero troppo.

«Mamma, non posso andare lì e dire a quel ragazzo che gli voglio bene. Gli altri dir…». Mi rivolse di nuovo quello sguardo. Mi voltai con aria scura e tornai dal gruppetto di amici. Era chiaro che avevano visto mia madre sgridarmi; lo intuivo dal fatto che mi stavano fissando tutti. Andai dal ragazzo che aveva fatto fatica a parlare.

«Ehi, amico, mi dispiace».

Ero sinceramente dispiaciuto di essermi messo a ridere, ed ero ancor più rammaricato della situazione in cui mi ero cacciato. Lanciai una rapida occhiata a mia madre, che continuava a fissarmi. Scattai verso il ragazzo per dargli un abbraccio davvero impacciato. Credo di averlo colto di sorpresa afferrandolo in quel modo, ma quando si rese conto che stavo cercando di abbracciarlo, il suo corpo si rilassò e anche lui mi strinse.

Quando parlai, i miei amici mi guardarono in modo bizzarro.

«Ah… e inoltre, eh… ti voglio bene!». Provai a dirlo con la massima falsità e facendo un mezzo sorriso mentre parlavo. Dal momento che lo stavo ancora abbracciando, lui non poté scorgere lo sguardo ipocrita sul mio giovane viso.

Sorridere come se fosse uno scherzo mi fece sentire meno bislacco. Ma poi lui mi strinse più forte e sussurrò nel mio orecchio. Si espresse perfettamente, senza alcun balbettio né esitazione.

«Anch'io ti voglio bene». Nella sua voce c'erano così tanta tenerezza e sincerità, e così all'improvviso, che credetti mi sarei messo a piangere.

* * *

La notte dell'esecuzione ero nel mio ufficio al telefono con Jimmy Dill e mi accorsi che i miei pensieri erano tornati a un evento accaduto circa quarant'anni prima. Inoltre, mi resi conto che stavo piangendo. Le lacrime mi scendevano sulle guance: dei fuggiaschi scappati mentre mi ero distratto. Il signor Dill stava ancora tribolando per far uscire le sue parole, nel disperato tentativo di ringraziarmi per aver cercato di salvargli la vita. Man mano che si avvicinava l'ora dell'esecuzione, per lui diventava sempre più difficile esprimersi. Dietro di lui le guardie facevano rumore e io intuivo la sua rabbia per non riuscire a pronunciare le parole, ma non lo volevo interrompere. Perciò me ne rimasi lì seduto e lasciai che le lacrime mi rigassero il viso.

Più lui si sforzava di parlare, più io avevo voglia di piangere. Quelle lunghe pause mi concedevano fin troppo tempo per riflettere. Se avesse avuto i soldi per pagarsi un avvocato come si deve, non sarebbe stato condannato per omicidio di primo grado. Non sarebbe stato condannato a morte, se solo qualcuno avesse indagato sul suo passato. Era tutto molto tragico. La sua lotta per formulare le parole e la sua determinazione a esprimere riconoscenza rinforzavano ai miei occhi la sua umanità, e rendevano insopportabile pensare alla sua imminente esecuzione. *Perché non riuscivano a vederlo anche loro?* La Corte Suprema aveva vietato la messa a morte delle persone affette da disabilità mentali, ma Stati come l'Alabama si rifiutavano di valutare con onestà se i condannati fossero disabili. Noi dovremmo condannare la gente equamente, dopo aver considerato appieno le circostanze della loro vita, e invece sfruttiamo l'impossibilità dei poveri di ottenere l'assistenza legale di cui hanno bisogno; tutto questo perché così li possiamo uccidere senza che oppongano troppe resistenze.

Mentre ero al telefono con il signor Dill, pensai a quanto aveva dovuto lottare, a tutte le terribili prove che aveva dovuto affrontare e a come le sue disabilità lo avevano distrutto. Non c'erano scuse per il fatto che avesse ucciso qualcuno, ma ammazzarlo non aveva senso. Cominciai a provare rabbia per questo. Perché desideriamo uccidere tutte le persone distrutte? Che c'è che non va in noi per cui crediamo che una cosa simile possa essere giusta?

Cercai di non far sentire al signor Dill che stavo piangendo. Cercai di non mostrargli che mi stava spezzando il cuore. Alla fine, lui riuscì a tirare fuori le sue parole.

«Signor Bryan, vorrei soltanto ringraziarla per aver lottato per me. La ringrazio per essersi preso cura di me. Voglio bene a tutti voi perché avete cercato di salvarmi».

Quando riagganciai il telefono, quella sera, avevo il volto bagnato e il cuore infranto. Alla fine, la mancanza di compassione a cui assistevo quotidianamente mi aveva stremato. Mi guardai intorno nel mio ufficio stipato, le cataste di carte e documenti, ogni pila colma di storie tragiche, e improvvisamente non volli più essere circondato da tutta quell'angoscia e miseria. Mentre rimanevo seduto, mi diedi dello stupido per aver cercato di aggiustare delle situazioni così inevitabilmente distrutte. *È tempo di finirla. Non posso più andare avanti così.*

Per la prima volta, mi resi conto che la mia vita non era altro che un cumulo di distruzione. I miei clienti erano distrutti da patologie mentali, povertà e razzismo. Erano devastati da malattie, droghe e alcol, orgoglio, paura e rabbia. Pensai a Joe Sullivan e a Trina, Antonio, Ian e a decine di altri ragazzi distrutti con cui avevamo lavorato, che lottavano per sopravvivere in carcere. Pensai a chi era stato distrutto dalla guerra, come Herbert Richardson; a chi era stato distrutto dalla povertà, come Marsha Colbey; a chi era stato distrutto dalla disabilità, come Avery Jenkins. Così distrutti, erano stati giudicati e condannati da persone il cui impegno all'equità era stato soffocato dal cinismo, dalla mancanza di speranza e dal pregiudizio.

Guardai il mio computer e il calendario appeso alla parete. Mi guardai di nuovo intorno nell'ufficio, le pile di fascicoli. Vidi l'elenco del nostro gruppo, che aveva raggiunto quasi le quaranta persone. E prima che me ne rendessi conto, stavo parlando a me stesso ad alta voce: «Potrei anche andarmene. Perché lo sto facendo?».

Mi ci volle un po' per arrivarci, ma intanto che me ne stavo lì seduto, mentre Jimmy Dill veniva ucciso nel carcere di Holman, mi resi conto di una cosa. Dopo oltre venticinque anni di lavoro, capii che quello che faccio non lo faccio perché è dovuto, necessario o importante. Non lo faccio perché non ho scelta.

Faccio quello che faccio perché anch'io sono distrutto.

Gli anni di lotte contro le ineguaglianze, gli abusi di potere, la povertà, l'oppressione e le ingiustizie mi avevano infine rivelato qualcosa su me stesso. Stare vicino alla sofferenza, alla morte, alle esecuzioni e alle pene crudeli non aveva semplicemente messo in luce la distruzione degli altri; in un momento di angoscia e dolore straziante, aveva mostrato anche la distruzione che era dentro di me. Non si possono combattere in maniera efficace gli abusi di potere, la povertà, le ineguaglianze, la malattia, l'oppressione o le ingiustizie e non rimanerne distrutti.

Tutti veniamo distrutti da qualcosa. Tutti abbiamo ferito qualcuno e siamo stati feriti. Siamo tutti in uno stato di distruzione, anche se le nostre distruzioni non si equivalgono. Volevo disperatamente un po' di pietà per Jimmy Dill e avrei fatto qualunque cosa perché per lui vi fosse giustizia, ma non potevo fare finta che la sua lotta non fosse congiunta alla mia. I modi in cui sono stato ferito – e ho ferito gli altri – sono diversi dai modi in cui Jimmy Dill ha sofferto e ha causato sofferenza. Ma a unirci è stata la distruzione che abbiamo condiviso.

Una volta Paul Farmer, il rinomato medico che ha dedicato la sua vita a cercare di curare i più poveri e malati del mondo, mi citò qualcosa che lo scrittore Thomas Merton aveva detto: siamo corpi di ossa distrutte. Senza averlo compreso appieno, ritengo di aver sempre saputo che ciò che ci rende umani è proprio il fatto di essere distrutti. Abbiamo tutti le nostre ragioni. A volte veniamo incrinati dalle scelte che compiamo; a volte finiamo in pezzi per cose che non avremmo mai scelto. Ma la nostra distruzione è anche la fonte dell'umanità che ci accomuna, la base per la nostra ricerca condivisa di un conforto, di un significato e di una guarigione. Le vulnerabilità e le imperfezioni che condividiamo alimentano e sostengono la nostra capacità di provare compassione.

Abbiamo una scelta. Possiamo abbracciare la nostra condizione umana, il che significa abbracciare la nostra natura distrutta e la compassione, che resta la nostra speranza migliore di guarigione. Oppure possiamo rinnegare la nostra distruzione, ripudiare la compassione e, così facendo, rinnegare la nostra stessa umanità.

Pensai alle guardie che proprio in quel momento stavano legando Jimmy Dill alla barella. Pensai a chi si sarebbe rallegrato della sua morte e l'avrebbe considerata una sorta di vittoria. Mi resi conto che anche loro erano persone distrutte, anche se non l'avrebbero mai ammesso. Così tanti tra noi si sono lasciati prendere dalla rabbia e dalla paura. Siamo diventati così paurosi e vendicativi che abbiamo gettato via i bambini, ci siamo disfatti dei disabili e abbiamo autorizzato l'incarcerazione dei deboli e dei malati: non perché costituiscano una minaccia alla sicurezza pubblica o perché non possano essere reinseriti, ma perché riteniamo che questo faccia sembrare noi tenaci, meno distrutti. Pensai alle vittime di crimini violenti e a chi è sopravvissuto ai propri cari uccisi, e a come li abbiamo costretti a riciclare il loro dolore e la loro angoscia e a restituirla ai trasgressori che noi perseguiamo legalmente. Pensai agli innumerevoli modi in cui abbiamo legalizzato pene crudeli e vendicative, a come abbiamo consentito alla nostra vittimizzazione di giustificare la vittimizzazione degli altri. Ci siamo piegati a un istinto spietato per schiacciare quelli tra noi la cui distruzione è più palese.

E invece, mettersi semplicemente a punire chi è distrutto – allontanandolo o celandolo alla vista – garantisce solo che lui continui a rimanere distrutto, e con lui anche noi. Non esiste integrità al di fuori della nostra reciproca umanità.

Ho avuto spesso conversazioni difficili con clienti che stavano lottando e si stavano disperando per la propria situazione: per ciò che avevano fatto, o che avevano subito, e che li aveva portati a vivere momenti dolorosi. Quando le cose si mettevano male, e loro dubitavano del valore della propria esistenza, io rammentavo loro che ognuno di noi è ben più delle azioni peggiori che possa aver commesso. Spiegavo loro che, se uno dice una bugia, quella persona non è *solo* una bugia. Se ti impadronisci di qualcosa che non ti appartiene, non sei *solo* un ladro. Persino se uccidi qualcuno, non sei *solo* un assassino. Quella sera dissi a me stesso ciò che per anni avevo ripetuto ai miei clienti. Io sono ben più dell'essere distrutto. Nel comprendere la distruzione, infatti, risiede una forza, persino un potere, poiché accogliere la nostra distruzione crea un bisogno e un desiderio di pietà, e forse anche un bisogno corrispettivo di mostrare pietà. Quando si prova pietà, si imparano cose che diversamente è difficile apprendere. Si vedono cose altrimenti impossibili da notare; si ascoltano cose che, diversamente, non si riescono a sentire. Si inizia a riconoscere l'umanità che risiede in ciascuno di noi.

Improvvisamente, mi sentii forte. Iniziai a pensare a che cosa succederebbe se tutti noi prendessimo semplicemente atto della nostra distruzione, se ammettessimo la nostra debolezza, le nostre lacune, i nostri pregiudizi, le nostre paure. Forse, se lo facessimo, non vorremmo più uccidere i distrutti in mezzo a noi che hanno ucciso gli altri. Forse, ci impegneremmo di più per trovare delle soluzioni da offrire ai disabili, alle vittime di abusi, a chi è stato trascurato e traumatizzato. Avevo idea che, se avessimo riconosciuto la nostra distruzione, non ci saremmo più sentiti fieri di attuare l'incarcerazione di massa, di giustiziare le persone, di provare una deliberata indifferenza nei confronti dei più vulnerabili.

Quando studiavo al college, lavoravo come musicista per una chiesa di neri in un quartiere povero a ovest di Philadelphia. A un certo punto della funzione, dovevo suonare l'organo prima che il coro attaccasse a cantare. Il sacerdote si alzava in piedi, apriva le braccia in un ampio gesto e diceva: «Fa' che io senta gioia e letizia, che le ossa che tu hai distrutto si possano rallegrare». Non avevo mai compreso pienamente il significato di quelle parole, fino alla notte in cui Jimmy Dill venne giustiziato.

Ho avuto il privilegio di incontrare Rosa Parks appena mi ero trasferito a Montgomery. Di quando in quando, lei tornava qui da Detroit, dove viveva, per fare visita a degli amici cari. Una di questi era Johnnie Carr. Avevo fatto amicizia con la signora Carr e ben presto mi resi conto che era una forza della natura: energica, carismatica e stimolante. Per molti versi, era stata lei il vero architetto del Boicottaggio dei bus a Montgomery. Durante il boicottaggio, aveva provveduto lei a organizzare le persone e i mezzi, si era fatta carico di un bel po' del lavoro pesante necessario a renderlo la prima grande azione di successo del moderno Movimento per i diritti civili e aveva preso il posto di Martin Luther King Jr come presidente dell'Associazione per il miglioramento di Montgomery. La prima volta che la incontrai andava ormai per l'ottantina. «Allora, Bryan, di tanto in tanto ti chiamerò e ti chiederò di farmi questo e quest'altro, e quando ti chiederò di fare qualcosa, tu mi risponderai: "Sì, signora", okay?».

Io ridacchiai e le dissi: «Sì, signora». Ogni tanto mi chiamava per controllare come stessi e, a volte, per invitarmi quando la signora Parks tornava in città.

«Bryan, Rosa Parks è arrivata in città e ci incontriamo a casa di Virginia Durr per parlare. Ti va di venirci ad ascoltare?».

Quando la signora Carr mi chiamava, voleva che andassi da qualche parte a «parlare» oppure che andassi in un posto ad «ascoltare». Ogni volta che la signora Parks arrivava in città, venivo invitato ad ascoltare.

«Oh sì, signora. Mi piacerebbe molto venire e ascoltare», le rispondevo sempre, chiarendo di aver compreso il da farsi una volta arrivato.

La signora Parks e la signora Carr si incontravano a casa di Virginia Durr. Anche quest'ultima era un personaggio fuori dell'ordinario. Suo marito, Clifford Durr, era stato l'avvocato che aveva rappresentato Martin Luther King Jr per tutto il tempo in cui era stato a Montgomery. Anche a novant'anni, la signora Durr era ancora determinata a combattere le ingiustizie. Spesso mi chiedeva di accompagnarla in qualche posto oppure mi invitava a cena. Nei mesi estivi, mentre lei era via, l'EJI prese ad affittare casa sua per ospitare gli studenti di Legge e i membri dello staff.

Quando andavo a casa della signora Durr per ascoltare queste tre donne straordinarie, Rosa Parks era sempre gentile e generosa con me. Anni dopo, mi capitò a volte di incontrarla in occasione di alcuni eventi in altri Stati e finivo sempre per passare un po' di tempo con lei. Più che altro, però, adoravo semplicemente stare ad ascoltare lei, la signora Carr e la signora Durr che discutevano. Parlavano, parlavano e parlavano. Ridendo, raccontandosi delle storie e dando prova di ciò che poteva essere realizzato quando le persone si alzavano in piedi (o si mettevano sedute, come nel caso della signora Parks). Insieme erano sempre molto vivaci. Anche dopo tutto quello che avevano fatto, la loro attenzione era rivolta a ciò che ancora intendevano realizzare per i diritti civili.

La prima volta che incontrai la signora Parks, ero seduto nel portico della signora Durr a Old Cloverdale, un quartiere residenziale di Montgomery, dove rimasi per ore a sentire le tre donne che parlavano. Alla fine, dopo avermi osservato mentre ascoltavo per tutto quel tempo, la signora Parks si girò verso di me e con dolcezza mi chiese: «Allora, Bryan, dimmi chi sei e di che ti occupi». Guardai la signora Carr per capire se potessi parlare e lei mi sorrise annuendo con il capo. Raccontai quindi alla signora Parks la mia storia.

«Sì, signora. Ebbene, seguo un progetto in ambito legale chiamato Equal Justice Initiative, e il nostro intento è aiutare le persone nel braccio della morte. In realtà, stiamo cercando di fermare la pena di morte. Cerchiamo di fare qualcosa per le condizioni dei carcerati e per le pene eccessive. Vogliamo liberare le persone che sono state condannate ingiustamente. Vogliamo mettere fine alle sentenze inique nelle cause penali e far cessare i pregiudizi razziali nella giustizia penale. Stiamo provando ad aiutare i poveri e a fare qualcosa per la difesa degli indigenti, e per il fatto che la gente non riceve l'assistenza legale di cui ha bisogno. Cerchiamo di dare aiuto a chi soffre di infermità mentali. Stiamo provando a far sì che smettano di mandare i ragazzini nelle prigioni e nelle carceri destinate agli adulti. Stiamo cercando di fare qualcosa per la povertà e la mancanza di speranza che regnano nelle comunità povere. Vogliamo vedere più diversità in seno alle cariche decisionali all'interno del sistema di giustizia. Proviamo a insegnare alla gente la storia razziale e il bisogno di giustizia razziale. Stiamo cercando di combattere gli abusi di potere della polizia e dei pubblici ministeri...». Mi accorsi di essermi lasciato trasportare troppo e mi interruppi bruscamente. La signora Parks, la signora Carr e la signora Durr mi stavano fissando.

La signora Parks si reclinò indietro e sorrise. «Oooh, tesoro, tutto questo ti renderà stanco, stanco, stanco». Scoppiammo tutti a ridere. Guardai in basso, un po' imbarazzato. Allora la signora Carr si sporse in avanti, puntò il dito verso il mio viso e mi parlò proprio come faceva con me mia nonna. Disse: «È per questo che dovrai essere coraggioso, coraggioso, coraggioso». Tutte e tre annuirono in silenzio e per un attimo mi fecero sentire un giovane principe.

Guardai l'orologio. Erano le 18,30. Il signor Dill era ormai morto. Ero stanco ed era tempo di smetterla con tutte quelle sciocchezze sul mollare. Era tempo di essere coraggiosi. Accesi il computer e trovai una e-mail con un invito a tenere un discorso sul rimanere fiduciosi per gli studenti di una scuola in un quartiere povero. L'insegnante diceva di avermi sentito parlare e che avrebbe voluto che fossi un esempio da seguire per i suoi allievi, ispirandoli a fare grandi cose. Mentre ero lì seduto nel mio ufficio, ad asciugarmi le lacrime e a riflettere su quanto fossi distrutto, mi sembrò un'idea ridicola. Poi però pensai a quei bambini e alle sfide enormi e ingiuste che troppi ragazzini devono superare in questo paese, perciò iniziai a digitare una risposta in cui dicevo che sarei stato onorato di andare.

Mentre guidavo per rientrare a casa, in macchina accesi la radio in cerca di notizie sull'esecuzione del signor Dill. Trovai una stazione che trasmetteva un notiziario. Era una stazione locale a carattere religioso, ma tra le notizie trasmesse non fu fatta menzione dell'esecuzione. Lasciai comunque quella stazione, e di lì a poco una predicatrice iniziò un sermone. Prese avvio dalle Scritture:

> In tre occasioni diverse ho chiesto al Signore di liberarmene. E tutte le volte mi ha detto: «La mia grazia è sufficiente. Il mio potere si compie nella tua debolezza». Perciò adesso io sono lieta di vantarmi delle mie debolezze, affinché il potere di Cristo possa operare attraverso di me. Siccome so che tutto questo avviene per il bene di Cristo, sono assolutamente felice delle mie debolezze e delle offese, delle privazioni, delle persecuzioni e delle sciagure. Perché quando sono debole, allora sono forte.

Spensi la radio e, mentre lentamente percorrevo la strada di casa, capii che, sebbene siamo presi in una rete di ferite e di distruzione, ci troviamo pure in una rete di guarigione e di pietà. Ripensai al ragazzino che mi aveva abbracciato fuori della chiesa, creando riconciliazione e amore. In quel momento io non meritavo di ricevere riconciliazione e amore, ma è così che opera la pietà. Il potere della pietà pura e semplice è di essere rivolta a chi non la merita. È proprio quando la pietà è meno scontata che diventa più potente: abbastanza potente da spezzare il ciclo del vittimizzare ed essere vittime, del castigo e della sofferenza. Ha il potere di guarire le ferite e i danni della psiche che conducono all'aggressività e alla violenza, agli abusi di potere, all'incarcerazione di massa.

Tornai a casa distrutto e con il cuore a pezzi per Jimmy Dill. Ma sapevo che il giorno dopo sarei tornato. C'era ancora più lavoro da fare.

16
Il canto di dolore di chi afferra pietre

Il 17 maggio 2010 ero seduto nel mio ufficio ad attendere con ansia, quando finalmente la Corte Suprema degli Stati Uniti annunciò la propria decisione: l'ergastolo senza condizionale comminato ai ragazzini condannati per reati diversi dall'omicidio è una pena crudele e inaudita e inaccettabile in base al dettato costituzionale[1]. Io e il mio gruppo esultammo di gioia. Dopo pochi istanti, fummo sommersi da una marea di chiamate da parte della stampa, dei clienti, dei familiari e dei difensori dei diritti dei minori. Era la prima volta che la Corte emanava un divieto assoluto per una pena diversa da quella capitale. Joe Sullivan aveva diritto a essere scarcerato. Schiere di ragazzi, compresi Antonio Nuñez e Ian Manuel, avevano diritto a una riduzione della pena che avrebbe offerto loro una «significativa opportunità per la liberazione».

Due anni dopo, nel giugno del 2012, riuscimmo a ottenere il divieto costituzionale delle condanne obbligatorie all'ergastolo senza condizionale per i bambini riconosciuti colpevoli di omicidio[2]. La Corte Suprema aveva acconsentito a riesaminare il caso di Evan Miller e quello di un altro cliente dell'Arkansas, Kuntrell Jackson. Avevo discusso entrambi i casi a marzo di quell'anno e con ansia rimasi ad attendere finché non ottenemmo una sentenza a nostro favore. La decisione della Corte comportava che nessun ragazzino accusato di un crimine potesse più essere condannato automaticamente a morire in carcere. Oltre duemila detenuti condannati all'ergastolo senza condizionale per aver commesso un crimine quando erano bambini adesso avevano potenzialmente i requisiti per ottenere il rilascio o una riduzione della pena. Alcuni Stati mutarono i propri statuti per creare nuove sentenze che dessero maggiori speranze ai ragazzini colpevoli di un reato. In più luoghi, i pubblici ministeri fecero resistenza all'applicazione retroattiva della decisione della Corte nel caso *Miller contro lo Stato dell'Alabama*, ma tutti adesso avevano una ragione nuova per sperare, comprese Ashley Jones e Trina Garnett.

Abbiamo portato avanti il nostro lavoro sulle questioni riguardanti i più giovani, prendendo in carico ancora più casi. Io ritengo sia necessario porre il divieto assoluto all'incarcerazione dei minori di diciotto anni nelle prigioni e nelle carceri destinate agli adulti. Abbiamo presentato casi per cercare di porre fine a questa prassi. Inoltre, sono convinto che i ragazzini non debbano mai essere processati nei tribunali ordinari in quanto sono vulnerabili a tutti quei problemi che aumentano il rischio di esprimere una condanna ingiusta. Nessun bambino di dodici, tredici o quattordici anni è in grado di difendersi nel sistema di giustizia penale degli adulti. Le condanne ingiuste e i processi illegali in cui sono coinvolti i più giovani sono molto comuni.

Qualche anno prima eravamo riusciti a ottenere il rilascio di Phillip Shaw, il quale aveva quattordici anni quando venne erroneamente giudicato colpevole e condannato all'ergastolo senza condizionale nel Missouri. La sua giuria era stata selezionata in maniera illegale, escludendo gli afroamericani[3]. Presso la Corte Suprema del Mississippi portai in discussione due casi in cui la Corte aveva stabilito che il verdetto e la condanna di due giovani minorenni erano stati illegali. Demarious Banyard era un tredicenne che venne costretto a partecipare a una rapina conclusasi con una tragica sparatoria a Jackson, in Mississippi. Gli fu inflitto l'ergastolo obbligatorio senza condizionale dopo che alla sua giuria fu detto, in maniera illegale, che il ragazzo era tenuto a dimostrare la propria innocenza contro ogni ragionevole dubbio e dopo che la pubblica accusa aveva presentato prove inammissibili[4]. La sua sentenza fu quindi modificata e ridotta a un numero di anni definito e adesso ci sono speranze che possa essere scarcerato.

Dante Evans era un quattordicenne che, dopo l'uragano Katrina, viveva con il padre violento in una casa mobile della FEMA a Gullport, in Mississippi. Il padre, che per due volte era già stato sul punto di uccidere la madre del ragazzo, fu colpito dal figlio con un colpo di pistola mentre dormiva su una sedia. Più volte Dante aveva informato le autorità scolastiche degli abusi del padre, ma nessuno era intervenuto. All'udienza dibattimentale dinanzi alla Corte Suprema del Mississippi portai in esame la sua precedente diagnosi di disordine da stress post-traumatico, di cui il giovane aveva sofferto in seguito al tentato omicidio della madre. La Corte rilevò il rifiuto opposto dal giudice del processo di consentire che questa prova venisse addotta e pertanto concesse a Dante un nuovo procedimento[5].

Anche il nostro impegno contro la pena di morte aveva preso una piega favorevole. Il numero di condannati nel braccio della morte dell'Alabama per i quali eravamo riusciti a ottenere un riesame era salito a cento. In quello Stato avevamo dato vita a una nuova comunità di ex detenuti che erano stati ingiustamente giudicati colpevoli e condannati e che avevano ottenuto un nuovo processo o una nuova udienza per riformare la sentenza. La maggior parte di loro non rimise più piede nel braccio della morte. A partire dal 2012, riuscimmo a trascorrere diciotto mesi senza che in Alabama vi fosse alcuna esecuzione. Le continue cause in merito ai protocolli per l'iniezione letale e ad altre questioni sull'affidabilità della pena di morte rallentarono drasticamente il ritmo delle esecuzioni in quello Stato. Nel 2013, in Alabama fu registrato il numero più basso di nuove condanne a morte a partire dalla reintroduzione a metà degli anni Settanta della pena capitale. Tutti questi erano indubbiamente degli sviluppi incoraggianti.

Certo, le sfide erano ancora tante. Io stavo perdendo il sonno appresso al caso di un altro detenuto nel braccio della morte dell'Alabama, un uomo che era chiaramente innocente. Anthony Ray Hinton si trovava nel braccio quando Walter McMillian vi arrivò a metà degli anni Ottanta. Il signor Hinton era stato erroneamente condannato per due rapine con omicidio avvenute nei sobborghi di Birmingham, dopo che gli esperti della scientifica dell'ufficio del procuratore giunsero all'errata conclusione che l'arma usata nei due crimini fosse una pistola che era stata rinvenuta a casa della madre di Hinton. Il suo difensore d'ufficio ricevette dalla corte solo cinquecento dollari per rivolgersi a un esperto di armi affinché contestasse l'ipotesi dell'accusa, perciò l'avvocato contattò un ingegnere meccanico cieco da un occhio e che in pratica non aveva alcuna esperienza nel testimoniare come esperto di armi.

La principale prova dell'accusa contro Hinton riguardava un terzo crimine in cui un testimone lo aveva identificato come l'aggressore. Noi però trovammo una dozzina di persone e di registri della sicurezza che attestavano come al momento del crimine il signor Hinton si trovasse a ventiquattro chilometri di distanza, chiuso a lavorare come operaio notturno nel magazzino di un supermercato. Chiamammo alcuni dei migliori esperti a livello nazionale perché riesaminassero la prova della pistola e la loro conclusione fu che l'arma di Hinton non poteva essere collegata agli omicidi. Io ero fiducioso che lo Stato avrebbe riaperto il caso. E invece, si insistette nel portare avanti l'esecuzione. La stampa non mostrò interesse per la vicenda, adducendo come motivazione la "stanchezza da innocenza". «Abbiamo già raccontato storie di questo genere» fu il ritornello che ci sentimmo ripetere più e più volte. Una appresso all'altra, continuavamo a incassare le decisioni dei giudici d'appello che ci negavano il riesame, e il signor Hinton rimaneva nel braccio della morte a dover affrontare l'esecuzione. Mancava poco allo scadere dei trenta giorni. Quando lo incontravo, lui era immancabilmente ottimista e incoraggiante, ma io ero sempre più alla ricerca disperata del modo in cui far annullare il suo caso.

A rincuorarmi c'era il fatto che, a livello nazionale, il tasso di incarcerazione di massa era finalmente in calo. Per la prima volta in quasi cinquant'anni, nel 2011 la popolazione carceraria del paese non era aumentata. Per la prima volta dopo decenni, nel 2012 gli Stati Uniti videro diminuire il numero dei propri detenuti. Quell'anno trascorsi molto tempo in California, dando il mio sostegno alle iniziative per le votazioni, ed ero incoraggiato dal fatto che, con un ampio margine, gli elettori avessero deciso di porre fine alla legge statale dei "tre strike", che imponeva condanne obbligatorie per i colpevoli di reati non violenti. L'iniziativa ottenne la maggioranza in tutte le contee dello Stato. Inoltre, gli elettori della California furono molto vicini a bandire la pena di morte; l'iniziativa per le votazioni perse solo per un paio di punti percentuali. Appena qualche anno prima, arrivare a un passo dall'abrogazione della pena di morte attraverso un referendum popolare in uno Stato americano sarebbe stato inimmaginabile.

Finalmente siamo riusciti a lanciare l'iniziativa per le questioni razziali e della povertà che a lungo avevo sperato di poter avviare all'EJI. Per anni, avevo desiderato di poter sviluppare un progetto per cambiare il modo in cui parliamo della storia razziale e in cui contestualizziamo le questioni razziali contemporanee. Abbiamo pubblicato un calendario sulla storia razziale per il 2013 e il 2014. Abbiamo cominciato a lavorare con le famiglie e i ragazzi poveri nei paesi della Black Belt lungo tutto il Sud. Abbiamo portato nel nostro ufficio centinaia di studenti delle superiori, per offrire loro una formazione aggiuntiva e delle discussioni sui diritti e sulla giustizia. E ancora, abbiamo prodotto rapporti e materiali volti ad approfondire il dibattito nazionale sull'eredità della schiavitù e del linciaggio e sulla storia delle ingiustizie razziali nel nostro paese.

Trovavo estremamente galvanizzante questo nuovo lavoro sulla razza e sulla povertà. Si collegava strettamente al nostro impegno per i problemi della giustizia penale; ritengo che buona parte del nostro modo peggiore di pensare alla giustizia sia intriso dei miti sulle differenze razziali che tuttora ci affliggono. Credo che nella storia americana siano quattro le istituzioni che hanno dato forma al nostro modo di affrontare la razza e la giustizia, ma che questo non sia stato ancora compreso a sufficienza[6]. La prima, ovviamente, è la schiavitù. A questa ha fatto seguito il regno del terrore che ha plasmato le vite della gente di colore dopo il crollo della Ricostruzione e fino alla seconda guerra mondiale. Di tanto in tanto, alla fine di un discorso, gli anziani neri del Sud venivano da me per lamentarsi di quanto fossero infastiditi sentendo i commentatori delle notizie dichiarare che, per la prima volta dopo gli attacchi dell'11 settembre, negli Stati Uniti eravamo alle prese con il terrorismo interno.

Una volta, un afroamericano avanti con gli anni mi disse: «Li faccia smettere di dire queste cose! Noi siamo cresciuti costantemente sotto il terrorismo. La polizia, il Ku

Klux Klan, chiunque fosse bianco ti poteva terrorizzare. Dovevamo preoccuparci delle bombe e dei linciaggi, e delle violenze razziali di ogni genere».

Il terrorismo razziale rappresentato dal linciaggio è per molti versi alla base della pena di morte moderna. L'accoglienza offerta dall'America alle esecuzioni rapide è stata, in parte, un tentativo per reindirizzare le energie violente insite nel linciaggio, al tempo stesso rassicurando i bianchi del Sud che a pagare il prezzo più alto sarebbero stati ancora una volta i neri.

I lavori forzati furono introdotti alla fine del XIX secolo per criminalizzare gli ex schiavi e condannarli per reati senza senso, dimodoché uomini, donne e bambini liberi potessero essere "dati a noleggio" alle imprese e di fatto costretti nuovamente a sgobbare in schiavitù. Industrie private di tutto il paese guadagnarono milioni di dollari grazie al lavoro gratuito dei condannati, mentre migliaia di afroamericani morirono in condizioni di lavoro tremende. In alcuni Stati, la prassi di ridurre nuovamente in schiavitù era talmente diffusa da essere descritta in un libro di Douglas Blackmon, vincitore del premio Pulitzer, come una "schiavitù sotto altro nome" (dal titolo dell'opera *Slavery by Another Name*). Questa pratica, però, è pressoché sconosciuta alla maggior parte degli americani.

All'epoca del terrore erano centinaia i modi in cui i neri potevano commettere una trasgressione sociale o un'offesa nei confronti di qualcuno che, eventualmente, potevano condurli alla morte. Il terrore razziale e la costante minaccia creati dalla gerarchia razziale che veniva imposta con la violenza erano profondamente traumatizzanti per gli afroamericani. L'aver assorbito queste realtà psicologiche ha prodotto distorsioni e difficoltà di ogni genere, che ancora oggi si manifestano in molte maniere.

La terza istituzione, la "Jim Crow", è costituita dalla segregazione razziale e dalla soppressione dei diritti fondamentali legittimate dalla legge e che hanno dato forma all'epoca dell'apartheid in America. Si tratta di un fatto più recente e riconosciuto nella nostra coscienza nazionale, per quanto io ritenga che non sia stato ancora adeguatamente compreso. La mia impressione è che siamo stati veloci a celebrare le conquiste del Movimento per i diritti civili e lenti a riconoscere i danni fatti in quell'epoca. Non siamo stati disposti a impegnarci in un processo di verità e riconciliazione, in cui alle persone venga concesso di esprimere le difficoltà create dalla segregazione razziale, dalla sottomissione razziale e dall'emarginazione. Dal momento che sono nato in un'epoca in cui lo stigma della gerarchia razziale e la Jim Crow producevano effetti concreti sul modo in cui i più anziani intorno a me dovevano comportarsi e reagire a tutta una serie di indignazioni, io sono consapevole di come si accumulassero le umiliazioni e gli affronti quotidiani.

L'eredità della profilatura razziale porta con sé molte complicazioni identiche. Lavorando a tutti questi casi con i minori, in giro per tutto il paese, spesso mi sono ritrovato in aule di tribunale e in comunità in cui non ero mai stato in precedenza. Una volta, mi stavo preparando per un'udienza in un tribunale del Midwest e, prima che avesse inizio il dibattimento, ero seduto al banco della difesa nell'aula vuota. Avevo addosso un abito scuro, una camicia bianca e una cravatta. Da una porta sul retro dell'aula entrarono il giudice e il pubblico ministero che stavano ridendo per qualcosa.

Quando il giudice mi vide seduto al banco della difesa, mi apostrofò duramente: «Ehi tu, non dovresti essere qui senza un difensore. Tornatene fuori e aspetta nel corridoio finché non arriva il tuo avvocato».

Io mi alzai in piedi e feci un ampio sorriso. Dissi: «Oh,

mi scusi, Vostro Onore, non ci siamo ancora incontrati. Il mio nome è Bryan Stevenson e sono l'avvocato nel caso fissato per l'udienza di questa mattina».

Il giudice rise del proprio sbaglio e a lui si unì il pubblico ministero. Mi imposi di ridere, poiché non volevo che il mio giovane cliente, un ragazzino bianco che era stato perseguito come un adulto, venisse svantaggiato da un conflitto da me creato con il giudice prima dell'udienza. Tuttavia, quell'esperienza mi avvilì. Certo, ci sono pure gli errori fatti in buona fede, ma gli affronti e le indignazioni accumulati e che sono stati prodotti dalle presunzioni razziali sono distruttivi in modi difficili da valutare. Il fatto di essere costantemente sospettati, accusati, osservati, messi in dubbio, di essere oggetto di diffidenza, ritenuti colpevoli e persino temuti è un fardello sulle spalle dei neri che non può essere compreso e affrontato senza un confronto più approfondito sulla nostra storia delle ingiustizie razziali.

La quarta istituzione è l'incarcerazione di massa. Se si conoscono un po' i dati demografici razziali dell'America, entrare in un carcere qualsiasi è un'esperienza fortemente disorientante. La presenza estremamente elevata delle persone di colore, la sproporzione nelle condanne a carico delle minoranze razziali, le azioni penali mirate contro i crimini di droga all'interno delle comunità povere, la criminalizzazione dei nuovi immigrati e della gente sprovvista di documenti, le conseguenze secondarie prodotte dal privare gli elettori del diritto di voto e gli ostacoli per riottenerlo possono essere pienamente compresi solo attraverso la lente della nostra storia razziale.

Era gratificate poter finalmente affrontare alcuni di questi problemi grazie al nostro nuovo progetto ed enunciare le sfide messe in atto dalla storia razziale e dalla povertà strutturale. I materiali da noi sviluppati stavano suscitando riscontri favorevoli e io iniziavo a nutrire la speranza che forse saremmo riusciti a squarciare il velo posto su questa difficile storia delle ingiustizie razziali per occultarla.

A incoraggiarmi c'era anche il nostro nuovo staff. Adesso l'EJI richiamava da ogni parte del paese avvocati giovani e dotati, ed estremamente qualificati. Avevamo fatto partire un programma per i laureati al college, affinché lavorassero con noi come borsisti nel campo della giustizia. Potendo fare affidamento su un gruppo più grande, con risorse di grande talento, sembrava possibile affrontare le nuove sfide poste dal nostro scadenziario, sempre più carico, delle cause iscritte a ruolo.

A volte però uno staff, delle cause e uno scadenziario più grandi significano pure problemi maggiori. Per quanto fossimo entusiasti e gratificati, la decisione della Corte Suprema sui minorenni generò per noi tutta una serie di problematiche nuove. Adesso, centinaia di persone potevano chiedere una nuova sentenza e la maggior parte si trovava in Stati in cui non potevano godere pienamente del diritto a un difensore. Ad esempio, in Louisiana, Alabama, Mississippi e Arkansas c'erano centinaia di detenuti il cui caso era interessato dalle recenti decisioni, ma non c'erano avvocati disponibili ad assistere questi minorenni condannati all'ergastolo. Alla fine, facendo seguito al divieto della Corte Suprema di infliggere il carcere a vita senza libertà condizionale ai bambini condannati per crimini diversi dall'omicidio, ci ritrovammo ad assumere quasi cento nuovi casi. Dopodiché ci facemmo carico di altre cento cause, giacché fu deciso di vietare l'ergastolo obbligatorio senza condizionale per i minorenni. Dal momento che tutte queste si andarono a sommare alle decine di cause minorili già presenti nel nostro scadenziario, non passò molto tempo prima che ci ritrovassimo oberati di lavoro.

Sebbene il totale divieto di infliggere l'ergastolo senza condizionale ai bambini condannati per reati diversi dall'omicidio avrebbe dovuto essere la decisione più semplice da adottare, far rispettare la sentenza della Corte Suprema si rivelò una prova ben più ardua di quanto avessi sperato. Cominciai a trascorrere sempre più tempo in Louisiana, Florida e Virginia, che insieme detenevano quasi il 90 per cento dei casi diversi dall'omicidio. Contrariamente a quanto avremmo sperato, spesso i giudici dei processi andavano poco per il sottile nel valutare le differenze tra i ragazzini e gli adulti, e non era infrequente che fossimo costretti a contestare ancora una volta l'ingiustizia di base nel trattare come adulti i bambini, cosa che era già stata riconosciuta dalla Corte Suprema.

Alcuni giudici sembravano intenzionati a voler concedere come possibilità di scarcerazione per questi bambini condannati una data il più possibile vicina alla loro aspettativa di vita e di morte naturale. Il giudice di Antonio Nuñez, nella Contea di Orange in California, riformò la sua sentenza all'ergastolo senza condizionale con una condanna a centosettantacinque anni. Fui costretto a ricorrere presso una Corte d'appello della California e a presentare argomentazioni perché quella sentenza venisse sostituita con un'altra più ragionevole[7]. Andammo incontro a resistenze anche per Joe Sullivan e Ian Manuel. Alla fine, però, riuscimmo a ottenere per entrambi una sentenza grazie alla quale avrebbero scontato ancora pochi anni, dopodiché sarebbero stati liberati.

In alcuni casi, i clienti avevano ormai trascorso molti decenni in carcere e potevano contare su poche strutture di sostegno, se non nessuna, che li aiutassero a reinserirsi nella società. Decidemmo quindi di creare un programma di reinserimento per dare assistenza a queste persone. Il programma dell'EJI era appositamente sviluppato per coloro che avevano trascorso molti anni in carcere dopo esservi entrati da bambini. Il nostro impegno era offrire servizi, alloggi, formazione professionale, competenze per la vita, supporto psicologico e tutto ciò di cui le persone uscite di prigione potevano aver bisogno per farcela. Dichiaravamo ai giudici e alle commissioni per la libertà condizionale il nostro impegno a fornire ai nostri clienti l'assistenza che era loro necessaria.

In particolare, i clienti della Louisiana che stavano scontando l'ergastolo senza condizionale per reati diversi dall'omicidio andavano incontro a molte difficoltà. Assumemmo la difesa di tutti e sessanta i candidati alla scarcerazione in quello Stato. Quasi tutti erano rinchiusi ad Angola, un posto notoriamente duro in cui scontare una pena, soprattutto tra gli anni Settanta e Ottanta del secolo scorso, quando molti di loro vi avevano messo piede la prima volta. Per tanti anni, la violenza in quel penitenziario era stata talmente pervasiva che era praticamente impossibile stare lì dentro senza ricevere provvedimenti disciplinari – pene o periodi detentivi ulteriori che venivano aggiunti alla propria sentenza – a causa di scontri con altri detenuti o con il personale del carcere. I prigionieri dovevano svolgere lavori manuali in ambienti particolarmente ostili, oppure affrontare la reclusione in isolamento o altre azioni disciplinari. Accadeva spesso che i detenuti si ferissero gravemente, andando incontro alla perdita delle dita o degli arti, dopo aver lavorato per ore in condizioni brutali e pericolose.

Per anni, l'Angola – una piantagione di schiavi prima della fine della Guerra civile – aveva costretto i carcerati a lavorare nei campi per la raccolta del cotone. I prigionieri che opponevano un rifiuto ricevevano delle "recensioni" che finivano sul loro fascicolo, andando quindi incontro a mesi di reclusione in isolamento. Quelle condizioni di isolamento tremende e il fatto che venisse loro ripetuto costantemente che sarebbero morti in prigione, indipendentemente da quanto si fossero comportati bene, avevano fatto sì che la maggior parte dei nostri clienti si fosse guadagnata una lunga lista di provvedimenti disciplinari. Nelle udienze che stavamo preparando affinché le sentenze venissero riformate, gli avvocati dell'accusa usavano tutti questi precedenti disciplinari per opporsi a uno sconto di pena.

Cosa apprezzabile, tra gli ex minorenni condannati all'ergastolo in molti avevano maturato una storia carceraria costellata di pochissime azioni disciplinari, e questo anche se avevano scontato la propria pena privi della speranza di poter essere un giorno scarcerati o che la loro condotta venisse riesaminata. Alcuni erano diventati detenuti con custodia attenuata, mentori e difensori contro le violenze tra detenuti. Altri erano diventati bibliotecari nella biblioteca giuridica del carcere, giornalisti e giardinieri. Con il tempo, l'Angola aveva sviluppato alcuni programmi di eccellenza per i carcerati che volevano tenersi lontano dai guai, e molti dei nostri clienti ne avevano pienamente beneficiato.

Scegliemmo di dare la priorità alle udienze in Louisiana per riformare le sentenze dei "veterani", ossia quegli ergastolani giovanissimi che avevano ormai trascorso decenni in carcere. Joshua Carter e Robert Caston furono i primi due casi che decidemmo di affrontare. Nel 1963, quando aveva sedici anni, Joshua Carter venne accusato di uno stupro avvenuto a New Orleans e in breve fu condannato alla pena di morte. A quei tempi, un ragazzino nero riconosciuto colpevole e in attesa dell'esecuzione aveva ben poche speranze di ottenere la liberazione. Tuttavia, per costringerlo a fare una confessione, gli agenti di polizia lo avevano picchiato così brutalmente che nel

1965 persino la Corte Suprema della Louisiana riconobbe la necessità di ribaltare la sua condanna[8]. Il signor Carter venne quindi condannato all'ergastolo senza condizionale e spedito ad Angola. Dopo anni di lotte, divenne un prigioniero modello e con una custodia attenuata. Negli anni Novanta aveva sviluppato un glaucoma senza ricevere le cure mediche necessarie e ben presto era diventato cieco da entrambi gli occhi. Noi cercammo quindi di convincere i pubblici ministeri di New Orleans che il signor Carter, cieco e ormai sessantenne, dovesse essere scarcerato dopo quasi cinquant'anni passati in carcere.

Robert Caston era rimasto ad Angola per quarantacinque anni. Aveva perso più dita sgobbando in una fabbrica del penitenziario ed era rimasto disabile in conseguenza dei lavori forzati svolti lì dentro.

Per un bel po', feci avanti e indietro dal tribunale del Distretto di Orleans per discutere i casi di Carter e Caston. Il tribunale del Distretto di Orleans è un edificio imponente con un'architettura minacciosa. Allineate una dopo l'altra lungo corridoi enormi, ci sono diverse aule con pavimenti di marmo stupendi e soffitti elevati. Ogni giorno, centinaia di persone affollano quei corridoi affaccendandosi tra le varie aule. In quel vasto tribunale le udienze non vengono mai programmate in maniera affidabile. Non di rado accadeva che, per quanto vi fossero una data e un'ora stabilite in cui riformare le sentenze di Carter e Caston, nessuno sembrava curarsene più di tanto. Quando arrivavo in tribunale, immancabilmente trovavo un mucchio di casi e i clienti con i propri avvocati tutti stipati nell'aula sovraffollata, in attesa di essere ascoltati proprio all'ora fissata per la nostra udienza. Oberati, i giudici cercavano di gestire i procedimenti convocando le parti al proprio banco, mentre dinanzi alla corte decine di giovani uomini – perlopiù dei neri – restavano seduti ammanettati e con addosso le tute arancioni d'ordinanza fornite dal carcere. Gli avvocati si consultavano con i clienti e i loro familiari sparsi in quell'aula caotica.

Dopo tre viaggi a New Orleans per le udienze in cui riformare le sentenze, non avevamo ancora ottenuto un nuovo verdetto né per Carter né per Caston. Incontravamo il procuratore distrettuale, presentavamo i documenti al giudice e consultavamo tutta una serie di funzionari locali nel tentativo di giungere a una nuova sentenza che fosse costituzionalmente accettabile. Dal momento che sia il signor Carter che il signor Caston avevano trascorso quasi cinquant'anni in carcere, volevamo per loro la scarcerazione immediata.

Un paio di settimane prima di Natale, ero tornato per la quarta volta in quel tribunale per cercare di far liberare i due uomini. I giudici interessati erano due e in due aule diverse, tuttavia eravamo convinti che, se fossimo riusciti a ottenere il rilascio per uno di loro, magari sarebbe stato più facile ottenerlo anche per l'altro. Stavamo collaborando con il Progetto per la giustizia dei minori della Louisiana e il loro avvocato, Carol Kolinchak, aveva accettato di assisterci come consulente legale locale in tutti i casi da noi assunti in quello Stato. Arrivati alla quarta udienza, Carol e io stavamo alacremente cercando di far esaminare i documenti e di risolvere gli infiniti problemi che erano stati sollevati allo scopo di trattenere in carcere Carter e Caston.

Il signor Carter aveva una famiglia numerosa con la quale, malgrado fossero trascorsi molti anni, si era mantenuto in rapporti stretti. In seguito all'uragano Katrina, molti suoi parenti erano stati costretti ad abbandonare New Orleans e ora vivevano a centinaia di chilometri di distanza. Ciononostante, a ogni udienza si presentava diligentemente circa una dozzina di suoi familiari, alcuni dei quali arrivavano persino dalla California. La madre del signor Carter aveva quasi cent'anni. Per decenni aveva promesso al figlio che non sarebbe morta finché lui non fosse tornato a casa.

Finalmente, ci sembrò di essere a un passo dal farcela. Eravamo riusciti a risolvere le cose in modo che la Corte potesse accogliere la nostra istanza e riformulare la sentenza del signor Caston, così che lui potesse essere scarcerato immediatamente. In genere, la pubblica accusa non trasferisce i detenuti dal penitenziario Angola fino a New Orleans per le udienze, preferendo invece che questi seguano i procedimenti attraverso un collegamento video con il carcere. Dopo aver esposto le mie argomentazioni nel clamore e nella confusione dell'aula, il giudice – una donna – accolse la nostra mozione. Iniziò a declamare le circostanze inerenti la data della condanna del signor Caston e fu allora che accadde qualcosa di assolutamente inatteso. Mentre il giudice parlava dei decenni passati da Caston in carcere, per la prima volta in tante occasioni in cui ero andato in quel tribunale nell'aula calò il silenzio completo. Gli avvocati smisero di consultarsi, i pubblici ministeri in attesa dei propri casi si misero in ascolto e i familiari cessarono di chiacchierare. Persino i detenuti ammanettati e in attesa che venisse discusso il loro caso si zittirono e ascoltarono con attenzione. Il giudice descrisse nel dettaglio i quarantacinque anni trascorsi dal signor Caston ad Angola per un crimine diverso dall'omicidio, avvenuto quando aveva sedici anni. Rilevò come lui fosse stato mandato in quel penitenziario negli anni Sessanta. Quindi, il magistrato pronunciò una nuova sentenza in forza della quale il signor Caston sarebbe stato rilasciato dal carcere con effetto immediato.

Io guardai Carol e sorrisi. Dopodiché, la gente nell'aula silenziosa fece una cosa a cui non avevo mai assistito prima: scoppiò in un applauso. Gli avvocati difensori, i pubblici ministeri, i familiari e gli agenti dello sceriffo si misero tutti ad applaudire. Persino i carcerati applaudirono malgrado le manette.

Carol si asciugò le lacrime. E anche il giudice, che in genere non tollerava interruzioni, sembrò accogliere l'emozione di quel momento. Molti miei ex studenti adesso lavoravano presso la difesa d'ufficio di New Orleans e anche loro, che erano venuti ad assistere all'udienza, furono in preda all'esultanza. Siccome non riusciva a vedere nulla attraverso il monitor, dovetti parlare al telefono con il signor Caston per spiegargli che cos'era successo. Lui divenne pazzo di gioia. Fu la prima persona a essere scarcerata in seguito al divieto della Corte Suprema di condannare a morire in carcere i minorenni puniti con l'ergastolo.

Attraversammo l'atrio e ci recammo nell'aula dell'udienza per il signor Carter e pure in quel caso ottenemmo una vittoria, ossia una nuova sentenza che prevedeva anche per lui la scarcerazione immediata. La sua famiglia era in estasi. Ci furono abbracci e promesse di pranzi fatti in casa, per me e per lo staff dell'EJI.

Io e Carol ci affrettammo a sbrigare le pratiche per il rilascio di Caston e Carter, che sarebbe avvenuto quella sera stessa. Ad Angola, il protocollo prevedeva che la scarcerazione dei detenuti avvenisse a mezzanotte e che venisse dato loro un biglietto per il pullman diretto a New Orleans o in una città a loro scelta in Louisiana. Mandammo alcuni membri dello staff nel penitenziario, che distava parecchie ore di viaggio, perché fossero lì ad attenderli quando fossero stati liberati, così da risparmiare loro quella corsa notturna sul pullman.

Ormai esausto, vagavo per i corridoi del tribunale mentre eravamo in attesa di un ultimo pezzo di carta da trasmettere via fax perché venisse approvato, dopodiché avremmo avuto il via libera al rilascio del signor Caston e del signor Carter. Sulle scale di marmo, nell'atrio di quell'edificio imponente, era seduta un'anziana signora di colore. Sembrava stanca e indossava quello che io e mia sorella eravamo soliti chiamare un "cappello per gli incontri in chiesa". La sua pelle scura era liscia e la riconobbi come una delle persone presenti in aula quando era stata emessa la nuova sentenza per il signor Carter. E in effetti, mi parve di averla vista tutte le volte che ero andato nel tribunale di New Orleans. Supposi fosse imparentata o comunque legata a uno dei clienti, per quanto non ricordassi che un altro familiare l'avesse mai menzionata. Credo di averla fissata, giacché si accorse che la stavo guardando e con la mano mi fece un cenno perché andassi da lei.

Quando la raggiunsi, mi fece un sorriso. «Sono stanca e non ho intenzione di alzarmi, perciò lei si dovrà abbassare perché io la possa abbracciare». La sua voce era dolce e crepitante.

Ricambiai il suo sorriso. «Oh sì, signora. Adoro gli abbracci, la ringrazio». Mi strinse le braccia attorno al collo.

«Si sieda, si sieda. Voglio parlare un po' con lei», disse.

Mi accomodai sulle scale accanto a lei. «L'ho già vista qui molte volte, per caso è una parente del signor Caston o del signor Carter?», le domandai.

«No, no, no, non sono imparentata con nessuno qui dentro. O almeno, non che io sappia». Il suo sorriso era gentile e mi fissava con uno sguardo intenso. «Vengo qui semplicemente per aiutare la gente. Questo è un posto pieno di dolore, perciò la gente qui ha bisogno di tanto aiuto».

«Be', questo è molto gentile da parte sua».

«No, è quello che devo fare, perciò lo faccio». Distolse lo sguardo prima di tornare a fissare i suoi occhi su di me. «Quindici anni fa, mio nipote è stato ucciso a sedici anni», disse, «e io amavo quel ragazzo più della mia vita».

Non mi aspettavo quel genere di risposta e mi feci subito serio. La signora mi afferrò la mano.

«Mi sono disperata, disperata e disperata. Ho chiesto al Signore perché avesse lasciato che qualcuno mi portasse via il mio bambino in quel modo. Era stato ucciso da altri ragazzi. Misi piede per la prima volta in questo tribunale durante il loro processo e rimasi lì seduta a piangere ogni giorno, per quasi due settimane. Nulla di tutto questo aveva alcun senso. Quei ragazzi furono riconosciuti colpevoli dell'omicidio di mio nipote e il giudice li spedì in carcere per sempre. Pensai che questo mi avrebbe fatta sentire meglio e invece mi ha fatta stare peggio».

Proseguì dicendo: «Dopo che fu pronunciata la loro sentenza, rimasi seduta nell'aula e non feci altro che piangere e piangere. Venne da me una signora e mi abbracciò, facendomi appoggiare a lei. Mi chiese se i ragazzi che erano stati condannati erano i miei figli, e io le risposi di no. Le dissi che il ragazzo che loro avevano ucciso era il mio bambino». Indugiò un momento. «Credo sia rimasta seduta con me per quasi due ore. Per oltre un'ora, nessuna di noi disse più una parola. Era bello avere finalmente qualcuno a cui potersi appoggiare in quel processo e da allora non ho mai dimenticato quella donna. Non so chi fosse, ma per me lei ha fatto la differenza».

«Mi dispiace molto per suo nipote», mormorai. Fu l'unica cosa che riuscii a dire.

«Be', non si guarisce mai del tutto, ma si va avanti, si va avanti. Dopo quei processi, non sapevo che fare della mia vita, perciò circa un anno dopo cominciai a venire qui. Non so davvero perché. Suppongo di aver semplicemente pensato che magari potevo essere qualcuno, sì insomma, qualcuno a cui chi soffre si poteva appoggiare». Avvolse il suo braccio attorno al mio.

Io le sorrisi. «Questo è davvero meraviglioso».

«È stato meraviglioso. Qual è già il suo nome?».

«Bryan».

«È stato meraviglioso, Bryan. La prima volta che venni qui, mi misi in cerca di chi aveva perduto qualcuno in un omicidio o in un crimine violento. Poi arrivò il momento in cui tra le persone maggiormente addolorate c'erano quelle i cui figli e genitori erano sotto processo, perciò cominciai a lasciare che si appoggiasse a me chiunque ne avesse bisogno. Tutti questi ragazzini mandati in carcere per sempre, tutto questo dolore e questa violenza. Quei giudici che gettano via le persone come se non fossero neppure esseri umani, la gente che si spara a vicenda, facendosi del male come se non gliene importasse niente. Non so, è tutto molto doloroso. Ho deciso quindi che dovevo essere qui per afferrare alcune delle pietre che le persone si lanciano le une contro le altre».

Quando disse questo, feci una piccola risata. Durante le udienze per il caso McMillian, un ministro del culto locale aveva organizzato un incontro della chiesa regionale per discutere del caso e mi aveva chiesto di partecipare per dire qualcosa. Nella comunità degli afroamericani c'erano alcune persone il cui sostegno a Walter si era smorzato, non perché fossero convinte della sua colpevolezza, ma perché lui aveva avuto una relazione extraconiugale e non si dava da fare in chiesa. In occasione di quell'incontro, io parlai soprattutto del caso di Walter, ma ricordai pure a quella gente che quando la donna accusata di adulterio fu condotta dinanzi a Gesù, a chi l'accusava e voleva lapidarla lui disse: «Chi di voi è senza peccato, scagli per primo la pietra contro di lei». Gli accusatori della donna se ne andarono, e Gesù la perdonò e la esortò a non peccare più. Oggi però, la nostra presunzione moralista, la nostra paura e la nostra rabbia hanno fatto sì che persino i cristiani scaglino le pietre contro chi è caduto, anche quando sappiamo che dovremmo perdonare o mostrare compassione. A quella congregazione dissi che, mentre avviene tutto questo, noi non possiamo rimanere semplicemente a guardare. Feci loro comprendere che dobbiamo essere persone che afferrano le pietre.

Quando ridacchiai per il riferimento alla parabola fatto da quella anziana signora, anche lei si mise a ridere. «Oggi l'ho sentita in quell'aula. L'avevo pure già vista qui, un paio di volte. Lo so che anche lei è uno che afferra le pietre».

Mi misi a ridere ancora di più. «Be', è quello che cerco di fare, credo».

Mi prese le mani e mi frizionò i palmi. «Fa male afferrare tutte le pietre che la gente tira». Continuava a carezzarmi le mani e io non trovavo nulla da dire. Mi sentivo stranamente confortato da quella donna. Una volta sistemato tutto per il signor Caston e il signor Carter, mi sarebbero occorse quasi cinque ore di viaggio per rientrare a Montgomery. Dovevo quindi sbrigarmi, ma, per quanto la cosa potesse sembrare anche assurda, era piacevole stare lì seduto con quella donna che adesso mi stava massaggiando con scrupolo i palmi, in una maniera davvero dolce.

«Sta cercando di farmi piangere?», le chiesi. Provai a sorridere.

Mi mise il braccio intorno e sorrise pure lei. «No, oggi è stato bravo. Ero così felice quando quel giudice ha detto che quell'uomo poteva andare a casa. Mi ha fatto venire la pelle d'oca. Cinquant'anni in prigione, e non può più neanche vedere. No, quando l'ho sentito ho ringraziato Dio. Lei non ha nulla di cui piangere. Semplicemente, lascerò che si appoggi un po' a me, perché dell'afferrare pietre io ne so qualcosa».

Mi strinse un pochino e poi disse: «Suvvia, continui così e finirà come me, a cantare dei canti tristi. Non è possibile fare quello che facciamo noi senza imparare ad apprezzare un bel canto di dolore. Per tutta la vita ho cantato canti tristi. Quando ti metti ad afferrare pietre, persino i canti lieti ti possono rattristare». Fece una pausa e divenne silenziosa. La sentii ridacchiare, dopodiché riprese a dire: «Ma tu continui a cantare. I tuoi canti ti renderanno forte. E magari ti renderanno persino felice».

Mentre noi restavamo seduti in silenzio, le persone correvano per i corridoi affollati del tribunale.

«Bene, lei è davvero brava in quello che fa», le dissi infine. «Mi sento molto meglio».

Mi diede un colpetto sul braccio con fare scherzoso. «Oh, non cerchi di adularmi, giovanotto. Lei stava già benissimo prima di vedermi. Quegli uomini torneranno a casa e lei se ne andava in giro qui tranquillo. Io faccio solo quel che faccio, niente di più».

Quando alla fine mi scusai dandole un bacio sulla guancia e dicendole che dovevo andare a firmare i documenti per il rilascio dei detenuti, lei mi bloccò. «Oh, aspetti». Frugò nella borsa finché non trovò una caramella alla menta avvolta nella sua cartina. «Ecco, tenga».

Quel gesto mi rese felice in una maniera che non riesco fino in fondo a spiegare.

«Oh, grazie». Sorrisi e mi piegai per darle un altro bacio sulla guancia.

Mi salutò con la mano, sorridendo: «Forza, forza».

Epilogo

Walter morì l'11 settembre del 2013.

Malgrado, con il progredire della demenza, il suo stato di confusione divenisse sempre maggiore, fino all'ultimo rimase gentile e affabile. Viveva con la sorella Katie, ma negli ultimi due anni della sua esistenza non riuscì più a godere della vita all'aria aperta né a muoversi più di tanto senza l'assistenza di qualcuno. Una mattina cadde e si fratturò l'anca. Il dottore ritenne fosse sconsigliabile operarlo, perciò fu rimandato a casa con poche speranze che si potesse riprendere. L'assistente sociale dell'ospedale mi disse che si sarebbero occupati di fornirgli assistenza e cure a domicilio, il che fu triste ma decisamente meglio di quello che Walter aveva temuto quando era rinchiuso nel braccio della morte dell'Alabama. Perse molto peso e, una volta tornato a casa dall'ospedale, divenne sempre meno reattivo con chi lo andava a trovare. Spirò poco tempo dopo, una notte, in tutta tranquillità.

Celebrammo le sue esequie un sabato mattina, sotto la pioggia, presso la Limestone Faulk A.M.E. Zion Church vicino a Monroeville. Era lo stesso pulpito dal quale, più di vent'anni prima, avevo tenuto alla congregazione di fedeli il discorso sul lanciare e afferrare pietre. Per me fu strano tornare laggiù. La chiesa era stracolma di gente, e moltissime persone erano in piedi all'esterno. Diedi un'occhiata a quelle che si erano stipate lì, perlopiù poveri contadini neri che con la loro sofferenza priva di abbattimento colmavano il triste spazio dell'ennesimo funerale, reso ancor più tragico da tutto il dolore ingiustificato e il tormento non necessario che lo avevano preceduto. Spesso, quando lavoravo al caso di Walter, avevo avuto la sensazione che, se l'angoscia di tutte le vite poste sotto pressione, il dolore di tutti gli oppressi in ciascuno dei luoghi sotto minaccia nella Contea di Monroe avessero potuto essere raccolti in un ricettacolo appositamente creato, questi avrebbero potuto attivare qualcosa di straordinario, agire come una sorta di incredibile carburante alternativo capace di dare avvio a un'azione impossibile in precedenza. E chissà che cosa ne sarebbe potuto derivare: un legittimo sovvertimento oppure una redenzione in grado di operare una trasformazione? Magari entrambe le cose.

Vicino al feretro la famiglia aveva collocato un televisore che, prima dell'inizio della funzione, trasmetteva decine di immagini di Walter. Quasi tutte erano fotografie scattate il giorno in cui era stato scarcerato. Molte foto ritraevano me e Walter in piedi, uno accanto all'altro, e io ero colpito da quanto ambedue apparissimo felici. Presi posto in chiesa e guardai le immagini, provando una certa incredulità per tutto il tempo che da allora era trascorso.

Quando era nel braccio della morte, una volta Walter mi raccontò di come si fosse sentito male durante l'esecuzione di uno degli uomini rinchiusi nel suo settore. «Quando hanno acceso la sedia elettrica si poteva avvertire l'odore di carne bruciata! Tutti colpivamo le sbarre in segno di protesta, per sentirci meglio, ma in realtà tutto questo mi faceva solo provare disgusto. Più battevo forte, meno riuscivo a sopportare tutta quella situazione».

«Hai mai pensato a quando morirai?», mi chiese. Era una domanda insolita da parte di un tipo come Walter.

«Io non l'avevo mai fatto, ma adesso lo faccio costantemente», riprese a dire. Sembrava turbato: «Questa quaggiù è una situazione completamente diversa da tutte le altre. I ragazzi nel braccio parlano di quello che faranno prima della loro esecuzione, di come si comporteranno. Io pensavo fosse da pazzi parlare di cose del genere, ma immagino che sto cominciando a farlo anch'io».

Quella conversazione mi metteva a disagio. «Dai, accidenti, dovresti pensare a vivere, a che cosa farai una volta che sarai fuori di qui».

«Oh, faccio anche quello. Lo faccio un sacco. Solo, è dura farlo quando vedi quelli che percorrono quel corridoio per andare a farsi ammazzare. Morire secondo i piani di un tribunale o di un carcere non è giusto. La gente dovrebbe morire secondo i piani di Dio».

Prima che iniziasse la funzione, ripensai a tutto il tempo trascorso con Walter dopo il suo rilascio. Poi, il coro iniziò a cantare e il predicatore pronunciò un sermone colmo di esortazione. Parlò di come Walter fosse stato strappato alla propria famiglia nel fiore della sua vita a causa delle menzogne e del fanatismo. Io dissi alla gente lì riunita come negli anni Walter fosse diventato per me un fratello, come fosse stato coraggioso ad affidare la propria vita alle mani di un avvocato così giovane come ero io a quell'epoca. Spiegai loro come noi tutti fossimo in qualche modo a lui debitori, poiché Walter era stato minacciato e terrorizzato, ingiustamente accusato e indebitamente condannato, senza però darsi mai per vinto. Era riuscito a sopravvivere all'umiliazione del processo e delle accuse contro di lui. Era riuscito a sopravvivere a un verdetto di colpevolezza, al braccio della morte e alla condanna ingiusta da parte di uno Stato intero. Malgrado non fosse sopravvissuto privo di ferite e di traumi, ne era venuto fuori con la propria dignità. Dissi a quelle persone che

Walter aveva superato ciò che la paura, l'ignoranza e il fanatismo gli avevano inflitto. Era rimasto saldo dinanzi alle ingiustizie e la testimonianza offerta dal suo proscioglimento avrebbe dovuto farci sentire un po' più al sicuro, leggermente più al riparo dagli abusi di potere e dalle false accuse che per poco non lo uccisero. Proposi agli amici e ai familiari di Walter di considerare la sua forza, la sua resistenza e la sua perseveranza come un trionfo degno di essere celebrato, un risultato da ricordare.

Provai il bisogno di spiegare alla gente ciò che Walter mi aveva insegnato. Lui mi aveva fatto comprendere per quale motivo dobbiamo riformare un sistema di giustizia penale che continua a trattare meglio le persone ricche e colpevoli rispetto a quelle povere e innocenti. Un sistema che nega ai poveri l'assistenza legale di cui hanno bisogno, che rende la ricchezza e la posizione sociale più importanti della colpevolezza, deve essere cambiato. Il caso di Walter mi aveva insegnato che la paura e la rabbia sono una minaccia per la giustizia; possono infettare una comunità, uno Stato o una nazione, e possono renderci ciechi, irrazionali e pericolosi. Riflettei su come l'incarcerazione di massa abbia disseminato il panorama del paese di monumenti carcerari alle pene eccessive e sconsiderate, e su come abbia devastato le comunità con la nostra volontà disperata di condannare e di disfarci dei più vulnerabili tra noi. Dissi a quella congregazione che il caso di Walter mi aveva insegnato che la pena di morte non verte attorno al fatto se le persone meritino di morire per i crimini che commettono. La questione vera riguardo alla pena capitale in questo paese è: *noi meritiamo di uccidere?*

Infine, cosa più importante, dissi alla gente riunita in quella chiesa che Walter mi aveva insegnato come vi sia pietà solo quando questa è radicata nella mancanza di speranza e quando viene offerta liberamente. La pietà è sommamente efficace, liberatoria e capace di operare il cambiamento quando è destinata a chi non la merita. Le persone che non se la sono guadagnata, che non l'hanno neppure cercata, sono i beneficiari più significativi della nostra compassione. Walter aveva sinceramente perdonato chi lo aveva accusato ingiustamente, le persone che lo avevano condannato e quelli che lo avevano giudicato indegno di ricevere pietà. E in definitiva, fu solo la pietà per gli altri a consentirgli di recuperare una vita degna di essere celebrata, una vita che aveva riscoperto l'amore e la libertà che tutti gli uomini desiderano, una vita che aveva superato la morte e la condanna finché non giunse l'ora di morire in base ai piani di Dio.

Finita la funzione non mi trattenni a lungo. Uscii fuori della chiesa e rivolsi lo sguardo alla strada, pensando che dopo la scarcerazione di Walter nessuno era più stato incriminato per l'omicidio di Ronda Morrison. Pensai al tormento che ciò doveva ancora procurare ai genitori di quella ragazza.

Furono molte le persone che mi vennero incontro perché bisognose di ricevere assistenza legale per motivi di ogni sorta. Non avevo con me i biglietti da visita, perciò scrissi il mio numero a ognuno di loro, invitando tutti a contattarmi al mio ufficio. Non era possibile che potessimo fare granché per molti di quelli che avevano bisogno di aiuto, tuttavia sperare che magari saremmo riusciti a farlo rese meno triste il mio ritorno a casa.

Poscritto

In un caldo mattino di Venerdì Santo, nel 2015, uscii dalla prigione di Birmingham assieme a un innocente che per quasi trent'anni era stato condannato al braccio della morte dell'Alabama. Anthony Ray Hinton era rimasto rinchiuso in isolamento per tre decenni presso l'Istituto correzionale di Holman in una cella di un metro e cinquanta per due, proprio in fondo al corridoio che portava alla camera in cui, nel periodo da lui trascorso nel braccio, erano stati giustiziati oltre cinquanta condannati. Negli anni in cui venne usata la sedia elettrica, Hinton si lamentava dell'odore di carne bruciata che sentiva dopo le esecuzioni di mezzanotte. Era approdato a Holman negli anni Ottanta del secolo scorso, *prima* che Walter McMillian venisse spedito nel braccio della morte. Nel 2000 avevamo presentato i risultati degli esami che confermavano l'innocenza del signor Hinton, e io avevo pregato i pubblici ministeri di eseguire nuovi test sulla prova della pistola, che era stata l'unica base su cui si era fondata la sua condanna; tuttavia, per quindici anni essi avevano opposto il loro rifiuto. Nel febbraio nel 2015, però, riuscimmo finalmente a ottenere una sentenza unanime da parte della Corte Suprema degli Stati Uniti, che obbligava i pubblici ministeri a riesaminare quella prova. I nuovi test confermarono la sua innocenza e Anthony Ray Hinton divenne la centocinquantaduesima persona a essere scagionata dopo essere stata ingiustamente giudicata colpevole e condannata a morte. La sua storia davvero coinvolgente è stata raccontata in un nuovo libro, dal titolo *The Sun Does Shine*, e oggi il signor Hinton lavora come educatore per la comunità presso la Equal Justice Initiative a Montgomery, in Alabama.

Nel novembre del 2016 la Florida ha finalmente scarcerato Ian Manuel. Dopo essere stato imprigionato all'età di tredici anni, Ian ha trascorso la maggior parte del suo tempo in carcere chiuso in isolamento. Al suo rilascio, Ian è stato accolto dall'abbraccio della donna a cui aveva sparato e per cui era stato condannato. Hanno cenato insieme, dopodiché Ian è venuto a Montgomery e si è unito al nostro programma di reinserimento. Qualche mese dopo, ha recitato alcuni dei suoi componimenti in occasione dell'evento annuale organizzato dall'EJI a New York, dove adesso scrive e recita poesie.

Il 1° dicembre 2017 in preda all'estasi, ridendo e urlando sulla sua sedia a rotelle, Joe Sullivan è stato spinto fuori della porta di un altro penitenziario della Florida, felicissimo di essere libero. Il nostro staff lo ha accolto con un abbraccio e lo ha portato a Montgomery, dove lui mi ha fatto dono di ben cinque biglietti per la Festa del papà, giacché non riusciva a decidere quale fosse il suo preferito. Dopo aver trascorso diciotto mesi nel nostro programma residenziale, Joe si è trasferito nella Joseph House, una casa per gli ex detenuti con disabilità importanti, dove vive tuttora. Ian e Joe sono due dei numerosi clienti condannati a morire in carcere quando erano bambini e che oggi sono liberi.

Trina Garnett ha ottenuto una nuova sentenza e adesso possiede i requisiti necessari per chiedere la libertà condizionale. Canta in un gruppo di donne che stanno scontando l'ergastolo presso il Penitenziario dello Stato a Muncy, in Pennsylvania, dove di recente hanno eseguito una canzone intitolata *This is Not My Home*. La nostra speranza è che l'anno prossimo possa ottenere la libertà condizionale. Presto, Antonio Nuñez avrà i requisiti necessari per ottenere la scarcerazione in California, dove la riduzione della sua condanna gli ha consentito di poter accedere ad alcune opportunità formative e di programmazione che invece vengono negate a chi sta scontando l'ergastolo senza condizionale, anche se è stato arrestato quando aveva solo quattordici anni.

Nel 2012, in seguito alle argomentazioni da me esposte per il caso di Kuntrell Jackson, *Jackson contro Hobbs*, e per un caso analogo, *Miller contro lo Stato dell'Alabama*, presso la Corte Suprema degli Stati Uniti, la Corte ha vietato la condanna all'ergastolo obbligatorio senza condizionale per tutti i minori di diciotto anni. In tutto il paese sono state centinaia le persone a ottenere la scarcerazione dopo essere state condannate a morire in prigione per crimini commessi quando erano ragazzini. Kuntrell è stato liberato nel febbraio del 2017 e ha intrapreso una carriera nelle arti dello spettacolo, con un'apparizione nell'adattamento cinematografico de *Il diritto di opporsi*.

Henry, il primo uomo da me incontrato nel braccio della morte quando ero ancora uno studente di Legge, non è più rinchiuso nel braccio e spera di essere presto scarcerato.

Io sono particolarmente felice per il lavoro che siamo stati in grado di portare avanti affrontando la storia delle ineguaglianze razziali in America. Abbiamo realizzato delle inchieste innovative sulla schiavitù, sul linciaggio e sulla segregazione negli Stati Uniti, e nell'aprile del 2018 abbiamo inaugurato il Museo dell'Eredità: dalla schiavitù all'incarcerazione di massa, nonché il Memoriale nazionale per la pace e la giustizia – il primo memoriale completo del paese dedicato alle vittime del linciaggio per il terrore razziale – a Montgomery, in Alabama. Mi auguro che veniate a visitare il nostro museo e memoriale a Montgomery, per saperne di più sul lavoro da noi svolto per creare più giustizia nel mondo.

Io sono ancora il direttore esecutivo dell'EJI, il che costituisce per me un grande privilegio. Insieme ai miei colleghi straordinari dell'EJI continuo a rappresentare i detenuti nel braccio della morte, i ragazzini perseguiti al pari degli adulti, nonché le donne, gli uomini e i bambini messi in carcere perché ingiustamente riconosciuti colpevoli e a torto condannati. Nel febbraio del 2019 abbiamo ottenuto dalla Corte Suprema degli Stati Uniti una sentenza storica, con cui sono state vietate le esecuzioni dei detenuti divenuti incapaci di intendere a causa di forme di demenza o di malattie neurologiche.

Lungo il mio cammino continuo a incontrare persone che afferrano pietre, le quali sono per me fonte di ispirazione e alimentano il mio convincimento che possiamo fare di meglio per chi tra noi viene accusato, giudicato colpevole e condannato – come pure che noi tutti possiamo fare di meglio gli uni per gli altri. C'è ancora tanto lavoro da fare.

Ringraziamenti

Desidero ringraziare le centinaia di uomini, donne e bambini accusati, condannati e incarcerati con cui ho lavorato e che mi hanno insegnato davvero tanto sulla speranza, sulla giustizia e sulla pietà. Sono particolarmente riconoscente e onorato per le persone che compaiono in questo libro, per le vittime e i sopravvissuti alla violenza, per i professionisti della giustizia e per coloro che sono stati condannati a luoghi di un dolore inimmaginabile e che ciononostante hanno dato prova di un coraggio e di una gentilezza enormi. Tutti i nomi delle persone che sono presenti in queste pagine sono veri a eccezione di un paio, la cui riservatezza e sicurezza andavano tutelate.

Sono estremamente grato a Chris Jackson, il mio straordinario editor, per la sua guida attenta e per la sua assistenza premurosa. Mi sento veramente, veramente fortunato ad aver lavorato con un redattore così acuto e generoso. Sono anche profondamente riconoscente a Cindy Spiegel e a Julie Grau, il cui sostegno e i cui riscontri importantissimi mi hanno genuinamente ispirato in modi che non avrei mai immaginato. Una delle principali fonti di gioia in questo progetto è stato il privilegio di poter lavorare e imparare grazie a tutti i nuovi amici conosciuti alla Spiegel & Grau e alla Random House, che sono stati davvero meravigliosi con i loro incoraggiamenti. Desidero inoltre ringraziare Sharon Steinerman della facoltà di Legge della New York University per l'eccellente assistenza da lei offerta nelle ricerche per questo progetto.

Tutto il mio lavoro è reso possibile dai membri dello staff eccezionale dell'Equal Justice Initiative, ciascuno dei quali contribuisce impavido a portare avanti ogni giorno la causa per la giustizia con una speranza e un'umiltà sufficienti a convincermi che siamo in grado di realizzare le cose che devono essere fatte per assistere gli ultimi tra noi. In particolare, desidero ringraziare Aaryn Urell e Randy Susskind per i loro riscontri e il loro editing. E ancora, sono grato a Eva Ansley e Evan Parzych per avermi assistito nelle ricerche. Infine, non mi è possibile dire abbastanza su Doug Abrams, un agente straordinario, che mi ha convinto a imbarcarmi in questo progetto. Senza la sua guida, il suo incoraggiamento e la sua amicizia incomparabili questo libro non sarebbe stato possibile.

Nota dell'Autore

Con oltre due milioni di detenuti negli Stati Uniti, e con altri sei milioni di persone in libertà condizionale o sulla parola, nonché sessantotto milioni di americani che si calcola abbiano dei precedenti penali, sono infinite le possibilità di fare qualcosa per le politiche nel campo della giustizia penale o per aiutare i carcerati e gli ex detenuti. Qualora foste interessati a collaborare o comunque a sostenere dei programmi di volontariato che offrono servizi ai carcerati, organizzazioni che forniscono assistenza per il reinserimento degli ex detenuti oppure organizzazioni in giro per il mondo che cercano di riformare le politiche nel campo della giustizia penale, per piacere contattateci presso la Equal Justice Initiative a Montgomery, in Alabama. Potete visitare il nostro sito all'indirizzo <www.eji.org> oppure scriverci una e-mail a <contact_us@eji.org>.

Note

Introduzione. *Un campo più elevato*

1. Thomas P. Bonczar, “Prevalence of Imprisonment in the U.S. Population, 1974-2001”, Bureau of Justice Statistics (agosto 2003), disponibile all’indirizzo <www.bjs.gov/index.cfm?ty=pbdetail&iid=836>, consultato il 29 aprile 2014.

2. Bonczar, “Prevalence of Imprisonment”; “Report of The Sentencing Project to the United Nations Human Rights Committee Regarding Racial Disparities in the United States Criminal Justice System”, The Sentencing Project (agosto 2013), disponibile all’indirizzo <http://sentencing project.org/doc/publications/rd_ICCPR%20Race%20and%20Justice%20 Shadow%20Report.pdf>, consultato il 29 aprile 2014.

3. In ventitré Stati, quantomeno in alcune circostanze, non esiste un’età minima in cui i bambini possano essere processati come degli adulti. Howard N. Snyder e Melissa Sickmund, “Juvenile Offenders and Victims: 2006 National Report”, National Center for Juvenile Justice (marzo 2006), disponibile all’indirizzo <www.ojjdp.gov/ojstatbb/nr2006/downloads/NR2006.pdf>, consultato il 29 aprile 2014.

4. “Fact Sheet: Trends in U.S. Corrections”, The Sentencing Project (maggio 2012), disponibile all’indirizzo <www.sentencing project.org/doc/publications/inc_Trends_in_Corrections_Fact_sheet.pdf>, consultato il 29 aprile 2014; Marc Mauer e Ryan S. King, “A 25-Year Quagmire: The War on Drugs and Its Impact on American Society”, The Sentencing Project (settembre 2007), 2, disponibile all’indirizzo <www.sentencing-project.org/doc/publications/dp_25yearquagmire.pdf>, consultato il 29 aprile 2014.

5. Le leggi federali impediscono agli Stati di fornire i sussidi SNAP, già noti come buoni spesa, a chi è stato condannato per reati di droga, sebbene gli Stati abbiano la facoltà di dissociarsi o di modificare questo divieto. Attualmente, sono trentadue gli Stati a adottare una qual-

che forma di divieto per chi ha già ricevuto delle condanne per droga, compresi dieci Stati che attuano un divieto permanente. Sempre per condanne legate alla droga, gli Stati possono inoltre ingiungere lo sfratto o negare ai cittadini il diritto di ricevere i sussidi federali connessi all'assistenza abitativa, sia che questa venga fornita attraverso il programma della Section 8 sia attraverso la sistemazione negli alloggi popolari. Maggie McCarty, Randy Alison Aussenberg, Gene Falk e David H. Carpenter, "Drug Testing and Crime-Related Restrictions in TANF, SNAP, and Housing Assistance", Congressional Research Service (17 settembre 2013), disponibile all'indirizzo <www.fas.org/sgp/crs/misc/R42394.pdf>, consultato il 29 aprile 2014.

6. Dodici Stati privano permanentemente del diritto di voto chi si è reso colpevole di ogni genere di reato o solamente di alcuni di essi. Trentacinque Stati impediscono di votare a chi è in libertà sulla parola, mentre sono trentuno quelli che lo vietano a chi è in libertà condizionale. The Sentencing Project, "Felony Disenfranchisement Laws in the United States" (giugno 2013), disponibile all'indirizzo <www.sentencingproject.org/doc/publications/fd_Felony%20Disenfranchisement%20Laws%20in%20the%20US.pdf>, consultato il 30 aprile 2014.

7. In Alabama, Mississippi e Tennessee sono oltre il 10 per cento gli afroamericani che non possono votare. In Florida, Kentucky e Virginia più di un afroamericano su cinque non ha diritto di voto. Christopher Uggen, Sarah Shannon e Jeff Manza, "State-Level Estimates of Felon Disenfranchisement in the United States, 2010", The Sentencing Project (luglio 2012), disponibile all'indirizzo <http://sentencingproject.org/doc/publications/fd_State_Level_Estimates_of_Felon_Disen_2010.pdf>, consultato il 30 aprile 2014.

8. Il Centro di informazioni sulla pena di morte riferisce che dal 1973 sono stati 144 i detenuti nel braccio della morte a essere stati scagionati. "The Innocence List", Death Penalty Information Center, disponibile all'indirizzo <www.deathpenaltyinfo.org/innocence-list-those-freed-death-row>, consultato il 25 aprile 2014.

9. Stando all'Innocence Project, negli Stati Uniti sono stati 316 i condannati poi assolti grazie alla prova del DNA. Diciotto tra questi avevano trascorso un periodo nel braccio della morte. "DNA Exonerations Nationwide", The Innocence Project, disponibile all'indirizzo <www.innocenceproject.org/Content/DNA_Exonerations_Nationwide.php>, consultato il 25 aprile 2014.

10. John Lewis e Bryan Stevenson, "State of Equality and Justice in America: The Presumption of Guilt", in «Washington Post», 17 maggio 2013.

11. Nel 2010, l'ultimo anno per il quale sono disponibili i dati statistici, il costo dell'incarcerazione in America è stato di circa 80 miliardi di dollari. Procuratore generale Eric Holder, Discorso presso l'Ordine degli avvocati americani (12 agosto 2013). Tracey Kyckelhahn e Tara Mar-

tin, Bureau of Justice Statistics, "Justice Expenditure and Employment Extracts, 2010. Preliminary" (luglio 2013), disponibile all'indirizzo <www.bjs.gov/index.cfm?ty=pbdetail&iid=4679>, consultato il 30 aprile 2014. In confronto, nel 1980 la spesa era di circa 6,9 miliardi di dollari. Bureau of Justice Statistics, "Justice Expenditure and Employment Extracts. 1980 and 1981 Data from the Annual General Finance and Employment Surveys" (marzo 1985), disponibile all'indirizzo <www.bjs.gov/index.cfm?ty=pbdetail&iid=3527>, consultato il 30 aprile 2014.

1. *Interpreti del* Buio oltre la siepe

1. Dixie Mafia o mafia del Sud è l'espressione usata per indicare un'organizzazione criminale di ispirazione mafiosa originaria di Biloxi, nello Stato del Mississippi, e attiva principalmente nel Sud degli Stati Uniti a partire dagli anni Sessanta del XX secolo. [N.d.T.]

2. Conner Bailey, Peter Sinclair, John Bliss e Karni Perez, "Segmented Labor Markets in Alabama's Pulp and Paper Industry", in «Rural Sociology», 61, n. 3 (1996), pp. 475-496.

3. Nella cosiddetta "era di Jim Crow", tra il 1876 e il 1965, furono emanate delle leggi locali e dei singoli Stati degli Stati Uniti d'America che, di fatto, servirono a creare e a mantenere la segregazione razziale in tutti i servizi pubblici, istituendo uno status definito di "separati ma uguali" per i neri americani e per i membri di altri gruppi razziali diversi dai bianchi. [N.d.T.]

4. *Pace & Cox contro lo Stato*, 69 Ala. pp. 231, 233 (1882).

5. U.S. Census Office, *Fourteenth Census of Population*, Washington, Government Printing Office, 1920.

6. Quando nel 1924 il governo della Virginia approvò il *Racial Integrity Act*, che autorizzava la sterilizzazione coatta delle donne nere ritenute subnormali o pericolose, e che criminalizzava il matrimonio tra un nero e un bianco, la gente della Contea di Caroline prese molto seriamente queste dichiarazioni. Decenni dopo, quando un giovane bianco di nome Richard Loving si innamorò di Mildred Jeter, una donna nera, la giovane coppia decise di sposarsi dopo aver scoperto che la ragazza era incinta. Consapevoli che in Virginia ciò sarebbe stato impossibile, andarono a Washington per «ottenere un riconoscimento legale». Provarono a vivere lontano, ma furono presi dalla nostalgia di casa e dopo le nozze tornarono nella Contea di Caroline per stare vicino alle proprie famiglie. La notizia del matrimonio circolò e, trascorse alcune settimane, lo sceriffo e alcuni suoi vice irruppero armati in casa della coppia nel cuore della notte, arrestando Richard e Mildred con l'accusa di aver incrociato le razze. Imprigionati e umiliati, furono costretti a dichiararsi colpevoli e fu detto loro che dovevano essere rico-

noscenti del fatto che le loro condanne all'incarcerazione sarebbero state sospese purché avessero acconsentito ad andare via dalla contea e a non rimettervi più piede «per venticinque anni almeno». Di nuovo lasciarono lo Stato, ma questa volta decisero di combattere contro quella legge in tribunale presentando un ricorso assistiti dall'American Civil Liberties Union. Dopo anni di sconfitte nelle corti di grado inferiore, nel 1967 la Corte Suprema degli Stati Uniti revocò le leggi sull'incrocio di razze, dichiarandole contrarie alla Costituzione.

7. Sebbene in base alle leggi federali questa legge non potesse essere applicata, in Alabama il divieto imposto dallo Stato al matrimonio interraziale è rimasto in vigore fino al XXI secolo. Solo nel 2000 i riformatori hanno avuto voti sufficienti per sottoporre la questione agli elettori a livello statale, la maggioranza dei quali si è espressa a favore dell'eliminazione del divieto, anche se il 41 per cento ha votato per mantenerlo in vigore. Un sondaggio condotto nel 2011 dai repubblicani del Mississippi ha rilevato che il 46 per cento degli intervistati è favorevole al divieto del matrimonio interrazziale, il 40 per cento è contrario a un simile divieto, mentre il 14 per cento si è dichiarato indeciso.

8. Di seguito, i nomi delle persone linciate: 13 ottobre 1892: Burrell Jones, Moses Jones/Johnson, Jim Packard e un ignoto (fratello di Jim Packard). Tuskegee University, "Record of Lynchings in Alabama from 1871 to 1920", redatto per l'Alabama Department of Archives and History dal Tuskegee Normal and Industrial Institute, Alabama Dept. of Archives and History Digital Collections, disponibile all'indirizzo <http://digital.archives.alabama.gov/cdm/singleitem/collection/voices/id/2516>, consultato il 18 settembre 2009; *cfr.* anche "Four Negroes Lynched", in «New York Times», 14 ottobre 1892; Stewart Tolnay, compilatore, "NAACP Lynching Records", Historical American Lynching Data Collection Project, disponibile all'indirizzo <http://people.uncw.edu/hinese/HAL/HAL%20Web%20Page.htm#Project%20HAL>, consultato il 30 aprile 2014.

   30 ottobre 1892: Allen Parker. Tuskegee University Archives; Tolnay, "NAACP Lynching Records".

   30 agosto 1897: Jack Pharr. Tuskegee University Archives; Tolnay, "NAACP Lynching Records".

   2 settembre 1897: Ignoto. Tuskegee University Archives.

   23 agosto 1905: Oliver Latt. Tuskegee University Archives.

   7 febbraio 1909: Will Parker. Tuskegee University Archives.

   9 agosto 1915: James Fox. Tuskegee University Archives; "Negro Lynched for Attacking Officer", in «Montgomery Advertiser», 10 agosto 1915. Tuskegee University Archives; Tolnay, "NAACP Lynching Records".

   9 agosto 1943: Willie Lee Cooper. "NAACP Describes Alabama's

Willie Lee Case as Lynching", in «Journal and Guide», 8 settembre 1943; "NAACP Claims Man Lynched in Alabama", in «Bee», 26 settembre 1943; "Ala. Workman 'Lynched' After Quitting Job", in «Afro-American», 18 settembre 1943. Tuskegee University Archives.

7 maggio 1954: Russell Charley. "Violence Flares in Dixie", in «Pittsburgh Courier», 5 giugno 1954; "Suspect Lynching in Ala. Town", in «Chicago Defender», 12 giugno 1954; "Hint Love Rivalry Led to Lynching", in «Chicago Defender», 19 giugno 1954; "NAACP Probes 'Bama Lynching", in «Pittsburgh Courier», 26 giugno 1954. Tuskegee University Archives.

2. *Stand!*

1. Il Bureau of Justice Statistics riferisce che negli anni Ottanta del XX secolo diverse centinaia di detenuti sono morti ogni anno per suicidio, omicidio o altre ragioni «ignote». Christopher J. Mumola, "Suicide and Homicide in State Prisons and Local Jails", Bureau of Justice Statistics (agosto 2005), disponibile all'indirizzo <www.bjs.gov/index.cfm?ty=pbdetail&iid=1126>, consultato il 30 aprile 2014; Lawrence A. Greenfield, "Prisons and Prisoners in the United States", Bureau of Justice Statistics (aprile 1992), disponibile all'indirizzo <www.bjs.gov/index.cfm?ty=pbdetail&iid=1392>.

2. Nel 1978 per i neri le probabilità di essere uccisi dagli agenti di polizia erano otto volte maggiori rispetto ai bianchi. Jodi M. Brown e Patrick A. Langan, "Policing and Homicide, 1976-1998: Justifiable Homicide by Police, Police Officers Murdered by Felons", Bureau of Justice Statistics (marzo 2001), disponibile all'indirizzo <www.bjs.gov/index.cfm?ty=pbdetail&iid=829>, consultato il 30 aprile 2014.

3. Nel 1998 per i neri le probabilità di essere uccisi dagli agenti di polizia erano ancora quattro volte maggiori rispetto ai bianchi. Jodi M. Brown e Patrick A. Langan, "Policing and Homicide, 1976-1998", cit.

4. Negli Stati in cui vigono le leggi denominate "Stay Your Ground", il tasso di omicidi "giustificabili" ai danni delle persone di colore sono più che raddoppiati tra il 2005 e il 2011, ossia nel periodo in cui la maggior parte di queste leggi sono state approvate. Il tasso di questo genere di omicidi è aumentato anche nei confronti dei bianchi, tuttavia solo leggermente e già in partenza il tasso di omicidi contro i bianchi era decisamente inferiore. "Shoot First: 'Stand Your Ground' Laws and Their Effect on Violent Crime and the Criminal Justice System", comunicato stampa congiunto della National Urban League, Mayors Against Illegal Guns, e VoteVets.org (settembre 2013), disponibile all'indirizzo <http://nul.iamempowered.com/content/mayors-against-illegal-guns-national-urbanleague-votevets-release-report-showing-stand-your>, consultato il 30 aprile 2014.

3. *Processi e tribolazioni*

1. *McMillian contro Johnson*, Caso n. 93-A-699-N, P. Exh. 12, Memoria del ricorrente in opposizione alla mozione dell'imputato per il giudizio sommario (1994).
2. *Glass contro Louisiana*, 471 U.S. 1080 (1985), rifiuto della domanda di riesame 455 So.2d 659 (La. 1984) (J. Brennan, contrario).
3. Ruth E. Friedman, "Statistics and Death: The Conspicuous Role of Race Bias in the Administration of Death Penalty", in «Berkeley Journal of African-American Law and Policy», 4, 1999, p. 75. *Cfr.* anche Danielle L. McGuire e John Dittmer, *Freedom Rights: New Perspectives on the Civil Rights Movement*, Lexington, University of Kentucky, 2011.
4. *Akins contro lo Stato del Texas*, 325 U.S. 398 (1945).
5. David Cole, "Judgment and Discrimination", in *No Equal Justice: Race and Class in the American Criminal Justice System*, New York, New Press, 1999, pp. 101-131.
6. *Duren contro lo Stato del Missouri*, 439 U.S. 357 (1979); *Taylor contro lo Stato della Louisiana*, 419 U.S. 522 (1975).
7. Le azioni insindacabili rappresentano il diritto di una parte di rimuovere un potenziale giurato senza fornire una motivazione. Di norma, ogni parte ha a disposizione un numero determinato di azioni insindacabili da utilizzare durante la selezione di una giuria, mentre sono illimitate le ricusazioni per giusta causa a cui è possibile ricorrere qualora la parte ritenga che il potenziale giurato non possa essere imparziale. [N.d.T.]
8. *Swain contro lo Stato dell'Alabama*, 380 U.S. 202 (1965).
9. "Illegal Racial Discrimination in Jury Selection: A Continuing Legacy", Equal Justice Initiative, 2009, disponibile all'indirizzo <www.eji.org/files/EJI%20Race%20and%20Jury%20Report.pdf>, consultato il 30 aprile 2014.

4. *L'antica solida croce*

1. "The Death Penalty in Alabama: Judge Override", Equal Justice Initiative, 2011, 4, disponibile all'indirizzo <http://eji.org/eji/files/Override_Report.pdf>, consultato il 30 aprile 2014.
2. Billy Corriher, "Partisan Judicial Elections and the Distorting Influence of Campaign Cash", Center for American Progress (25 ottobre 2012), disponibile all'indirizzo <www.americanprogress.org/issues/civil-liberties/report/2012/10/25/42895/partisan-judicial-elections-and-the-distorting-influence-of-campaign-cash/>, consultato l'8 luglio 2013.

3. Nel novembre del 2013, in una nota di dissenso contro la decisione della Corte di non riesaminare la questione, il giudice Sonia Sotomayor della Corte Suprema degli Stati Uniti scrisse una critica feroce al continuo ricorso da parte dell'Alabama del superamento della sentenza in fase di giudizio per imporre la pena di morte. Insieme al giudice Breyer, entrambi i magistrati hanno riscontrato gravi vizi formali a livello costituzionale sia nelle politiche che riguardano il superamento delle sentenze da parte dei giudici sia nel modo in cui tale prassi mina il ruolo della giuria. *Woodward contro lo Stato dell'Alabama* (2013).

4. "The Death Penalty in Alabama: Judge Override", 5.

5. *Harris contro lo Stato dell'Alabama*, 513 U.S. 504 (1995); *Spaziano contro lo Stato della Florida*, 468 U.S. 447 (1984).

6. Si veda *Penry contro Lynaugh*, 492 U.S. 302 (1989).

7. *Atkins contro lo Stato della Virginia*, 536 U.S. 304 (2002), in cui venne chiarito come a livello nazionale fosse stato ormai raggiunto il consenso contro la prassi di giustiziare le persone affette da malattie mentali, dopo che i governi degli Stati avevano adottato nuove leggi atte a limitare tale pratica a seguito del caso *Penry*.

8. Peter Applebome, "2 Electric Jolts in Alabama Execution", in «New York Times», 15 luglio 1989, disponibile all'indirizzo <www.nytimes.com/1989/07/15/us/2-electric-jolts-in-alabama-execution.html>, consultato il 30 aprile 2014; si veda inoltre "Two Attempts at Execution Kill Dunkins", in «Gadsden Times», 14 luglio 1989, disponibile all'indirizzo <http://news.google.com/newspapers?id=02cfAAAAIBAJ&sjid=3NQEAAAAIBAJ&pg=3122%2C1675665>, consultato il 30 aprile 2014.

9. *Rose contro Lundy*, 455 U.S. 509 (1982).

10. *Stanford contro lo Stato del Kentucky*, 492 U.S. 361 (1989); *Penry*, 492 U.S. a 305; *McCleskey contro Kemp*, 481 U.S. 279 (1987).

11. Bryan Stevenson, "The Hanging Judges", in «The Nation», 14 ottobre 1996, p. 12.

12. *Richardson contro Thigpen*, 492 U.S. 934 (1989).

13. Peter Applebome, "2 Electric Jolts in Alabama Execution", cit.

5. *Del ritorno di John*

1. Adesso la Contea di Monroe è tecnicamente considerata "innaffiata". Le città di Monroeville e Frisco hanno emanato alcune leggi che consentono la vendita di alcuni alcolici.

6. *Sicuramente condannati*

1. Victor L. Streib, *Death Penalty for Juveniles*, Bloomington, Indiana University Press, 1987.
2. *Stanford contro lo Stato del Kentucky*, 492 U.S. 361 (1989); *Thompson contro lo Stato dell'Oklahoma*, 487 U.S. 815 (1988); la sentenza del caso *Wilkins contro lo Stato del Missouri* fu rafforzata dalla decisione assunta nel caso *Stanford*.

7. *Giustizia negata*

1. *Giglio contro gli Stati Uniti*, 405 U.S. 150 (1972); *Mooney contro Holohan*, 294 U.S. 103 (1935).
2. Peggy M. Tobolowsky, "Victim Participation in the Criminal Justice Process: Fifteen Years after the President's Task Force on Victims of Crime", in «New England Journal on Criminal and Civil Confinement», 25, 1999, p. 21, disponibile all'indirizzo <http://heinonline.org/HOL/Page?handle=hein.journals/nejccc25&div=7&g_sent=1&collection=journals>, consultato il 30 aprile 2014.
3. *Booth contro lo Stato del Maryland*, 482 U.S. 496, 509n12 (1987).
4. *Booth contro lo Stato del Maryland*, 482 U.S. 496, 506n8 («Siamo preoccupati dall'implicazione secondo la quale gli imputati le cui vittime costituivano un bene per le rispettive comunità siano maggiormente meritevoli di una punizione rispetto agli imputati le cui vittime vengono percepite come meno degne di considerazione»).
5. *Payne contro lo Stato del Tennessee*, 501 U.S. 808, 827 (1991) («Uno Stato può legittimamente giungere alla conclusione che una prova riguardante la vittima e l'impatto dell'omicidio sulla famiglia della stessa siano rilevanti ai fini della decisione della giuria sull'opportunità o meno di infliggere la pena di morte»).
6. Peggy M. Tobolowsky, "Victim Participation in the Criminal Justice Process: Fifteen Years after the President's Task Force on Victims of Crime», cit., pp. 48-95.
7. Michael Lawrence Goodwin, "An Eyeful for an Eye. An Argument Against Allowing the Families of Murder Victims to View Executions", in «Brandeis Journal of Family Law», 36, 1997, p. 585, disponibile all'indirizzo <http://heinonline.org/HOL/Page?handle=hein.journals/branlaj36&div=38&g_sent=1&collection=journals>, consultato il 30 aprile 2014.
8. Scott Matson e Roxanne Lieb, "Megan's Law: A Review of State and Federal Legislation", Washington State Institute for Public Policy (ottobre 1997), disponibile all'indirizzo <www.wsipp.wa.gov/rptfiles/-meganslaw.pdf>, consultato il 13 giugno 2013.

9. Chris Greer e Robert Reiner, "Mediated Mayhem: Media, Crime, Criminal Justice", in *The Oxford Handbook of Criminology*, a cura di Mike Maguire, Rodney Morgan e Robert Reiner, New York, Oxford University Press, 2002, pp. 245-278.

10. *McCleskey contro Kemp*, 481 U.S. 279, 286 (1987), in cui viene citato David C. Baldus *et al.*, "Comparative Review of Death Sentences: An Empirical Study of the Georgia Experience", in «Journal of Criminal Law and Criminology», 74, 1983, p. 661.

11. Ordine degli avvocati americani, "Evaluating Fairness and Accuracy in State Death Penalty Systems: The Alabama Death Penalty Assessment Report" (giugno 2006), disponibile all'indirizzo <www.americanbar.org/content/dam/aba/migrated/moratorium/assessmentproject/alabama/report.authcheckdam.pdf>, consultato il 14 giugno 2013.

12. *McCleskey contro Kemp*, 481 U.S. 286 (1987), in cui viene citato David C. Baldus *et al.*, "Comparative Review", cit.; U.S. General Accounting Office, *Death Penalty Sentencing: Research Indicates Pattern of Racial Disparities*, 1990, GAO/GGD-90-57 («Nell'82 per cento degli studi si è riscontrato che la razza della vittima aveva inciso sulle probabilità di essere accusati di omicidio di primo grado o di ricevere la pena di morte, ossia si è riscontrato che quelli che avevano ucciso dei bianchi avevano maggiori probabilità di essere condannati a morte rispetto a quelli che avevano ucciso dei neri»).

8. *Tutti figli di Dio*

1. Negli ultimi vent'anni il distretto scolastico di Chester Upland si è spesso classificato come il peggiore nel Commonwealth della Pennsylvania. James T. Harris III, "Success amid Crisis in Chester", Philly.com (16 febbraio 2012), disponibile all'indirizzo <http://articles.philly.com/2012-0216/news/31067474_1_school-district-curriculum-parents-and-guardians>, consultato il 30 aprile 2014.

2. Nel 2012 l'Ufficio del censimento ha stimato che il 45,6 per cento dei residenti di Chester con meno di diciotto anni vivevano al di sotto della soglia di povertà su scala federale. U.S. Census Bureau, 2008-2012 American Community Survey, Chester city, Pennsylvania.

3. 50 Pennsylvania Consolidated Statutes § 7402.

4. Fino al 2012, chiunque fosse stato condannato per omicidio di primo o di secondo grado riceveva automaticamente una sentenza di ergastolo senza possibilità di ottenere la libertà condizionale. 18 Pennsylvania Consolidated Statutes § 1102; 61 Pennsylvania Consolidated Statutes § 6137. Sebbene non sia più obbligatorio, è possibile comminare l'ergastolo senza condizionale ai minorenni condannati per omicidio di

primo o di secondo grado. 18 Pennsylvania Consolidated Statutes § 1102.1.

5. Segura, "Throwaway People: Teens Sent to Die in Prison Will Get a Second Chance", in «The Nation», 28 maggio 2012.

6. Liliana Segura, "Throwaway People", cit.; *Commonwealth contro Garnett*, 485 A.2d 821 (Pa. Super. Ct. 1984).

7. Nel 2008 l'Ufficio federale dei penitenziari ha adottato una politica che limita l'incatenamento delle detenute incinte. Federal Bureau of Prisons, "Program Statement: Escorted Trips, n. 5538.05" (6 ottobre 2008), disponibile all'indirizzo <www.bop.gov/policy/progstat/5538_005.pdf>, consultato il 30 aprile 2014. Attualmente, ventiquattro Stati possiedono leggi o politiche che vietano o limitano l'incatenamento delle detenute incinte o che stanno partorendo. Dana Sussman, "Bound by Injustice: Challenging the Use of Shackles on Incarcerated Pregnant Women", in «Cardozo Journal of Law and Gender», 15, 2009, p. 477; "State Standards for Pregnancy-Related Health Care and Abortion for Women in Prison", American Civil Liberties Union, disponibile all'indirizzo <www.aclu.org/maps/state-standards-pregnancy-related-health-care-and-abortion-women-prison-map>, consultato il 28 aprile 2014.

8. *Garnett contro Kepner*, 541 F. Supp. 241 (M.D. Pa. 1982).

9. Paula Reed Ward, "Pa. Top Court Retains Terms for Juvenile Lifers", in «Pittsburgh Post-Gazette», 30 ottobre 2013; "Juvenile Life Without Parole (JLWOP) in Pennsylvania", Juvenile Law Center, disponibile all'indirizzo <http://jlc.org/currentinitiatives/promoting-fairness-courts/juvenile-life-without-parole/jlwop-pennsylvania>, consultato il 26 aprile 2014.

10. Meg Laughlin, "Does Separation Equal Suffering?", in «Tampa Bay Times», 17 dicembre 2006.

11. Con l'approvazione del *Prison Elimination Act* nel 2003, il Congresso ha riconosciuto che i minorenni presenti negli istituti per gli adulti hanno una probabilità cinque volte maggiore di subire violenze sessuali. 42 U.S.C. § 15601(4).

12. Meg Laughlin, "Does Separation Equal Suffering?", cit.

13. La Florida ha condannato all'ergastolo senza libertà condizionale un totale di settantasette minorenni per reati diversi dall'omicidio. Memoria del ricorrente, *Graham contro lo Stato della Florida*, Corte Suprema degli Stati Uniti (2009); Paolo G. Annino, David W. Rasmussen e Chelsea B. Rice, *Juvenile Life without Parole for Non-Homicide Offenses: Florida Compared to the Nation*, 2009, 2, tavola A.

14. In Florida due tredicenni, tra cui Joe Sullivan, sono stati condannati all'ergastolo senza libertà condizionale per reati diversi dall'omicidio. Paolo G. Annino, David W. Rasmussen e Chelsea B. Rice, *Juvenile*

Life without Parole for Non-Homicide Offenses: Florida Compared to the Nation, cit., grafico E.

15. "Cruel and Unusual: Sentencing 13- and 14-Year-Old Children to Die in Prison", Equal Justice Initiative, 2008, disponibile all'indirizzo <http://eji.org/eji/files/Cruel%20and%20Unusual%202008_0.pdf>, consultato il 30 aprile 2014.

16. Gli Stati Uniti sono l'unico paese al mondo che condannano i minorenni all'ergastolo senza libertà condizionale per reati diversi dall'omicidio, e più di ogni altro Stato la Florida ha condannato a tale pena gli imputati per simili reati. Paolo G. Annino, David W. Rasmussen e Chelsea B. Rice, *Juvenile Life without Parole for Non-Homicide Offenses: Florida Compared to the Nation*, cit., grafico E.

17. *In re Nunez*, 173 Cal.App. 4th 709, 2009, p. 720.

18. *In re Nunez*, 173 Cal.App. 4th 709, 2009, pp. 720-721.

19. "Violent Crimes", Florida Department of Corrections, disponibile all'indirizzo <www.dc.state.fl.us/pub/timeserv/annual/section2.html>, consultato il 9 gennaio 2014; Matthew R. Durose e Patrick A. Langan, "Felony Sentences in State Courts, 2004", Bureau of Justice Statistics (luglio 2007), disponibile all'indirizzo <www.bjs.gov/content/pub/pdf/fssc04.pdf>; "State Court Sentencing of Convicted Felons 2004: Statistical Tables", Bureau of Justice Statistics (2007); disponibile all'indirizzo <www.bjs.gov/content/pub/html/scscf04/scscf04mt.cfm>, consultato il 10 gennaio 2013.

20. James Goodman, *Stories of Scottsboro*, New York, Pantheon Books, 1994, p. 8.

21. David I. Bruck, "Executing Teen Killers Again: The 14-Year-Old Who, in Many Ways, Was Too Small for the Chair", in «Washington Post», 15 settembre 1985.

22. David I. Bruck, "Executing Teen Killers Again: The 14-Year-Old Who, in Many Ways, Was Too Small for the Chair", cit.

23. David I. Bruck, "Executing Teen Killers Again: The 14-Year-Old Who, in Many Ways, Was Too Small for the Chair", cit.

24. Adesso i familiari di George Stinney stanno cercando di ottenere per lui un nuovo processo o il proscioglimento attraverso il sistema giudiziario. Nel gennaio del 2014 si sono svolte le udienze in Carolina del Sud. Alan Blinder, "Family of South Carolina Boy Put to Death Seeks Exoneration 70 Years Later", in «New York Times», 22 gennaio 2014; Eliott C. McLaughlin, "New Trial Sought for George Stinney, Executed at 14", CNN.com, 23 gennaio 2014.

25. In genere, la retorica del "superpredatore" veniva utilizzata ricorrendo anche a previsioni spaventose secondo cui era in atto o sarebbe avvenuto

un incremento smisurato di criminalità violenta da parte dei giovani. *Cfr.* Office of Juvenile Justice and Delinquency Prevention, U.S. Department of Justice, "Juvenile Justice: A Century of Change", 1999, pp. 4-5, disponibile all'indirizzo <www.ncjrs.gov/pdffiles1/ojjdp/178993.pdf>, consultato il 30 aprile 2014. Si veda, ad esempio, Sacha Coupet, "What to Do with the Sheep in Wolf 's Clothing: The Role of Rhetoric and Reality About Youth Offenders in the Constructive Dismantling of the Juvenile Justice System", in «University of Pennsylvania Law Review», 148, 2000, p. 1303 e 1307; Laura A. Bazelon, "Exploding the Superpredator Myth: Why Infancy Is the Preadolescent's Best Defense in Juvenile Court", in «New York University Law Review», 75, 2000, p. 159. Buona parte di questo immaginario spaventoso era codificato da un punto di vista razziale; *cfr,*, ad esempio, John J. DiIulio Jr, "My Black Crime Problem, and Ours", in «City Journal», primavera 1996, disponibile all'indirizzo <www.city-journal.org/html/6_2_my_black.html>, consultato il 30 aprile 2014 («altri 270,000 giovani predatori per le strade rispetto al 1990, in arrivo a ondate su di noi nei prossimi due decenni [...] almeno la metà di questi giovanissimi superpredatori potrebbe essere composta di giovani maschi neri»); William J. Bennett, John J. DiIulio Jr e John P. Walters, *Body Count: Moral Poverty. And How to Win America's War Against Crime and Drugs*, New York, Simon and Schuster, 1996, pp. 27-28.

26. John J. DiIulio Jr, "The Coming of the Super-Predators", in «Weekly Standard», 27 novembre 1995, p. 23.

27. William J. Bennett, John J. DiIulio Jr e John P. Walters, *Body Count: Moral Poverty. And How to Win America's War Against Crime and Drugs*, cit., p. 27. Si veda anche Office of Juvenile Justice and Delinquency Prevention, U.S. Department of Justice, "Juvenile Justice: A Century of Change", cit.

28. Si veda, ad esempio, Elizabeth Becker, "As Ex-Theorist on Young 'Superpredators', Bush Aide Has Regrets", in «New York Times», 9 febbraio 2001, p. A19.

29. U.S. Surgeon General, *Youth Violence: A Report of the Surgeon General*, 2001, cap. 1, disponibile all'indirizzo <www.ncbi.nlm.nih.gov/books/NBK44297/#A12312>, consultato il 30 aprile 2014; *cfr.* anche U.S. Department of Justice, Office of Juvenile Justice and Delinquency Prevention, "Challenging the Myths", 2001, p. 5, disponibile all'indirizzo <www.ncjrs.gov/pdffiles1/ojjdp/178995.pdf>, consultato il 30 aprile 2014 («L'analisi degli arresti dei minori per omicidio porta a concludere che i suprepredatori minorenni siano un mito piuttosto che una realtà»).

30. "Cruel and Unusual: Sentencing 13- and 14-Year-Old Children to Die in Prison", cit.

9. *Io sono qui*

1. *McMillian contro lo Stato dell'Alabama*, CC-87-682.60, Testimonianza di Ralph Myers durante l'udienza della Norma 32, 16 aprile 1992.

10. *Attenuanti*

1. In quei due decenni, le riforme legislative e giudiziarie irrigidirono le procedure in forza delle quali le persone venivano costrette all'internamento contro la propria volontà. Stanley S. Herr, Stephen Arons e Richard E. Wallace Jr, *Legal Rights and Mental Health Care*, Lexington (MA), Lexington Books, 1983. Nel 1978 la Corte Suprema degli Stati Uniti ha reso più arduo attuare tale prassi per quegli Stati che cercavano di internare contro la loro volontà le persone negli ospedali psichiatrici, passando dal semplice parametro della «preponderanza della prova» a quello più difficile della «prova chiara e convincente». *Addington contro lo Stato del Texas*, 441 U.S. 418 (1978).
2. Doris J. James e Lauren E. Glaze, "Mental Health Problems of Prison and Jail Inmates", Special Report, Bureau of Justice Statistics (settembre 2006), disponibile all'indirizzo <http://bjs.gov/content/pub/pdf/mhppji.pdf>, consultato il 2 luglio 2013. Questo numero si riduce al 56 per cento dei detenuti nelle carceri statali, al 45 per cento dei detenuti nei penitenziari federali e al 64 per cento dei detenuti nelle prigioni locali. In totale, questi dati rappresentano circa 1.264.300 di carcerati. Si tratta dello studio più completo e recente tra quelli disponibili, anche se è stato condotto nel 2005, perciò le cifre potrebbero essere mutate negli ultimi anni. A ogni modo le fonti attuali (2012-2013) citano ancora questo studio, per cui ritengo di poter tranquillamente concludere che costituisca ancora la fonte più completa e aggiornata sull'argomento.
3. La categoria "malattia mentale grave" comprende patologie quali la schizofrenia, i disturbi dello spettro della schizofrenia, disturbo schizoaffettivo, disturbo bipolare, disturbo psicotico breve, disturbo delirante e disturbi psicotici non altrimenti specificati. Detta categoria si distingue da quella più generica di "malattia mentale", che comprende tanto le malattie mentali gravi quanto altre forme di patologia mentale. E. Fuller Torrey, Aaron D. Kennard, Don Eslinger, Richard Lamb e James Pavle, "More Mentally Ill Persons Are in Jails and Prisons Than Hospitals: A Survey of the States", Treatment Advocacy Center (maggio 2010), disponibile all'indirizzo <www.treatmentadvocacycenter.org/storage/documents/final_jails_v_hospitals_study.pdf, consultato il 2 luglio 2013.
4. E. Fuller Torrey, Aaron D. Kennard, Don Eslinger, Richard Lamb e James Pavle, "More Mentally Ill Persons Are in Jails and Prisons Than Hospitals", cit., p. 1.

5. La controversia viene discussa nei successivi ricorsi di George. *Daniel contro lo Stato*, 459 So. 2d 944 (Ala. Crim. App. 1984); *Daniel contro Thigpen*, 742 F. Supp. 1535 (M.D. Ala. 1990).

6. *Daniel contro lo Stato*, 459 So. 2d 944 (Ala. Crim. App. 1984).

7. *Daniel contro Thigpen*, 742 F. Supp. 1535 (M.D. Ala. 1990).

8. Il Giorno di commemorazione dei Confederati fu celebrato per la prima volta nel 1901. Si veda *The World Almanac and Encyclopedia 1901*, New York, Press Publishing Co., 1901, p. 29; "Confederate Memorial Day", Encyclopedia of Alabama, disponibile all'indirizzo <www.encyclopediaofalabama.org/face/Article.jsp?id=h-1663>, consultato il 28 aprile 2014. Questa festività è tuttora in vigore nel codice dello Stato. Ala. Code § 1-3-8.

9. Nel 1948 il programma del partito Dixiecrat tra l'altro dichiarava: «Noi sosteniamo la segregazione delle razze e l'integrità razziale di ognuna di esse; il diritto costituzionale di scegliere i propri compagni; di accettare un impiego privato senza interferenze da parte del governo e di guadagnarsi da vivere in modo lecito. Siamo contrari all'abolizione della segregazione, all'abrogazione degli statuti contro l'incrocio di razze, al controllo dell'impiego privato da parte dei burocrati federali richiesto dal programma erroneamente definito per i diritti civili». "Platform of the States Rights Democratic Party, August 14, 1948", The American Presidency Project, disponibile all'indirizzo <www.presidency.ucsb.edu/ws/index.php?pid=25851#axzz1iGn93BZz>, consultato il 28 aprile 2014.

10. In segno di protesta contro la decisione presa nel caso *Brown*, l'Alabama, la Georgia e la Carolina del Sud iniziarono a far sventolare la bandiera di battaglia della Confederazione. James Forman Jr, "Driving Dixie Down: Removing the Confederate Flag from Southern State Capitols", in «Yale Law Journal», 101, 1991, p. 505.

11. *Volerò via*

1. *New York Times contro Sullivan* [...] *New York Times Co. contro Sullivan*, 376 U.S. 254 (1964).

2. Molti giornali locali avevano dato enfasi alle accuse di sodomia. Mary Lett, "McMillian Is Charged with Sodomy", in «Monroe Journal», 18 giugno 1987; "Myers Files Sodomy Charges Against McMillan [*sic*]", in «Evergreen Courant», 18 giugno 1987; Bob Forbish, "Accused Murderer Files Sodomy Charges Against His Accomplice", in «Brewton Standard», 13-14 giugno 1987.

3. Dianne Shaw, "McMillian Sentenced to Death", in «Monroe Journal», 22 settembre 1988.

4. Lo stesso giorno in cui fece uscire un articolo sull'udienza in corso per il caso McMillian, in un altro articolo il «Mobile Press Register» ricordò ai propri lettori che Walter McMillian era stato arrestato e accusato dell'omicidio Pittman. Connie Baggett, "Ronda Wasn't Only Girl Killed", in «Mobile Press Register», 5 luglio 1992. Un articolo del «Monroe Journal» sui procedimenti a carico di McMillian menzionava anche le accuse formali mosse contro Walter McMillian per l'omicidio della Pittman. Marilyn Handley, "Tape About Murder Played at Hearing for the First Time", in «Monroe Journal», 23 aprile 1992.
5. "Convicted Slayer Wanted in EB Student Murder", in «Brewton Standard», 22 agosto 1988.
6. Connie Baggett, "Infamous Murder Leaves Questions", in «Mobile Press Register», 5 luglio 1992.
7. Editoriale, "'60 Minutes' Comes to Town", in «Monroe Journal», 25 giugno 1992.
8. Marilyn Handley, "CBS Examines Murder Case", in «Monroe Journal», 8 luglio 1992.
9. Connie Baggett, "DA: TV Account of McMillian's Conviction a 'Disgrace'", in «Mobile Press Register», 24 novembre 1992.
10. Mozione mossa dallo Stato per tenere il caso in sospeso, *McMillian contro lo Stato*, 616 So. 2d 933 (Ala. Crim. App. 1993), presentata il 3 febbraio 1993.
11. Václav Havel, "Never Hope Against Hope", in «Esquire», ottobre 1993, p. 68.

12. *Madre, madre*

1. *Lo Stato contro Colbey*, 2007 WL 7268919 (Ala. Cir. Ct. 2007) (n. 2005-538), p. 824.
2. *Lo Stato contro Colbey*, 2007, p. 1576.
3. *Lo Stato contro Colbey*, 2007, pp. 1511-1521.
4. *Lo Stato contro Colbey*, 2007, p. 1584.
5. "Case Summaries for Current Female Death Row Inmates", Death Penalty Information Center, disponibile all'indirizzo <www.deathpenaltyinfo.org/case-summaries-current-female-death-row-inmates>, consultato il 13 agosto 2013.
6. *Lo Stato contro Colbey*, 2007, p. 1585.
7. *Lo Stato contro Colbey*, 2007, pp. 1129, 1133.
8. *Lo Stato contro Colbey*, 2007, p. 1607.

9. *Lo Stato contro Colbey*, 2007, pp. 1210, 1271, 1367.
10. *Lo Stato contro Colbey*, 2007, pp. 1040, 1060.
11. Documento supplementare a *Lo Stato contro Colbey*, 2007, p.155.
12. John Cloud, "How the Casey Anthony Murder Case Became the Social-Media Trial of the Century", in «Time», 16 giugno 2011.
13. Oggi, agli occhi di un osservatore casuale degli eventi attuali, questo fenomeno di accusare le donne, in particolare quelle povere o di colore, che danno alla luce bambini nati morti o che sopravvivono solo per un brevissimo periodo appare un fatto del tutto ordinario. Michelle Oberman, "The Control of Pregnancy and the Criminalization of Femaleness", in «Berkeley Journal of Gender, Law, and Justice», 7, 2013, p. 1; Ada Calhoun, "The Criminalization of Bad Mothers", in «New York Times», 25 aprile 2012.
14. Stephanie Taylor, "Murder Charge Dismissed in 2006 Newborn Death", in «Tuscaloosa News», 9 aprile 2009.
15. Carla Crowder, "1,077 Days Later, Legal Tangle Ends; Woman Free", in «Birmingham News», 18 luglio 2002.
16. Ex parte Ankrom, 2013 WL 135748 (Ala. 11 gennaio 2013); Ex parte Hicks, n. 1110620 (Ala. 18 aprile 2014).
17. Documento supplementare a *Lo Stato contro Colbey*, 2007, pp. 16-17, 519-520, 552.
18. Documento supplementare a *Lo Stato contro Colbey*, 2007, pp. 426-427, 649.
19. Documento supplementare a *Lo Stato contro Colbey*, 2007, p. 674.
20. Angela Hattery e Earl Smith, *Prisoner Reentry and Social Capital: The Long Road to Reintegration*, Lanham (MD), Lexington, 2010.

14. *Crudele e inaudita*

1. DIFENSORE D'UFFICIO: Va bene. Se non riesci a identificarmi, allora forse non ti dovrò ammazzare.

   IMPUTATO: Se non riesci a identificarmi, forse non ti ammazzerò.

   TESTIMONE: A sentirla… Nella sua voce c'è un'intonazione che è proprio come quella, solo che *l'altra volta me lo aveva detto a voce molto più alta* in modo violento.

   PUBBLICO MINISTERO: Non è mia intenzione discutere di questo aspetto. È in grado di affermare che questa è la voce di quella persona?

   TESTIMONE: In questa voce c'è un'intonazione che mi porta a riconoscere che si tratta di quella persona.

   PUBBLICO MINISTERO: Sta quindi affermando che la persona che le ha appena parlato sia la stessa che quel giorno le ha detto quelle cose?

TESTIMONE: *A sentirla sembra quella voce.*

PUBBLICO MINISTERO: Va bene.

TESTIMONE: Sono passati sei mesi. *È difficile dirlo, ma a sentirla sembra simile.* Ma quelle cose sono state dette in maniera diversa. Capisce, il tono… Mi sono state dette in maniera davvero violenta a voce alta.

Tr. I pp. 86-88 (i corsivi sono stati aggiunti)

2. Si veda *Anders contro lo Stato della California*, 386 U.S. 738, 744 (1967). La mozione asseriva che il difensore d'ufficio non era stato in grado di rilevare argomenti degni di essere presentati in appello.

3. Memoria del ricorrente, *Sullivan contro lo Stato della Florida*, Corte Suprema degli Stati Uniti (2009). Charles Geier e Beatriz Luna, "The Maturation of Incentive Processing and Cognitive Control", in «Pharmacology, Biochemistry, and Behavior», 93, 2009, p. 212; si veda anche L.P. Spear, "The Adolescent Brain and Age-Related Behavioral Manifestations", in «Neuroscience and Biobehavioral Reviews», 24, 2000, p. 417 («Nella sua essenza, più che un momento di realizzazione l'adolescenza è un periodo di transizione»); anche p. 434 (in cui vengono esaminati i cambiamenti radicali che occorrono durante l'adolescenza). Laurence Steinberg *et al.*, "Age Differences in Sensation Seeking and Impulsivity as Indexed by Behavior and Self-Report", in «Developmental Psychology», 44, 2008, p. 1764; Laurence Steinberg, "Adolescent Development and Juvenile Justice", in «Annual Review of Clinical Psychology», 5, 2009, p. 459, 466.

4. Si veda B. Luna, "The Maturation of Cognitive Control and the Adolescent Brain", in *From Attention to Goal-Directed Behavior*, a cura di F. Aboitiz e D. Cosmelli, New York, Springer, 2009, pp. 249, 252-256 (le funzioni cognitive che sono alla base del processo decisionale non sono sviluppate nei primi anni dell'adolescenza: la velocità di elaborazione, l'inibizione della risposta e la memoria di lavoro non raggiungono la piena maturità fino all'età di circa quindici anni); Elizabeth Cauffman e Laurence Steinberg, "(Im)maturity of Judgment in Adolescence: Why Adolescents May Be Less Culpable than Adults", in «Behavioral Science and Law», 18, 2000, p. 741, 756 (progressi significativi nella maturità psicosociale avvengono dopo i sedici anni); Leon Mann *et al.*, "Adolescent Decision-Making", in «Journal of Adolescence», 12, 1989, pp. 265, 267-270 (i tredicenni mostrano minore consapevolezza, minore autostima come decisori, producono meno opzioni di scelta e sono meno propensi a considerare le conseguenze rispetto ai quindicenni); Jari-Erik Nurmi, "How Do Adolescents See Their Future? A Review of the Development of Future Orientation and Planning", in «Developmental Review», 11, 1991, pp. 1, 12 (la pianificazione fondata sulla conoscenza anticipatrice, la definizione dei problemi e la selezione delle strategie sono usate con maggiore frequenza dagli adolescenti più grandi rispetto a quelli più piccoli).

5. *Sullivan contro lo Stato della Florida*, Memoria del ricorrente, presentata il 16 luglio 2009.

6. Memoria degli ex criminali minorenni Charles S. Dutton, ex Sen. Alan K. Simpson, R. Dwayne Betts, Luis Rodriguez, Terry K. Ray, T. J. Parsell e Ishmael Beah in qualità di *amici curiae* a sostegno dei ricorrenti, *Graham contro lo Stato della Florida/Sullivan contro lo Stato della Florida*, Corte Suprema degli Stati Uniti (2009).

15. *Distrutto*

1. *Cochran contro Herring*, 43 F.3d 1404 (11th Cir. 1995).

2. "Facts About the Death Penalty", Death Penalty Information Center, 2 maggio 2013, disponibile all'indirizzo <www.deathpenaltyinfo.org/FactSheet.pdf>, consultato il 31 agosto 2013.

3. Rispetto alle 98 del 1999, nel 2010 ci sono state 46 esecuzioni. "Executions by Year Since 1976", Death Penalty Information Center, disponibile all'indirizzo <www.deathpenaltyinfo.org/executions-year>, consultato il 29 aprile 2014.

4. Legge del 2 maggio 2013, cap. 156, 2013, leggi del Maryland; Legge del 25 aprile 2012, Atto pub. n. 125, 2012, leggi del Connecticut (Reg. Sess.); 725 Illinois Comp. Stat. 5/1191 (2011); Legge del 18 marzo 2009, cap. 11, 2009, leggi del New Mexico; Legge del 17, dicembre 2007, cap. 204, 2007, leggi del New Jersey.

5. In accordo con la recente tendenza in quello Stato di emettere dalle otto alle quattordici condanne a morte all'anno, nel 2010 in Texas sono state condannate a morte otto persone. Negli anni Novanta del secolo scorso, invece, in genere ogni anno in Texas venivano condannate alla pena capitale dalle 24 alle 40 persone. "Death Sentences in the United States from 1977 by State and by Year", Death Penalty Information Center, disponibile all'indirizzo <www.deathpenaltyinfo.org/death-sentences-united-states-197-72008>, consultato il 31 agosto 2013.

6. "Alabama's Death Sentencing and Execution Rates Continue to Be Highest in the Country", Equal Justice Initiative, 3 febbraio 2011, disponibile all'indirizzo <www.eji.org/node/503>, consultato il 31 agosto 2013.

7. *Nelson contro Campbell*, 541 U.S. 637 (2004).

8. Ty Alper, "Anesthetizing the Public Conscience: Lethal Injection and Animal Euthanasia", in «Fordham Urban Law Journal», 35, 2008, p. 817.

9. All'inizio del 2011, Hospira, Inc., l'unico produttore statunitense del tiopental sodico, il farmaco utilizzato per le iniezioni letali, interruppe la produzione di tale sostanza a causa delle preoccupazioni per il suo

uso nelle esecuzioni. Nathan Koppel, “Drug Halt Hinders Executions in the U.S.”, in «Wall Street Journal», 22 gennaio 2011. Analogamente, la compagnia danese Lundbeck smise di vendere il pentobarbital, il farmaco usato per le esecuzioni, ai penitenziari degli Stati in cui è in vigore la pena di morte. Jeanne Whalen e Nathan Koppel, “Lundbeck Seeks to Curb Use of Drug in Executions”, in «Wall Street Journal», 1° luglio 2011.

10. Kathy Lohr, “Georgia May Have Broken Law by Importing Drug”, in «NPR», 17 marzo 2011, disponibile all’indirizzo <www.npr.org/2011/03/17/134604308/dea-georgia-may-have-broken-law-by-importing-lethal-injection-drug>, consultato il 31 agosto 2013; Nathan Koppel, “Two States Turn Over Execution Drug to U.S.”, in «Wall Street Journal», 2 aprile 2011, disponibile all’indirizzo <http://online.wsj.com/ article/SB10001424052748703806304576236931802889492.html, consultato il 31 agosto 2013.

11. *Baze contro Rees* [...] *Baze contro Rees*, 553 U.S. 35 (2008)

16. *Il canto di dolore di chi afferra pietre*

1. *Graham contro lo Stato della Florida*, 560 U.S. 48 (2010).
2. *Miller contro lo Stato dell’Alabama*, 132 S. Ct. 2455 (2012).
3. *Shaw contro Dwyer*, 555 F. Supp. 2d 1000 (E.D. Mo. 2008).
4. *Banyard contro lo Stato*, 47 So. 3d 676 (Miss. 2010).
5. *Evans contro lo Stato*, 109 So. 3d 1044 (Miss. 2013).
6. Alex Carp, “Walking with the Wind: Alex Carp Interviews Bryan Stevenson”, in «Guernica», 17 marzo 2014, disponibile all’indirizzo <www.guernicamag.com/interviews/walking-with-the-wind/>, consultato il 30 aprile 2014.
7. *Il popolo contro Nunez*, 195 Cal.App. 4th 404 (2011).
8. *Lo Stato contro Carter*, 181 So. 2d 763 (La. 1965).

Indice

Introduzione. *Un campo più elevato* 9
1. *Interpreti del* Buio oltre la siepe 30
2. *Stand!* 51
3. *Processi e tribolazioni* 67
4. *L'antica solida croce* 94
5. *Del ritorno di John* 126
6. *Sicuramente condannati* 156
7. *Giustizia negata* 171
8. *Tutti figli di Dio* 198
9. *Io sono qui* 220
10. *Attenuanti* 250
11. *Volerò via* 273
12. *Madre, madre* 306
13. *Recupero* 327
14. *Crudele e inaudita* 345
15. *Distrutto* 368
16. *Il canto di dolore di chi afferra pietre* 394
Epilogo 416
Poscritto 421
Ringraziamenti 425
Nota dell'Autore 427
Note 428

Finito di stampare
nel mese di gennaio 2020
presso Print On Web s.r.l.
Via Napoli, 85 – Isola del Liri (FR)
per conto di
Fazi Editore